世界经济黄皮书

YELLOW BOOK OF

INTERNATIONAL ECONOMY

2005~2006年：世界经济形势分析与预测

ANALYSIS AND FORECAST OF WORLD ECONOMIC SITUATION (2005~2006)

主编 / 王洛林　李向阳

副主编 / 王立强

社会科学文献出版社
SOCIAL SCIENCES ACADEMIC PRESS (CHINA)

图书在版编目(CIP)数据

2005～2006年:世界经济形势分析与预测/王洛林,李向阳主编. －北京:社会科学文献出版社,2006.1
(世界经济黄皮书)
ISBN 7－80190－881－3

Ⅰ.2...　Ⅱ.①王...②李...　Ⅲ.①世界经济－分析－2005②世界经济－经济预测－2006　Ⅳ.F113.4

中国版本图书馆CIP数据核字(2005)第148223号

编委会组成人员

主　　编　王洛林　李向阳

副主编　王立强

编审组　王洛林　余永定　李向阳　谈世中　孙　杰

宋　泓　何　帆　王　新　李春姬

目 录

CONTENTS

总 论

国别与地区

专 题 篇

热点篇 1
全球石油价格走势与中国

热点篇 2
全球经济失衡与人民币汇率

世界经济统计分析与资料

CONTENTS
目　录

OVERVIEW

REGIONS/COUNTRIES

SPECIAL REPORTS

Hot Topic 1 Trend of World Oil Price and China

Hot Topic 2 Global Imbalance and Renminbi's Exchange Rate

World Economic Statistical Analysis and Data

总　论

2005~2006年世界经济形势分析与展望

○ 李向阳

面对全球石油价格的不断攀升，世界经济仍然维持了较为强劲的增长。2004年全球经济增长率创下过去30年来的最高纪录，达到5.1%；2005年增长率将会有所下降，预计仍能达到4.3%。这表明，一方面此轮油价上涨有其自身的特殊性，另一方面周期性因素发挥着决定性的作用，即经济仍然处在上升周期之中。

在上年度的分析报告中，我们对全球经济增长的判断与实际经济运行的结果基本上相吻合。① 但在一些具体领域，我们的判断还存在偏差。其中，对日本经济2004年复苏的进程过于乐观，认为受内需拉动的复苏增长率会赶上美国。实际情况是远低于美国，只是到2005年上半年复苏进程才开始加快。尽管如此，我们对日本经济复苏的前景仍然抱有乐观态度。由于对欧元汇率上涨所引发的净出口滞后效应估计不足，我们对2005年欧元区复苏进程的判断也过于乐观。

展望2006年，上年度我们所提到的影响全球经济增长的风险（石油价格上涨、全球经济失衡与发达国家房地产市场的泡沫）仍然存在，并且对通货膨胀、贸易摩擦、消费者信心的负面影响开始显现。此外，近期禽流感的扩散为全球经济持续增长增添了新的不确定性。即使这些因素没有出现急剧恶化，2006年全球经济增长率也可能会比2005年略有下降，预计维持在4.0%左右的水平。

---

① 我们在《2004~2005年：世界经济形势分析与预测》（社会科学文献出版社，2005年1月出版）的总论中指出："在2003年复苏的基础上，2004年全球经济呈现出强劲增长势头。这种高速增长在很大程度上是经济周期自然运行的结果。以往的周期发展历史表明，经济复苏的初级阶段通常都会出现类似现象。受周期发展的制约和一系列不确定因素的影响，2005年全球经济增长速度将会明显放慢，但仍能保持适中的速度，预计在4.3%左右。"

一 世界主要经济体的增长趋势

2005年主要发达国家经济增长继续呈现出参差不齐的特征。按照业已公布的数据，前两个季度，美国经济最为稳健（为前三个季度数据）；日本经济出乎意料地强劲复苏，开始摆脱泡沫经济后遗症的阴影；欧元区经济受法国、德国经济的拖累仍然在低位徘徊（参见表1）。

表1 主要发达国家经济增长前景

单位：%

		美国	欧元区	日本
2004年(实际数)		4.4	2.0	2.6
2005年(实际数)	第一季度	3.8	1.5	5.8
	第二季度	3.3	1.2	3.3
	第三季度	3.8	—	—
IMF预测数	2005年	3.5	1.2	2.0
	2006年	3.3	1.8	2.0
OECD预测数	2005年	3.6	1.3	1.8
	2006年	—	—	—
《经济学家》预测数	2005年	3.6	1.3	2.3
	2006年	3.3	1.6	2.0

资料来源：IMF（2005），*World Economic Outlook*：*Building Institution*，September 2005；Jean-Philippe Cotis（2005），*What is the Economic Outlook for OECD Countries*？An Interim Assessment. Sep. 6, 2005. OECD，Paris；Economist（2005），*Economic Forecasts*，Nov. 10，2005. From *The Economist* print edition。

美国经济的强劲增长主要得益于个人消费需求的拉动。在2005年1～3季度的增长中，个人消费需求的贡献一直稳定在2.4～2.7个百分点，相比之下其他要素的贡献则出现了不稳定现象。[1] 在个人消费需求增长的背后，一个主要的推动力就是房地产市场的持续繁荣。尽管美联储已经连续12次提高短期利率（目前联邦基金利率为4%），但长期利率却仍然停留在较低水平上（2005年11月8日长期利率为4.57%）。这是刺激房地产市场繁荣的重要因素。至于美国长期利率为什么没有随短期利率调整而上升，经济学

① 纽约联邦储备银行：《全球经济指标》，2005年11月。

界存在很大争议。但有一点是可以肯定的，那就是外资流入对支撑美国的低利率（长期利率）发挥着至关重要的作用。根据经验数据，美国中性短期利率（即可持续的利率）水平大致在3.75%～5.0%之间。目前，短期利率已经进入中性利率水平区间，美联储的未来利率政策走势就显得至关重要。它将取决于经济增长速度、油价上涨对国内价格水平的影响以及房地产市场的走势。最新数据显示，受油价持续上涨的影响，通货膨胀率出现了抬头迹象；而受短期利率继续上涨预期的影响，房屋抵押贷款也出现了下降迹象。因此，2006年美国经济增长率会低于2005年的水平，预计在3.0%～3.3%之间。

与上年度相比，日本经济的走势变化最大。在第一季度达到了5.8%以后，第二季度继续维持3.3%的增幅。与以往经济复苏不同的是，此次上涨的主要推动力来自国内需求，而不是外需。在这两个季度中，内需（消费与投资）对经济增长的贡献分别达到了6.0和2.4个百分点。[①] 日本中央银行宣布“坏账危机时代已经结束”[②]，并开始着手讨论改变零利率的可能性。目前，日本核心消费物价指数仍然为负，预计2006年将会完全摆脱困扰多年的通货紧缩局面，届时才会真正改变目前的零利率政策。尽管可能会受到全球经济放慢的影响，但2006年日本经济的复苏态势将会得以持续，预计在2%左右。

在三大经济体中，欧元区经济的增长势头最为疲软。区域内大国经济内需不足是最主要的原因。2005年内需（消费与投资）拉动的贡献度分别仅为0.1和0.8个百分点。从2004年下半年开始的复苏进程只持续了两个季度，反映了欧元区经济的结构性问题相当严重，无力抵御外部冲击（如外部需求减少、石油价格上升、欧元升值等）。2005年欧元对美元贬值的滞后效应有可能会在下半年显现，2006年经济增长速度将有所加快，预计在1.6%左右，但增速仍会是三大经济体中最低的。

包括中国在内的发展中国家大国经济连续多年保持高速增长。相对于其他经济体而言，2005年它们的增长速度仍然是最快的（参见表2）。但需要注意的是，与2004年相比，2005年多数经济体的增长率都会有明显的下降。

---

① 纽约联邦储备银行：《全球经济指标》，2005年11月。

② 日本的不良贷款金额已经从2001年的最高点43万亿日元下降到目前的不足20万亿日元。长期以来，日本政府有关不良贷款的数据一直被认为是不准确的，严重低估了不良贷款的规模。现在多数人已经相信政府数据的准确性［Economist（2005），*The Sun also Rise*，Oct. 6，2005. From *The Economist* print edition］。

它们有可能会成为受油价上涨冲击最早的地区，因此 2006 年的增长速度将在很大程度上取决于油价的走势。除此之外，禽流感在东亚地区的泛滥风险给 2006 年经济增长带来了新的不确定性。按照世界银行的最新预测，包括中国在内的整个东亚地区的增长率与 2005 年基本持平，为 6.2%。①

表 2　主要发展中国家的经济增长率预测

单位：%

	2004 年实际增长率	IMF 的预测结果		《经济学家》的预测结果	
		2005 年	2006 年	2005 年	2006 年
印　度	7.3	7.1	6.3	6.8	6.9
东盟四国	5.8	4.9	5.4	—	—
韩　国	4.6	3.8	5.0	3.3	4.2
巴　西	4.9	3.3	3.5	3.0	3.6
墨西哥	4.4	3.0	3.5	3.5	3.3
俄罗斯	7.2	5.5	5.3	5.9	5.5
南　非	3.7	4.3	3.9	4.0	4.0

注："东盟四国"包括马来西亚、印度尼西亚、菲律宾与泰国。

资料来源：IMF（2005），*World Economic Outlook: Building Institution*，September 2005；Economist（2005），*The Economist Poll of Forecasters*，Aug. 18，2005. From *The Economist* printed edition。

二　石油价格上涨趋势及影响

2005 年石油价格最高涨幅达到了 50%。此轮油价上涨的根本原因是需求拉动所引发的供求不平衡以及美元贬值。但时至今日，油价的走势已经很难简单地再用供求失衡和美元贬值来说明了。2005 年前 9 个月内美元对世界主要货币汇率呈现出稳步回升的态势。因此，投机性因素对油价上涨的推动作用越来越大。目前，全球经济中的任何一个偶发事件都有可能成为油价投机的理由。

如果我们接受这样的判断：目前的油价上涨是基于供求失衡的市场投机结果，那么未来油价的走势将取决于投机势力能否得到有效遏制。由于发达国家是世界石油市场需求的主体，所以遏制投机势力只能依靠发达国家的联

① World Bank（2005），*East Asia Update: Countering Global Shocks*，Nov. 2005.

合干预。迄今为止，油价上涨并未对发达国家经济带来实质性的危害。无论是通货膨胀率还是经济增长总体上尚处于正常状态。另一方面，世界石油工业的中下游业务基本上是由发达国家的企业所控制的，他们从石油价格上涨中可以获得巨大收益。这就可以解释为什么发达国家还缺乏联合干预的动力。近期为抵御西半球飓风影响而采取的临时性联合干预所产生的效果已经证明了国际联合干预是可行的。因而，只有当石油价格上涨真正危及到发达国家的通货膨胀与经济增长时，石油市场上的投机势力才能得到有效遏制。

即使石油市场上的投机因素得到遏制，我们也不能期望油价再次回到30美元/桶以下水平的时代。石油供求的基本格局决定了世界经济已经进入了一个高油价时代。2003 年以来全球能源需求的增长速度一直是前 10 年的 2.5 倍左右，预计未来 15 年石油需求还将增长 50%。相比之下，世界石油产量在未来 5～15 年内将会达到峰值。①

此轮油价上涨对全球经济的负面影响之小出乎多数人的意料。如果从 2002 年此轮油价上涨开始算起，涨幅已经高达 40 美元/桶。按照国际货币基金组织五年前的一项研究得出一个经验法则：每桶石油价格每上涨 10 美元，就会使全球经济增长在以后 4 年间每年减少 0.5 个百分点。而实际情况是，全球经济却在低通货膨胀率的前提下实现了强劲的复苏。

造成这种结果的原因有以下几个方面：第一，此轮油价上涨是由需求拉动的。经济高速增长本身就是油价上涨的主要推动力。这和以往供给不足或中断所引发的价格上涨完全不同。第二，发达国家经济增长对石油的依存度下降。从第一次石油危机爆发以来，单位 GDP 所消耗的石油量已经下降了 50%。第三，发达国家中央银行建立起的良好信誉阻止了公众对油价上涨引发通货膨胀的预期。在前两次石油危机中，公众对通货膨胀的担忧成为成本推进型通货膨胀的主要动因。迄今为止，尽管油价涨幅巨大，工人并没有提出提高工资的要求。油价上涨对通货膨胀的影响最重要的不是第一轮的直接影响，而是经过预期放大了的间接影响。

问题的关键是，如果油价在 60 美元/桶以上的水平继续持续下去，发达国家经济还能否在低通货膨胀率的条件下稳定增长？一种可能是发达国家经济已经能够适应在高油价的环境下良好运行；另一种可能是油价上升的风险

① 乔治·马格纳斯：《等待全球油价的震撼》，2005 年 8 月 17 日〔英〕《金融时报》。

正在积累之中，一旦遇到某种其他外部冲击，如利率提高、房地产市场走软，其负面影响就会完全释放出来。对不同经济体而言，油价上涨影响经济的方式会有所不同，这取决于他们的产出缺口（潜在生产能力与实际生产水平的差额/GDP）。美国、日本的产出缺口已接近为零（目前分别为-0.6%和-0.4%），油价上涨诱发通货膨胀的风险更大；而欧元区经济的产出缺口较大（为-1.6%），油价上涨更有可能体现为消费者信心下降与经济减速。

在中长期内，油价上涨的另一个风险也值得关注，那就是油价上涨背后的国际资本流动风险。油价的大幅上涨，把收入从消费者转移到生产者手中（即从净进口国转移到净出口国）。40美元的涨幅相当于每年有1.2万亿美元（以市价计算，约为全球GDP的3%）从消费者转移到生产者。从石油进口国转移到石油出口国的收入为每年7000亿美元，仅欧佩克成员国就获益多达4000亿美元。[①] 在以往的石油危机之后，资金的“回流”（recycling）都曾经对国际金融市场产生了重大影响。因而，这笔资金的流向将会对未来的国际金融市场带来巨大的潜在风险。

三 全球经济失衡及其调整的方向

美国经常账户逆差/GDP目前已经达到创纪录的6%左右，其绝对值相当于全球贸易盈余国贸易顺差总额的75%。经合组织2005年5月份预测，美国的经常账户赤字将继续上升，2006年将达近9000亿美元，即占美国国内生产总值的6.7%。正是在这种意义上，美国经常账户越来越大的逆差具有全球影响。从1990年代开始，亚洲新兴市场（也包括日本）经济通过本币贬值或钉住美元，不断扩展对美国市场的出口，积累越来越多的外汇储备（具体地说就是美元储备）。反过来，他们把所积累的美元重新投入到美国资本市场，弥补了美国的储蓄率不足，为美国持久不衰的消费需求提供了资金。而美国的消费需求增长又进一步吸纳了来自亚洲和世界各国的产品出口。由此形成了全球范围内商品与资本的循环：亚洲国家的高储蓄率弥补美国的低储蓄率。2003年，世界各地的央行为美国83%的经常账户赤字提供了资金，亚洲经济体央行占官方资金流的86%（2003年是具有完整国际统计资料的最近一个年份）。多年来，这个循环至少表面上运转良好。但近年

① 马丁·沃尔夫：《高油价会引发经济减速吗?》，2005年9月8日〔英〕《金融时报》。

来这个循环圈的可持续性受到了越来越多的质疑。①

首先，不断扩大的经常账户赤字对美元的世界货币地位产生了越来越大的压力。美元不断贬值的风险正在迫使各国中央银行考虑减少外汇储备中美元的比例。过去3年里，石油输出国组织成员国已将美元存款的比例从75%降至61.5%。2005年3月挪威央行抛售了高达170亿美元的美国国债。泰国央行官员2005年年初时表示，他们在考虑将其500亿美元储备的美元比例从80%降至50%。俄罗斯等国官员也做出类似表态。同时，美元汇率的波动也在损害其作为世界结算货币的地位。石油输出国秘书长曾经“辟谣”，宣布该组织没有打算减少美元作为石油定价、结算货币的计划。其次，亚洲国家货币管理当局越来越难以承受针对美元流入所做的对冲安排。他们为防止美元过度贬值而不得不大量购进美元，但结果是国内货币政策受到的压力越来越大。面对美元贬值的风险，亚洲国家处于两难困境之中：明知美元贬值风险，还不得不购进美元；看到其他国家抛售美元，自己还要维护美元的地位。近来包括韩国、日本官员有关外汇储备多样化的谈话都曾引发美元汇率和美国国债收益率的巨幅波动。因此，他们随之不得不改变立场。

对于全球经济失衡的原因，无论是学术界还是各国政府之间都存有不同的看法，因为它直接涉及未来调整的方向。总括起来，其原因包括以下几个方面：其一，美国的低储蓄率。在私人部门，20世纪90年代的证券市场繁荣和近年来房地产市场的繁荣是促使居民户减少储蓄、增加消费的主要动因。通过证券市场和房地产市场的正财富效应，个人可支配收入大幅增加。在公共部门，财政赤字扩大对储蓄率下降发挥了至关重要的作用。其二，世界其他国家，尤其是东亚地区的高储蓄率。亚洲金融危机以来，该地区的投资一直呈现出疲软状态。原有的出口导向型模式不仅没有改变，而且有进一步强化的趋势。② 其三，石油价格上涨。美国仅对OPEC国家的贸易赤字就

① 但一部分经济学家认为，目前的这种循环是完全可持续的。其背后的逻辑是，和布雷顿森林体系一样，目前的全球经济仍然划分为“中心”（美国）与“外围”（新兴市场经济国家）国家。“外围”国家推行出口导向型发展战略，为此需要钉住“中心”国家的货币，低估本币，其结果是对“中心”国家贸易顺差增加，进而再把外汇储备重新投入到“中心”国家。由于“中心”国家具有资本市场优势，它可以从“外围”国家吸收短期资本，同时输出长期资本（对外直接投资）。只要亚洲、拉美新兴市场经济没有从“外围”阵营中“毕业”，这种循环就不会出问题，美国的贸易逆差就可以持续下去。参见Dooley，Folkerts-Landau，Garber（2005），*An Essay on the Revived Bretton Woods System*，NBER，No. 9971。

② IMF（2005），*World Economic Outlook*：*Building Institution*，September 2005.

从 2002 年的 200 亿美元左右上升到 2005 年的近 800 亿美元。伴随大量资金流入石油输出国家，他们并没有像前两次石油危机阶段大量用于消费，而是更多地用于储蓄。据国际货币基金组织预计，2005 年中东石油输出国的贸易盈余/GDP 会达到 25%，俄罗斯为 13%，挪威为 18%。面对大量的贸易盈余，除了少数国家弥补以往的财政赤字外，多数国家都用于储蓄。例如，阿联酋和科威特的储蓄/GDP 高达 40%。①

全球经济失衡的调整已经成为国际社会多数人的共识，问题的核心在于调整的方式及其影响。从理论上来说，调整的方式不外乎下述三种途径：第一，美国单独调整对外失衡。这将要求美国提高储蓄率，降低消费率。降低消费率又要求提高短期利率水平，消除房地产市场的泡沫。如果短期内要把经常账户逆差水平从目前的 6% 降低到可持续的水平（3%），全球经济能否承受美国需求下降所引发的风险还是未知数。第二，由欧元区承担调整失衡的责任。鉴于欧元区经济自身的结构性调整刚刚起步，经济增长缺乏活力，欧元的大幅升值也可能把该地区经济拖入严重的衰退。第三，由亚洲国家承担调整失衡的责任。要求该地区国家的货币汇率大幅升值以及降低储蓄率，其结果将更为复杂。该地区经济大多以出口导向型为主，同时又是全球经济最有活力的地区，由此所引发的国际金融动荡与经济衰退可能会波及全球经济的走势。

当然，最理想的结果是各方共同努力进行缓慢的调整，但问题在于目前的失衡是否会诱发美元的突然贬值。不久前，经合组织用一个模拟模型来评估“美元突然贬值”时将会发生的情形。该组织估计，即便没有股票、债券和住房价格下滑的影响，美国、欧洲和日本的经济增长也将下降至少 1 个百分点。该结果的假设条件，也包括欧洲央行把利率调降至零。

四　主要发达国家房地产市场泡沫能否实现软着陆？

面对世界石油价格大幅攀升的背景，主要发达国家经济能够维持比较强劲的增长，一个重要的推动力便是房地产市场的繁荣，由此带来的正财富效应刺

① Economist（2005），*Oil Producers' Surplus: Recycling the Petrodollars*，Nov. 10，2005，From *The Economist* print edition.

激了国内消费需求。但这种推动力正在越来越成为人们担心的潜在风险。

目前全球，尤其是发达国家，房地产市场正在经历历史上范围最广、涨幅最大、持续时间最长的繁荣。按照英国《经济学家》杂志的估算，过去五年间发达国家居民房产价值增值30万亿美元，总值为70万亿美元。这一规模相当于发达国家一年GDP的总和。增幅不仅超过了20世纪90年代全球证券市场泡沫的增幅（五年增值额相当于GDP的80%），而且也超过了美国20世纪20年代末期证券市场泡沫的增幅（五年增值额相当于GDP的55%）。①

房地产市场的繁荣得益于两个因素：一是宽松的货币政策促使居民可以更容易和更廉价地获得住房信贷；二是股票市场泡沫崩溃后大量资金从股票市场转入房地产市场。但随着发达国家中央银行开始改变低利率政策，促进房地产市场持续繁荣的动力正在减弱。以美国为例，尽管长期利率处在低位，但伴随连续12次升息和继续升息的预期，长期利率，尤其是房屋贷款抵押利率走势已经开始翘头向上。到2005年11月初，30年抵押贷款平均固定利率上升到6.31%，创下了过去16周的最高水平。与一年期国库券收益相联系的可调整抵押贷款利率从一周前的4.91%升至5.09%，创下了2002年以来的最高水平。②

表3 《经济学家》房屋价格指数变化

单位：%

	与一年前相比的变化		1997~2005年		与一年前相比的变化		1997~2005年
	2005年1季度	2004年1季度			2005年1季度	2004年1季度	
南　非	23.6	28.1	244	爱尔兰	6.5	13.2	192
中国香港	19.0	17.4	-43	英　国	5.5	16.9	154
西班牙	15.5	17.2	145	加拿大	5.2	5.7	47
法　国	15.0	14.7	87	新加坡	2.0	-1.5	n. a.
新西兰	12.5	23.3	66	荷　兰	1.9	5.5	76
美　国	12.5	8.4	73	瑞　士	1.0	3.4	12
丹　麦	11.3	6.0	58	澳大利亚	0.4	17.9	114
瑞　典	10.0	7.7	84	德　国	-1.3	-0.8	-0.2
意大利	9.7	10.8	69	日　本	-5.4	-6.4	-28
比利时	9.4	8.8	71				

资料来源：Economist（2005），*The Global Housing Boom*：*In Come the Waves*，June 16，2005，From *The Economist* print edition。

① Economist（2005），*The Global Housing Boom*：*In Come the Waves*，June 16，2005，From *The Economist* print edition.

② Economist（2005），*With a Pffffffft or a Fizzle*，Nov. 8，2005，From *The Economist* print edition.

表 3 显示，截止到 2005 年第一季度，与上年同期相比，累计涨幅最大的国家在过去一年中的上涨速度已经明显放慢，如澳大利亚、爱尔兰、英国；而美国、法国、丹麦仍然在保持强劲的增长。2005 年第二季度的数据显示，除去美国和丹麦之外，发达国家房地产市场已经开始降温，它们的房价增幅已经远低于上年度同期的增幅。其中，澳大利亚、英国的房价已经开始下跌。

这种变化也部分解释了很多国家经济增长的走势，如美国经济的强劲，英国与欧元区经济的走软。依据历史的经验，房地产市场泡沫崩溃所造成的影响要远大于股市泡沫崩溃的影响。IMF 所做的研究显示，如果发达国家房地产泡沫崩溃，其影响将是证券市场泡沫崩溃影响的两倍，并会诱发一场全球性经济衰退。[①] 在美国，2001 年以来所创造的新就业机会中有 2/5 是与房地产行业相关的。

全球房地产市场未来的走势一方面取决于其自身的周期规律，另一方面则取决于发达国家的货币政策。无论从哪个角度来看，其风险都在呈现不断扩大之势。问题的关键在于房地产市场能否实现软着陆。

五　国际贸易发展趋势与贸易保护主义风险

伴随全球经济增长率的放缓，2005～2006 年贸易增长速度也将会有所放慢。国际货币基金组织的预测结果是，商品与服务贸易量增长率将从 2004 年 10.3% 的水平分别回落到 2005～2006 年的 7.0% 和 7.3%。

值得关注的是，2005 年有可能成为这一轮国际商品价格周期的拐点，部分商品价格已经出现了回落迹象。2004 年非燃料商品价格增长率为 18.5%，预计 2005 年增长率为 8.6%，2006 年增长率为 -2.1%。[②]

国际贸易领域另一个值得关注的趋势是贸易保护主义的抬头。例如，欧盟对东欧国家的“社会倾销”（social dumping）的关注，因全球纺织品贸易自由化而引发的对中国纺织品出口的种种限制，等等。其中，最为引人注目的要属所谓“经济爱国主义”的抬头。

① Economist (2005), *House Prices: After the Fall*, June 16, 2005, From *The Economist* print edition.

② IMF (2005), *World Economic Outlook: Building Institution*, September 2005.

“经济爱国主义”源于法国总理多米尼克·德维尔潘。① 其基本信念是，强调国家王牌企业的“战略性质”，这些企业对本国的就业/经济/出口/文化重要至极，不能将它们交给外国“傻蛋”。近年来，在欧美这种倾向正在逐步演变为一股反全球化的贸易保护主义潮流。例如，法国阻止美国百事可乐公司对达能（Danone）公司的敌意购并，美国阻止中海油对优尼科公司的购并。

与以往的反全球化或贸易保护主义思潮相比，这种打着“爱国主义”旗号的新型贸易保护主义有很多自身的特点。第一，政治家，而不完全是社会的弱势群体，成为“经济爱国主义”的倡导者。这表明反全球化的力量在加强。第二，“经济爱国主义”涵盖的范围更广。它们并不局限于纯粹的贸易领域，而是扩展到了跨国企业购并。第三，把国家经济安全、民族自豪感等非经济因素明确纳入对外经济决策之中。

这种新型的贸易保护主义是否会诱发更广范围内的报复，结论尚不明确。但有一点是可以肯定的，它们在一定程度上都是全球贸易失衡和新一轮多边贸易谈判陷入僵局的反应。

新一轮多边贸易谈判原定在2005年底的香港会议上达成协议。但由于各方在农产品贸易自由化问题上的分歧，预定的目标已经不可能实现。自坎昆会议失败之后，整个谈判进程已经没有最后结束的期限。然而，2007年是美国政府拥有“快车道”谈判授权的最后期限。如果最终协议要得到美国国会的批准，整个谈判就必须在2006年底之前结束。鉴于谈判的分歧已经集中于一个特定的领域，并且双方的“出价”正趋于接近，2006年有可能完成多哈回合谈判，除非某些国家敢于承担多边贸易体制受阻的责任。

六 国际金融市场的发展趋势

2005年国际金融市场继续呈现出相对平稳的特征。

在汇率市场，2005年1~10月美元对欧元、日元的汇率稳步上升，尽管幅度不大。主要原因在于：第一，利率差扩大吸引国际资本流入美国。目前，美国的短期名义利率水平比欧元区高2个百分点，比日本高4个百分点。第二，美国经济稳步增长也在吸引长期投资者。第三，法国和荷兰的全

① 弗朗西斯科·格雷拉：《“经济爱国主义”不可取》，2005年8月23日〔英〕《金融时报》。

民公决相继否决了《欧盟宪法条约》，从而降低了人们对欧元的信心。第四，贸易盈余国继续购进美元资产，尤其是美国国库券。其中，中东石油出口国所积累的巨额石油美元走势最为受关注。与前两次石油危机阶段的做法不同，受“9·11”事件后西方国家扣押他们的石油美元存款影响，石油出口国这次并没有把石油美元存入西方国家银行。国际清算银行的统计显示，2001~2003 年 OPEC 国家在国际清算银行地区的银行存款是下降的。2004 年有所上升，但幅度不大。为此，很多人猜测，此轮油价上涨所积累的石油美元有可能通过美国以外的金融机构（如欧洲地区的金融机构）来购买美国的国库券。[①] 从而形成了世界油价上涨和美元走强的同步格局。但受全球经济失衡制约，未来美元持续大幅走强的可能性很小。与其他货币相比，如果日本中央银行不进行大规模干预，日元未来有可能走强。

全球股票市场总体呈现出小幅上升的格局。其中，日本和欧盟股票市场的涨幅相对较大；过去两年间，美国股票市场并未随经济的强劲复苏而出现同步增长。在宏观经济层面，美国经济保持了强劲的增长势头；在微观经济层面，美国公司的利润大幅提高。证券市场与实物经济的这种严重背离很大程度上是经济周期演变的结果。2000~2001 年的泡沫经济崩溃实际上是长周期的两个繁荣期的分界线。历史经验证明，在第一个繁荣期，证券市场通常会超过实物经济的增长速度，最终酿成泡沫；而在第二个繁荣期，证券市场通常会低于实物经济的增长速度。

以发达国家为主导的全球企业购并有开始升温的迹象。截止到 8 月份，2005 年全球企业购并的交易量较去年同期上升逾 43%，全球并购交易价值约为 1.8 万亿美元，相比之下，2004 年头三个季度的交易价值约为 1.3 万亿美元[②]。按照以往的走势，发达国家之间企业购并的升温会改变国际资本的流向，即流向发展中国家的直接投资相对份额下降。

总体而言，2005~2006 年全球经济走势相对平稳，但在这种平稳背后所酝酿的风险也越来越大。降低和化解这些风险需要国际社会的政策协调。这是当今世界经济领域的一项重大任务。

---

① Economist (2005), *Oil Producers' Surplus: Recycling the Petrodollars*, Nov. 10, 2005, From *The Economist* print edition.

② 詹姆斯·波利提、丽娜·塞格：《欧洲第三季并购金额超美》，2005 年 9 月 26 日〔英〕《金融时报》。

国别与地区

美国经济：稳定快速增长

○肖 炼　董 晶　林 杨

一　概　述

回顾2004年，美国经济在能源价格大幅上涨、财政赤字和经常项目赤字高涨、联邦基金利率不断上调的条件下，依然保持了高速增长，全年实际GDP增长4.2%，设备和软件投资、居民住宅投资、联邦政府国防支出和耐用消费品支出保持了较快增长，劳动就业形势不断好转，通货膨胀率维持在较低水平。在2004年我们曾经预测，美国经济2005年将继续保持高速增长，实际GDP增长率将超过2004年3.0%的水平，同时将超过3.1%的长期潜在水平，接近4.0%。这一预测与美国经济的实际表现基本吻合，只是实际情况比我们的预测更为乐观。

从2003年第二季度以来，美国经济实际GDP增长率已经连续9个季度超过3%，美国经济步入了稳定快速增长的扩张期。面对居高不下的油价和不断上升的利率水平，2005年美国经济继续稳定而强劲地增长，第一、二季度经济增长率分别达到3.8%和3.3%。经济增长的主要动力来自个人消费支出、设备和软件投资以及居民住宅投资。就业形势持续好转，新增就业人数保持在较高水平，失业率持续下降。通货膨胀率基本保持稳定，处于一个较低水平。

2005年上半年美国经济的总体特征表现为：①私人消费支出作为美国经济增长的主要动力继续快速增长，能源价格大幅上涨尚未对私人消费支出产生抑制作用。②美国企业继续保持对设备和软件的旺盛投资，企业盈利情况较好，利率成本上升尚未对美国企业的现金流平衡产生实质性损害，充足的现金流保证了美国公司拥有足够的投资能力，存货投资大幅下降，居民住宅投资依然保持快速增长。③劳动力市场继续稳步回升，新增就业人数保持大幅增长，失业率稳步下降。④劳动生产率增速出现放缓的趋势，通货膨胀率保持在较低水平。⑤经常项目赤字依然处于较高水平，但是出现了下降苗头。⑥美国政府削减财政赤字的努力取得了一定成效。⑦美联储以“保证经济最大程度可持续增长，预先遏制通货膨胀”为目标，继续遵循循序渐进的原则提高联邦基金利率，以将利率调整到一个适度的水平。但是，能源成本的不断上升以及国际金融市场可能发生的动荡仍然是美国经济继续快速扩张的潜在威胁。总而言之，2005 年美国经济表现良好，2006 年美国经济增长前景谨慎看好，经济将继续保持高速增长，实际 GDP 增长率将位于 3.0%～4.0% 这个区间。

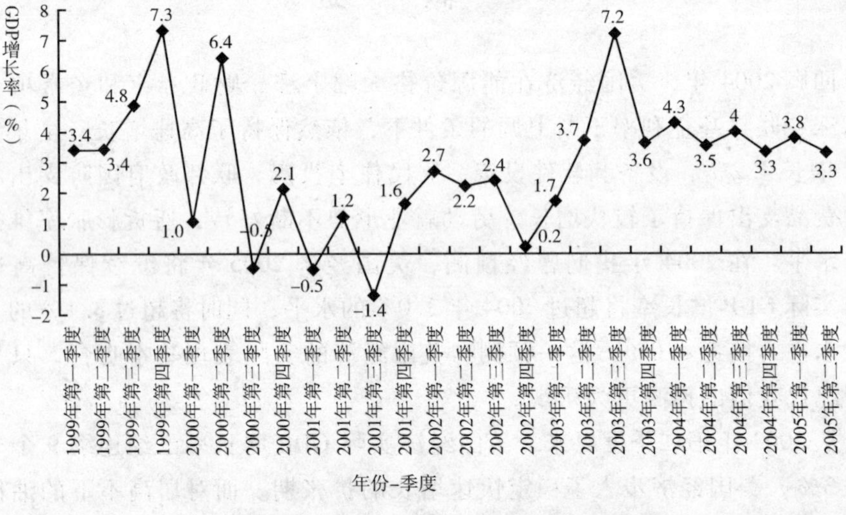

图 1　1999～2005 年美国实际 GDP 增长率

（经过季节调整，按年率计算的季度数据）

二　2005 年经济回顾

1. 私人消费支出继续强劲增长，能源价格大幅上涨尚未对私人消费支出产生抑制作用

私人消费支出在美国经济总量中所占比重最大，目前所占比重已经超过 70%，因此私人消费支出是影响美国经济总体表现的重要因素。2004 年，美国私人消费支出实际增长率为 3.9%，对实际 GDP 增长的贡献度达到了

2.71%。2005年上半年，私人消费支出继续保持快速增长，成为美国经济增长的最主要推动力，第一季度和第二季度实际私人消费支出的增长率分别达到3.5%和3.0%，对实际GDP增长的贡献度分别为2.44%和2.12%。

表1　2004～2005年美国实际GDP增长率

（按年率计算的季度数据，经过季节调整）

单位：%

	2004(1)	2004(2)	2004(3)	2004(4)	2004	2005(1)	2005(2)
GDP	4.3	3.5	4.0	3.3	4.2	3.8	3.3
私人消费支出	4.7	1.9	4.4	4.3	3.9	3.5	3.0
耐用消费品支出	4.4	0.4	10.8	5.5	6.0	2.6	7.7
非耐用消费品支出	6.6	2.6	3.9	5.5	4.7	5.3	3.5
服务支出	3.8	1.8	3.4	3.6	3.0	2.8	1.9
国内私人总投资	10.1	20.9	4.6	6.8	11.9	8.6	-3.3
非居民固定投资	7.9	13.5	11.8	10.4	9.4	5.7	8.4
建筑投资	-3.5	8.8	1.4	4.7	2.2	-2.0	2.7
设备和软件投资	12.0	15.2	15.5	12.4	11.9	8.3	10.4
居民住宅投资	5.2	17.8	2.6	1.6	10.3	9.5	9.8
商品与服务出口	5.0	6.9	5.5	7.1	8.4	7.5	13.2
商品和服务进口	12.0	14.5	4.7	11.3	10.7	7.4	0.5
政府消费支出和总投资	3.3	2.3	1.8	0.9	2.2	1.9	2.7
联邦政府	10.7	3.2	3.6	-0.6	5.2	2.4	1.6
国防支出	13.8	0.8	9.0	-3.3	7.0	3.0	2.4
非国防支出	4.9	8.1	-6.4	5.2	1.8	1.1	-0.1
州和地方政府	-0.7	1.8	0.8	1.8	0.4	1.6	3.3

注：根据美国经济分析局2005年9月公布数据整理。

虽然以石油为代表的能源价格不断高涨，使得能源消费占美国居民可支配收入的比例大幅上升，但是从目前情况看，能源价格上涨对美国私人消费支出的抑制作用尚未显现出来。面对高涨的能源价格，美国消费者之所以能够依然保持旺盛的购买力，主要有以下几个方面的原因：①虽然目前能源价格上涨很快，但是能源支出占美国家庭收入的比重低于20世纪80年代初石油危机时的这一比重。当前，美国家庭平均将5%的家庭收入花费在能源支出方面，较两年前上升了1%，但是仍然大大低于1981年8%的水平。②美国家庭通过少储蓄多借钱的方法来维持和提高消费能力，从而使美国经济克服了能源成本上升对消费支出的制约。一季度，美国家庭债务占税后收入的比重达到了创纪录的123%，虽然增长的债务大部分来自住房抵押贷款，但是排除住房贷款，美国家庭的债务水平也大幅上升了，6 月份非住房贷款债务增加了 145 亿美元，按年率计算增长了 8.2%。6 月份，美国私人储蓄率为0.0%，这是自 2001 年 10 月以来的最低水平。7 月份，美国的汽车销量按年率计算达到了创纪录的 2080 万辆，这意味着第三季度的美国私人储蓄率很可能变为负值。③处于低水平的抵押贷款利率提高了美国居民的再融资能力，促进了大量消费。2004 年，美国家庭通过再融资兑现 1390 亿美元，房屋净值贷款增加了 1780 亿美元，合并上述两项共增加 3170 亿美元，占 2004 年美国家庭可支配收入的 3.7%。这些额外增加的收入提高了美国家庭的消费能力。

即便目前高昂的能源价格和不断提升的利率水平对美国个人消费支出尚未产生实质性的负面影响，但是它们依然是影响美国私人消费支出增长和美国经济增长的不确定因素。如果油价上升到每桶 100 美元，那么能源支出占美国家庭收入的比重将达到 1981 年石油危机时的水平，很可能引发个人消费支出方面的衰退；另一方面，利率水平不断提升将增加消费者的借贷成本，抑制私人消费支出。如果利率水平缓慢提高，那么对消费支出造成的影响不会太大，但是一旦利率上升速度较快，那么消费支出将很可能大幅下降。

2. 企业继续保持对设备和软件的旺盛投资，企业盈利情况较好，利率成本上升尚未对美国企业的现金流平衡产生实质性损害

2005 年，美国私人企业的运行状况良好。2004 年第三季度以来美国非金融企业利润已经连续三个季度保持增长。2005 年上半年与上年同期相比，非金融企业利润一直保持两位数的增长，二季度非金融企业利润比上年同期增长 17.7%。目前美国公司现金流充足，一季度现金流增加 954 亿美元，二季度现金流增加 549 亿美元，充足的现金流表明企业具有较强的投资能力。到目前为止，美国利率成本的上升尚未对美国企业的现金流平衡产生实质性损害。

2005 年上半年，美国国内私人投资的最主要特征是二季度国内私人投资增长率显著下降。2005 年一季度国内私人投资增长 8.6%，继续保持了2004 年下半年大幅增长的态势，然而进入二季度，国内私人投资增长率骤然降为 -3.3%，相应的国内私人投资对实际 GDP 增长的贡献度从一季度的 1.42% 骤降至 -0.57%。

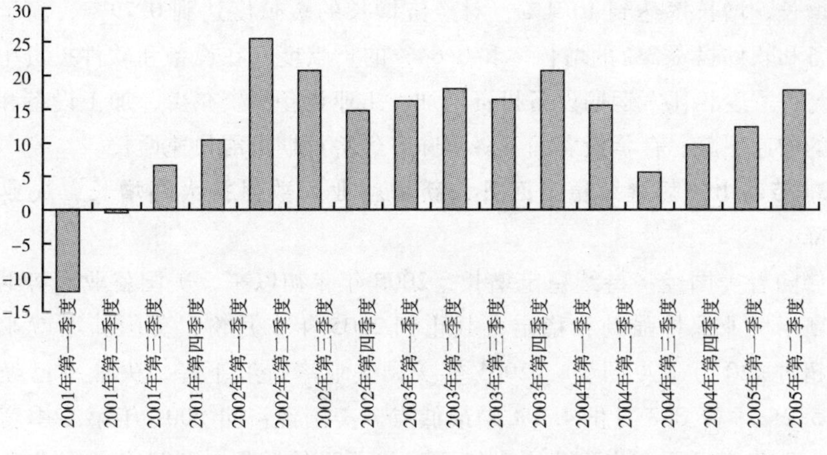

图 2　2001～2005 年与上年同期相比美国公司利润增长率（%）

资料来源：美国经济分析局，2005 年 9 月。

表 2　2004～2005 年美国总需求各部分对 GDP 的贡献度

（按年率计算的季度数据，经过季节调整）

单位：%

	2004(1)	2004(2)	2004(3)	2004(4)	2005(1)	2005(2)
GDP 增长率	4.3	3.5	4.0	3.3	3.8	3.3
私人消费支出贡献度	3.27	1.33	3.05	3.01	2.44	2.12
国内私人总投资贡献度	1.52	3.10	0.75	1.11	1.42	-0.57
其中：						
设备和软件	0.85	1.07	1.12	0.92	0.64	0.79
居民住宅投资	0.28	0.93	0.15	0.09	0.54	0.56
存货投资	0.48	0.87	-0.56	-0.03	0.29	-1.99
商品与服务净出口贡献度	-1.16	-1.37	-0.17	-0.98	-0.40	1.22
政府消费支出与投资贡献度	0.62	0.43	0.35	0.17	0.35	0.51

注：根据美国经济分析局 2005 年 9 月公布的数据整理。

第二季度美国国内私人投资增长率变为负值，实际 GDP 增长减速主要是由于私人存货投资的下降。一季度存货投资增加 582 亿美元，对实际 GDP 的贡献度为 0.29%；二季度存货投资减少 64 亿美元，对实际 GDP 的贡献度降到 -2.32%。存货投资下降的主要原因在于：①二季度出口增长率远远高于进口增长率，二季度出口增长率达到了 13.2%，这是自 2004 年以来的最高水平。进口增长率仅为 0.5%，是 2003 年以来的最低水平。②二季度设备和软件投资高速增长，增长率达到10.4%，对经济增长的贡献度达到0.79%，高于一季度设备和软件投资3%的增长率和0.64%的贡献度。在设备和软件投资中，二季度与一季度相比，运输设备投资增加，工业设备投资减少，加工设备和软件投资的增速下降。存货投资的下降意味着经济近期可能快速增长。

3. 劳动力市场继续稳步回升，新增就业人数保持大幅增长，失业率稳步下降

伴随着美国经济持续稳定增长，2005年年初以来，美国就业形势继续好转。新增就业保持强劲和稳定，截止到2005年8月份，美国新增就业人数已经超过220万（见图3）。2005年美国失业率持续下降，失业率已经从年初的5.2%下降到8月份4.9%的最低点。美国经济自2001年第三季度衰退以来，失业率经历了先稳步上升继而稳步下降的过程，2003年6月失业率达到6.3%的峰值（见图4）。虽然失业率持续下降，但是回复到经济衰退前的水平还需要一段时间。

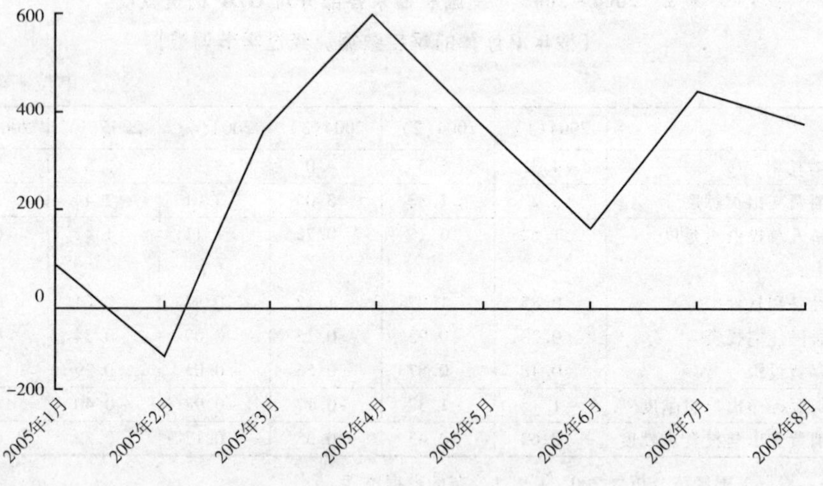

图3 2005年1月至8月美国新增就业人数（单位：千）

资料来源：美国劳工部，2005年9月。

4. 劳动生产率增速放缓，通货膨胀率保持在较低水平

自2004年第三季度以来，美国劳动生产率的增长速度开始放慢。2004年第二季度非农劳动生产率比2003年同期增长了4.2%，而2004年第三季度非农劳动生产率只比2003年同期增长了2.2%，从2004年三季度开始至

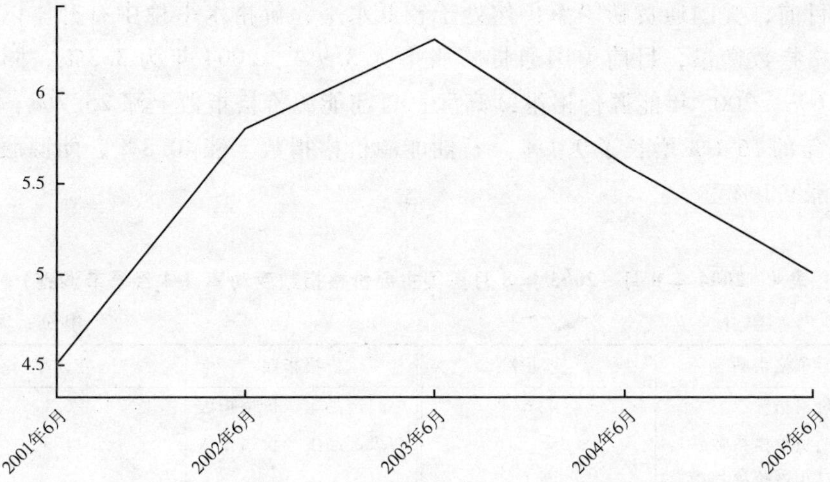

图 4　2001 年 6 月至 2005 年 6 月美国失业率（%）

资料来源：美国劳工部，2005 年 9 月。

2005 年二季度，这个增长率一直在低于 3.0% 的水平徘徊（见表 3）。2005 年二季度美国非农劳动生产率比上一季度增长了 1.8%，二季度产出和劳动时间分别比一季度增长 4.1% 和 2.2%。2001 年第一季度以来美国劳动生产率的平均增长率为 3.5%，可见，1.8% 的增长率是一个非常低的水平。

表 3　美国非农劳动生产率相对于去年同一时期的变化率

单位：%

时间		劳动生产率	产出	劳动时间
2003	一季度	2.0	1.7	-0.4
	二季度	3.5	2.5	-0.9
	三季度	4.8	4.2	-0.5
	四季度	5.0	4.9	0.0
	全年平均值	3.8	3.3	-0.5
2004	一季度	4.7	5.5	0.7
	二季度	4.2	5.5	1.2
	三季度	2.2	4.0	1.9
	四季度	2.6	4.3	1.7
	全年平均值	3.4	4.8	1.4
2005	一季度	2.9	4.4	1.5
	二季度	2.2	4.2	2.0

资料来源：美国劳工部，2005 年 9 月。

目前，美国通货膨胀率仍然处于较低水平，价格水平稳中有升。以消费者价格指数衡量，目前美国通货膨胀率为3.9%，2004年为3.3%，同比上涨0.6%。2005年能源价格继续高涨，目前能源价格指数上涨25.7%，同比2004年的16.6%增长了9.1%。石油能源价格指数上涨40.8%，能源服务价格上涨9.0%。

表4　2004年8月~2005年8月美国主要价格指数变动率（未经季节调整）

单位：%

价格指数	变动率	价格指数	变动率
消费价格指数	3.6	中间产品生产价格指数	6.1
核心消费价格指数	2.1	初级产品生产价格指数	11.3
制成品生产价格指数	5.1		

资料来源：美国劳工部，2005年9月。

按照消费支出类别划分，拉动消费者价格指数上涨的主要因素是交通运输成本、教育成本和医疗成本大幅上涨。截止到2005年8月份，在过去的12个月中，交通运输成本已经上涨9.1%，教育成本上涨6.1%，医疗成本上涨3.9%。交通运输成本上升主要由机动车燃油成本向上拉动，在过去的12个月中，机动车燃油成本已经上升了31.3%。

表5　2004年与2005年部分价格指数变动率比较

单位：%

价格指数	2004年	2005年*
消费价格指数	3.3	3.9
核心消费价格指数	2.2	2.0
能源价格指数	25.7	16.6
食品价格指数	2.7	2.1

资料来源：美国劳工部，2005年9月。

* 这列数据由2005年前8个月的数据经过季节调整按照年率计算而来。

目前美国经济中既存在诱发通货膨胀率加速的因素，也存在抑制通货膨胀率加速的因素。能源价格大幅上涨始终是诱发通货膨胀率加速的最主要因素，尤其是卡特里娜飓风又对居高不下的能源价格起到了推波助澜的作用。最近两年，美国进口价格指数的增长率始终在较高水平徘徊，从2003年8

月到2004年8月的12个月中，进口价格指数上涨7.1%，同期石油进口价格指数激增39.9%，而2004年8月到2005年8月这12个月中，进口价格指数更是上涨了7.8%，同期石油进口价格指数激增42.5%。此外，美元疲软也是进一步推高美国物价水平的因素之一。然而，单位劳动成本的缓慢上升又意味着美国目前的通胀压力并不是很大。目前，美国雇佣劳动成本指数的增长率为3.2%，劳动生产率增长率为2.2%，这意味着单位劳动成本的增长率只有1%，大大低于2.2%的通货膨胀率。

5. 经常项目赤字依然处于较高水平，但是出现了下降苗头

2005年上半年，美国经常项目逆差出现了下降趋势，一季度经常项目逆差为1987亿美元，二季度经常项目逆差降到1957亿美元，下降了30亿美元，经常项目逆差占GDP的比重从一季度的6.5%下降到二季度的6.3%。2005年一季度商品和服务净出口贡献度为-0.40%，二季度为1.22%，净出口增加成为拉动美国第二季度经济增长的主要动力。根据最新公布的数据，7月份美国的贸易赤字继续下降，贸易赤字从6月份的595亿美元下降到579亿美元，下降了16亿美元，出口增加4亿美元，进口下降11亿美元，贸易逆差的减少会支持第三季度的经济增长数据。但是由于飓风很可能导致美国增加石油及其相关产品进口，因此为美国进一步缩减经常项目赤字增添了不确定因素。

6. 以削减财政赤字为目标的财政政策取得一定成效

永久化减税和削减财政赤字是布什政府本届任期内的财政政策目标，在减税政策的制约下，削减政府财政支出成为美国政府削减财政赤字的主要途径。在削减财政支出方面，与国防支出相比，非国防支出项目成为主要的削减对象。2005年一季度和二季度政府消费支出和总投资分别增长了1.9%和2.7%，对经济增长的贡献度分别为0.35%和0.51%。二季度与一季度相比，联邦政府消费支出和总投资增长减速，增长率从2.4%降到1.6%，而地方州和政府消费支出与总投资则加速增长，增长率从1.6%提高到3.3%。值得注意的是，2005年上半年，联邦政府非国防支出增长缓慢，一季度增长率为1.1%，对GDP的贡献度为0.03%，二季度联邦政府非国防支出下降，降幅为0.1个百分点，对GDP的贡献度为0。这样的联邦政府非国防支出状况反映出，布什政府在紧缩财政支出方面侧重点不同，即在保持国防支出平稳增长的同时，压缩非国防支出，以进一步缩减财政赤字。可以预计，在联邦政府、州和地方政府面临高额财政赤字压力的情况下，政府消费支出和总投资仍然会保持小幅增长，甚至负增长。

在2005财政年度，美国政府在削减财政赤字方面取得了一定效果。2004财政年度，美国财政赤字为4130亿美元，占GDP的比重为4.5%，没有达到3.6%的财政预算目标。2005财政年度，美国政府财政赤字开始有了下降趋势，2005财政年度前11个月的财政赤字为3526亿美元，2004财政年度同期财政赤字为4375亿美元，下降了849亿美元，降幅达到19.4%。如果没有意外财政支出，在9月份美国通常是财政盈余的情况下，美国很可能在本财政年度完成或接近完成将财政赤字削减到占GDP比重3.5%的财政预算目标。

然而，就在2005财政年度即将结束的时候，卡特里娜飓风给本年度美国政府能否完成财政预算目标增添了不确定性。目前，布什政府已经拨款600多亿美元用于实施灾区的救援和重建工作，并且还将向国会提出更多的救灾拨款要求，这不但影响美国2005财政年度能否完成既定目标，也给布什政府在即将开始的2006财政年度增加压力。总的来说，尽管美国财政赤字规模很大，但是可控的。

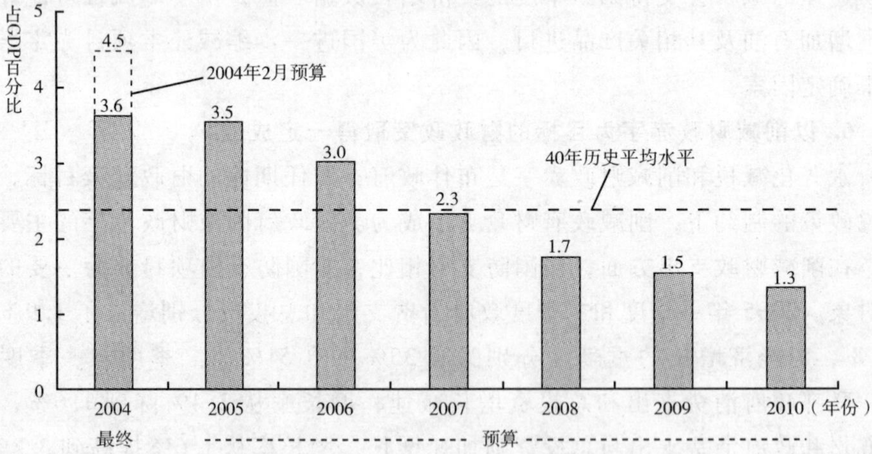

图5　2004~2010年美国财政预算展望

资料来源：白宫网站，2005年9月。

7. 为预先遏制通货膨胀，联邦基金利率继续上调

2004年6月，美联储开始新一轮升息，到2005年11月美联储已经连续12次升息，联邦基金利率达到4.0%。经济保持较高速度增长，失业率进一步降低，通货膨胀率温和的经济现状证明持续稳定的升息并没有对美国经济造成紧缩的压力。

卡特里娜飓风过后，9月份美联储是否继续加息引起了普遍关注。一些研究机构和舆论认为飓风对美国经济增长和就业产生了一定的负面影响，因此美联储应该暂缓加息以缓解飓风带来的上述负面影响。而最终美联储做出了继续加息的决定，这表明美联储对美国经济信心十足。美联储认为飓风对持续扩张的美国经济并不会构成实质威胁，美国经济仍然需要对可能加速的通货膨胀保持谨慎。

在4.0%的联邦基金利率水平下，美国经济的货币环境仍然比较宽松，存在利率进一步上升的空间。然而目前，美联储需要面对的主要问题是短期利率和长期利率走势相反，即短期利率上升，但是长期利率下降，例如10年期国库券收益率从美联储本轮紧缩货币时的4.8%降低到现在的4.22%。

长期债券收益率下降的主要原因在于大量流入的外国私人和官方资本增加了对美国债券的需求，债券价格提高，收益率下降。外国资本大量流入的主要动因是投资者为了获得利差收益而宁愿冒美元贬值可能引发的风险继续大量购买美国债券。以10年期国库券收益率为例，目前美国10年期国库券收益率是4.22%，虽然4.22%并不是一个非常具有吸引力的利率水平，但是比德国10年期国库券收益率（3.3%）高出近1个百分点，比日本（1.4%）高出近3个百分点。

美国20世纪60年代以来的数据表明，10年期债券收益率与联邦基金利率的差同GDP的增长率具有密切的联系。如果10年期债券收益率高出联邦基金利率一个百分点，那么接下来四个季度的实际GDP增长率将达到4.3%；如果10年期债券收益率高出联邦基金利率零到一个百分点，那么实际GDP的增长率将达到3.7%；如果10年期债券收益率低于联邦基金利率，那么实际GDP的增长率只有1.1%，大部分时间里还会出现经济衰退。

1960年代以来美国平均10年期债券收益率高出联邦基金利率一个百分点，现在10年期债券收益率与联邦基金利率的差是0.9%，但是由于长期利率存在下降的趋势，因而这个差变成负值的可能性增大了，而如果一旦变成负值，那么按照经验判断，这预示着美国经济的增长速度将放慢，这是美联储所不愿意看到的。因此，根据目前的种种因素判断，在今后一段时间内美联储将会继续升息，但是升息的底线是10年期债券收益率略高于联邦基金利率。

三　存在的问题

1. 房地产市场总体健康，但局部过热

2005 年，美国房地产市场受就业水平大幅提高和低利率推动继续保持增长，2004 年美国居民住宅投资增长了 10.3%，2005 年上半年继续保持了大幅增长，第一、二季度居民住宅投资增长率分别为 9.5% 和 9.8%，对经济增长的贡献度分别为 0.54% 和 0.56%。新房和二手房销售达到创纪录水平，与一季度相比，二季度新房销售额增长了 6.1%，二手房市场销售额增长了 5.6%。居民住宅投资成为近年来拉动美国国内私人投资，进而拉动美国经济增长的重要动力。因而，房地产市场的健康发展对美国经济至关重要。

当前美国房地产市场的突出问题是，最近几年美国房屋价格上涨速度过快，房屋价格与家庭收入的比率以及房屋价格与通货膨胀的比率已经超过近期历史的平均水平。目前美国住房的平均售价是美国家庭收入的 3.1 倍，而 1960 年以来的历史平均水平是 2.6 倍。人们越来越担忧美国的房地产业是否会像 20 世纪 90 年代末的互联网产业一样，由于泡沫的破裂而受到重创。

促成美国房地产价格快速增长的原因可以归结为房屋需求量大、消费升级以及建筑成本上升三大因素：①低利率环境和新型融资工具的出现刺激了住房需求的提高。大多数美国人对房屋价格的衡量不是根据购买房屋的总价，而是根据每月的还款额度。目前，美国 15 年和 30 年抵押贷款利率分别为 5.32% 和 5.74%，处于一个非常低的水平，相对于收入，低利率使得美国中等收入家庭具备了足够的每月还款能力，从而增加了住房需求。此外，美国抵押借贷市场上以只付利息贷款（interest-only loans）和利率可调抵押贷款（adjustable-rate mortgages，ARMs）为代表的新型金融工具的出现也刺激了美国家庭住房需求的提高。②剔除需求增加对房屋价格的影响，住房消费升级也促进了美国房屋价格的上涨。美国人现在热衷于购买面积更大、卫生间数目更多、车库面积更大、带有花岗岩厨房等其他更高级配备的房子，房屋质量的提高带动了房屋价格上涨，同时在收入水平不变的情况下，必然导致房屋价格与收入比率的上升。③20 世纪 90 年代末以来，由于建筑工人市场劳动力供给不足等原因，房屋建筑成本相对于收入停止了下降趋势，建筑成本的上升必然反映在房屋价格的提高上。

在房地产市场迅速膨胀的同时，存在的两个突出问题也为未来美国房地产的发展带来了潜在的威胁。①美国东西海岸城市（尤其是4个加利福尼亚州的城市和纽约城）房屋价格过高，房价增长速度过快，远远高于全国平均水平。经济一旦衰退或利率大幅上升，这些地方的房地产市场最容易受到影响而引发混乱，而这些重点城市房地产市场的混乱又足以引发全国房地产市场的混乱。例如，2004年纽约城房屋价格与收入比率是8.62，居全国第5位，1989~1998年纽约城房屋价格与收入比率的平均值是5.29，纽约城房屋价格需要下降38.6%，才能重新回到5.29这个历史平均值。②虽然固定利率贷款目前仍然是美国购房者贷款的主要方式，但是利率可调抵押贷款这种混合贷款方式从无到有，越来越受欢迎，目前已经占到新增贷款的35%。在这种贷款方式下，随着利率的上升，贷款人的还款额度也会上升，即便住房抵押贷款利率不上升，由于这种借贷方式使得贷款人以低于利率水平还款，因此本金会继续增加，那么也会迫使贷款人每月的还款额增加。如果抵押贷款利率缓慢而温和上升，不论是只付利息贷款还是利率可调抵押贷款，贷款人都应该能够支付每月还款。然而，一旦利率大幅度上升超过了预期，贷款人每月还款能力就会出现问题，从而引起一系列连锁反应。

虽然美国房屋价格上涨过快，虽然美国房地产市场面临上述潜在风险，但是分析美国房屋价格的历史走势和当前购房者的还款能力，可以认为美国房地产市场的总体表现是健康的，房屋价格在短时间内大幅下降的可能性不大，居民住房投资依然是美国经济增长的强劲动力。①从历史上看，美国房屋价格在达到高峰值以后通常会经历一个停止上升进而稳定的逐步调整过程，调整期大约会持续5年，以恢复常规的房屋价格与收入的比率。20世纪70年代末期和80年代末期，美国房屋价格在达到高峰值以后都经历了这样一个调整过程。因此，从这个角度看，美国房屋价格在达到最高点以后的调整过程是温和的，暴跌的可能性不大。②从目前的情况分析美国家庭具有较强的还款能力。超过30天的贷款拖欠率（delinquency rate）从2001年春天2.39%的高峰值下降到1.4%。目前购买能力指数（affordability index，根据购买中等房屋所需的月还款额衡量中等收入水平，这个指数越高，表明中等收入支付中等房屋月还款的能力越强）处于20世纪70年代以来的最高水平。事实上，在房屋价格上涨期间，由于人们很容易卖掉房子来偿还贷款，因此违约行为的发生率比较低。即便产生了违约行为，抵押品也足以弥补借款人的损失。

2. 卡特里娜飓风对美国经济的影响

在各方面主要数据显示美国经济正处于稳定扩张期的时候，卡特里娜飓风为2005年下半年的美国经济增添了一些不确定因素，可能对就业和物价产生负面影响。9月10日结束的这一周，美国申领失业保险的人数达到39.8万人，猛增7.1万人，申领失业保险人数增加的主要原因是卡特里娜飓风。据美国国会预算局的预测，卡特里娜飓风将使美国失业人数增加40万。然而与失业相比较，飓风导致的物价水平上涨对美国经济构成的威胁更大。卡特里娜飓风使拥有美国全国石油产量1/4的产油生产设施受到严重破坏，并削减了美国1/10的炼油能力，造成石油产品供给紧张，价格升高，进一步增加了美国的通货膨胀压力。美国每加仑汽油平均价格一周里猛升了46美分，涨幅高达17.6%，实为罕见。此外，对与灾后重建相关的建筑材料等物资需求的上升，很可能会抬高这部分商品的价格水平，但其价格上涨会滞后于石油价格的上涨。

虽然卡特里娜飓风造成了失业以及通货膨胀压力的增加，具有引发经济衰退的可能，但是从目前的情况看，由于美国经济具有较高的调整能力和承受能力，因此飓风引发经济衰退的可能性很小。如前所述，能源支出在美国家庭收入中所占比重没有达到历史高位，距离20世纪80年代石油危机时的水平还有一段较大距离；面临飓风来临之前长期居高不下的油价，美国消费者已经做了适应性的调整；宽松的借贷环境为美国家庭的适应性调整提供了可能。因此，目前油价的上涨幅度还不足以对美国个人消费支出产生实质的影响。此外，飓风过后的重建工作也将拉动一部分投资和消费。总之，卡特里娜飓风对美国经济的冲击只是一个短期的外部冲击，引发美国经济衰退的可能性很小。如果墨西哥湾地区的能源生产能够迅速恢复到灾前水平，那么风灾对美国经济的影响就会更小。

综合考虑以上因素，2006年美国经济将继续保持高速增长，在不存在突发事件的情况下，实际GDP增长率将位于3.0% ~4.0%这个区间。

欧元区经济：在困难中重获增长动力*

○ 姚枝仲

2004 年欧元区经济实现国内生产总值 76011 亿欧元，按不变价计算，比 2003 年增长 2.1%。[①] 与 2003 年相对于 2002 年 0.7% 的实际 GDP 增长率相比，2004 年欧元区的经济增长力度明显提高了。我们曾在 2004 年 9 月的欧元区经济分析中指出，“2004 年欧元区经济开始真正进入复苏阶段，以固定资产投资开始正增长为标志的欧元区经济开始了新一轮的周期性增长”。从目前的情况来看，上述判断还是比较正确的。但是，在 2004 年的分析中，我们关于 2005 年欧元区的经济增长状况可能会好于 2004 年的预测则不太准确。事实上，2005 年欧元区经济重新面临困难，上半年经济增长率显著下降。虽然下半年可望重新获得增长动力，但是 2005 年全年的 GDP 增长率还是会低于 2004 年。不过，鉴于目前的发展趋势，我们有理由对 2006 年欧元区的经济增长前景抱乐观态度。欧洲中央银行和国际货币基金组织也预计欧元区经济增长率在 2005 年出现一定程度的回落之后，会在 2006 年继续上升。其中欧洲中央银行最近预计 2005 年 GDP 增长率为 1.0% ~1.6%，2006 年为 1.3% ~2.3%；国际货币基金组织最近预计 2005 年 GDP 增长率为 1.2%，2006 年为 1.8%。[②]

一　2005 年总体经济状况

2005 年一季度欧元区实际 GDP 比 2004 年第四季度高 0.4%，2005 年第

---

* 中国社会科学院世界经济与政治研究所李向阳、宋泓在本文的修改过程中提供了许多建设性的意见，在此特表感谢。

① 如无特别说明，本文所引用的数据均来自 ECB，*Monthly Bulletin*，September 2005。

② 数据来自 IMF，*World Economic Outlook*，September 2005。

二季度的实际GDP又比一季度高0.3%。这表明欧元区的GDP仍然在持续增长。但是，从趋势上看，增长力度有所放缓。根据表1提供的数据，2005年一季度欧元区GDP按年率计算增长1.3%，低于2004年第四季度1.5%的增长率。2005年第二季度GDP增长率继续下降到1.1%。[①] 这一趋势表明，欧元区经济重新面临困难。这些困难的根源主要来自政治和经济两方面的冲击。其中政治上的冲击主要是欧洲宪法遭到法国和荷兰的拒绝所引起的对欧洲前景的悲观情绪；经济上的冲击主要是世界原材料和石油价格的上涨。

表1 欧元区主要宏观经济指标

单位：%

		2004Q2	2004Q3	2004Q4	2005Q1	2005Q2	2004M8
GDP增长率		2.1	1.8	1.5	1.3	1.1	
按支出	政府消费	1.4	1.1	0.6	0.9	0.9	
	居民消费	1.3	1.0	1.9	1.3	1.1	
	固定资本形成	1.3	1.4	1.1	0.8	1.0	
	出　口	7.9	6.4	6.1	3.7	3.2	
	进　口	6.2	7.9	7.4	5.1	4.6	
净出口/GDP		2.2	1.8	1.4	1.6	1.4	
物　价	消费价格指数	2.3	2.2	2.3	2.0	2.0	2.2
	工业品价格指数	2.0	3.1	3.8	4.1	3.9	4.0
	失业率	8.9	8.9	8.8	8.8	8.7	8.6
M3增长率		5.3	6.0	6.4	6.5	7.6	8.1

注：除净出口/GDP数据外，其他数据均为按年率的增长率。

资料来源：ECB，*Monthly Bulletin*，September 2005；ECB，*Statistics Pocket Book*，September 2005。

从支出构成来看，私人消费在2005年一季度比上一季度增长了0.2%，但二季度比上一季度下降了0.1%。可见，于2004年一季度出现的消费持续增长在2005年开始回落了。从同比来看，2005年一季度按年率计算的私人消费增长率为1.3%，比上一季度下降了0.6个百分点。二季度为1.1%，比上一季度又下降了0.2个百分点。私人消费的下降不仅表现在数据上，而且表现在消费者的心态上。到2005年三季度，消费者信心指数已经出现了连续三个月的下降。私人消费在欧元区GDP中约占57%的比例。因此，私

① 本文所引用的季度数据均为经过季节调整后的数据。

人消费的下降对欧元区经济的持续增长造成较大障碍。私人消费的下降反映了欧元区居民对未来收入并不乐观，而这种不乐观的预期主要来自政治问题引发的未来的不确定性。与私人消费的下降相反，政府消费则保持了一定的扩张力度。2005年一季度，政府消费比上一季度增长0.5%，二季度又比上一季度增长0.3%。从同比来看，2005年一季度政府消费按年率计算的增长率为0.9%，比上一季度提高了0.3个百分点。二季度继续保持了0.9%的增长率。政府消费增长的变化一直与私人消费相反，政府消费的增长虽然能在一定程度上平滑私人消费下降带来的影响，但是更多的是反映了欧元区自主消费下降这一现实。

欧元区固定资产投资在2005年一季度也出现了一定程度的下降，其按年率的增长率仅为0.8%，比上一季度下降了0.3个百分点。不过二季度固定资产投资增长率又回升到了1.0%的水平。投资增长的变化是判断欧元区经济状况的一个重要参考。2005年一季度欧元区的投资增长下降真实地反映了欧元区经济增长受阻的状况。但是欧元区的投资并没有回到2004年以前的负增长的轨道上去，反而于2005年二季度又出现了增长率的回升。这说明欧元区经济仍然处于2004年以来的增长周期当中。

外需也并没有像2004年那样成为拉动欧元区经济增长的一个主要力量。2005年前两个季度欧元区的进口增长率均要大于出口增长率。虽然2005年上半年欧元区仍然实现了累计净出口581亿欧元，但是净出口在GDP中的比例却从2004年的1.9%下降到了1.5%。净出口的下降也给欧元区的整体经济增长带来了不利影响。进口快速增长的原因主要是进口价格上涨过快和亚洲国家对欧洲的出口大幅增长所致，本文第四部分还会详细讨论这一问题。进口增长过快虽然不利于欧元区的经济扩张，但是也反映了欧元区经济需求旺盛，只是这些需求被区外商品的供给所平衡。

从增加值的角度来看，农业在2004年出现8.0%的强劲增长以后，2005年的增长率急剧下降。按年率计算，一季度仅增长0.8%，二季度更是低至0.2%。农业在欧元区增加值中仅占2.2%左右的份额，农业增加值的变化对整个欧元区增加值的影响不大。

工业增加值在2004年也出现了明显的上升势头，全年增长率达到了2.5%。但到2004年第四季度时增长率已经下降到了0.8%的水平。2005年一季度上升到了1.1%，二季度又下降到了0.8%。对GDP增长率的贡献也从2004年的0.6个百分点下降到了2005年上半年的0.2个百分点。建筑业在2005年一季度经历了0.9%的负增长以后，二季度又开始了正增长，其增长率为0.6%。建筑业的回升，反映了欧元区经济开始重新活跃。工业信心指数也在2005年的前两个季度出现了下降，但是三季度开始了回升。产能利用率从2004年的81.6%下降到了2005年一季度的81.5%，二季度继续下降到了81.1%，但是三季度回升到了81.2%。建筑业的重新活跃、工业信心指数和产能利用率的回升，表明欧元区经济在经历了2005年上半年的短暂困难以后，于第三季度开始了新的增长。企业资产负债状况的持续改善和盈利能力也能说明这一趋势。

服务业是欧元区经济中最大的产业，其增加值占欧元区增加值的70%左右，因而是左右欧元区经济活力的最重要的部门。2005年，商品流通、维修、旅馆、餐饮、运输以及通讯服务业基本保持了稳定。一季度按年率计算的增长率达到了2.9%，比上一季度高出了0.6个百分点，二季度又回到了2.0%的增长率。金融、房地产、租赁以及商业活动服务业在2005年一季度按年率计算的增长率达到了1.8%，比上一季度高出了0.2个百分点，二季度又回到了1.6%的增长率。公共服务部门的增加值增长率则有较大的回落。一季度按年率计算的增长率仅为0.6%，比上一季度下降了0.8个百分点。二季度的增长率仍然维持在0.6%的水平。总体来看，2005年二季度服务业增加值对GDP的贡献出现了0.1个百分点的下降。这对欧元区经济来说，并不是一个好消息。

对欧元区经济来说，最可喜的变化是失业率终于开始下降了。2005年上半年，欧元区共增加就业42.1万人，失业人口减少了39.6万人。失业率从2004年年末的8.8%下降到了2005年6月的8.6%，7月继续下降到8.5%。其中25岁以上的成人失业率从2004年年末的7.6%下降到了2005年7月的7.4%；而年轻人的失业率则从2004年年末的17.9%下降到了2005年7月的16.9%。男性失业率同期从7.7%下降到了7.4%；女性失业率从10.3%到了9.9%。欧元区经济终于结束了自2001年4月以来失业率不断上升的局面。而且失业率的下降是一个普遍现象，表明了经济和劳动力市场整体上趋于活跃，也表明了欧元区的结构改革开始取得成就。需要说明的是，2005年一季度，欧元区的年轻人失业率和女性失业率曾一度出现了上升，但是二季度又迅速降了下来。这表明欧元区经济在一季度确实遭遇了困难，但是从二季度开始经济重新出现活力。

2004年欧元区消费价格协调指数增长2.1%，用消费价格表示的通货膨胀率与2003年持平。2005年一季度消费价格协调指数的增长率为2.0%，比上一季度下降了0.3个百分点，二季度继续为2.0%。消费价格基本稳定在欧洲中央银行2.0%的目标水平。但是，三季度原材料和石油价格出现了快速上涨。2005年三季度非能源原材料世界市场价格指数上涨了11.6%，而一季度和二季度这一指数仅分别增长了1.9%和2.2%。同时，石油价格更是从2004年年末的34.5欧元/桶上升到了2005年9月的52.2欧元/桶。这样，三季度欧元区通货膨胀上涨较快。7月份消费价格协调指数上升了2.2%，9月份更是上涨了2.5%。受原材料和能源价格上涨的影响，欧元区的工业品生产价格指数也有较大的上涨幅度。2005年一季度该指数上涨了4.1%，二季度虽然回落到了3.9%，但是7月份又上升到了4.1%。原材料和能源价格上涨导致的通货膨胀对欧元区经济来说，是一个不利的因素。

二 《稳定与增长公约》改革与财政状况

财政问题一直是影响和制约欧元区经济的一个重要因素。2005年欧盟在财政问题上达成一致意见，即同意对《稳定与增长公约》的改革。这一改革对欧元区经济具有深远的影响。

为了协调成员国的财政政策、维持欧盟的稳定增长，1991年12月，欧盟首脑会议通过《马斯特里赫条约》（以下简称《马约》）。其中明确规定政府计划的或实际的赤字与GDP的比率不能超过3%；政府债务与GDP的比率不能超过60%（这里的政府包括中央政府、地方政府以及社会保障基金）。1997年6月欧盟首脑在阿姆斯特丹会议上通过《稳定和增长公约》，对不遵守《马约》规定的财政预算约束所采取的惩罚措施做出了安排。《马约》和后来的《稳定与增长公约》协调了各国的财政预算和财政政策，保证了欧洲货币区的顺利推进。

2001年以后，欧洲经济开始滑坡，各国开始采用扩张性财政政策刺激经济。2003年德国、法国、意大利和葡萄牙都突破了赤字约束，预算赤字达到或超过GDP的3%。欧盟的财政政策框架受到国家利益的挑战，尤其是成员国出现了不努力实现《马约》的倾向。在这一背景下，欧盟理事会于2004年6月发表声明，提议强化《稳定与增长公约》的执行。经过一系列讨论，欧盟的经济与金融委员会于2005年3月20日提交《关于改善执行〈稳定与增长公约〉的报告》。这一报告提出了若干改革《稳定与增长公约》的建议，并得到了欧盟理事会的签署。这一报告的内容现在已成为《稳定与增长公约》的一部分。

这次改革的主要内容是改善管理，强化预防性措施和改善纠正措施的执行。

在改善管理方面，主要是明确划分了成员国、欧盟理事会和经济与金融委员会的权利和责任。

在预防性措施方面，其变化主要是加强了对成员国预算状况的监管和经济政策的监督与协调。每个成员国都必须提交一份稳定与收敛计划，其中需详细规定他们的中期预算计划。在原来的《稳定与增长公约》中，中期预算目标被设定为“接近预算平衡或有预算盈余”，但是，并没有设定实现这一目标的路径。只有欧元区成员国于2002年10月同意一个安排：对于没有实现预算目标的欧元区成员国，必须按每年占GDP的0.5%的速度改善预算。

这次改革对中期目标的设定和实现路径进行了清晰的说明。其中，各成员国的中期目标可以有差别，而且可以依据当前债务水平和潜在经济增长率偏离“接近预算平衡或有预算盈余”的原则。中期目标的主要任务是确保实现3%的赤字比率上限，迅速实现公共财政的可持续性，同时允许一定程度的预算灵活性。对于欧元区国家来说，其中期目标可以介于“预算赤字为GDP的-1%和预算平衡或预算盈余之间”。

对于中期目标的实现路径，这次改革区分了不同时期的不同路径，即成员国在“好的时期”（good time）应该比在“差的时期”（bad time）付出更大的努力。其中“好的时期”被定义为“产出超过了潜在水平的时期”。对于欧元区成员国来说，必须按照每年占GDP的0.5%的速度改善预算状况以实现中期目标。对于没有按照所要求的路径改善预算状况的国家，必须说明理由。

另外，对于实行结构改革的国家，允许临时偏离中期目标和中期目标的实现路径。

在纠正措施方面，这次改革强调经济与金融委员会严格按照法律程序执行纠正措施。首先，经济与金融委员会对赤字过量的成员国提出削减过量赤字的建议，如果该成员国接受了建议，则会接受经济与金融委员会的监督。如果没有执行经济与金融委员会的建议或者执行不力，该成员国则会收到

“警告”，督促其采取措施纠正过量赤字，如果警告无效，就会采取制裁措施强制执行。

《稳定与增长公约》的改革虽然给予各国以更大的财政灵活性，但是同时也强化了财政纪律尤其是财政纪律的执行。

《稳定与增长公约》的改革是在欧盟面临严重的财政协调障碍情况下实行的。其中欧元区在2004年有五个成员国（德国、希腊、法国、意大利和葡萄牙）超出了3%的赤字限制，七个成员国（比利时、德国、希腊、法国、意大利、奥地利和葡萄牙）超过了60%的债务限制。而且欧元区作为一个整体，其赤字比率在2004年达到了2.7%，债务比率达到了71.3%。由于欧元区经济在2005年上半年又面临困难，因而预计2005年欧元区作为一个整体，其赤字比率和债务比率还会上升。但是，欧元区的很多国家在2006年的财政计划中已经开始采取了两方面的改变，一是从对税收的调整转向了对支出的结构调整，二是从临时的措施转向了结构性的、长期性的措施。应该说，这次改革对这种变化起了积极的作用。这种变化对促进欧元区的长期财政稳定和经济稳定具有深远的意义。

总体来说，《稳定与增长公约》的改革虽然在短期内，尤其是在目前难以取得显著效果，但是对于维持欧元区的长期稳定和提高欧元区经济活力方面（结构改革引起的）将发挥积极作用。

三　货币与金融市场

欧元区货币供应量（M3）的增长率于2004年5月下降到4.8%的近年来最低点，但是2004年6月份M3增长率很快上升到5.4%，此后一路上升，到2005年8月已达到了8.1%的水平。欧元区货币供应量的快速增长与欧洲中央银行自2003年6月以来一直维持较低的基准利率密切相关。

从M3的各组成部分的变化也能观察到欧元区货币供应量的加速增长是一个普遍现象。在M3中占48%左右份额的M1在M3的增长中做出了最大的贡献。其增长率从2004年6月开始上升，到2005年7月已经达到了11.1%。同时，其他短期存款（M2－M1）的增长率也从2004年6月1.7%上升到了2005年7月的5.3%。而可交易工具（M3－M2）的增长率则从2004年6月份的3.6%上升到了2005年7月的5.9%。货币供应量的更详细的分类也显示了同样的趋势。货币供应量的加速增长为欧元区提供了充足的流动性。这对于欧元区经济获得增长动力具有支持作用。

在货币市场上，利率变化出现了一些异动。一方面，短期利率仍然基本上保持了稳定；另一方面，长期利率在2005年7月份出现了上升，8月份继续了这一上升势头。长期利率的上升来源于市场对长期资金需求上升，反映了市场预期欧元区经济长期看好。这是欧元区经济恢复信心和重新获得增长动力的一个重要表现。

债券市场利率也反映了与货币市场同样的趋势。

欧元区股票市场在2005年也经历了很大幅度的上涨。道·琼斯EURO STOXX50从2004年12月的2926点上涨到了2005年9月的3351.8点，累计上涨幅度达到了14.6%。欧元区股票市场价格指数大幅度上涨主要体现了欧元区企业盈利能力的大幅度提高。

四 汇率、贸易与国际收支

受美国经常项目逆差不断扩大和美元贬值的影响，2002年4月，欧元汇率开始强劲升值。当月从1欧元兑0.8724美元上涨到1欧元兑0.9008美元，涨幅达3.3%。此后，欧元兑美元汇率节节攀高，于2004年12月达到1欧元兑1.2439美元的高峰。2005年伊始，欧元汇率继续走高，其中3月份达到1欧元兑1.3201美元的新高度。但此后，欧元汇率开始贬值，到7月份已经贬值到1欧元兑1.2037美元。不过8月和9月欧元又略有升值，9月份的欧元兑美元平均汇率为1.2256。

欧元兑美元汇率的贬值也带动了欧元有效汇率的贬值。2005年1～9月欧元名义有效汇率贬值了4.9%，按消费物价指数计算的实际有效汇率贬值了4.8%，按生产物价指数计算的实际有效汇率贬值了5.2%。

遗憾的是，欧元贬值并没有带来净出口的扩大。2005年上半年欧元区净出口占GDP的比例反而比2004年下降了0.4个百分点。

欧元区贸易顺差降低主要是进口快速增长带来的。而进口快速增长主要有两方面的原因：一是进口价格的快速上涨。2005年一季度，欧元区进口价格上涨了6.0%，而出口价格仅上涨了2.1%；二季度进口价格仍然上涨了5.8%，出口价格上涨率却下降到了1.7%。进口价格快速上涨主要是世界市场上石油和原材料价格上涨导致的。因为欧元区是原材料和石油的主要进口地区，而出口则主要以工业制成品为主。因此，石油和原材料价格上涨恶化了欧元区的贸易条件。同时，欧元贬值进一步加剧了贸易条件的恶化。这是欧元贬值不仅没有实现净出口扩大，反而出现了净出口缩小的主要原因之一。二是中国、日本等亚洲国家对欧元区的出口快速增长。亚洲尤其中国的高速增长带来的生产能力和生产效率的快速提高，对发达国家也包括欧元区的出口都出现了高速增长。

贸易顺差的减少，加上投资收益项目大额收入流出，欧元区经常项目顺差显著降低，并于 2005 年二季度出现了 136 亿欧元的经常项目逆差。这是自 2003 年三季度以来首次出现经常项目逆差。

与经常项目出现逆差相反，欧元区的资本与金融项目却出现顺差大幅度增长的现象。2005 年一季度资本与金融项目顺差 356 亿欧元，而 2004 年全年的顺差也只有 119 亿欧元。二季度资本与金融项目顺差进一步增加到 388 亿欧元。欧元区是对外直接投资的主要来源。2004 年欧元区对外净直接投资达 781 亿欧元，2005 年一季度对外净直接投资为 241 亿欧元，二季度仍达 115 亿欧元。欧元区的资本与金融项目顺差主要是由证券投资和其他投资两种渠道带来的。其中一季度通过其他投资净流入欧元区的资金有 585 亿美元，二季度通过证券投资净流入欧元区的资金有 1143 亿美元。

从经常项目逆差和对外净直接投资这些基本的国际收支账户来看，欧元仍然需要贬值。但是，由于有大量证券投资和其他投资资金流入来支持欧元区的经常项目逆差和对外直接投资，欧元并不必然就会贬值。同时，受美元贬值预期的影响，欧元汇率的变化变得更加令人难以琢磨。欧元汇率不稳定和预期不确定将是未来影响欧元区经济的一大因素。

另一方面，从欧元区国际收支格局来看，欧元区正在逐步像美国一样享受其货币作为国际货币带来的好处。欧元区依靠低成本的证券融资和其他投资（包括货币和存款等）融资来支持其购买区外产品和进行高收益的对外直接投资。在这个过程中，欧元区将获得巨大的福利。但是，欧元区还远远没有享受到美国从美元中得到的那么大的利益。美国尽管已经是世界上最大的净债务国，但是每年还能获得几百亿美元的对外投资收益。这意味着，美国虽然从国外借钱，但是不需要付利息，而且其他国家还倒贴利息给美国。欧元区就没有这么幸运。欧元区总体上还是一个经常项目顺差的地区，也就是说还要积累对外债权。虽然现在可以用低成本的方式融资支持高收益的投资，但是在总体上欧元区一直对外支付投资收益，而且随着 2005 年资本流入速度加快，欧元区对外支付的投资收益也呈增加趋势。

五 经济增长前景

受石油和原材料涨价、内需不旺、欧盟宪法遭法国和荷兰反对造成的对欧盟前景信心的打击等影响，刚刚在 2004 年迈上新一轮增长周期的欧元区经济在 2005 年上半年又陷入了困境。但是，2005 年下半年，欧元区经济又出现了积极的变化，未来欧元区的经济前景面临以下几个积极因素：①企业的资产负债状况持续改善，盈利能力增强，工业信心指数和产能利用率回升，欧元区经济重新出现了活力。②企业对欧元区经济前景看好，投资开始回升。这是支持欧元区经济恢复增长的重要因素。③劳动力市场更加富有弹性，失业率开始下降，就业增长迅速，小时劳动成本降低，这将极大地促进欧元区经济的继续增长。④欧洲中央银行持续的低利率政策和加速的货币扩张，为欧元区提供了低成本的融资方式和充足的流动性。在这些因素的共同作用下，可以发现欧元区经济在度过了艰难的 2005 年上半年以后将重新获得增长活力，重新进入加速增长的轨道。可以预计，2006 年的欧元区经济状况在总体上会好于 2005 年。

但同时，欧元区经济也面临一系列的风险和不利因素：①石油和原材料的价格波动将可能继续制约欧元区的经济稳定和经济增长。这可能是欧元区经济中一个最大的不稳定因素。②受美元汇率不稳定和欧元区自身国际收支状况的影响，欧元汇率仍然可能大幅度波动，这可能成为影响欧元区经济稳定的又一个不确定因素。③欧盟《稳定与增长公约》改革虽然部分提高了各国的预算灵活性，并在长期内有利于欧元区的稳定与增长，但同时也强化了财政纪律，这在短期内会制约欧元区成员国依靠财政政策来促进经济增长的空间。④欧洲中央银行实行通货膨胀目标制度的货币政策框架，其目标通货膨胀率为消费物价协调指数增长 2%。但是受石油和原材料价格上涨的影响，8 月份的消费物价协调指数增长已达 2.5%。如果通货膨胀率继续上涨，可能引发欧洲中央银行提高利率和紧缩货币，这将制约欧元区的经济恢复和经济稳定。

日本经济：保持稳定的增长势态

○ 周 见

日本经济形势从2002年开始逐步趋于好转，到2004年国内生产总值（GDP）实际增长率已连续三个财政年度保持正增长。而从2005年上半年的情况来看，景气状况仍然较为平稳，宏观经济指标在总体上好于当初的预测（在《2004～2005年：世界经济形势分析与预测》中，我们曾预测2005年日本的个人消费会略有增加，对外出口也将保持较大的增长幅度，但对民间企业设备投资增长的估计则比较悲观，认为可能会出现明显下降，故预测2005年日本经济要保持2004年的增长水平比较困难）。按照日本十家主要民间研究机构做出的最新预测，2005年度日本经济增长幅度将与2004年度基本持平，GDP的实际增长率有望保持在1.83%左右（预测的平均值）。① 日本经济表现出的这一增长势态说明长达十余年之久的产业结构调整和体制改革已见成效，景气循环的基础条件和过程将恢复正常。

一 经济增长的基本状况

不久前日本内阁府公布的国民所得统计速报（见表1）显示，2005年一、二两个季度日本GDP实际增长率分别为1.3%、0.8%，按年率换算分别为5.4%、3.3%。从内容上看，除了受紧缩财政政策的影响，政府消费和公共投资继续处于负增长状态之外，个人消费支出、民间企业设备投资以及对外纯出口这三个决定经济增长状况的主要方面均不同程度地保持了正增长。

---

① 2005年8月18日《朝日新闻》。

表1　日本国内总生产（GDP）统计

单位：万亿日元，%

项目＼年度	2004年		2004年			2005年		
	名　义	实　质	4～6月	7～9月	10～12月	1～3月	4～6月	贡献度
国内总生产	505.5222	534.0471	532.9151	531.8875	532.6190	539.7108	541.1544	0.3
	0.8	1.9	－0.3	－0.2	0.1	1.3	0.8	
年率换算成长率	—	—	－1.2	－0.8	0.6	5.4	3.3	
个人消费	285.8089 (0.7)	296.1614 (1.2)	296.3317 (－0.1)	296.3055 (－0.0)	295.3852 (－0.3)	299.0262 (1.2)	301.2632 (0.7)	0.4
民间住宅投资	18.2701 (2.6)	18.6491 (2.1)	18.5608 (1.3)	18.6883 (0.7)	18.7944 (0.6)	18.5421 (－1.3)	18.1135 (－2.3)	－0.1
民间企业设备	78.3914 (4.0)	86.1183 (5.2)	85.3197 (3.2)	85.4143 (0.1)	85.5895 (0.2)	87.8909 (2.7)	89.8101 (2.2)	0.3
民间库存增加	1.1569 (－)	1.4091 (－)	0.5369 (－)	0.2616 (－)	1.2180 (－)	2.6810 (－)	－0.0421 (－)	－0.5
政府消费	89.5185 (1.7)	92.8424 (2.7)	92.2096 (0.7)	92.4526 (0.3)	93.0340 (0.6)	93.6178 (06)	93.4621 (－0.2)	－0.0
公共投资	23.2843 (－14.5)	23.9776 (－15.1)	24.3444 (－17.2)	23.9159 (－1.8)	23.8765 (－0.2)	23.7708 (－0.4)	23.4561 (－1.3)	－0.1
公共库存增加	0.1628 (－)	0.0971 (－)	－1.5 (－)	0.1202 (－)	0.1579 (－)	0.1302 (－)	0.1037 (－)	－0.0
净出口	8.9294 (－)	14.9747 (－)	15.7270 (－)	14.9475 (－)	14.8435 (－)	14.4053 (－)	15.4514 (－)	
出　口	67.0387 (11.0)	70.4064 (11.9)	69.5440 (3.0)	69.9914 (0.6)	70.0670 (1.5)	71.0077 (－0.1)	72.9776 (2.8)	0.4
进　口	58.1093 (13.5)	55.4317 (9.3)	53.8169 (1.9)	55.0440 (2.3)	56.2236 (2.1)	56.6024 (0.7)	57.5263 (1.6)	－0.2

注：1. 以2000年为基期；2. 单位为万亿日元；3. 季度数值为季度调整后的年率换算数字（实际数字）；4. 括号内数字为与上一年度或上一季度相比的增长率；5. 2005年4～6月国内总生产比1～3月增长0.8%，按年率换算为3.3%，为后来发表的修正数字，见2005年9月13日《日本经济新闻》。

资料来源：2005年8月13日《日本经济新闻》。

1. 个人消费支出的增长

2004年个人消费支出的实际增长率为1.5%，情况好于2002年和2003年，但受地震和台风等自然灾害因素的不利影响，第四季度下降了0.3%。而进入2005年之后，情况明显好转。一季度的增长率为1.2%，二季度的增长率为0.7%，对GDP增长的贡献度分别为0.7、0.4。[①] 一季度增长幅度较大，在一定程度上带有“反弹”性质，而二季度的个人消费支出能够继续保持增长，除了得益于夏季天气炎热这一因素之外，更主要的是依靠就业形势和收入状况这两个基础条件的改善。据统计，近两年来反映就业状况的主要指标即招工比率（企业招工人数与申请求职人数之间的比率）提高的很快，2002年为0.56、2003年为0.69，而到了2005年4月则上升到0.94。[②] 也就是说，在三年之间，可以获得工作岗位的人在求职者中的比重已由56%提高到94%；而伴随着企业经营状况的好转，从业人员的报酬，尤其是奖金也有所增加。应该说，这两个基本条件的改善不仅使国民控制消费支出的心理得到了进一步缓和，同时也提高了消费支出的能力，对于个人消费支出的增加将起到很大作用。

2. 民间企业设备投资的增长

2003年和2004年，民间企业设备投资的实际增长率分别为8.5%、7.5%，考虑到民间企业设备投资已经连续两年增长幅度较大，大多数研究机构曾估计，从2005年开始日本民间企业设备投资将进入间歇和新的调整阶段，很难指望继续保持增长。但目前的实际情况则与此相去甚远。如表1所示，2005年第一、二两个季度民间企业设备投资的实际增长率分别为2.7%、2.2%，对GDP增长率的贡献度分别为0.3。民间企业设备投资之所以能够继续保持较大幅度的增长，其原因主要来自三个方面：①经过长期调整，企业设备过剩、债务过剩以及人员过剩的现象已大为缓解，经营状况普遍好转，经常收益连年增加。按日本经济新闻社的统计，2003年度和2004年度上市企业经常收益决算额分别增加了38.3%、20.0%，这种情况为设备投资的增加提供了有利的条件。②银行的贷款利率较低，而且由于不良债权的处理已基本告一段落，对企业贷款的态度比较积极。③汽车、半导体电子通讯、钢铁等产业以及电力、通信情报等非制造业的市场需求状况依旧看好，设备运转率保持了较高的水平，对刺激设备投资的增加也起到促进作用。按照日本政策投资银行前不久公布的调查结果，2005年度大企业设备投资的计划额（全产业）将比2004年度增加11.6%，[③] 而这种情况是20世纪90年代以来未曾出现过的。

---

① 2005年5月18日《日本经济新闻》。

② 《东洋经济统计月报》2005年8月号，第61页。

③ 2005年8月4日《朝日新闻》。

3. 对外出口的增加

近两年来，日本对外贸易的扩大一直相当迅速，2004 年对外纯出口实际增长率为 27.8%，[①] 虽然比 2003 年有所下降，但增幅之大依然可观。而进入 2005 年后，出口增长势头一度受挫，第一季度比 2004 年第四季度下降了 0.1%，但第二季度明显好转，比一季度增加了 2.8%。进口在一、二两个季度分别增加了 0.7%、1.6%，对外纯出口一季度减少了 3%，二季度增加了 7.2%，从总体上看，进出口贸易的增长仍然较快，这主要得益于对亚洲钢材出口和对北美国家汽车出口看好。但值得注意是，与 2004 年上半年相比较，对外贸易顺差额下降幅度较大，为 26.4%，[②] 其主要原因是，原油进口价格大幅上涨、对欧元地区出口的减少以及来自亚洲、中国的进口增长比较迅速。日本的研究机构普遍认为，对外贸易顺差额下降的趋势在年内很难扭转，因此外需对于经济增长的推动作用将不及 2004 年。

从以上三个方面的情况可以看出，2005 年仍将是日本经济形势较好的一年。但另一方面正如表 1 所反映的那样，民间住宅投资连续两个季度出现下降，企业物价指数和消费者物价指数都没有恢复到 2000 年的水平（如以 2000 年为基期 100%，2005 年 4 月企业物价指数和消费者物价指数分别为 97.5%、97.9%），[③] 而实际增长率高于名义增长率的现象在 2005 年内仍将继续存在，这说明市场需求疲软的状况还没有得到改变。

二　重建财政与数量缓和政策的调整

2005 年是小泉内阁将重建财政方针进一步引向深入的一年。为了在五年后实现基础财政收支顺差这一长远目标，政府编制了紧缩性的预算方案，严格控制财政支出，除了社会保障、国债偿还费用等必须保证的支出项目外，对其他项目的支出都做了较大幅度的削减，如公共事业相关费用削减了 3.6%，文教科技振兴费用削减了 6.7%，对外经济援助费用削减了 3.7%，等等，因此 2005 年度财政预算支出的增加相当有限，仅为 0.1%。这样，与五年前相比较，预算中用于公共事业相关费用以及对外经济援助费用已经分

① 《东洋经济统计月报》2005 年 8 月号，第 53 页。

② 2005 年 7 月 21 日《日本经济新闻》夕刊。

③ 《东洋经济统计月报》2005 年 8 月号，第 60 页。

别减少了20%、25%，[①] 财政预算规模大体缩小到1990年时的水平。

重建财政是小泉内阁的既定施政方针，但值得注意的是，在2005年6月政府经济财政咨问会议提出的《经济财政运营基本方针2005》（以下简称《基本方针2005》）中，对重建财政做了新的说明和部署。《基本方针2005》首次明确提出，建立小型而又高效率的政府部门是重建财政的基本出发点必须遵循的原则，并提出如下几项主要任务：①准备在2005年度内向国会提出《市场化试验法案》（即指向民间开放政府官营事业的法案）；②削减政府的人事费用总额，确定减少国家和地方自治体公务员编制的目标；③在一年内公布政府预算收支改革工程的方案；④确定医疗费合理化的目标，从2006年度开始进行医疗制度改革；⑤积极推进青年人自立挑战行动计划；⑥研究制定有关接受非专业技术外国人劳动者在日本就职的政策；⑦将对发展中国家援助额保持在一定水平之上（大体相当于国民所得总额的0.7%）。在政府经济财政咨问会议提出《基本方针2005》的同时，政府税制调查会（政府的另一个咨问机构）发表了一份有关继续进行税收制度改革的报告。该报告认为，由于近些年相继采取了一些减税措施，国家财政筹措财源的机能明显下降，而这种情况很难适应少子高龄化社会到来的需要，因此在近几年内有必要改革一些与个人和家庭所得相关的减免税制度，从2006年度起，废除带有景气对策性质的减税制度，并开始减少所得税（国税）增加居民税（地方税），以改变中央政府和地方政府的财政关系。此外，应当特别提及的是，小泉内阁重建财政的施政方针在2005年里经历了一次十分严峻的考验。众所周知，执政的自民党内对如何进行财政改革的问题一直存在意见分歧，而以邮政事业民营化法案的制定和议会表决为焦点，这一分歧发展到了无法调节、势不两立的程度，以至于小泉首相不得不做出解散众议院的决定，以重新进行众议院议员大选的方式让国民做出裁判（有关经过请参见本文“2005年重大经济事件”部分）。

近几年来小泉内阁在坚持紧缩性财政政策的同时，一直把实行所谓的数量缓和货币政策当作刺激景气恢复的最主要手段。日本银行与其相配合曾反复强调，只要物价恢复不到正增长的水平上，就不会改变将短期利息率控制在零水平上的政策，并通过加大公开市场操作的规模，增加国债和其他金融工具的购买量，来不断增加各金融机构在日本银行的经常账户储蓄金余额，

① 2005年8月20日《朝日新闻》。

到 2004 年初时已把其操作目标提高到 30 亿～35 亿日元之间，并一直按此目标进行实际操作。然而值得注意的是，进入 2005 年之后这种情况发生了微妙的变化。其主要表现是，尽管日本银行仍反复强调，在物价水平没有恢复到正增长的情况下，尚不能考虑下调经常账户储蓄金余额的操作目标，但事实上到目前为止，经常账户储蓄金余额没有达到操作目标的现象已经发生多次。例如，6 月 9 日日本银行预定购入兑现期限为 8 个月的票据 1 万亿日元，而金融机构向日本银行提出的申请额仅为 0.7 万亿日元。有分析认为，这种现象的出现主要原因在于，伴随民间金融机构经营状况的明显好转，其面临的流动性风险大为减轻。[①] 也就是说，在有大量不良债权需要处理的情况下，对于民间金融机构来说，利用日本银行的零利率政策，大量筹措资金以缓解面对的流动性风险无疑具有充分的合理性。而从 2004 年秋季以后，由于民间金融机构的不良债权问题已经基本得到解决，流动性风险随之大为减轻，这样，在日本银行经常账户上是否有必要继续维持远远超过规定数量的储蓄金余额便成了需要重新考虑的问题，因为这部分资金毕竟无利可图。显然，这种情况的出现给日本银行出了一道难题。因为对于日本银行来说，要使经常账户储蓄金余额的操作目标完全兑现需要采取新的措施，例如进一步延长资金供给的操作期限，保证金融机构向日本银行出售的证券有利性等，但问题在于这种与市场实际需要并不一致的资金供给毕竟有其副作用，它可能会使市场机能受到人为的扭曲。而另一方面，不能不考虑的是，物价水平虽然有所提高，但同样没有达到期待的目标，因此时下解除数量缓和政策或者下调操作目标的条件还显得不充分。由此可见，日本银行对经常账户储蓄金余额没有达到操作目标的现象采取容忍态度实际上是一种试探性的选择，带有投石问路的色彩，说明日本银行金融政策的调整正处于进退两难的时期。

三　2005 年重大经济事件

1. 金融机构对大量不良债权的集中处理告一段落

众所周知，巨额不良债权的存在是泡沫经济破产留下的一个毒瘤，也是 20 世纪 90 年代以来日本金融机构曾长期陷于危机状态的一个重要原因。按

① 2005 年 7 月 1 日《日本经济新闻》。

照日本有关部门的估计，在不良债权余额最多时的 1997 年 9 月曾高达 76.7 万亿日元。[①] 为处理如此之巨的不良债权，政府和民间金融机构投入了大量的资金，付出的代价十分沉痛。2001 年小泉内阁上台之后，提出要加速不良债权的处理，为此成立了产业再生机构，专门负责帮助银行等金融机构对不良债权处理和一些企业渡过返还债务的难关。与此同时，处理不良债权所需要的经济条件也发生了很大变化。伴随着景气的持续恢复，企业经营状况的普遍好转，债务的偿还能力明显提高；而另一方面，金融机构经常收益的大幅增加也为加大不良债权的处理力度提供了条件，从而使不良债权的处理取得很大进展。按照日本金融厅发表的数字，到 2005 年 3 月末为止，日本民间金融机构不良债权的余额为 24.9 万亿日元，比一年前下降了 28%，其中全国性大银行不良债权的余额为 7.6 万亿日元，比 2004 年下降了 45.2%，地方性银行不良债权的余额为 10.4 万亿日元，比 2004 年下降了 19.0%。全国性大银行和地方性银行的不良债权比率分别为 2.9%、5.5%，提前达到了政府的预定指标。[②] 在不良债权余额大量减少的同时，自有资本比率这一反映银行经营基本状况的另一个重要指标也进一步得到改善。2005 年 3 月全国性各大银行自有资本比率分别在 9% ~12% 的水平上，高于 8% 这一政府规定的标准。[③] 据此人们普遍认为，不良债权的大量处理到此告一段落，日本的金融机构已从后泡沫经济的阴影下摆脱出来，开始进入新的发展时期。

2. 新《公司法》的成立

2005 年 6 月 29 日，日本议院正式通过了新制定的《公司法》。长期以来，日本企业经营活动的法律依据主要是战后初期重新修改的《商法》和战前制定的《有限公司法》，而这次新通过的《公司法》将前两个法律相关部分合为一体，并做了大量的修改和补充。新《公司法》有以下几个要点值得注意：①废除有限公司制度，实行单一的股份公司制度（现存有限公司可不必更改名称继续从事经营活动）；合名公司和合资公司制度继续有效。②废除股份公司最低资本金数额限制（不得低于 1000 万日元）制度。③股份公司形式分为两种，一种公司为限制股份转让公司，其股份的转让须得到公司

① 戎殿新、谈世中主编《东亚金融风暴的重新审视》，中国言实出版社，1998，第 149 页。
② 2005 年 7 月 30 日《日本经济新闻》。
③ 2005 年 5 月 15 日《日本经济新闻》。

认可；另一种为公开公司，部分股份可自由转让。④利润分红经董事会决定可随时进行，但纯资产在300万日元以下的公司不得进行利润分红。⑤公开公司董事的人数为3人以上（含3人），并构成董事会；限制股份转让公司可不设董事会，董事可以采取一人制。两种公司原则上实行过失责任制。⑥简化了企业合并相关手续，等等。应该说，新《公司法》出台是日本实现公司法制现代化的重要举措，它与以前的公司相关法律不同，用现代文书写而成，通俗易懂，便于理解和掌握；它对以前的公司相关法律中一部分失去合理性或者必要性的内容做了修改和补充，以适应时代变化和企业活动条件宽松化的要求，这些对于调动企业活动的积极性，促进经济的持续发展都将起到重要作用。

3. 邮政事业民营化法案在参议院遭到否决

邮政事业民营化是小泉内阁实行财政改革的一大重点工程，也是关系到所有日本国民日常生活的大事。经过长时间的酝酿和准备，小泉内阁于2004年9月正式确定了邮政事业民营化的具体方案。

该方案的主要内容包括以下三个方面：①按现有邮政事业具有的基本机能，分别设立窗口网络、邮递事业、邮寄储蓄、邮寄保险四个独立的股份公司法人；除邮递事业公司外，其他三个公司是否按地区再进行组织形式上的调整，将由其经营领导者自行决定。②为了确保民营化以后各公司在经营上的一体性，国家设立以上述四个公司为子公司的持股公司。持股公司全额持有窗口网络公司和邮递事业公司的股份，上市出售邮寄储蓄公司和邮寄保险公司的股份，实现民有民营。国家持有持股公司1/3以上数额的股份（发行完毕股份）。③民营化以后，现邮政公社的职员将全部脱离国家公务员的身份。但是，由于这一改革方案是在执政的自民党内存在很大分歧的背景下确定的，因而导致自民党内矛盾激化，一部分自民党议员不顾小泉以及其他自民党要员的说服和警告，坚持反对上述改革方案的政治主张，并与民主党等在野党议员一样，在2005年7月国会进行议案表决时投了反对票，使小泉内阁提出的《邮政事业民营化法案》在参议院的表决中没有获得通过。这种罕见的政治局面使小泉内阁感到十分尴尬，只能宣布解散众议院，以重新进行众院议员大选的方式问卷国民。所幸，在9月11日的选举中，自民党获胜，获得了291个席位，大大超过了众议院通过法案所需要的半数以上的席位（241席），这意味着在9月下旬即将召开的特别国会上，邮政事业民营化法案的通过已经成为定局。自民党在这次众议院的重新选举中之所以大获全胜，原因比较复杂，但近几年来日本经济形势的明显好转以及小泉内阁全力推进社会经济改革的政治形象无疑起了很大作用。

四 对2006年经济前景的估计

2005年日本经济的态势继续看好，这使始于2002年的景气恢复将超过四年之久。那么2006年的前景将怎样？从目前情况来看似乎比较乐观，虽然存在一些不利于增长的因素或不确定的因素，但由于长期的产业结构调整为实现较为稳定的经济增长奠定了基础，因此估计这些不利的影响可能不会导致景气恢复出现大的倒退。

1. 个人消费支出

制约个人消费支出变化的因素较为复杂，诸如天气这样一些随机性的因素虽然很难预料，但就业状况、收入水平、社会保障、税收负担等对个人消费支出变化趋势的影响则是具有决定性作用的。如前所述，2005年，日本的就业状况得到了进一步的改善，失业率继续下降到4.4%，奖金等收入有所增加，加之名古屋世界博览会的举行以及夏季天气比较炎热，这些都为个人消费支出的增加创造了有利条件。而2005年企业收益状况依然较好，使年终奖金可能不会少于2004年，这对维持个人消费支出的增加比较有利。但另一方面，2006年个人消费支出的前景也有令人担忧之处。按照小泉内阁的财政改革计划，从2006年起税收制度的改革将全面展开，一些带有景气对策性质的个人和家庭减免税制度可能被取消，为了减轻财政负担，在削减医疗以及养老金等社会保障相关补贴方面也会出台一些新的措施，这些对个人和家庭消费将会产生一定压力，使他们的消费心理趋于紧张，因此经济增长率要保持在2005年的水平上并不容易。

2. 民间企业设备投资

大多数预测曾认为，从2005年开始日本设备投资将进入间歇和新的调整阶段，很难指望继续保持增长，但事实上从2005年上半年的情况来看，日本民间企业设备投资增长幅度之大超出了人们的预料。从进入21世纪以来企业设备投资（实际增长率）的变化状况来看，2000年度为9.9%，2001年度和2002年度分为-3.7%、-4.0%，2003年度和2004年度分别为10.8%、5.2%。[1] 这

① 《东洋经济统计月报》2005年8月号，第52页。

就是说，到目前为止，民间企业设备投资将连续 3 个年度保持较高的增长幅度，这种情况在历史上并不多见。如前所述，2005 年民间企业设备投资的持续增长与企业经常收益的增加、资金借贷条件比较宽松以及对市场前景的预期比较乐观等因素密切相关，而这些因素目前并没有发生明显变化，可见民间企业设备投资仍然具备继续保持较大幅度增长的条件。但另一方面也不能因此而忽视一些不利因素的存在。首先，随着时间的延长，企业设备投资进入间歇和调整阶段的可能性增大；其次，如果取消一些带有景气对策性质的企业特别减免税制度，企业设备投资将会受到一定影响；再次，石油价格剧烈波动，前景难以预料，这种情况显然不利于汽车、电力以及一些石油加工产业的市场需求和设备投资的增加。

3. 公共投资

2005 年的景气恢复是在继续削减公共投资的条件下实现的，既是小泉内阁的一大政绩，也为小泉内阁坚定不移地贯彻重建财政方针提供了有力支持。目前小泉内阁正在着手编制 2006 年度一般财政预算，按照先前确定的一般政府支出与 GDP 比例直至 2006 年为止不应超过 2002 年水平的原则，继续削减公共投资将是控制政府支出的一个主要措施，所以估计继续削减公共投资的幅度不会小于 2005 年度，这无疑不利于经济增长率的提高。

4. 净出口

从 2002 年以来，日本对外贸易规模的扩大相当迅速，对外净出口连年保持大幅度的增长。从 2005 年上半年的情况来看，进口和出口的增长仍然较快，但由于石油价格大幅上涨等因素的影响，对外净出口的增长幅度明显缩小。近两年日本对外贸易的迅速扩大主要受益于对美国以及中国等亚洲国家进出口的大幅增长。因此可以说，目前美国、中国以及东南亚国家的经济走势继续看好对日本扩大对外出口十分有利。特别是伴随着 2008 年北京奥运会的临近，对外需求将进一步扩大，给日本扩大对中出口提供了难得的机遇。但问题在于石油价格的走势仍然存在很大悬念。近几年石油价格的变化异常剧烈，大起大落屡有发生，平均价格水平有明显提高，而在新的一年里，这种情况的再次出现不无可能，给日本净出口的增加将带来一定困难。

目前，日本政府和民间调查研究机构公布了对 2006 年经济增长率的预测。日本政府的预测比较乐观，认为景气恢复在新的一年里仍将持续下去，

GDP 实际增长率可达 2% 左右，高于 2005 年。十家民间调查研究机构预测的最高值为 2.6%，最低值为 1.3%，平均预测值为 1.8%。[1] 也就是说，无论政府还是大部分民间研究机构都认为，2006 年度的经济增长不会出现大的起伏。

① 2005 年 8 月 18 日《朝日新闻》。

俄罗斯经济：增长速度趋缓

○ 任　飞

2005 年俄罗斯经济继续保持稳定增长态势，但增长速度趋缓。对外贸易仍保持较快增长，但外需对 GDP 增长的贡献率开始下降，内需对经济增长的拉动作用进一步显现。

一　2004 年俄罗斯经济形势回顾

2004 年，俄罗斯经济保持了良好的发展态势，全年 GDP 增长 7.1%，达到 167788 亿卢布（约合 5823 亿美元，人均 GDP 超过 4000 美元）。

1. 工农业生产稳定增长，宏观经济状况进一步趋好

2004 年，俄罗斯工业生产总值达 112090 亿卢布，同比增长 6.1%，其中增长较快的行业是：玻璃和陶瓷工业（16.3%），机械制造和金属加工业（11.7%），化学和石化工业（7.4%），燃料工业（7.1%）；此外，建材、黑色金属、食品、有色金属、木材加工工业也分别增长了 5.3%、5.0%、4.0%、3.6% 和 3.0%。农业产值 13663 亿卢布，同比增长 1.6%，粮食总产量为 7800 万吨，同比增长 16.2%，不仅保障了国内需求，而且还出口 690 万吨。固定资产投资 27298 亿卢布（约合 975 亿美元），增长 10.9%。

2004 年俄联邦财政实现盈余 6865 亿卢布，超过预期水平 30%，是 2000 年以来的第五个连续财政盈余年。金融形势稳定，卢布对美元汇率稳中有升，由 2003 年的 30.68 卢布兑 1 美元上升为 28.81 卢布兑 1 美元，升值幅度 14%，卢布实际增值 4.7%。外债总水平为 2151 亿美元，其中国家外债水平降至 1083 亿美元，占 GDP 的比重下降到 20%，稳定基金增至 5223 亿卢布。

2004 年俄罗斯通货膨胀率与 2003 年（12%）基本持平，全年消费品价格指数的增幅为11.7%，居民实际可支配货币收入同比增长7.8%，人均月收入为6295.8卢布（约合225美元），同比增长了22%；全年职工月平均工资为6828卢布（约合244美元），同比增长了22.9%。2004年俄失业人数与2003年相比减少了3.6%，失业率为8.3%。2004年，俄罗斯商品零售贸易额为55655亿卢布，与2003年相比增长12.1%。①

2. 对外贸易增长强劲，利用外资规模大幅扩大

2004年，俄罗斯外贸总额2571亿美元，增长34.6%。其中出口1815亿美元，增长35.8%，进口756亿美元，增长31.8%，贸易顺差为1059亿美元，进出口总额、出口额和贸易顺差均达到历史最高水平。出口增长主要得益于石油、天然气等能源产品价格的大幅度上涨；进口增长主要是因为俄国内工业生产和消费需求的进一步扩大和居民实际可支配收入的较快增长。②截至2005年1月1日，俄罗斯中央银行的黄金外汇储备为1245亿美元，比2004年年初增加452亿美元，增幅达61.87%。2004年俄罗斯吸引外资405.09亿美元，与2003年相比增长36.4%。其中，吸引外国直接投资94.2亿美元（占投资总额的23.3%），同比增长38.9%；证券投资3.33亿美元（占投资总额的0.8%），同比减少17%；其他投资307.56亿美元（占投资总额的75.9%），同比增长36.6%。外国对俄投资的主要领域为：批发和零售贸易（130.37亿美元）；加工生产（102.36亿美元）；矿产开发（99.34亿美元）；不动产交易、租赁和服务（25.72亿美元）；交通和通信（20.33亿美元）；建筑（2.34亿美元）；农业、林业（1.21亿美元）。2004年对俄主要投资国为卢森堡（84.3亿美元）、英国（69.9亿美元）、塞浦路斯（54.7亿美元）、荷兰（51.0亿美元）、法国（23.3亿美元）、美国（18.5亿美元）、德国（17.3亿美元）。截至2004年12月31日，俄罗斯已累计吸引外国投资820亿美元，与2003年相比增长了43.8%。对俄累计投资较多的国家依次是：塞浦路斯（137.9亿美元）、荷兰（119.96亿美元）、卢森堡（118.8亿美元）、德国（93.24亿美元）、英国（86.73亿美元）、美国（66.24亿美元）、法国（38.72亿美元）。

通过对2004年经济形势的回顾，可以看到我们的预测与俄经济的实际

---

① 俄罗斯国家统计委员会，http://www.gks.ru/bgd/free/b04_00/IswPrx.dll/Stg/d120/i120000r.htm。

② 俄罗斯中央银行，http://www.cbr.ru/statistics/credit_statistics/。

发展情况基本吻合，但对一些经济指标的预测存在着被高估的情况，这主要是因为我们对2004年全年经济形势的预测是在分析2004年上半年俄罗斯经济数据的基础上得出的，而下半年，因总统大选而被压抑的通货膨胀超额释放，银行危机和尤科斯事件引发国内资本大量外逃（大约为80亿美元左右），加上国际市场美元不断走低、能源价格居高不下，导致俄罗斯国内经济部门的生产成本增加，企业用于固定资本投资的资金有限，企业税收负担加重，工人工资和实际收入的增长受到抑制，工业部门生产的增长减缓。在国际市场上，能源和金属产品价格不断攀升，2004年俄罗斯出口超过我们的预测值。国内商品的激烈竞争和居民实际收入有限增长使进口商品需求受到压制，导致俄进口未能达到预期值。

二　2005 年俄罗斯经济形势分析

2005年俄罗斯经济继续保持稳定增长态势（1999～2005年俄罗斯GDP的累计增长率超过50%），但增幅开始回落。2005年国际市场石油、天然气价格虽然仍维持在较高水平上，但俄罗斯石油、天然气生产企业出口收入的大部分被用于支付高额的税赋，被俄政府用来增加稳定基金、提高外汇储备和提前偿还外债，企业用于固定资产投资的资金有限，无法进行大规模的技术改造和进一步提高生产能力，导致俄经济增长的持续性减弱。

俄罗斯经济发展和贸易部公布的2005年1～6月俄罗斯经济运行报告①显示，2005年一季度俄经济增速放慢，同比仅增长5.2%，远远低于上年同期7.6%的增长速度，但从二季度开始俄经济增速加快，其中6月份的增长速度达到6.7%，2005年1～6月，俄罗斯GDP平均增长5.6%，预计下半年将维持在6.2%左右，全年GDP有望增长5.9%，详见表1。

1. 出口依然是经济增长最重要的拉动力量

2005年上半年国际市场石油、天然气价格的上涨带动俄罗斯主要出口商品价格水平平均上涨38%，其中俄罗斯出口石油的平均价格为44.1美元/桶，同比增长48%，天然气出口价格上涨44%，柴油出口价格上涨56%，汽油出口价格上涨35%，估计2005年俄出口能源产品价格较2004年同期将

① 俄罗斯经济发展和贸易部，http://www.economy.gov.ru/MertRuntimeWeb/CommandsServlet。

表 1 俄罗斯 2004 ~2005 年主要经济指标增长率

单位：%

经济指标	2004				2005			
	一季度	二季度	上半年	全年	一季度	二季度	上半年	全年（预测）
GDP	107.6	107.7	106.8	107.1	105.2	106.0	105.6	105.9
通货膨胀率	103.5	102.5	105.3	111.7	105.3	106.2	108.0	110 ~ 111
工业产值	107.4	107.2	107.3	106.1	103.9	104.1	104.0	104.4
农业产值	98.6	98.8	102.7	101.6	99.7	100.5	100.2	100.3
固定资产投资	113.1	112.1	109.9	110.9	109.2	109.5	109.4	109.8
居民实际可支配收入	111.4	106.7	108.0	107.8	103.5	112.8	108.4	109.4
实际工资	115.0	113.5	108.3	110.6	108.4	107.6	107.9	110.9
商品零售贸易额	110.8	112	113.4	112.1	109.7	112.7	111.3	111.2
商品出口	120.0	136	128.1	135.0	138.6	143.6	139.2	134
商品进口	122.8	124.9	123.9	126.6	126.2	128.8	127.7	124.9

资料来源：俄罗斯经济发展和贸易部，http：//www. economy. gov. ru/。

平均上涨45%左右。价格的上涨推动天然气和石油的开采量与出口量的增加，2005 年上半年俄罗斯天然气开采量比 2004 年同期提高了 1.4%，总量从 3208. 7 亿立方米增加到 3255. 6 亿立方米；出口量比 2004 年同期增长 10. 5%，从 728. 2 亿立方米提高到 805 亿立方米。2005 年 1 ~6 月俄罗斯石油开采量为 2. 303 亿吨，比 2004 年同期增长 2. 9%。其中初加工石油为 9927. 5 万吨，比 2004 年同期增长 516 万吨；汽油加工量增长了 348 万吨，总量达到了 1800 万吨；柴油生产提高 7. 7%，达到 2855 万吨（2004 年为 2650 万吨）；重油生产提高 130 万吨，总量达到 2746. 7 万吨；航空用油生产从上年同期的 365 万吨增加到 389 万吨。2005 年上半年俄罗斯的石油出口总量达到了 1. 264 亿吨，同比增长 0. 6%，对乌克兰等独联体国家的出口量减少，但对独联体以外国家出口增长迅速，同比增长 11. 6%，达 9917 万吨。预计 2005 年俄罗斯原油产量将超过 4. 85 亿吨（每日 974 万桶），高于上年的 4. 588 亿吨（每日 919 万桶），出口将增至 2. 55 亿吨，而 2006 年俄罗斯的石油出口量有望增加到 2. 7 亿 ~2. 8 亿吨。[①]

除了有利的国际市场行情外，俄罗斯 2005 年出口剧增还得益于俄罗斯政府实施的有效的对外经济贸易政策。

① 俄罗斯中央银行统计数据，http：//www. cbr. ru/statistics/credit_ statistics/。

（1）实施进出口贸易多元化战略，实现了进出口市场多元化、进出口形式多样化、进出口效益集约化；

（2）在美元汇率不断走低的背景下，政府在努力控制卢布升值的同时兼顾外贸与经济增长，2005年将卢布实际升值的速度维持在5%左右，到2010年有望降至3%以下；

（3）加强与欧盟的合作，2005年与欧盟达成经贸和人文领域合作的"路线图"计划，尤其是俄罗斯与德国开启的"跨波罗的海天然气管道"建设进一步扩大了俄罗斯与欧盟在能源领域合作的力度，带动双方相关产品贸易额的剧增；

（4）在独联体范围内，俄罗斯倡导建立统一经济空间，实施商品、服务、资本和劳动力的自由流动，大力消除彼此间贸易壁垒，积极改善贸易环境，实现了彼此间贸易额的迅猛增长；

（5）逐步改善和加强与国际货币基金组织和世界银行等国际经济组织的合作关系，"入世"谈判积极展开并有望在2006年加入WTO。

2. 消费对经济增长的拉动作用日益显现

2005年俄罗斯居民实际收入继续大幅增加，消费需求不断扩大，对经济增长的拉动作用进一步显现。1～6月居民实际货币收入增长8.3%，平均工资增长22.5%。俄居民消费需求2005年一季度增幅为7%，二季度增长9.8%，大大高于2004年同期的6.8%和7.9%的增长率，成为内需增长强有力的支撑点，带动商品零售贸易额增长11.3%，达到25816亿卢布。居民消费结构不断发生积极变化，旅游消费（增幅达20.9%）、住房消费和汽车消费等新的消费热点逐步形成，成为2005年俄罗斯经济继续保持平稳增长的内在动力。俄罗斯本国商品生产者在国内市场的竞争力不断提高，本国生产在满足内需上所占的份额从2004年的32%上升到2005年的49.5%左右，进口所占的份额相应从68%降至50.5%。值得一提的是，2005年俄罗斯国内生产对内需的贡献率不断增大是在卢布升值条件下实现的，这更显出国内生产者竞争力的增强。

3. 投资对经济增长的拉动作用有限

虽然2005年俄罗斯固定资产投资仍继续保持增长势头，但增长速度开始下降，投资对经济增长的贡献率处于较低水平。尤科斯事件使得企业对政府的信任度进一步降低，国内资本大量外逃，而外国资本对投资俄罗斯则持进一步观望态度。2005年1～6月俄罗斯固定资产投资为12529亿卢布，同比增长9.4%（2004年同期的增幅为12.6%），投资主要集中在燃料工业、交通运输部门和住宅公用事业部门，它们在固定资产投资中所占的比重分别为24.1%、21.9%和19.9%。在企业的固定资产投资中，自有资金与外来资本的比重分别为47.8%和55.2%，在外来投资中国家财政拨款大约占14%左右，银行贷款的比重约为5.7%，非银行金融机构的借贷资本在固定资产投资构成中的比重为19.69%，而外资所占的比重为10.3%。

三 2006年俄罗斯经济发展预测

在2008年以前，俄罗斯经济的发展还将主要受国际市场石油、天然气价格等外生因素的影响和制约，国际能源市场价格居高不下将刺激俄罗斯大幅增加石油和天然气的产量和出口。俄罗斯经济中资源经济的比重还将维持在较高的水平上，大力发展石油和天然气产业，以此增加外汇收入和扩大外汇储备、增加财政收入、提高居民的生活水平和社会保障程度、保持经济的快速增长仍然是俄罗斯在未来一段时期的主要经济政策取向。但从长期来看，这种选择有很大的局限性，逐步摆脱对能源出口的过分依赖，将是俄罗斯经济未来发展所面临的艰巨任务。随着世界市场能源（石油、天然气）价格的逐渐趋于稳定，俄罗斯出口对经济增长的拉动作用将日益减弱。因此，全面推进经济改革，加快产业结构调整，实现经济多元化发展战略，才是俄罗斯经济实现稳定增长的关键。充分利用俄罗斯经济的内在潜力，提高俄罗斯经济的竞争力，提高高科技产品和高附加值产品的生产和出口，扩大加工制造业的生产和出口能力，是俄罗斯经济结构改革的重点。依靠技术革新更新生产设备，增加加工工业的附加值和出口创汇，提高制造业和服务业的国际竞争力是俄罗斯经济增长与发展的新契机。2005年俄罗斯政府开始逐步加大对科技和教育领域投资，这将进一步推动2006年经济的稳定增长。而政府在社会保障领域实施的改革措施，特别是在退休金和住房公有事业改革中加大对弱势群体的定向扶持力度，将增加失业者的重新就业机会，改变日益恶化的人口状况，居民的实际收入水平有望大幅度增加，社会福利制度将进一步完善。但是，政府缺乏有效的长期经济发展战略，经济的市场化因素不足，国家对经济的行政干预过大，企业经营管理水平较低，经济发展没有充分与国际接轨，国内各地区经济发展不平衡以及投资不足和需要偿还巨额的外债（175亿美元）等因素将对2006年俄罗斯经济的发展产生许多消极影响。

总体上看，如果国际市场石油、天然气价格不出现剧烈波动，那么2006年俄罗斯经济有望继续保持稳定增长势头，但增幅可能小幅回落，GDP增长速度可能会降至5.7%～5.8%左右。2006年通货膨胀将徘徊在7%～8.5%之间，工业生产将增长5.6%～5.8%，农业总产值有望增长1.6%，固定资产投资将提高9.6%～10.3%，居民实际收入有望增长8.9%，生活在贫困线以下的居民人数将减少一半，居民实际工资水平有望增长9.9%，商品零售贸易额增幅为8.7%～9.0%，详见表2。

表2　2006年俄罗斯经济增长指标预测

经济增长指标	保守估计	乐观估计
国内生产总值	5.3%～5.5%	5.7%～5.8%
工业生产	5.2%～5.5%	5.6%～5.8%
固定资产投资	7.8%～8.4%	9.6%～10.3%
零售贸易	6.8%～7.2%	8.7%～9.0%
居民实际收入	7.3%～7.8%	8.7%～9.1%
月平均工资	330～342美元	372～386美元
通货膨胀率	8.9%～9.5%	7.4%～8.3%
汇　率	1美元兑换28.5卢布	1美元兑换27.5卢布
外汇储备	2200亿美元	2582亿美元
Urals石油价格	低于38美元/桶	高于45美元/桶
俄罗斯商品出口额	2198亿美元	2350亿美元
俄罗斯商品进口额	1174亿美元	1350亿美元

资料来源：俄罗斯经济发展和贸易部，http://www.economy.gov.ru/；俄罗斯中央银行，http://www.cbr.ru/；俄罗斯宏观经济预测中心，http://www.forecast.ru/；俄罗斯经济发展分析中心，http://www.vedi.ru/forecast2005.htm等对2006年俄罗斯经济走势的分析材料。

四　中俄经贸合作展望

2005年中俄经贸合作在稳步增长的基础上进一步向纵深发展，合作项目稳步扩大，这主要表现为：

（1）双边贸易继续稳步增长。2004年，俄罗斯是中国第八大贸易伙伴，中国是俄罗斯第六大贸易伙伴。据中国海关统计，2004 年中俄双边贸易总额为 212.3 亿美元，同比增长 34.7%。其中，中国对俄罗斯出口 91.0 亿美元，同比增长 51.0%；自俄罗斯进口 121.3 亿美元，同比增长 24.7%。中国逆差 30.3 亿美元。中国对俄罗斯的出口产品主要是服装、皮革、箱包、鞋和电子设备等消费产品，俄罗斯向中国出口的产品主要是工业中间产品，包括金属、燃料、化学产品和木材。2005 年 1～6 月双边贸易额达 122.85 亿美元，同比增长 28.9%，其中俄罗斯向中国出口增长 20.8%，达到 74.68 亿美元；俄罗斯从中国进口增长 43.9%，达到 48.18 亿美元。[1] 预计 2005 年全年中俄双边贸易有望继续保持两位数增长，贸易额可能达到或超过 250 亿美元。

（2）双边投资、劳务合作和工程承包合作全面展开。2004 年中国在俄罗斯设立非金融类中资企业 52 家，中方协议投资额 1.1 亿美元。截至 2004 年底，中国在俄罗斯已累计投资设立非金融类中资企业 575 家，中方协议投资总额 6.6 亿美元。中国对俄罗斯资源类投资项目不断增加，主要集中在资源和矿产开发领域。中国一些大型跨国企业开始“走出去”对俄罗斯开展跨国直接投资，积极探讨在资源和矿产品方面的开发合作项目。2004 年，俄罗斯对中国投资项目 145 个，合同金额 2.2 亿美元，实际使用金额 1.3 亿美元。截至 2004 年底，俄罗斯累计对中国直接投资项目 1687 个，合同金额 11 亿美元，实际投入 4.6 亿美元。2004 年，中国公司在俄罗斯完成承包工程营业额 1.9 亿美元，新签合同金额 2.7 亿美元；完成劳务合作合同金额 1.5 亿美元，新签合同金额 2.3 亿美元。截至 2004 年底，中国公司在俄罗斯累计完成承包工程营业额 12 亿美元，签订合同金额 29.4 亿美元；完成劳务合作合同金额 10.5 亿美元，签订合同金额 19.5 亿美元。在 2005 年 6 月圣彼得堡第二届中俄投资促进会议上，双方新签了总额约 15 亿美元的 7 个投资项目协议。圣彼得堡“波罗的海明珠”综合社区开发项目的总投资超过 13 亿美元，成为双方投资合作深入发展的重要标志。

（3）能源、金融、信息等其他领域的务实合作进一步发展。在能源合作领域，中国自俄罗斯进口原油数量不断增加（2004 年为 900 万吨，2005 年有望达到 1000 万吨，2006 年将超过 1500 万吨），中俄原油管道项目有了一定的进展（双方已就修建通向中国的西伯利亚油气管道和加强两国在俄远东

① 中华人民共和国商务部进出口统计，http：//gcs.mofcom.gov.cn/tongji.shtml。

地区油气勘探与开发领域的合作达成共识），中石油、中石化将赴俄开采俄罗斯库页岛石油资源；中俄电力领域合作也全面展开，俄罗斯将向中国东北地区输送大量廉价电力，双方将在共同项目的开发、线路架设、发电设施制造、设备供应等电力行业的各个方面展开大规模合作；金融合作进一步深化，两国央行签订了在边境贸易中全面推广使用本币结算的协议，中俄银行签订了总额达 10 亿美元的出口买方信贷协议，对俄出口信用保险业务大幅增长，实现了对俄投资保险的零突破；在信息技术和电子商务合作方面，中俄光缆通信干线改造项目启动，在通讯设备的生产和技术研发领域双方的合作力度不断加大，中国通讯设备产品在俄市场份额不断扩大；两国在高科技交流方面的合作进一步开展，建立科技领域的战略合作伙伴关系，不断促进双边高新技术成果的信息交流、技术和产品开发、技术转移和成果转化方面的合作。

中俄经贸合作面临着前所未有的机遇。中俄两国开始全面落实《中俄睦邻友好合作条约》实施纲要和“到 2010 年双边贸易达到 600 亿 ~800 亿美元，2020 年中国对俄罗斯投资达到 120 亿美元”的中俄经贸合作中长期发展目标，努力保持贸易规模的持续、稳定增长，加快改善贸易结构，规范贸易秩序，扩大双边贸易中科技产品的比重，实现贸易方式的多元化；并根据 WTO 原则，不断规范双边贸易方式，进一步完善双边贸易敏感商品预警磋商机制，推动两国企业在该机制框架内就有关商品的贸易问题举行磋商，预防和减少贸易摩擦；通过对话协商的方式解决两国贸易秩序问题，使双边贸易逐步走上健康发展的轨道；不断提高机电产品在双边贸易中的比重，在扩大进口俄罗斯动力、核电设备和航空航天产品的同时不断拓展中国电子、通信和船舶等产品对俄出口渠道；加强两国地区合作，特别是俄远东地区和中国东北老工业基地的合作，完善边境贸易基础设施建设，积极探讨深化两国边境和地区间合作的新形式。此外，中国一些具备海外投资能力的大型企业集团应抓住机遇及时“走出去”，发挥资金和技术方面的优势，在油气资源开发以及机电、轻纺、通讯等领域与俄罗斯开展投资合作，加强两国在航天、航空、新材料、化工、生物、通信和信息技术等领域重大项目上的相互投资；不断创新投资合作方式，采取合资、参股、收购、兼并、联合等多种方式，推进投资合作深入发展；逐步完善投资合作机制，形成经常性的投资对话机制，推动两国企业建立长期、稳定的合作关系，制定中俄投资合作中长期规划，加快签署《中俄政府关于鼓励和保护相互投资协定》；通过投资带动贸易和科技合作，在推动能源、动力领域的合作取得实质性进展的同时进一步探寻中俄经贸合作新的增长点，推动两国间能源、科技、运输、核能、航天、银行和通信等各领域合作的全面开展，为中俄战略协作伙伴关系奠定坚实稳固的物质基础。

亚洲经济：增长速度放缓

○ 刘秀莲

2005 年，受国际油价持续处于高位以及主要工业国家经济增长势头放缓等因素的影响，亚洲国家和地区的经济增长速度将趋缓，全年 GDP 增长率不会超过 2004 年的 7.4%，应仅为 6.5%。

一 2004 年经济发展回顾

2004 年，尽管国际市场油价开始大幅上升，但亚洲各国和地区的需求及区内贸易旺盛，投资资本流入稳定，其经济增长率高达 7.4%，为 1997 年亚洲金融危机以来增长速度最快的一年，特别是该地区几乎所有经济体 GDP 增长速度都超过了 5%。在全球经济复苏、高科技产业景气回升的因素支持下，该地区出口呈现出 1998 年以来最强劲的势头，增加 25.5%；外汇储备达 16240 亿美元；按购买力平价法计算，亚洲国家 GDP 在世界总量中的比重已由 1990 年的 15% 提高到 23.8%；[①] 绝对贫困人口降至历史最低水平。《2004～2005 年：世界经济形势分析与预测》预测 2004 年亚洲 GDP 增长 7%，与实际运行情况基本相符。

二 2005 年上半年亚洲及主要国家经济发展概况

2005 年上半年，亚洲经济增长比 2004 年同期有所放慢，但印度等南亚国家经济增长高于 2004 年。

---

① http：//www.adb.org，"Asian development outlook publication highlights"，2005 年 4 月 6 日。

1. 出口增速放缓仍是影响整个经济增长的最主要因素

2005年上半年，国际市场油价居高不下，全球电子产品市场出现疲软，除中国之外的东亚主要国家出口增长呈放缓趋势。菲律宾1~4月份货物出口127.5亿美元，比2004年同期仅增长4.5%。韩国对美国出口在4~6月份分别减少2.4%、14.2%和2.0%。新加坡2005年上半年出口增长低于此前预测的3.6%，其中5月份出现三年来的首次下降，为此，新加坡政府将其2005年出口预测下调了2个百分点。而且前提是下半年的平均油价不超过每桶55美元。值得注意的是，近几年来，随着区域经济合作的深化，东亚地区内贸易大幅度增加，2004年，已占其对外贸易的54%，比1980年增长了20个百分点，成为其经济发展的强大支撑。但是，东亚大多数国家依赖出口带动经济增长的局面没有根本改变，特别是该地区电子产品、纺织品的出口绝大部分取决于国际市场需求和价格的变动。因此，有经济专家预测，2005年下半年将有多个国家出口出现下降。

2. 造成2005年上半年亚洲经济增长速度放慢的另一个重要因素是国际市场高油价引发的通货膨胀率升高，消费需求下降

随着经济的迅速发展，亚洲所需的石油及其制品大幅增加，同时，国际原油价格最高曾突破每桶70美元，这对亚洲绝大多数国家经济造成的冲击非常严重。亚洲石油净进口总值已经从2003年的660亿美元增长至2004年的990亿美元。[①] 2005年上半年，亚洲地区比2004年多支付了GDP的1.2%用于石油的进口。面对油价持续飙升，一些国家陆续提供大量补贴及抵税优惠，来减轻高油价对于企业所带来的冲击。因此，油价高涨将加重亚洲各国和地区的通货膨胀压力和财政负担。马来西亚央行估计，油价的上涨将导致未来几个月通货膨胀率上升，进而使亚洲的国内消费需求下降，侵蚀经济增长。新加坡第一季度私人消费需求下降，下半年国内需求仍然脆弱。泰国首季民间消费指数只增长了0.4%，低于2004年同期的3.7%。2005年第一季度，泰国出口增长虽然好于预期，但仍赶不上进口的持续高速增长。由于油价居高不下、石油进口飙升、进口总额激增，致使泰国贸易赤字增加，2005年6月份，贸易赤字升至近几年新高，2005年上半年贸易赤字为81.6亿美元。

进入2005年，由于个人消费需求不足，东南亚各国政府加强了政府

① http://www.zaobao.com，2005年8月22日。

开支，用于各项基础设施建设项目，以刺激经济的增长。如2005年1月份，印尼宣布斥资1450亿美元打造一项改造基础设施建设的“五年计划”，其中将修建两个煤炭发电站、机场扩建以及天然气运输管道，准备下半年开始实施。4月份，马来西亚决定投入44亿美元对铁路等进行现代化改造。泰国也通过了一项590亿美元的五年基建项目，主要用于新建地铁、轻轨等交通设施。与此同时，全球对东南亚地区的投资也在增长，如印尼2005年上半年的外国直接投资高达33.5亿美元，比2004年同期增长70%。2005年1～5月份，外国对菲律宾的直接投资为4.17亿美元，比2004年同期增长172.5%。1～5月份外国对越南的投资总额达24.53亿美元。[①] 据日本银行国际合作部统计，在未来五年内，处于发展中的东南亚国家将需要1万亿美元左右的资金对公路、电力、水利和电信业基础设施进行改造。

3. 韩国：经济复苏坎坷

2005年上半年，由于内需不振，韩元汇率走强以及国际原油和原材料价格上涨，韩国进口增加，出口减缓，间接影响了经济增长。其第一季度GDP增长率为2.7%，第二季度为3.3%，[②] 明显低于2004年同期的5%。韩国央行2005年6月29日称，高油价将削减该国2005年GDP增长率的0.7%，并提高消费物价，7月初预期下半年GDP将增长4.5%。高油价还带来成本增加、打压制造业者的投资计划，导致6月份消费者信心指数连续第三个月下降。韩国央行于8月初下调了2005年GDP增长预期，从4%降到3.8%，出口增长率将缩减至12%，而2004年为31%。[③] 2005年经济复苏道路仍很坎坷。但是，考虑到韩国金融体系监管能力增强，外汇政策弹性提升；前200名大企业在下半年将提高投资额，用于开发新产品及研发；服务业指数连续上升；政府采取中性的宏观货币政策，政府提出5万亿韩元（约合49.3亿美元）的补充预算，促进消费，启动内需，因此，下半年经济增长幅度将较上半年有所提高。

4. 新加坡：具备增长的基本动力

2004年GDP增长速度达到了8.4%，是近四年来最高的。受高油价的影

---

① 2005年9月13日《国际商报》。

② http：//www. stuse. com，2005年8月16日。

③ http：//cn. biz. yahoo. com，2005年8月4日。

响，2005年上半年经济增长明显放缓，第一季度GDP增长率为2.4%，较2004年第四季度的7.9%缩水5.5%，这主要是因为制造业表现欠佳，尤其是生物制药，第一季度同比下滑18.8%。第二季经济增长率为5.2%，比第一季度的2.4%要高出许多。[1] 由于非电子业预计会继续稳健增长，金融业和旅游业表现较好，贸工部预计下半年经济会加快增长。第三季度和第四季度GDP增长率将达4.3%和4.8%，2005年GDP增长率官方预计在3%～4%，2006年上升到5%。业内人士认为，新加坡是高档电子产品的主要出口国之一，目前正在转向利润较高的半导体产业、资本更密集的测试领域和资讯科技业，使其更具有竞争潜能，它们的中期增长前景仍然乐观。新加坡政府2005财政年度发给商界的合同总值达47亿元，其中有22亿元是属于资讯科技（IT）项目的合同。因此，新加坡仍具备经济增长的基本动力，下半年经济前景看好。

5. 泰国：力控油价影响，稳定经济发展

2005年第一季度泰国GDP增长率为3.3%，明显低于2004年第四季度的5.3%，第二季度为4.45%，而2004年同期为6%左右。泰国央行预测，2005年该国GDP增长率将从2004年的6.1%放慢到3.5%。第二季度以来，虽然出口和工业生产已经开始升温，但是，消费者信心受到柴油、汽油价格上涨，禽流感和海啸的打击，内需被抑制，消费者信心指数从2005年1月的94.6降为2月份的92.90，制造业者信心指数下跌到两年来新低，主要担心油价上涨提升生产成本。第一季度出口增长好于预期，却仍赶不上进口的持续高速增长，致使连续三个月出现贸易逆差。为了减少高油价对经济的冲击，政府号召人民节约能源，减少浪费，并表示将采取强制性节能措施，包括调整油价，严禁抬高消费品价格以及对各娱乐服务场所实行限时营业，限时关闭公路和广告牌上的照明设施，开发节能汽车等。首相他信充满信心地认为，泰国2005年GDP增长速度可超过5%。因为2005年10月1日开始的财政年度将增加基础设施投资8.8%，以刺激经济增长。泰国还会继续稳定物价，扩大出口，加速对大型项目的投资，振兴旅游业，以保证经济稳定增长。

6. 马来西亚：力求稳健发展

2004年马来西亚GDP增长7.1%。虽然受到油价与美元继续波动和国外

---

① http://www.zaobao.com，2005年6月18日。

需求不旺的影响，2005 年前两个季度的 GDP 增长率仍达到了 5% 和 4%。在电子及石油、天然气出口增加带动下，马来西亚 2005 年 3 月份出口较前期上扬 16%，进口则上扬 8.7%，该国已经连续 89 个月取得贸易盈余，所有出口产品皆取得双位数增长，特别是电子及电器产品、石油、棕油、机械设备及化学与化学产品占出口的一半。① 2005 年 4 月份制造业销售总额取得 18.8% 的增长。经济分析员指出，出口增加将提高企业获利的信心和刺激内需。政府还采取相关措施推动中小型企业和农业发展；加强服务业出口；发展旅游业和教育等。预计 2005 年经济将保持稳健发展态势，GDP 增长率达 5% ~6%。②

7. 菲律宾：政局不稳影响经济稳定

2004 年菲律宾 GDP 增长率达 6.1%。2004 年净出口对菲 GDP 增长的贡献达到 2.6 个百分点，消费和投资对 GDP 的贡献达到 3.5 个百分点。受全球高油价和主要出口市场经济增长放慢、私人消费和投资降低以及生产成本增加的影响，2005 年菲律宾经济形势不如 2004 年，第一季度 GDP 增长率为 4.6%，低于 2004 年同期的 6.4%。尽管电子产品出口量下降，但 2005 年上半年其出口价值比 2004 年同期上升了 3.3%。尤其是上半年菲政府税收收入 3843.8 亿比索，比上年同期增长 12%；财政赤字降低，上半年财政赤字为 675.1 亿比索，比 2004 年同期降低 15.7%；海外劳工汇款大幅增长，1 ~5 月汇款就达到 39.5 亿美元，比 2004 年同期增长 19.22%；到菲律宾的外国游客增长较快，上半年达 128.6 万人次，比上年同期增长 12.7%。这为菲律宾经济恢复创造了有利条件。但是，政局不稳使政府忙于应付政治风波而忽视经济管理，也影响了外国投资者的信心，这对恢复经济十分不利。

8. 印度尼西亚：有所好转，但仍存在隐忧

由于经济基础改善，政治风险降低，投资者逐渐恢复信心，标准普尔认为印尼的经济前景较乐观。2005 年第一季度 GDP 增长 2.84%，比 2004 年同期增长 6.35%。增长动力来自固定资本投入和出口强劲增长，当季固定资本投入增长近 15%，出口也出现了 13.4% 的增幅。据汽车制造商协会的记录，仅 2005 年第一季度销售汽车就达到了 143986 辆，2005 年汽车工业预计将销售 520000 辆汽车和 500 万辆摩托车。印尼目前通货膨胀在 7%

① http://www.zaobao.com，2005 年 3 月 24 日

② http://www.finace.anhuines.com，2005 年 9 月 13 日。

左右，失业率有所降低。印尼央行表示，将继续执行收紧货币的政策，以抑制通货膨胀，预计2005年经济仍然能取得5.5%～6%的增长。但是，隐忧依然存在：①政府遏制贪污腐败的深化改革可能面临阻力；②金融体系脆弱，呆坏账问题依然存在，金融市场仍有发生大幅波动的危险；③政府近期宣布提高燃油价格后，总体价格水平可能受到影响，通货膨胀率控制范围有待观察。

9. 印度：依然强劲

2004～2005财政年度印度GDP增长6.9%。与东南亚国家形成对照的是，2005年上半年经济增长依然强劲，第一季度GDP增长率达到7%，国内新兴的消费市场是推动经济增长的主要动力，制造业、金融业、服务业等都呈现较快增长势头。印度正在努力发展制造业，加快生产基地的建设步伐，它吸引了众多海外公司投资。但是，印度同样感受到石油价格补贴政策带来的阵痛。从2004年6月至2005年10月印度进口原油价格飙升60%，造成国有公司入不敷出，2005～2006财年第一季度的亏损总额高达2.81亿美元。如果国际原油价格每上涨10美元，印度经济增幅就会损失0.5个百分点。印度政府正采取有效措施，力争达到预期7%的增长目标。2006年其出口增长目标是增长16%，实现920亿美元。印度政府预计，2005～2007年GDP增长率分别达到7%、6.1%和7.0%。

三　2005年下半年至2006年经济形势分析与预测

亚洲开发银行2005年9月8日公布的《2005年亚洲发展展望》调高了2005年亚洲经济前景预估。主要原因是中国经济增幅超过预期，抵消了高油价对亚洲其他国家经济的冲击。亚行上调了中国2005年经济增长预期，由先前的8.5%调高至9.2%。亚洲开发银行估计，2005年，亚洲地区（日本除外）GDP平均增长率为6.6%，略高于4月份预测的6.5%，低于2004年的7.4%。2006年，该地区经济将进一步温和增长，达到6.6%。由于高油价的影响，亚行下调了东南亚地区GDP增长率预期，从早先预测的5.4%降至5.0%。虽然国际权威机构对2005年全球及亚洲经济增长做出有所放慢的预测，但是中亚和南亚地区将成为亚洲地区经济增长的亮点。根据亚行的预测，2005年中亚和南亚地区的GDP增长率将分别提高到9.2%和6.8%。

表1　2004～2006年亚洲地区主要经济发展指标

单位：%

经济指标/地区	2004年	2005年		2006年	
		4月份预测	9月份预测	4月份预测	9月份预测
GDP增长率					
亚洲发展中国家	7.4	6.5	6.6	6.6	6.6
中　亚	10.4	8.7	9.2	8.8	9.4
东　亚	7.8	6.7	6.9	7.0	6.9
南　亚	6.8	6.7	6.8	6.2	6.6
东南亚	6.3	5.4	5.0	5.6	5.4
消费者物价指数					
亚洲发展中国家	4.0	3.7	3.5	3.3	3.3
中　亚	6.0	6.0	7.4	5.3	6.6
东　亚	3.3	3.1	2.4	3.0	2.6
南　亚	6.3	4.9	5.5	3.6	4.1
东南亚	4.2	4.3	5.1	3.9	4.9
贸易差额占GDP的					
亚洲发展中国家	4.0	2.6	3.4	2.1	2.7
中　亚	-1.7	-3.2	-1.7	-0.5	0.1
东　亚	4.7	2.9	4.3	2.4	3.6
南　亚	-0.6	-1.2	-1.5	-1.5	-2.0
东南亚	7.1	6.2	5.7	5.3	5.2

资料来源：www.adb.org，"Developing Asia and the World"，2005年9月8日。

表2　2004～2007年亚洲主要国家和地区GDP增长率预测

单位：%

国　家	2004年	2005年	2006年	2007年
中　国	9.5	8.5	8.7	8.9
韩　国	4.6	4.1	5.1	4.9
马来西亚	7.1	5.7	5.3	5.8
印度尼西亚	5.1	5.5	6.0	6.5
菲律宾	6.1	5.0	5.0	5.0
新加坡	8.4	4.1	4.5	4.4
泰　国	6.1	5.6	5.8	6.0
越　南	7.5	7.6	7.6	7.5
印　度	6.5	6.9	6.1	7.0
老　挝	6.5	7.0	6.5	5.8

资料来源：www.adb.org，"Developing Asia and the World"，2005年9月8日。

国际舆论普遍认为，2005年下半年，亚洲国家经济增长能否快于上半年，将取决于国际原油价格能否保持平稳以及国际市场对电子产品的需求是否增加。亚洲开发银行的模型计算结果显示，如果每桶油价上涨10美元，亚洲经济增长率将下降0.8个百分点。但是，不同的国家所受到的冲击会有所不同，如泰国、菲律宾为1.2个百分点和1.1个百分点。目前，亚洲经济仍具备稳定增长的动力和因素，主要表现在：

1. 亚洲国家间经济合作的加强成为该地区经济发展的强大支撑

为了加强抵御外部冲击能力和达到互利的目的，2005年亚洲国家加紧了地区和次区域经济合作的步伐。中国与东盟自由贸易区降税计划已于2005年7月20日正式启动，从这天起，按照2004年11月签订的《货物贸易协议》时间表逐步降低7000种产品的关税，全面减税计划即将启动，目标是在2010年前将关税减至0~5%；中国与大湄公河次区域国家五国达成共识，加强经济一体化进程；印度与新加坡也签署了经贸合作计划，日本与韩国、日本与东盟各国关于自由贸易区的谈判也取得了不同程度的进展。东盟各国政府官员普遍看好中国与东盟自由贸易区的发展，认为这将极大地推动东亚地区的经贸发展。因此，区域经济合作已经成为该地区经济发展的新引擎。

2. 金融体系抗击外部冲击的能力增强

1997年金融危机后，亚洲各国在整顿经营不善的银行系统方面取得了很大进展。亚洲金融体系更加稳健，监管机构的能力有所增强。1997年金融危机中遭受沉重打击的韩国、印度尼西亚、马来西亚和泰国，它们的商业银行资本充足率远远超过了国际清算银行要求的8%的最低标准，不良贷款率已大幅度下降到总贷款的10%左右。此外，1997年6月发生亚洲金融风暴之初，亚洲国家的外汇储备只有7120亿美元，到2005年8月底，除中国等少数国家外，亚洲外汇储备达到1.88万亿美元，[①] 这表明亚洲国家有足够的外汇储备来抵抗地区性的金融危机再度爆发。但是，专家认为，为了防范风险，东亚地区应适度调整外汇储备结构，实行外汇储备多元化。

3. 采取积极的财政措施，缓解石油价格攀升带来的冲击

为了缓解油价攀升对经济造成的影响，东亚一些国家出台了调整国内经济的各项措施。如印尼政府为遏制印尼卢比下跌，采取了包括将商业银行存放于央行的7日存款利率上调50个基点；控制入市资金；上调燃料价格

① 2005年9月7日《纽约时报》。

20%，减少燃油补贴等在内的多项措施。印度政府已于2005年9月初上调了主要燃油的价格，以减轻国有石油公司因全球油价上涨引起的价格补贴压力。泰国央行决定将基准14天期回购利率上调50个基点至3.25%。马来西亚政府公布了一揽子措施，其中宣布到2005年年底将不再提高汽油、柴油和民用天然气的价格，2005～2006年各高速公路收费站将不得提高收费价格。此外，亚洲各国普遍大搞节能运动，提高能源利用率，减少对能源的消耗热潮。

亚洲经济在高速增长的同时始终伴随着潜在的风险：目前或在相当长的一段时期内面临的最严重威胁就是油价猛涨。亚行的报告指出，油价在每桶70美元上方维持一年，则经济增长率将减少超过一个百分点。油价上涨将限制收入增长并推高通货膨胀，进而使亚洲在调整能源政策方面遇到更艰难的选择：如果长期实施能源补贴政策，将加重财政负担，使财政收支恶化；如果取消补贴及减税政策，则提高通货膨胀压力。亚洲开发银行2005年9月份的报告指出，考虑到在未来数十年内能源需求量的快速增长和亚洲对石油的依赖，应对石油产品征税，以促进能源可持续利用。亚洲一些国家对此已经开始调整各自的政策，或削减能源补贴或提高燃油价格以及采取节能措施等。东亚国家还考虑加强相互合作，建立地区性的石油储备合作机制。

拉美经济：继续保持良好的增长势头

○ 江时学

一　2004 年拉美经济形势回顾

2004 年，拉美经济增长率高达 5.9%，创造了该地区 25 年来的最高纪录。在表 1 所示的拉美主要国家中，除海地以外，所有国家的经济都有增长，其中委内瑞拉的增长率高达 17.9%，乌拉圭为 12.3%，阿根廷为 9.0%。①

表 1　2004 年拉美主要国家的经济增长率

单位：%

阿根廷	9.0	洪都拉斯	5.0
玻利维亚	3.6	墨西哥	4.4
巴西	4.9	尼加拉瓜	5.1
智利	6.1	巴拿马	6.2
哥伦比亚	4.1	巴拉圭	4.0
哥斯达黎加	4.2	秘鲁	4.8
古巴	3.0	多米尼加	2.0
厄瓜多尔	6.9	乌拉圭	12.3
萨尔瓦多	1.5	委内瑞拉	17.9
危地马拉	2.7	拉美	5.9
海地	-3.8		

资料来源：ECLAC，*Economic Survey of Latin America and the Caribbean*，*2004～2005*，August 2005。

① 本文数据除注明以外，均引自联合国拉美和加勒比经济委员会的下述研究报告：ECLAC，*Economic Survey of Latin America and the Caribbean*，*2004～2005*，August 2005；ECLAC，*Latin America and the Caribbean in the World Economy*：*2005 Trends*，September 2005。

2004 年拉美经济的快速增长得益于较为有利的外部环境，如世界经济增长势头强劲有力，国际贸易在扩大，国际市场上多种初级产品价格在上涨，国际利率水平在下降，等等。就国内因素而言，国际收支状况的改善和财政形势的进一步好转为扩大投资创造了条件，而就业率的上升和工资水平的提高则刺激了消费，扩大了内需。

2004 年，进入拉美的外国直接投资净额为 439 亿美元，比 2003 年增加了 100 多亿美元，但大大低于 1999 年的 793 亿美元。2004 年，拉美的外债总额为 7520 亿美元，仅比 2003 年高出 40 亿美元。由于出口收入增加，负债率（外债相当于出口收入的比重）有所下降：2001 年为 181%，2003 年跌落到 169%，2004 年进一步下降到不足 130%。此外，短缺债务在外债总额中的比重也有所下降。与此同时，外汇储备大幅度增长。

长期以来，在美国工作的拉美移民（包括合法的和非法的）每年都向国内家人汇回大量美元收入。2004 年，这笔收入相当于 GDP 的比重高达 2.1%，创历史最高纪录。在中美洲和加勒比，这种美元汇款构成了外汇收入的稳定来源，对其国民经济做出了重要贡献。

拉美国家的经常项目长期保持逆差。但从 2003 年起，经常项目出现了顺差。2004 年，经常项目顺差高达 180 亿美元，相当于 GDP 的约 0.9%。这是 20 世纪 80 年代中期以来独一无二的纪录。

2004 年，拉美国家的财政形势继续好转。由于生产活动的扩大带动了财政收入的增加，同时财政开支基本上保持不变，因此财政赤字相当于 GDP 的比重从 2003 年的 1.8% 下降到 0.9%。

2004 年，拉美的失业率从 2003 年的 10.7% 下降到 10.0%。这一下降使拉美的城市失业人口减少了约 80 万（从 1940 万减少到 1860 万）。新增加的就业机会基本上都是在正规部门中的。

二　2005 年拉美经济形势

根据拉美经委会 2005 年 8 月份的预测，2005 年拉美经济的增长率可望达到 4.3%。这一增长率虽然低于 2004 年，但仍然高于近几年的平均增长率。

从表 2 中可以看出，2005 年，包括海地在内的几乎所有拉美国家的经济都在增长，当然各国增长的幅度和原因不尽相同。墨西哥上半年的经济增长受到了本国汽车及汽车零部件出口减少、农业生产不景气以及美国工业生产疲软等因素的不良影响，但下半年则得益于石油价格上升、国内需求扩大和美国制造业部门复苏等因素。因此全年的增长率预计为3.6%，低于2004年的4.4%。在南锥体国家，由于出口贸易和国内需求增长较快，2005年的增长率可望接近7%，其中阿根廷和乌拉圭的增长率分别为7.3%和6.2%。智利在强劲的出口贸易和投资的带动下，继续保持较高的增长率。安第斯共同体成员国的增长率可望达到5.5%，这主要是因为委内瑞拉这个最大的成员国取得了7%的增长率。中美洲国家的增长率预计为3.3%。这一增长率低于2004年，主要是因为石油价格上涨、美国利率上升和纺织品配额制取消后各国纺织业面临的挑战更加激烈，等等。2005年中美洲国家获得的外国直接投资可能会有所上升。此外，随着一体化进程的深化，中美洲国家的区域内贸易也将进一步扩大。加勒比国家的经济在一定程度上受到了2004年伊万飓风后遗症的影响，但2005年旅游业取得了较快的发展，加之加勒比大国特立尼达和多巴哥的增长率较高（6.3%），因此2005年加勒比国家的增长率可望达到4%。

表2　2005年拉美主要国家的经济增长率

单位：%

阿根廷	7.3	洪都拉斯	4.5
玻利维亚	3.5	墨西哥	3.6
巴西	3.0	尼加拉瓜	4.0
智利	6.0	巴拿马	4.5
哥伦比亚	4.0	巴拉圭	2.8
哥斯达黎加	3.0	秘鲁	5.5
古巴	5.0	多米尼加	3.5
厄瓜多尔	3.0	乌拉圭	6.2
萨尔瓦多	2.5	委内瑞拉	7.0
危地马拉	3.0	拉美	4.3
海地	3.0		

资料来源：ECLAC，*Economic Survey of Latin America and the Caribbean，2004～2005*，August 2005。

2005年拉美经济取得较高增长率的原因与前几年基本相同。这些原因包括：①外部环境较为有利。②较低的国内利率和有所改善的就业形势刺激了国内需求。③一些国家的货币有所升值，从而降低了拉美国家的进口商品价格。④拉美主要国家的宏观经济形势继续好转，尽管有些指标的业绩不如2004 年。

2005 年，虽然进口明显增长，但出口的增长幅度更大，因此拉美的经常项目继续保持顺差。由于经常项目保持顺差，加之外资流入量保持一定的规模，而且拉美在美国工作的移民汇回的美元在增加，因此拉美国际收支的顺差在扩大。虽然大多数拉美国家的汇率越来越灵活，但中央银行仍然为了减少外汇收入增加对本国货币产生的升值压力而通过买进外汇的方式来积聚外汇储备。

拉美国家的外债在 2005 年并没有减少，但负债率因出口收入增加而进一步降低，从 2004 年的将近 130% 减少到 2005 年的不足 100%。此外，短期债务占债务总额的比重也大幅度下降。

2005 年，拉美国家的财政形势继续保持 2003 年以来出现的良好势头。但是由于利率水平在上升，公共债务的利息支付额明显扩大。因此，财政赤字可能会高于 2004 年。

控制通货膨胀压力始终是拉美国家货币政策的目标之一。2005 年，除了这一目标以外，各国中央银行在实施货币政策时还不得不考虑以下几个目标：避免本国货币大幅度升值，控制财政开支，使国内利率与国际利率的差幅保持在适当的范围内。但拉美国家不可能同时实现上述目标。绝大多数国家是将稳定物价作为货币政策的首要目标。2005 年拉美的通货膨胀率预计为6.5%，低于 2004 年的 7.3%。只有三个国家的通货膨胀率是两位数。

20 世纪 90 年代以前，拉美国家的汇率经常大起大落，通货膨胀率居高不下，因此许多拉美国家的家庭、公司和各级政府都将美元作为重要的支付手段。例如，商品的标价以美元为单位，公司之间的契约以美元为记账单位，甚至政府的拨款也以美元计算。厄瓜多尔和萨尔瓦多甚至废除了本国货币，实行彻底的“美元化”。但在最近几年，尤其在 2005 年，所谓“非美元化”（de-dollarization）的趋势越来越明显。本国货币在流通领域中的作用越来越上升。其原因是：①拉美国家的宏观经济形势在好转，消费者对本国货币的信心在增强，而对美国经济形势的前景则并不看好。②几乎所有拉美国家的通货膨胀率都在大幅度下降。③许多拉美国家的利率水平高于美国。④拉美国家获得的贸易顺差使货币升值成为可能。

2005 年，拉美的就业形势继续好转。与 2004 年上半年相比，2005 年上半年的失业率从 10.6% 跌落到 9.5%。就 2005 年全年而言，拉美的失业率预计不会超过10%，但如何进一步降低失业率仍然是拉美国家的政府必须要重视的问题。

三 区域经济一体化进程进展不快

1994年，美国、加拿大以及除古巴以外的所有拉美国家三方决定建立美洲自由贸易区（FTAA）。该自由贸易区囊括34个国家，经济总量超过13万亿美元，人口8亿多。因此，它对世界经济和美洲国家的影响将是非常巨大的。

美国与拉美国家在农产品补贴、知识产权、环境保护、劳工权力以及对拉美小国家的特殊优惠等方面存在分歧，同时，巴西和委内瑞拉等拉美国家担心美国通过FTAA来控制拉美政治经济命脉，因此原定于2005年1月1日建成的FTAA没有成为现实。这些分歧能否在2005年11月举行的美洲国家首脑会议上或近期的谈判过程中得到解决，尚是一个未知数。

FTAA谈判进程虽然不顺利，但美国与中美洲国家五国和多米尼加在2004年达成的《美国、中美洲、多米尼加自由贸易协定》，则被美国参议院（2005年6月29日）和众议院（2005年7月28日）出人意料地通过。然而，中美洲国家内部抵制这一自由贸易协定的声音也很强烈。危地马拉甚至发生过警察枪杀反对这一自由贸易协定的示威者的流血事件。因此，迄今为止，还有一些中美洲国家的议会尚未通过此协定。国际舆论认为，中美洲国家的立法机关早晚会通过此协定，因为这一协定对中美洲经济的积极影响是显而易见的。

原定于2005年结束谈判的南方共同市场与欧盟两个集团的自由贸易协定，同样没有如期完成。这一谈判已进行了五年多时间。双方的分歧主要是：南方共同市场希望欧盟全面开放牛肉、鸡肉和其他一些农产品市场以及服务业部门，而欧盟则要求南方共同市场更大地开放工业品市场、服务业部门、政府采购和工程承包领域。

一些分析人士认为，中国已成为南方共同市场的主要出口市场之一，巴西等国在与欧盟谈判时提出了更高的要求。巴西等国甚至希望南方共同市场与欧盟的自由贸易协定能提高拉美国家在美洲自由贸易区谈判过程中与美国讨价还价的地位。据报道，南方共同市场与欧盟已同意在2006年5月结束谈判。

四 中国继续对拉美经济做出贡献

拉美经委会认为，“中国的GDP已占世界总量的4%，成为世界上第六大经济体（按购买力平价计算则是第二大经济体）。中国加入WTO后，已成为世界市场的主要参与者。1990年，中国在世界出口总额中的比重仅为2%，2004年，这一比重上升到6.5%，成为世界上第三大出口国。此外，中国也是世界上第三大进口国”。拉美经委会进而指出，“中国对世界经济复苏做出的贡献已持续多年。中国已成为多种原料、矿产品、能源、食品和工业制成品的主要消费国，因此，中国经济强劲的增长势头已对世界产生了影响”①。

2004年11月11~23日，国家主席胡锦涛对巴西、阿根廷、智利和古巴进行了国事访问。2005年1月23日至2月3日，国家副主席曾庆红对墨西哥、秘鲁、委内瑞拉、特立尼达和多巴哥及牙买加进行正式访问。2005年5月9~20日，全国政协主席贾庆林访问墨西哥、古巴、哥伦比亚和乌拉圭。2005年9月11~13日，胡锦涛主席对墨西哥进行国事访问。在不到一年的时间内，中国高层领导人四次访问拉美国家充分说明，中国非常重视拉美。

2004年，中国与拉美国家的双边贸易额突破了400亿美元，中国已成为拉美的主要贸易伙伴之一（见表3）。拉美向中国提供大量初级产品和原料，其价格不断上涨，中国向拉美出口工业制成品，而且其价格相对低，因此，拉美的贸易条件在一定程度上得到了改善。

表3 中国与拉美国家的双边贸易额

单位：亿美元

1980年	1990年	2000年	2001年	2002年	2003年	2004年
13.3	22.4	126.0	149.4	178.3	268.0	400.3

资料来源：《中国海关统计》有关年份及商务部网站。

截至2005年7月，已有十个拉美国家承认了中国的市场经济地位。

① ECALC, *Latin America and the Caribbean in the World Economy*: *2005 Trends*, 2004.

2004年11月18日，中国与智利正式启动双边自由贸易协定的谈判。智利是第一个与中国进行自由贸易协定谈判的拉美国家。[①] 毫无疑问，中国－智利自由贸易协定的谈判将为中国与其他拉美国家在今后可能进行的自由贸易协定谈判积累经验。

2005年4月，在日本冲绳召开的美洲开发银行年会上，由于美国、日本和中美洲国家反对，中国加入美洲开发银行（IDB）的十多年的努力再次受挫。美国认为，中国只有偿还了欠国际多边金融机构的债务以后，才有资格进入IDB。[②] 日本表面上不反对中国进入IDB，但又说“要看各国的共识”。与中国台湾保持“外交关系”的中美洲国家则直截了当地表示反对。

加勒比地区是中国外交领域的薄弱环节。因此，加强与加勒比国家的经贸往来，有助于打击台湾的“金元外交”。2005年2月2日，首届中国－加勒比经贸合作论坛在牙买加首都金斯敦举行，中国国家副主席曾庆红出席论坛开幕式并发表讲话。110多名中国企业家以及来自加勒比地区12个国家约百名企业家出席论坛。首届论坛的议题主要是如何在经贸、人力资源开发、旅游业、航空运输业、农业和渔业以及金融业等领域开展合作。曾庆红副主席在论坛上提出了进一步推动中加合作的四点建议：①保持高层互访，深化政治关系。②创新合作形式，拓展合作领域。③发挥政府作用，提供优质服务。④推动文化交流，增进相互间的友谊。

最近几年虽然中国与拉美国家的经贸关系在发展，但“中国威胁论”和“恐惧中国论”在拉美也有一定的市场。这两个论调的出现与以下因素有关。有些拉美人认为，中国的价廉物美的出口产品将冲击拉美国家的市场和产品生产，而且中国劳动力价格比拉美国家更低，不少跨国公司会将资本从拉美转移到中国。近几年墨西哥的客户工业区已有数百家企业停产或减产，数千人失业。[③]

为了保护本国市场，许多拉美国家对中国产品实施了反倾销。可见，为了使中拉经贸关系取得更快的发展，双方必须认真对待这一问题。我们要扩

---

① 此外，智利也是第一个与中国签署贸易合作协定的拉美国家（1950年代），第一个与中国建交的南美洲国家（1970年代），第一个与中国达成WTO协议的拉美国家（1990年代）。

② 由于美国拥有该行30%以上的股份，美国的立场将对中国能否加入、何时加入产生决定性的影响。

③ 墨西哥的客户工业区位于邻近美国的北部地区，建于20世纪中叶。墨西哥利用该地区的廉价劳动力，为跨国公司装配或加工多种制成品。这些制成品基本上都是销往美国市场和欧洲市场。可见，客户工业实际上是一种来料加工工业。

大对拉美的宣传力度，减少对我国产品的误会，还要进一步规范我国企业的贸易活动，打击走私活动，防止为扩大拉美市场而竞相压价等做法。

五　2006年拉美经济形势预测

根据国际货币基金组织的预测，2006年拉美经济的增长率为3.8%，南方共同市场成员国为3.8%，安第斯国家为4.1%，墨西哥、中美洲国家和加勒比国家为3.6%。[①] 根据联合国拉美经委会的预测，2006年拉美经济的增长率将为3.8%，其中智利的增长率预计为5.5%，其他国家在2.5%～4.5%之间。可见，国与国之间的增长率相差无几（见表4）。

表4　2006年拉美主要国家的经济增长率预测

单位：%

阿根廷	4.5	洪都拉斯	4.0
玻利维亚	3.0	墨西哥	3.5
巴西	3.5	尼加拉瓜	4.0
智利	5.5	巴拿马	4.0
哥伦比亚	4.0	巴拉圭	3.0
哥斯达黎加	3.0	多米尼加	4.0
厄瓜多尔	3.0	乌拉圭	4.0
萨尔瓦多	2.5	委内瑞拉	4.5
危地马拉	3.0	拉美	3.8

资料来源：ECLAC，*Economic Survey of Latin America and the Caribbean*，*2004～2005*，August 2005。

2006年拉美经济增长率不及2004年和2005年的主要原因是世界经济的增长势头可能减弱。而世界经济增长势头减弱的主要原因则是石油价格居高不下以及美国经济因其国内一些地方遭受飓风袭击而会出现疲软的迹象。

2006年拉美经济增长率虽然低于2005年，但只要这一预测实现，拉美经济将保持2003～2006年连续四年的增长，成为20世纪90年代初以来的第一个良好的增长周期。

这一周期具有以下几个特点：①拉美国家贸易条件由于中国和其他一些亚洲国家对初级产品需求量的增加以及物美价廉的制成品出口的扩大而得到

① IMF，*World Economic Outlook*，September 2005，p.39.

改善。②许多拉美国家的出口商品结构正在发生变化，非传统出口商品（与其说工业制成品）在出口收入中的比重在上升。③一些国家采取了较为灵活的汇率制度。④经济增长伴随着国际收支的盈余。⑤外汇储备在增加，对外资的依赖性在减弱。⑥宏观经济形势在好转，财政收支状况在改善，通货膨胀率在降低，中央银行的独立性则在增强。⑦国内需求对经济增长的贡献在扩大。

上述特点使国际上的一些经济学家得出了以下结论：拉美经济已进入一个长期的、可持续的增长期。但是，拉美经济的增长趋势也受到一系列内外因素的影响。就外部因素而言，美国经济在“双赤字”和飓风灾害的打击之下能否继续保持强劲的增长势头是一个未知数。此外，油价的居高不下虽对委内瑞拉、墨西哥和厄瓜多尔等少数几个石油出口国有利，但对石油进口国则是非常不利的。[①] 而国际利率的上升趋势如果继续保持下去，也会对拉美经济带来一定的负面影响。

就内部因素而言，以下几个方面的问题会制约拉美经济的发展趋势：①债务负担仍然很沉重（尤其是中美洲国家和加勒比国家）。②虽然总的说来宏观经济形势有所好转，外汇储备在扩大，但短期债务所占比重仍然很高，银行体系的脆弱性并没有被完全消除。③尽管经常项目出现了盈余，但投资率仍然很低，难以长期保持经济增长。④有些国家的改革尚未到位。例如，墨西哥尚未对其税收体系和能源工业部门进行改革，巴西的社会保障改革迟迟不能起步，公共部门开支得不到控制，阿根廷同样面临着如何进行结构性改革的艰巨任务。

拉美经济增长的前景还受到政治因素的影响。最近几年，不少拉美国家的政局出现了动荡。如在 2005 年，巴西出现了卢拉总统领导的劳工党从事腐败活动的丑闻；4 月 20 日，厄瓜多尔总统古铁雷斯在民众的抗议声中辞职；6 月，玻利维亚总统梅萨在持续一个月的政治风暴中辞职。这对该地区投资气候的影响无疑是非常不利的。此外，在墨西哥和秘鲁等国即将举行的总统选举中，什么样的政治家能获胜还是一个未知数。那些新总统会像巴西总统卢拉和委内瑞拉总统查韦斯那样实施民众主义政策，还是会像当年的墨

① 例如，在许多石油进口国，民众反对油价快速上涨的抗议活动此伏彼起。有些国家的政府为抑止油价上涨而开始增加财政补贴。这将对 2006 年的财政状况带来负面影响。在那些主要依靠石油发电的国家，油价的上涨同时也导致电价上涨。而有些国家则为了减少石油进口而实行能源（石油、电和天然气）的定量供应。

西哥总统萨利纳斯和阿根廷总统梅内姆那样推行大刀阔斧的新自由主义政策，或像厄瓜多尔总统古铁雷斯和玻利维亚总统梅萨那样，在当政一段时间后被选民赶下台，这一未知数同样会打击国内外投资者的信心。还应该指出的是，2005年4月厄瓜多尔在国际市场上油价上涨的情况下，出现政局动荡。一旦外部条件变得不利，可能有更多的拉美国家的政局会出现动荡。

综上所述，拉美国家的经济增长率在最近几年内很难再次超过5%，但会保持住3%~4%的中速增长的势头。

中东经济：持续增长

○ 刘　明

2005 年，中东经济持续呈现较好的增长趋势。一方面是由于国际市场油价的大幅上升导致出口收入的迅猛增加；另一方面是世界经济迅速复苏和强劲增长促进该地区经济发展、贸易扩大和地区经济合作步伐加快。2006 年中东国家将继续以适当的速度来保持其经济增长态势。

一　2004 年经济增长超过预测

2004 年中东 GDP 增长率达 5.5%（见表 1），保持了较高的经济增长速度。[①] 超过国际货币基金组织 2004 年 4 月的预测。

为了满足日益扩大的石油需求，中东产油国 2004 年的石油生产一直超出欧佩克的原油产量配额，[②] 原油平均日产量达 2315 万桶，比上年提高了 174 万桶。2004 年欧佩克一揽子油价从年初每桶 29.41 美元涨至年底每桶 36.43 美元，年均油价每桶 36.05 美元，比 2003 年上涨了 7.9 美元，增幅达 28.0%。这致使中东国家继续保持较大的外贸顺差。2004 年出口总额达 4371 亿美元，进口总额为 2685 亿美元，贸易顺差 1686 亿美元。其中，石油出口占很大比重。2004 年，中东产油国的石油出口收入比 2003 年增长 29%，为 2140 亿美元，分别占中东地区和海湾合作委员会（简称海合会）

① 国际货币基金组织的统计资料中对中东地区的国家分组有两类：一是中东国家（Middle East），另一是中东和北非国家（Middle East and North Africa），这两类分组的数据差别不是很大，因此本文在引用时，对两种数据都有所参考。

② 2004 年欧佩克多次调整原油产量配额，上半年削减 100 万桶，下半年又 3 次增加产量总计 350 万桶，中东成员国配额占总量的 70%。

2004年GDP总值的40%和55%。[1]

值得关注的是，2004年海合会六国GDP继续以年平均17%的比例增长，达到4650亿美元。海合会的石油收入为1800亿美元，与2003年同比增长19%；非原油贸易、工业、制造业、建筑业、运输业、通讯业以及其他诸如房地产业均表现良好，已出现经济多元化的趋势。[2]

本文作者上年度对2004年中东经济形势的分析和预测与实际情况基本一致。

二 2005年经济持续稳定增长

2005年，中东地区经济基本指标显示，仍旧保持增长（见表1）。实际GDP产值达5985.8亿美元，增长率为5.0%。[3]

表1 2003～2005年主要中东国家基本经济状况比较

单位：%

国家	实际GDP			消费物价指数			经常项目占GDP比率		
	2003	2004	2005*	2003	2004	2005*	2003	2004	2005*
中东地区	5.8	5.5	5.0	7.1	8.3	8.6	8.3	13.7	17.2
伊朗	6.6	6.6	6.0	15.6	15.6	15.0	1.5	5.2	6.4
沙特阿拉伯	7.2	5.3	4.1	0.6	0.2	1.0	13.8	19.8	27.7
科威特	9.7	7.2	3.2	1.0	1.8	1.8	17.5	29.1	37.8
阿联酋	7.0	5.7	4.5	2.8	3.8	1.9	8.5	16.9	17.8
埃及	3.1	4.1	3.8	3.2	8.1	9.9	2.4	4.4	4.5
叙利亚	2.6	3.4	3.5	5.0	3.5	4.0	3.5	-0.4	-0.4
阿尔及利亚	6.9	5.3	4.6	2.6	3.6	3.5	13.3	13.3	15.4
约旦	3.3	6.7	5.0	2.3	3.4	3.5	11.3	-0.8	-1.7

*为估计数据。

资料来源：国际货币基金组织：《世界经济展望》，2005年4月版，表5、10、31。

① 联合国西亚经济社会委员会，2005年经济社会发展报告（Survey of Economic and Social Developments in the ESCWA Region 2005）。

② 中国驻科威特大使馆经商参处2004年2月24日经贸新闻，http://kw.mofcom.gov.cn。

③ 联合国西亚经济社会委员会，2005年经济社会发展报告（Survey of Economic and Social Developments in the ESCWA Region 2005）。

中东是唯一实现中央政府财政预算盈余的地区，占 GDP 的 4.2%，超过 2004 年 1.5 个百分点。对外贸易继续保持强劲增长，出口增长 4.6%，进口增长 7.5%，贸易顺差增长 10.1%，为 2207 亿美元。经常项目收支盈余达 1734 亿美元。外汇储备已经是连续六年增长，2005 年达到 4211 亿美元。而外债总额则再次下降为 3182 亿美元，占 GDP 比率从 2004 年的 40.1% 下降到 34.9%，当年本息偿还额占出口商品和劳务的 7.2%，比上年降低了 0.7 个百分点。[①] 中东经济持续增长，除油价大幅上升外，还因为：

1. 增加投资，提高石油产量和炼油能力

2005 年中东产油国普遍扩大产量，前八个月原油平均日产量达到 2385 万桶，比 2004 年同期日产量增长 4.7%，最高时达 2420 万桶。在此基础上，中东产油国增加了对油气领域的投资。阿尔及利亚、利比亚、埃及以及海湾产油国不同程度地对外开放石油、天然气部门，建立联合开发石油、天然气公司，兴建输油输气管道，扩大石油炼油和石化生产能力。阿尔及利亚于 6 月初与西班牙签署了天然气输送管道项目一期工程合约。这一庞大工程建成后，不但扩大了天然气出口和推动天然气业的发展，同时将带动国内其他经济部门中小企业、就业和社会的发展。[②]

2. 利用石油资金发展非石油经济

中东一些产油国在非石油经济部门发展方面取得了较大成绩，得到了国际货币基金组织高度评价。阿联酋非石油经济增长速度超过石油部门达到 10%，带动服务业和建筑业的迅速发展。据国际投资研究院（IIF）预测，2005 年海湾国家的非石油产品出口将达到 3910 亿美元，2006 年达 4160 亿美元，进一步促进其地方工业的发展。目前海湾国家的非石油出口已经占到其总出口额的 7%。[③] 同时，中东产油国非经济部门迅速发展。旅游业、建筑业、电信业、房地产业、银行、金融、卫生部门及私营经济行业，保持良好的经济态势。消费信贷快速扩张，金融市场的交易额达到 20 年来的最高纪录。其他振兴地区经济的项目大批上马。该地区对海外资产投资也明显增加。伦敦国际金融学院经济报告预计 2005/2006 年度海湾国家投资海外资产（房地产和证券）将达 3600 亿美元，与过去五年间投资的总额相比大幅增长 50%。[④]

① 国际货币基金组织：《世界经济展望》，2005 年 4 月版，表 18、23、28、30、35、37、40、41。

② 见 OPEC Bulletin, *Algeria Signs First Medgaz Pipe Deal*, 2005 年第 6 期，第 28 ~ 29 页。

③ 资料来源：2005 年 8 月 23 日〔沙特〕《经济报》。

④ 参见 2005 年 8 月 14 日〔沙特〕《经济报》。

3. 注重地区合作和国际合作

2005 年 1 月 1 日，“大阿拉伯自由贸易区协议”开始实施。17 个成员国将根据原产地原则在区内实行关税减免，同时，将就非关税壁垒进行研究。3 月，海合会关税同盟正式生效，一体化进入新阶段；成员国还建立了共同增值税体系，对部分消费品，如烟草等有害产品统一开征增值税。4 月 5 日，海合会与欧盟宣布一致确定在 2005 年底签署双边自由贸易协定。5 月，南美－阿拉伯国家首脑会议发表《巴西利亚宣言》，确定了今后加强两个地区联系和合作的机制。会议期间，海合会与南方共同市场达成了一项关于加强双方经济合作和贸易往来，促进建立南美洲－阿拉伯自由贸易区的框架协议。这都有利于中东经济的持续发展。

三　主要国家经济形势依旧乐观

1. 埃及：加快经济改革与经济合作的步伐

埃及经济整体运行状况良好。2005 年 3 月埃及计划部宣布，2004/2005 财年经济运行良好，GDP 增长率达 5%，并预计 2005/2006 财年为 6%。[①]

2004/2005 财年，埃及出口实现大幅度增长。[②] 2005 年前 4 个月出口总额达 169 亿埃镑（1 美元＝5.87 埃镑），同比增长 17.4%。2005 年 1～5 月，埃及对美国出口达 6.24 亿美元，同比增长 51.5%，贸易逆差下降 43.4%，为 5.68 亿美元。苏伊士运河收入达 32.9 亿美元，同比增长 16.7%。埃及 1～3月侨汇收入达 12.39 亿美元，环比增长近 2.6 亿美元，呈现上升趋势；到 7 月底，其外汇储备增加至 202 亿美元，同比增长 5.3%。2005/2006 财年，预计石油和天然气出口收入将达到约 70 亿美元。

埃及政府于 4 月底审议了 2005/2006 财年国家预算和投资规划。确定新财政预算支出增加的重点是增加对低收入群体的服务及社会福利，提高社会保险、教育基金、工资和奖金，完善基础设施建设项目等。其中，将投资 69 亿埃镑用于饮用水项目和污水处理项目；将划拨 10 亿埃镑启动“贫困农村发展计划”，该项目将在 100 个村庄实施，提高农村贫困家庭生活水平。

预计 2005/2006 财年埃及国内生产总值将提高到 9690 亿埃镑，石油、

---

① 资料来源：中国驻埃及大使馆经商参处，2005 年 3 月 16 日经贸新闻。

② 据埃及贸工部报告，见 2005 年 8 月 3 日《埃及公报》。

天然气、苏伊士运河、纺织行业产值将分别占 GDP 收入 25%、17%、14%、26%。同时，出口增长 30%。[①] 2005/2006 财年，在降低销售税和海关关税，国家财政收入减少情况下，埃及政府仍将扩大投资规模，总额超过 1120 亿埃镑。尤其鼓励私营界参与国家重点项目建设，预计本财年私营部门参与投资额超过 670 亿埃镑，占投资总额的 59.8%。

为推动经济持续发展，2005 年埃及经济改革步伐进一步加快。包括修订关税，出台新税收法规，降低税率，给投资者更多优惠措施。为扩大产品出口，建立出口导向的工业体系，保证产品在国际市场上具有竞争力，政府将采取提供廉价燃料和工业用地、增加银行贷款、设立灵活还债机制、更新生产技术等政策措施来支持出口工业发展。

2005 年 1 月埃及成立货币政策管理委员会。6 月成立出口促进中心，从各方面指导协作，开拓国外出口市场，推动埃及出口贸易。8 月成立埃及反垄断机构。政府还将成立工业发展总局，管理埃及工业区发展，负责修订现代工业的整体发展战略，实施国家工业政策，促进国家工业投资增长，增强工业在国民经济发展中的带动作用。中央银行行长在第三届阿拉伯金融投资年会上宣布，埃及将进行包括调整国有银行结构、保护国有银行在使用非常规贷款中的利益、推动合并重组以及加强银行监管部门作用等六项金融改革措施。

埃及还加快实施全方位经济合作。2005 年 9 月，埃及与欧盟将签署“机构结盟计划”。[②] 欧盟向该计划注资 2500 万欧元，支持埃及各政府部门向欧盟对口部门学习先进经验及立法体制等。2004 年 12 月 15 日埃及、美国和以色列签署“合格工业区（QIZ）协议”，该协议规定，含有以色列成分的埃及产品可以免税进入美国市场。虽然对此在埃及国内引起争论，但主流观点认为，协议的实施有利于增加埃及对美国的出口，特别是纺织品和服装出口；将吸引更多的投资，推动埃及经济的发展，提供更多就业机会。2005 年 7 月下旬，埃及与巴勒斯坦签署能源合作谅解备忘录，埃及将在石油和天然气领域向巴勒斯坦提供所有尽可能的帮助。8 月，与法国签署关于埃及向法国出口液化天然气协议，预计将可满足法国 10% 的天然气需求。[③] 英国石

① 见 2005 年 7 月 4 日《埃及公报》。

② 埃及与欧盟于 2001 年 6 月 25 日签署“埃及－欧盟伙伴国协议”，建立了自由贸易区，确立了政治对话框架、贸易自由化、促进埃及经济和社会发展、鼓励区域合作以促进和平共存和经济及政治稳定的合作机制。几年来合作不断发展。

③ 见 2005 年 8 月 14 日〔埃及〕《消息报》。

油公司决定，未来五年内将在埃及投资40亿美元，用于勘探石油和天然气，并提供目前世界上最先进的技术。

2. 沙特阿拉伯：进入高速增长期

2004年沙特经济上乘表现使其跨入有史以来第三个高速发展阶段。[①] 沙特Samba金融集团2005年9月初认为，“沙特经济高速发展将持续多年”。[②] 2004年沙特经济实现增幅5.3%，预计2005年GDP实际增长率为6.8%。2004年沙特石油出口收入达1060亿美元，2005年将达1570亿美元，比2004年增长48%。沙特2005年外债规模将降至1600亿美元以下。[③]

2005年上半年，沙特经济继续高速增长，企业效益普遍看好。国家商业银行利润增长39%，Samba金融集团净利润增长50%，沙特投资银行增长66%，沙特基础工业公司（SABIC）增长84%，沙特电力公司利润增幅达322%。沙特证券市场活跃，房地产投资大大增加，带动了建筑业的发展。石化工业、建筑及相关产业、基础设施建设等也有较快发展。沙特的进口由此全面增长，增长幅度也大大高于GDP的增幅。2005年第一季度，进口贸易与上年同期相比增长30%，达485亿里亚尔（1美元=3.75里亚尔），预计全年进口总额可达2000亿里亚尔。[④]

沙特为提高石油经济支柱地位，加大了石油、天然气勘探和开发力度。在前两年新发现7个石油、天然气田，新增原油日生产能力1.39万桶、天然气1.07亿立方英尺和凝析油7520桶的基础上，2005年又有两个新油井开始生产，[⑤] 并发现1个大型天然气田，[⑥] 预计可增加超轻质原油日产量9300桶、天然气4720万立方英尺。同时，沙特国家石油公司还成功提升了卡提夫和阿布·萨阿夫两个油田的阿拉伯轻质原油日产量，分别增加到50万桶和30万桶。2005年8月份沙特原油日产量最高达960万桶，比前几年增加

---

① 第一阶段是在20世纪70年代，大量石油出口引发爆炸式的经济增长；第二阶段是在1990～1991年海湾战争引发的急速增长。见中国驻沙特阿拉伯大使馆经商参赞李雁林文《高油价下的沙特阿拉伯》，http：//sa.mofcom.gov.cn。

② 资料来源：2005年9月4日〔沙特〕“Al Riyadh News”，中国驻沙特阿拉伯大使馆经商参处经贸新闻。

③ 据科威特通讯社报道，资料来源：中国驻科威特大使馆经商参处2005年9月4日。

④ 资料来源：“*Saudi Commerce & Economic Review*”，No.135。

⑤ 其中一口油井名为“赫勒法伊一号”，位于沙特首都利雅得东南280公里处，可日产6000桶阿拉伯优质轻油，同时伴生天然气开采量420万立方英尺。

⑥ 沙特国家石油公司宣布，在沙特东部石油城达赫兰以西95公里处发现的天然气田，可日产天然气4000万立方英尺，预计2006～2008年间投入工业生产。

了50万～100万桶，目前原油生产能力可超过1050万桶，未来几年内将迅速增至1200万～1250万桶。

沙特还制定了长期天然气发展目标，建立综合天然气产业体系，以不断扩大天然气生产能力，满足国内天然气消费增长需求。沙特计划将在未来5～10年，投资250亿美元完成3个核心发展工程（Core Ventures），逐步提高天然气工业在国家经济发展中的重要作用。

沙特在加强石油在国民经济中主导地位的同时，还加快多元经济发展步伐，2005年政府将增加投资推动非石油部门发展。

2005年沙特第八个五年计划（2005～2009年）将加大基本建设的投入，未来几年用于大项目的建设资金将达4680亿美元。SABIC预计未来几年内投入300亿里亚尔（约80亿美元），扩大石化及其他产品的生产，预计到2008年使其石化产品增至6000万吨。①

值得关注的是，以石油、天然气和石化为主的沙特东部地区也积极争取产业多样化。沙特东部商会会长指出，今后几年将投入数百亿里亚尔发展采矿、电力、造船、农业和工程建筑等行业，使东部的发展更加平衡。目前，通过降低公司所得税、允许建立外资独资公司、外资享受沙特国民待遇，以及沙特工业发展基金向外资公司提供优惠贷款等各种优惠政策，吸引外国公司投资沙特东部地区。

3. 伊朗：经济增长需增加后劲

据世界银行预测，2005年伊朗国民生产总值（GNP）实际增长率将达6%，为中东地区最高。② 欧佩克对伊朗的经济审慎乐观，预计GDP增长率达7%，比上年略有增长。③

自2004年11月以来，伊朗原油产量一直未能达到欧佩克为它制定的最高生产限额，④ 而且国内消费增加，原油出口减少。但是由于油价上涨，其石油出口收入仍旧增加。据伊朗通讯社报道，2005/2006财年第一季度（3

---

① 见2005年6月18日“Arab News”。

② 伊朗经济连续几年保持较好的形势，2004年其GDP增长率在中东国家排在第四位。

③ 欧佩克2005年几次调整对伊朗经济增长率的估计，最新的预测见《石油市场月报》2005年第7期。

④ 2005年7月起，伊朗的原油产量限额是411万桶/日，据欧佩克和伊朗石油公司统计，其当月日均产量为402万桶，虽然没有达到规定标准，但这一数量是历史最高。资料来源：《石油市场月报》2005年第7期。伊朗石油公司预计到2005年底，原油产量可增加到435万桶/日，出口增至270万桶/日。

月 20 日至 6 月 20 日）原油出口收入为 132.696 亿美元。如果原油市场总体供给形势不变，原油价格继续保持目前水平，伊朗本财年原油收入将创历史新高，增至 430 亿美元。[①]

2005 年度伊朗财政形势良好。经常项目收入继续盈余，顺差金额占 GDP 的 6.4%，比上年提高了 1.2 个百分点。税收收入将达到 130 万亿里亚尔（约合 149.43 亿美元）。其中原油税收收入将增至 84 万亿里亚尔（约合 96.55 亿美元）。伊朗现有外汇储备 298.7 亿美元。同时，伊朗海外资产增加，从 2004 年底的 213.55 亿美元增加到 2005 年 3 月底的 232.82 亿美元，仅 3 个月增幅达 9%。[②] 近年伊朗外债总额不断增加，据中央银行报告，至 2004/2005 财年第三季度（2004 年 12 月 20 日），伊朗外债增至 142.97 亿美元，其中中长期外债减少，短期外债增加。

伊朗石油剩余可采储量高达 1300 亿桶，天然气估计探明储量超过 26.6 万亿立方米。[③] 历届政府都重视发展石油天然气，计划把石油生产提高到一个新的水平。伊朗石化公司代理总裁 9 月 14 透露，伊朗将在未来十年里投资 250 亿美元发展石化工业。计划在头四年里使伊朗石化产品生产能力平均达到 5800 万吨，可为国家赚取 150 亿美元的外汇收入，从业人数将达 5.3 万。

伊朗自行考察、设计和施工，建在北部伊玛姆哈桑港的第一个地下混凝土储油设施，根据计划，将于 2006 年投入使用，可储存原油 400 万桶。届时，伊朗将成为继美国、沙特、南非之后第四个拥有战略储备石油的国家。伊朗与中亚里海国家、俄罗斯、日本以及印度、巴基斯坦等国也加快天然气、石油合作，为伊朗石油、天然气出口开拓更大的市场。被称为“和平管道”的伊朗 - 巴基斯坦 - 印度的输气管道项目，预计将于 11 月举行三边谈判，并有可能在 2006 年 4 月开始动工，三年完成。

2005 年 5 月 24 日，伊朗经济工作会议（原金融年会）对 2004/2005 财年国家经济工作和“三五计划”（2000 - 03 ~ 2005 - 03）实施情况进行评价时，指出了石油、建筑、农业等领域存在的问题。在高油价和石油经济支持下的伊朗经济增长形势的背后，还存在急需解决的问题，如伊朗有 14% 的电

① 2005 年 8 月 20 日〔科威特〕《火炬报》报道，伊朗石油部副部长对外界宣布。资料来源：中国驻伊朗大使馆经商参处经贸新闻，http：//ir. mofcom. gov. cn。

② 国际清算银行 9 月最新报告，见 2005 年 9 月 6 日〔伊朗〕《市民报》。

③ 〔美〕《油气杂志》（*Oil & Gas Journal*），2005 年 3 月 24 日。

站设备老化急需改造，半数以上的纺织企业处于停产或半停产状态，纺织产品的出口已经连续四年负增长，失业率高、走私猖獗等，以及因税收、劳工法、知识产权保护等方面的问题和官僚主义、腐败等阻碍吸引外资。

特别值得关注的是伊朗的核问题。自伊拉克战争以来，围绕这一问题的对决可谓“一波三折”。美国决意遏制伊朗的核能发展计划并彻底清除其现有核设施，而伊朗一再声明其拥有和平发展核计划及和平利用核能的权利。前者妄图将伊朗核问题国际化，提交联合国，并不排除对伊朗实施经济制裁和军事打击的可能；后者主张与国际原子能机构和欧盟谈判，获得支持，但也多次宣称重启铀浓缩活动、停止履行《不扩散核武器条约》附加议定书等强硬立场。2005 年 9 月 24 日，国际原子能机构通过欧盟提出的关于伊朗核问题的决议后，使伊朗核问题有可能导向激化。伊朗做出的第一反应是宣布将取消此前与印度签订的价值 220 亿美元的天然气项目合同，对投赞同票的印度实行报复。而迄今为止，国际社会仍在力求通过外交手段、政治谈判的方式，和平解决伊朗核问题。一旦问题升级，对伊朗的制裁、军事打击或经济封锁，将可能导致中东地区政局进一步动荡、伊朗关闭霍尔木兹海峡、石油供应中断、油价上涨等，不但伊朗持续的经济增长受到抑制，世界经济也将受到影响。

四　2006 年经济展望

世界经济受高油价和“卡特里娜”及“丽塔”飓风的影响，在 2005 年后几个月开始显现，结果致使 2006 年世界经济增长速度减缓。随着世界石油需求增长率下降，同时欧佩克和 OECD 合作，增加市场石油供应，从而保持供需基本平衡和市场稳定，2006 年世界石油价格将会有所下跌，但不会低于 2004 年的水平。[①] 由此，国际货币基金组织预测 2006 年中东经济增长速度基本不变，比 2005 年减少 0.1 个百分点，降至 4.9%。[②] 以石油收入为主要财政来源的中东国家，经常项目余额预计为 1580 亿美元，低于 2005 年水平，占 GDP 比率降至 14.9%。

① 以欧佩克一揽子油价为例，2004 年油价为 36.05 美元/桶，截止到 2005 年 8 月底的油价为 49.03 美元，增幅达 36%，资料来源于欧佩克：《石油市场月报》，2005。

② 国际货币基金组织：《世界经济展望》，2005 年 4 月，第 52 页，表 1.11。

中东多数国家政府将针对石油市场的变化，适当调整财政预算，在保持现有项目运行的前提下，压缩或延缓一些基础经济建设项目的投资，减少财政支出。2006 年财政预算盈余，占 GDP 比率为 3.6%，比 2005 年低 0.6 个百分点。因各项收入比预期的减少，私人消费和公共项目投资扩大也将有所收缩。中东国家为此将进一步对外资开放，以吸引更多的国外资本。各国政府将放松控制，实行相应的改革和调整，以刺激私人投资，加快私营部门和企业发展。

同时，为了保证石油供应和稳定的石油价格，中东产油国将扩大提高石油产能和炼油能力的投资，以增加生产性投资来推动本国和本地区经济增长，维持一个相对平稳的经济社会发展进程和发展目标。

非洲经济：继续增长

○ 姚桂梅

2004 年受初级产品价格上升的推动，非洲经济增长加快，达到 5.3%；2005 年非洲经济继续增长，但增速放缓，预计增长 4.5%；2006 年预计增长 5.9%。

一　2004 年创八年新高

2004 年非洲经济增长不仅快于 2003 年，而且好于预期，由 2003 年的 4.1% 上升到 5.1%。① 国内生产总值增长速度由原来预期的 4.3% 上调到实际增长的 5.3%，其中撒哈拉以南非洲也从预期的 5.1% 上调到实际的 5.4%。② 2004 年不仅是非洲自 1996 年以来总体增长率最高的年份，同时也是近 20 年来首次连续两年超过 4%。其主要原因是：第一，全球需求强劲增长，国际市场初级产品价格上涨，特别是原油价格创记录之高。在高油价的刺激下，石油出口国扩大了石油开采和出口，特别是中部非洲产油国新油田的相继投产，使石油收入大量增加，带动经济快速增长。其经济增长远远快于进口国，二者分别为 7.5% 和 4.6%。第二，大部分非洲国家实行的宏观经济改革正在取得成效。第三，通货膨胀开始被控制、货币有所升值和私营部门经济活跃。第四，天公作美，农业有所恢复。东非、中部非洲、南部非洲有利的天气条件推动农业丰产丰收。第五，地区冲突有所缓和，政治稳定，为经济发展营造了良好的环境。第六，渐趋增长的外国直接投资和官方

① Nicolas Pinaud and Lucia Wegner, *African Economic Performance in 2004: A Promise of Things to Come?* OECD Development Center, Policy Insight No. 6.

② IMF, *World Economic Outlook*, Sep. 2005, p. 49.

发展援助以及外债的减少也为非洲经济快速增长加油助力。但是，制约非洲经济增长的不少因素依然存在。例如，苏丹的达尔福尔危机、津巴布韦的经济衰退、科特迪瓦以及刚果（民）部分地区的冲突等。另外，贫困、艾滋病、人口增长过快和外债负担沉重等因素也继续困扰着非洲的发展。2004 年非洲经济增长呈现以下特点：

1. 继续呈现不平衡增长态势

中部非洲由于扩大了石油开采，经济增长最快，达到 7.3%。东非（5.8%）、北非（4.8%）紧随其后，接下来是西非（4.3%）、南部非洲（3.5%）。西非增长缓慢主要是尼日利亚经济增长从 2003 年的 10.2% 下降到 4.6%，科特迪瓦政治危机继续，经济仅增长 0.9%，马里、尼日尔、塞内加尔等国农业受蝗灾影响所致。另一方面，在西非 15 国中，有 6 个国家经济增长超过 5%，其中利比里亚增长最快达到 15%，接下来是冈比亚（6.6%）、塞拉利昂（6.6%）、布基纳法索（5.4%）、佛得角（5.4%）、加纳（5.3%）。在南部非洲，南非经济增长 4.25%，坦桑尼亚 6.7%。非洲经济增长最快的前 5 位国家是乍得 39.4%、赤道几内亚 18.3%、利比里亚 15%、埃塞俄比亚 11.6%、安哥拉 11.5%。经济增长最慢的国家依次是津巴布韦、塞舌尔、中非、科特迪瓦、加蓬。

2. 宏观经济形势继续改善

首先，非洲国家在控制通货膨胀方面取得了长足进步；29 个非洲国家的通货膨胀率呈现下降趋势，导致全非年均通货膨胀率从 2003 年的 10.3% 下降到 2004 年的 8.4%。其次，财政赤字压力继续减轻。13 个非洲国家（8 个是石油生产国）实现财政盈余，19 个非洲国家财政赤字下降，推动全非财政赤字大幅度下降，几十年来首次实现财政平衡。再次，经常项目账户得到改善，26 个非洲国家的经常项目账户得到改善，从 2003 年的赤字占 GDP 的 0.1% 扭转为盈余占 GDP 的 0.4%。最后，旅游业崛起，旅游收入越来越成为外汇收入的重要来源。2003 年旅游收入达到 186 亿美元，比 2002 年增长 19.2%。

3. 对外经济关系得到加强

由于国际市场初级产品价格上升，2004 年非洲对外贸易量增加 8%，出口增长 23.5%，进口增长 16.9%，非洲对外贸易总额比 2003 年增长了 6.7%。非洲外债形势略有好转，2004 年非洲国家到期债务率下降到 11.8%。在减债、取消重债穷国债务、提供紧急援助等外部因素支撑下，流入非洲的官方发展援助从2000年的153亿美元上升到2003年的263亿美元。流入非洲的外国直接投资从2002年的120美元增长到2003年的150亿美元，2004年约为200亿美元。外国直接投资主要投向采掘业。其中，2/3的外国直接投资集中于富油的利比亚、苏丹以及环境良好的摩洛哥等北非国家。在撒哈拉以南非洲，主要投资于安哥拉、赤道几内亚、尼日利亚、南非等国的采掘、服务、电力、零售批发等领域。

二 2005年增长速度放慢

2005年国际市场石油价格继续攀升，全球经济增长放慢。它对非洲经济产生不利影响，其增速也将趋缓。2005年9月21日，国际货币基金组织发表的《世界经济展望》报告预测，非洲经济增长4.5%，其中撒哈拉以南非洲增长4.8%。在所有的次地区中，预计中非、东非分别增长6.1%、5.6%，北非增长5.2%，西非、南部非洲分别增长4.5%和4.4%。[①]

1. 南非经济增长加快

南非是非洲大陆经济最发达的国家。受世界经济形势变化的影响，近几年南非经济发展时有起伏。其GDP增长率2000年为4.2%，2001年降为2.7%，2002年提高到3.6%，2003年又降低至2.8%。根据南非统计局的统计，2004年南非实际GDP增长率为3.7%，为近年来经济发展较快的一年。预计2005年南非经济保持增长势头。它不仅受益于全球对南非产品需求强劲，特别是亚洲经济增长加快带来的产品需求，而且由于南非个人所得税和公司所得税的削减，以及利率降低，刺激了国内的消费和投资。例如，全球第二大酿造企业——南非酿造公司准备今后五年在国内投资50亿兰特；拥有世界先进的煤变油技术的南非萨索尔公司准备投资15亿兰特。[②] 南非跨国公司大规模的投资计划显示了对国内投资环境持续看好的信心，同时也将带动外国投资的增长。南非宏观经济环境的改善与政府采取的政策措施密切相关。第一，动员国内储蓄推动国内投资。2004年10月25日南非政府宣布在莱利银行、南非第一国民银行、南非联合银行、标准银行四大银行和邮政

---

① UNECA, *Survey of Economic and Social Conditions in Africa 2004 ~ 2005*, Africa Focus Bulletin, May 9, 2005.

② *Business Day* (Johannesburg), 20050708; EIU, *Country Report June 2005 South Africa*, pp. 30 ~ 31.

银行开设 Mzansi 账户，对小额储户不收取任何银行费用，目的是培养国人的储蓄观念。它深受众多低层民众的欢迎。截至2005年2月，已有50万人开户，第一次享受正式的银行服务，存款总额达到1.6亿兰特，平均每个账户存款290兰特。其中，56%是女性，90%是黑人。[①] 到5月底，此类账户储户已达100万人。第二，继续吸引外国直接投资。2005年5月南非政府批准英国巴克莱银行购买南非联合银行50.1%的股份，交易额高达330亿兰特（合55亿美元），这是巴克莱银行在英国以外最大的一笔投资，同时也是1994年新南非成立以来所吸引的最大一笔外国直接投资。第三，发展旅游业，使其成为经济增长的新动力。南非官方统计数字显示，2004年旅游业产值达到156亿美元，占当年国内生产总值的7.4%。它也为拥有4600万人口的南非创造了120万个就业机会，这对失业率高达30%的南非来说非常宝贵。南非计划2005年海外游客量突破700万大关，超过2004年的680万，为振兴经济做出更大贡献。

2. 石油出口国经济继续保持高速增长

非洲石油生产国继续受益于国际市场的高油价，预计整体增长5.1%，高于非洲国家的平均增长水平。[②]

尼日利亚是非洲大陆五大经济体之一，经济严重依赖石油收入。2005年国际市场原油价格在高价位上振荡攀升，使尼石油收入显著增长，有利于尼政府利用增加的石油收入支持农业、基础设施的发展。4月，国际货币基金组织预计尼经济增长7.4%。[③] 但事实上，2005年上半年尼经济运行喜忧参半。尼日利亚石油生产产量增加有限，对经济拉动作用低于预期；但非石油部门增长较快，有助于改变石油产业一枝独秀的格局。与此同时，因食品价格较高、货币增长过快，导致通货膨胀率出现上升趋势。至于财政政策，2005年政府财政预算因石油和天然气巨额收入的支撑在预期支出大幅度增长的前提下留有较大盈余。财政支出的快速增长有助于实现政府的发展目标，但它增加通胀压力。另外，尼政府继续在结构改革的道路上前行，包括放开石油产品的价格、提高政府管理的透明度。然而，政府用于国内石油产品的补贴费用依然较高，企业私有化进展也很缓慢，银行系统的状况令人担忧。

---

① Mzansi, *SA Banking Spreads its Net*, South Africa info. Reporter, Feb. 23, 2005.

② IMF, *World Economic Outlook*, Sep. 2005, p. 49.

③ IMF, *World Economic Outlook*, April 2005, p. 51.

由于尼日利亚经济增长中存在一些变数，实际的经济增长速度可能要下调。

新兴产油国乍得因为乍得-喀麦隆石油管道的建设工作正在逐步结束，经济增长速度将从2004年的39.4%骤降至2005年的仅13%。安哥拉和苏丹继续保持快速增长，预计分别达14.7%和8%。加蓬因石油产量进一步萎缩，从而使2005年的经济增长速度降至0.8%。喀麦隆的增长也有所减慢，为2.8%。阿尔及利亚预计增长4.8%。

3. 非石油出口国经济增长放慢

2005年上半年受全球非燃料商品价格下降、石油产品价格居高不下的影响，非洲的非石油生产国经济增势趋缓，预计增长4.3%。低于非洲国家的平均增长水平。贝宁、布基纳法索、马里、多哥等国继续受棉花价格低迷的影响出口收入减少；肯尼亚、莱索托、马达加斯加、毛里求斯和斯威士兰等国的纺织业因纺织品贸易配额的取消而遭受损失；塞舌尔和索马里受到印度洋海啸的冲击，特别是塞舌尔的财政和国际收支状况将发生一定程度的改变。津巴布韦因国内政治环境仍然不利，农业和制造业两个部门表现不佳，都将使整个国家经济增长率下降，下降速度为6.8%。[①] 然而，南部非洲其他国家经济增长令人鼓舞：博茨瓦纳、毛里求斯和纳米比亚服务业继续增长，博茨瓦纳、莫桑比克、纳米比亚和赞比亚采矿部门活力在增加，毛里求斯、莫桑比克和赞比亚农业部门在扩张，毛里求斯和赞比亚旅游业快速发展等等。

三　影响经济发展的重大事件

1. 布莱尔出台“非洲马歇尔计划”，八国峰会承诺增加对非援助

由于历史的原因，英国与非洲国家关系密切。为了重塑大国形象，提高国际地位与影响，英国借助2005年担任八国首脑会议轮值主席这一契机，采取了一系列行动，着意将2005年打造成“非洲年”。早在2004年3月英国首相布莱尔倡议成立了“非洲事务委员会”，寻求对非洲发展新伙伴行动计划的广泛支持，并将非洲发展计划纳入2005年八国首脑会议和欧盟会议重点讨论的议题。2005年3月和6月，英国非洲委员会在伦敦、纽约、亚的

① UNECA, *Survey of Economic and Social Conditions in Africa 2004 ~ 2005*, Africa Focus Bulletin, May 9, 2005.

斯亚贝巴和北京分别召开了《我们共同的利益——非洲委员会执行报告》新闻发布会，报告呼吁发达国家每年给非洲注入250亿美元的援助，持续到2010年。这项援非计划还提议全部免除撒哈拉以南非洲国家的债务、建立更公平的国际贸易体系等。国际媒体将该计划与当年美国帮助欧洲摆脱战争创伤的“马歇尔计划”相提并论，称之为“非洲马歇尔计划”。6月13日，非洲经济首脑聚焦布莱尔的援非计划。世界经济论坛负责非洲事务的官员阿尔费尔德指出，“我们希望本次会议能向八国集团会议发出一个强烈和积极的信号，那就是支持布莱尔首相和非洲委员会的宏伟计划”。南非矿业巨头英美矿业公司总裁齐姆则表示，“在八国集团首脑峰会召开前夕，非洲的政治和经济界应该团结起来，告诉发达国家援非计划将改变非洲的命运，非洲需要支持”。

2005年7月6~8日，八国峰会在英国格伦伊格尔斯举行，八国集团领导人同来自阿尔及利亚、埃塞俄比亚、加纳、尼日利亚、塞内加尔、南非和坦桑尼亚七个非洲国家的领导人就非洲的发展、援助、债务、贸易及地区安全等问题举行了对话会。8日发表的一份公报承诺将其对外发展援助在2010年之前每年增加500亿美元，其中至少有一半用于增加对非洲国家的援助。此外，八国集团领导人还批准免除18个重债穷国（其中14个在非洲）所欠国际金融机构的全部400亿美元债务，并欢迎巴黎俱乐部有关免除尼日利亚170亿美元债务的决定。此外，八国集团领导人还对非洲的发展提出了一项全面的计划，包括为非洲的维和部队提供更多的资源，以增强其预防和解决地区冲突的能力；增强对非洲国家实行民主、反腐败和良好管理的支持力度；增加对非洲国家医疗和教育的投资，以及创造良好的投资和贸易条件以促进非洲的经济增长。多数非洲国家对此表示欢迎，希望以此为契机有更多的援助进入非洲大陆，为非洲减贫、加快经济发展做贡献。但也担心西方国家会通过“一只手施舍，另一只手收回”的习惯做法，利用其主导的国际贸易体制轻而易举地将发展“红利”带回西方。因此，强烈呼吁发达国家在多哈谈判中在诸如技术转让、开放贸易等方面采取实质性行动，特别是取消农产品补贴，向非洲国家开放农产品市场，消除不公正竞争。更有评论担心这又是一次口水扶贫，因为八国峰会没有常设机构，它们的所有决议，没有专门机构保证其执行，更不会被强制执行。

2. 毛里求斯——全球第一个无线网络覆盖全境的国家

毛里求斯是印度洋上的一个岛国，近年来与南非、博茨瓦纳等国一起构成非洲经济增长的中坚力量。制糖业、出口加工、旅游业和金融服务业是国民经济的四大支柱产业。2000 年以来，政府为保持其经济发展的后劲，决定将 IT 产业打造为第五大经济支柱。政府计划在未来 15 年斥巨资大力发展电脑、光纤（卫星）通讯和电子贸易产业，最终将毛里求斯发展成一个“网络岛”——连接非洲和亚洲的 IT 中心。

2002 年毛里求斯铺设了海底宽带光缆，通过 80 吉比特（传输速率）南非远东纤维光缆与非洲各国、欧洲、印度和马来西亚等地实现电话和网络连接。几年来，政府在各地开办了电脑夜校，使大约 3.7 万人接受了电脑基础课程的培训。目前，投资 1 亿美元、占地 60 公顷的电脑城在离首都圣路易 15 公里的 Ebene 粗具规模。除了办公区，电脑城还建有食宿和会议设施。2004 年 4 月第一个电脑大楼竣工，第二座大楼正在建设中。电脑城项目不仅吸引了美国微软、太阳等全球性信息技术公司及跨国企业的兴趣，而且美国微软、IBM 和惠普公司已经在那里建立地区总部；包括中国华为、印度信息技术系统公司（Infosys）、威普瑞（Wipro）在内的亚洲公司，已成为电脑城的重要力量。然而，“电脑城”只是毛信息通讯业发展战略这一链条上的一个环节，毛政府正出台各种措施吸引和招揽国外信息技术行业的精英人才。2005 年毛里求斯政府宣布在 3 月底前实现全国范围的无线宽频接入系统，成为全世界第一个无线网络覆盖全境的国家。网络技术由美国纳维尼网络公司（Navini Networks）提供，由毛里求斯境内最大的互联网独立服务和支援提供商 ADB 网络公司提供（ISP）服务，在各地完整地安置无线上网设施。新的无线宽频接入系统不仅能给当地企业和人民带来更多具体的、直接的利益，而且将有力推动毛里求斯成为一个高技术国家。目前，毛里求斯已成为非洲大陆最具生机的市场，预计到 2005 年信息产品营业额将突破 3 亿美元。[①]

四　2006 年增长将提速

根据国际货币基金组织 2005 年 9 月 21 日发表的《世界经济展望》报告预测，尽管 2005 年非洲经济增长趋缓，但是 2006 年非洲经济将提速到 5.9%，有可能成为 20 世纪 70 年代以来增长最快的一年。

首先，改革、团结、谋发展已成为非洲国家的共识。大多数非洲国家正

---

① Neil Ford, “Island Leads World in IT Coverage”, *African Business*, March 2005.

在加大结构改革力度，大力发展多元经济，采取谨慎的货币和财政政策，降低通货膨胀，重视运用集体的力量与国际社会探讨经济发展议题，为经济增长创造了良好的宏观经济环境。与此同时，内部冲突和战争的减少也为经济快速发展提供了前提保证。

其次，资源优势强劲拉动经济增长。非洲大陆主要国家经济属于资源型经济。2006 年国际市场原油价格仍将在高价位振荡，非洲石油出口国经济预期利好。特别是安哥拉、毛里塔尼亚新油田的大规模投产，尼日利亚石油产量的提高都将拉动这些国家经济的快速增长。预计，非洲石油出口国增长 7.8%，其中安哥拉增长 27.6%，尼日利亚将增长 4.9%。除石油外，其他矿产品的国际市场价格也在攀升，这为不少非洲国家的矿产品出口创造了有利条件。

再次，外部环境继续改善。2006 年世界经济预计增长 4.3%，全球需求依然旺盛，特别作为非洲重要贸易伙伴的欧盟经济的加快（2.1%），将拉动非洲出口增长。按照八国会议承诺，国际社会将继续增加对非援助与投资、减免外债；西方国家各种优惠政策也将或多或少改善非洲产品市场准入的境遇，所有这些举措都将对非洲经济增长起到一定的推动作用。

然而，非洲经济发展依然受制于国际市场商品价格的波动，增长的脆弱性依旧。此外，自然灾害、气候变化和政局走向等方面也存在许多变数，都有可能会牵掣非洲经济的增长步伐。

总之，2006 年非洲经济增长虽然预期乐观，但并不表明非洲经济由此就进入了快速发展的轨道。消除贫困、抗击各种疾病、改善投资环境、铲除腐败、强化地区经济合作、争取良好的国际贸易环境等，仍是非洲国家未来面临的艰巨任务。

专 题 篇

国际贸易形势回顾与展望

○ 倪月菊

受全球石油价格继续攀升、美元汇价由疲转强、发达国家间利差扩大以及贸易发展不平衡等问题的困扰，与上年相比，2005 年的世界经济增长速度有所回落。受此影响，2005 年的国际贸易虽然能持续快速增长的势头，但增速将有所回落。世界贸易组织预计，2005 年世界贸易量的增长可能达到 6.5% 左右，与 2004 年的 9% 相比增速有所放缓。由于对 2006 年世界经济增长的预期与 2005 年相差无几，同样存在着对石油价格、美元汇率等问题的担忧，预计 2006 年世界贸易增长步伐与 2005 年基本相当。

一 2004 年国际贸易形势回顾

由于 2004 年的世界经济创出近十余年来的最好业绩，成为推动国际贸易增长的动力。同时商品价格、汇率也使以美元计的国际贸易额大幅攀升。世界贸易组织 2005 年 8 月公布的《世界贸易报告 2005》的资料显示，2004 年全球货物贸易额（出口）达到 88800 亿美元，增长 21.0%；服务贸易额达到 21000 亿美元，上升了 16%（参见表 1)。2004 年国际贸易的实际增长率达到 9%，为世界经济增长速度的两倍，也是进入 21 世纪以来最高的国际贸易实际增长率。

表 1　1990 ~ 2004 年世界贸易额的增长情况

单位：10 亿美元，%

贸易种类	贸易额	年增长率				
	2004	1990 ~ 2000	2001	2002	2003	2004
货物贸易	8880	6	-4	5	17	21
服务贸易	2100	7	0	7	13	16

资料来源：世界贸易组织：《世界贸易报告 2005》，2005 年 7 月。

2004 年的世界贸易呈现出以下几个特点：

1. 2004 年的世界贸易实现了 25 年来最高的名义增长率

正如上年所预测的那样，美国、欧盟和日本等世界三大主要贸易体的贸易均呈加速增长态势，极大地促进了国际贸易的发展。特别是欧盟 15 国的进、出口增长对世界贸易增长的贡献度分别达到 31.7% 和 32.6%。再有，东亚地区、拉美地区和经济转型国家的商品进出口增长率均在 30% 左右，仍然是 2004 年国际贸易增长的亮点，对世界贸易增长做出了巨大贡献。中国进、出口增长率均超过 35%，首次超过日本，占据世界第三大贸易国的地位，成为世界贸易增长的重要牵引力。

2. 矿物性燃料贸易大幅扩大

与上年同样，2004 年几乎所有贸易品的出口均为两位数增长。特别是由于需求和价格的上升，原油和煤炭等矿物性燃料的出口增长了 31.2%，达到 8433 亿美元，对世界贸易增长的贡献度为 12.6%。其中，原油出口增长 31.6%，达到 4692 亿美元，对世界贸易增长的贡献度为 7.1%。

3. 中国成为世界上最大的 IT 相关制品的出口国

2004 年 IT 相关产品贸易量增长了 20.5%，达到 14737 亿美元，对世界贸易增长的贡献度为 15.6%。中国 IT 相关产品的出口增长仍然令世人瞩目，增长率高达 46.6%，出口额为 1887 亿美元，使中国首次超过美国（增长率为 11.1%，出口额为 1631 亿美元），成为世界最大的 IT 相关产品出口国。如果加上香港的话，中国的 IT 产品出口已经占到世界 IT 产品出口总额的 1/5 以上，而在 1999 年的时候，中国内地和香港的 IT 产品出口额不过占世界 IT 相关产品出口的 8.2%。

4. 运输、旅游服务的扩大带动了服务贸易的发展

2004 年的世界服务贸易增长了 16%，服务贸易额达到了 21000 亿美元。快速增长的世界经济和货物贸易，带动了运输业的发展，其增长率达到 21.1%，贸易额为 4961 亿美元，对服务贸易增长的贡献度为 29.4%。受 2003 年 SARS 的影响，亚洲各国的旅游服务大幅下降。但进入 2004 年，几乎所有主要国家的旅游业都得到了恢复，世界旅游服务贸易额达到 6222 亿美元，增长率为 17.4%，对世界服务贸易的贡献度为 31.3%。旅行人数也大幅度提高。据 WTO 估计，2004 年的世界旅行者数上升了 10%，是过去 20 年增长最快的一年，特别是亚太地区的增长率达到 29%，旅行者人数也达到 1.53 万人。

二　2005年国际贸易的走势

影响2005年国际贸易发展的主要因素是：

（一）持续走高的国际商品市场价格，特别是原材料价格的上涨

由于2005年美国经济增长较快，日本经济在恢复中，中国和印度两大发展中国家经济保持了持续高速发展的势头，因此，对国际商品，特别是对初级产品的需求仍然很大，2005年的国际商品市场价格有继续向好的潜力和支撑。具体来看：

2005年世界原油价格不断有所攀升并屡创历史新高。特别是由于受墨西哥湾先后两次强飓风的影响，美国原油库存下降，加之因发生火灾、电力供应不足等事件，美国一些炼油设施被迫关闭，炼油产能不足，又更增强了市场对石油供应不足的担心，导致油价在8月份屡破记录，30日纽约商品交易所盘中油价甚至一度突破每桶70美元，最后以每桶69.90美元报收，再创历史新高。但从中长期来看，2005年随着世界经济和全球对原油需求的增长、欧佩克国家对原油产量调控力的减低以及受中东地缘政治等一些不确定因素的影响，油价看来仍将保持并徘徊在较高水平，甚或还有进一步再创记录或升达远高于目前记录的可能。

随着世界原油价格的不断上涨和对化工品需求的增长，2004年世界许多化工品的价格出现大幅攀升。2005年世界原油价格仍将保持高位徘徊，化工品价格短期内也没有明显回软。

有色金属由于消费和需求增长，不少品种供应不足。铜价因需求增长，特别是中国的强劲需求，一度也曾创造每吨39.5美元的历史最高记录。随着世界经济增长的减缓，对有色金属的需求将有所放慢，但由于供应仍紧，价格总体上说来还将继续坚挺。2005年钢材生产所需的一些原料价格仍在大幅走高，因此，钢材价格还将保持在高位运行。

2005年以来，国际商品市场价格，特别是燃料及矿产品价格持续走高。商品价格的上涨，在一定程度上影响了经济的增长，而经济增长速度的下降又势必对国际贸易的增长带来一定的负面影响。同时，高涨的石油价格对石油出口国和进口国带来了不同程度的影响，成为导致2005年国际贸易增长的主要因素。

（二）世界经济增长势头减缓，在一定程度上制约了国际贸易的增长

受全球石油价格继续攀升、美元汇价由疲转强、发达国家经济发展不平衡、发达国家间利差扩大以及贸易发展不平衡等问题的困扰，进入 2005 年以来，世界经济的增长速度有所回落，特别是油价上涨对世界经济的影响是显而易见的。国际货币基金组织分析，每桶油价在一年内上涨 15 美元，将使世界经济增长率减少 1 个百分点。当然，各国和地区经济受油价上涨的影响是大不相同的。国际能源机构认为，石油价格上涨对依靠石油进口的发展中国家产生的负面影响比对发达国家产生的负面影响更明显。究其原因，就在于发达国家石油密度低于发展中国家，即单位 GDP 消耗的石油少于发展中国家。据预测，石油价格每涨 10 美元，美国、日本、欧盟经济增长率将回落 0.2%、0.4%、0.5%，而发展中国家将平均下降 1.5%。随着油价上涨，广大发展中国家将变得更加贫穷和更加脆弱。

美国依然是世界经济增长的主力，但财政赤字和贸易逆差扩大、石油价格高涨以及飓风的袭击等也给美国经济的增长带来了很多不确定因素。日本经济虽然基本摆脱疲弱徘徊局面，呈现复苏征兆，但同样面临能源价格持续暴涨和出口增幅下降的风险。欧元区的消费和投资依然不振，出口也尽显疲态，在一定程度上影响了世界经济的增长步伐。受国际市场需求下降和原油价格上涨的影响，多数亚洲经济体 2005 年以来的经济增长速度也较上年放慢。带动世界经济增长的几个主要经济体的经济增长速度减缓，因此，预计世界经济全年的增长速度在 3.5% 左右。世界经济增长的减缓必将在一定程度上影响国际贸易的增长速度。

在上述背景下，预计 2005 年的国际贸易增幅在 6.5% 左右，与上年相比增速有所回落。具体情况是：

1. 由于美、欧、日三大世界主要贸易体受石油价格上涨的影响不大，贸易继续呈现快速增长势头。但欧盟和日本的出口增速较上年有所下滑，影响了世界贸易整体的增长速度

发达国家是石油消费的大户，却只在 2005 年的石油涨价过程中受到微弱冲击，原因是：①发达国家已经把许多高耗能的制造业都转移到了“新兴工业国”，它们的经济增长主要靠“新经济”，即那些消耗能源不多的信息产业和服务业；②发达国家对石油的依赖大大降低，能源的多样化使企业可以在油价太高时转用其他能源如天然气；③由于市场开放，竞争激烈，企业

无法像过去那样随意把涨价因素转移到消费者身上，这就遏制了可能由石油涨价引起的通货膨胀势头。因此，石油价格的上涨对美、日、欧等发达国家的影响并不大，2005 年上半年的贸易仍然保持快速发展的势头。

从美国的情况看，2005 年上半年美国对外贸易继续维持了 2004 年快速发展的走势。美国商务部 8 月 12 日公布的统计数据显示，2005 年上半年美国货物与服务贸易总额为 15989.91 亿美元，同比增长 12.98%；出口为 6280.47 亿美元，增长 11.71%，进口为 9709.44 亿美元，增长 12.82%。但由于受飓风的影响，美国消费者的消费信心指数可能受到影响，在一定程度上会影响到下半年美国外贸的增速。

2005 年上半年欧洲地区和日本的对外贸易也同样保持了较快的增长，但与上年不同的是出口增长速度明显放慢，说明这两大主要贸易体出口的疲弱。欧共体统计局 8 月 19 日公布的数据显示，欧元区国家[①] 2005 年上半年的出口总额（不含区内国家间出口，以下同）达到 5889 亿欧元，同比增长 5%；进口 5716 亿欧元，同比增长 10%。欧盟 25 国的出口总额为 5015 亿美元，增长 7%；进口额达到 6471 亿美元，增长 10%。[②] 日本也同样。从 2005 年前 7 个月的情况看，日本的出口额达到 3417.5 亿美元，同比增长 6.1%；进口额为 2911.4 亿美元，增长 14.2%。[③] 与上年两位数的出口增长比率相比，出口能力大大下降了。日、欧两大主要贸易体出口增速的下滑必将影响到国际贸易的整体增长速度。

2. 受石油价格居高不下的影响，亚洲国家和地区的贸易增长较上年大幅回落

对新兴工业国来说，油价长期居高不下可不是好消息。东亚国家的经济增长很大程度上靠消耗大量的石油，这些国家刚刚走出金融危机的阴影，油价太高可能使正在复苏的经济再度陷入衰退。世界银行预计，石油价格的上涨可能会使亚太地区 2005 年经济增长率降低 0.5~1 个百分点。亚洲开发银行认为，高油价将成为亚洲国家经济增长的难题，将严重打击一些高度依赖石油的亚洲国家和地区的经济发展。

2005 年上半年的国际贸易状况印证了上述国际组织的预测，亚洲发展中

---

① 欧元区国家指：比利时、德国、瑞士、西班牙、葡萄牙、法国、爱尔兰、意大利、卢森堡、荷兰、奥地利和芬兰。

② 欧盟网站，www.europa.eu.int，2005 年 8 月 19 日发布。

③ 日本贸易振兴会网站，www.jetro.go.jp，2005 年 9 月 14 日发布。

国家的贸易增长速度的确较上年有所回落。以中国为例，2005 年 1~8 月中国的进出口总值为 8911.1 亿美元，同比增长 23.5%，与上年同期相比增长率下降了 10% 左右。特别是进口仅增长 14.9%，而上年同期的进口增长率高达 41.3%。受中欧、中美纺织品贸易摩擦以及人民币兑美元升值等因素的影响，下半年中国外贸的形势也不容乐观，全年的外贸增长速度虽然能达到 20% 左右，但与上年相比增长速度大大下降了。亚洲其他国家的贸易增速也普遍下滑。WTO 预测，2005 年亚洲地区的出口增长率将由 2004 年的 25.6% 下降至 2005 年的 13.8%。由于油价持续上升、韩元兑美元汇率不断升值，直接导致进口增长较快，出口增速放慢。据韩产资部 7 月 1 日发表的数据，2005 年上半年韩进出口总额为 2608 亿美元，其中出口 1368 亿美元，进口 1240 亿美元，分别同比增长 12.7%、11% 和 14.7%。[①] 菲律宾上半年的出口增长率仅为 2.1%。

3. 拉美、中东欧等世界主要石油及原材料出口国的贸易增长迅速，成为 2005 年世界贸易增长的亮点

尽管世界经济增长减速，但得益于国际贸易增长和原材料价格上涨，使初级产品出口占出口总额 1/3 的拉美国家经济运行态势较好，贸易增长迅速。智利《金融日报》9 月 8 日报道 2005 年 1~8 月份智利进口额达到 194 亿美元，同比增长 35.4%，出口额达到 256 亿美元，同比增长 22.5%，外贸顺差 62 亿美元。据巴西发展部外贸局的统计，2005 年 1~8 月份，巴西累计出口总值 760.86 亿美元，增幅 24.0%；累计进口总值 477.38 亿美元，增幅 21.0%；累计进出口贸易总额 1238.24 亿美元，增幅 22.8%；累计顺差 283.48 亿美元，增幅 29.4%。

同样得益于高涨的石油价格，2005 年以来，中东及北非地区大部分国家仍将保持快速的经济增长以及高额的贸易盈余，南非的出口增长 10.77%，进口增长 14.77%；一季度俄罗斯的进、出口分别增长 43.37% 和 30.94%。

综上所述，随着世界经济增长步伐的放慢；欧元区和日本的出口疲弱；美元汇价转弱为强，影响部分国家出口产品的竞争力；以及原油价格高涨对经济特别是亚洲经济产生的负面影响，使 2005 年的国际贸易在持续增长的同时增速有所回落。因此，WTO 预计，2005 年世界货物贸易量将增长 6.5%，比上年回落 2.5 个百分点。

---

① 中华人民共和国商务部驻韩国经商处子站。

三 2005 年国际贸易的热点问题

在2005年国际贸易的发展中，中国与美欧的纺织品争端、多哈回合的进展以及国际商品市场价格等问题，成为人们关注的焦点问题。

（一）中国与美、欧的纺织品贸易摩擦

在纺织品贸易配额被取消后的第一年里，中美和中欧的纺织品贸易摩擦成为人们瞩目的焦点。先是2005年4月4日，美国纺织品协定执行委员会（CITA）宣布，启动针对三类中国纺织品进口的保障程序；紧接着，欧盟委员会于6日公布了对中国纺织服装类产品实施“特保”措施的方针。4月28日，欧盟委员会和美国纺织品协定执行委员会分别宣布对从中国进口的纺织品展开调查，美国纺织品协定执行委员会宣布，对中国棉织衬衫及上衣、棉质长裤以及棉质和人造纤维内衣三类产品展开调查。5月13日，美国商务部长宣布，决定对棉质裤子、棉织衬衫和内衣裤三个类别的中国服装重新实行配额限制，2005年进入美国市场的数量最多只能增长7.5%。18日，美国追加对中国男式儿童纯棉和合成纤维梭织衬衫、合成纤维裤子、合成纤维针织裤子和精梳纯棉纱线4个类别设限。22日，中国政府主动宣布自6月1日起大幅度提高74种纺织品出口关税税率，多数纺织品的税率为原来的5倍，以期通过自动出口限制措施，缓解双方的矛盾。然而，中国的做法并未得到美、欧等国家回应。6月1日，国务院税则委宣布免除中国81种纺织品的出口关税，使中欧、中美纺织品贸易摩擦日趋白热化。

那么，中欧、中美纺织品贸易争端产生的原因何在？

首先，美欧国家对纺织产业结构调整迟缓是产生争端的主要原因。美欧国家没有按照十年前乌拉圭回合达成的WTO的ATC协议，忠诚地、实在地履行他们的承诺，分阶段地放开配额，而是把最紧俏的、大家最关心的、发展中国家最有出口潜力的那些配额保留到最后一刻，美国保留了90%，欧盟保留了70%。因此，当纺织品配额被取消时，国内长期受保护的纺织企业，无法马上适应世界纺织品市场的激烈竞争环境，从而不断给政府施压。

其次，美欧在对外贸易上一贯奉行双重标准。尽管从2005年1月1日起，全球纺织品贸易进入一体化，但贸易歧视依然存在。这主要是发达国家已经习惯了与发展中国家间的不平等的贸易模式，虽然发达国家在高端和中

端产品上已占有绝对优势，但对于低端产品生产也是爱不释手，这恰恰表现了一些发达国家在经济上的“霸王”思维。表现在对外贸易上就是对外贸易的双重标准，即在欧美发达国家有竞争能力的产业里，极力倡导自由贸易，主张其他的国家一定要打开他们的大门。但是，对于发展中国家能够挑战他们产业的一些产品，就马上搞贸易保护主义，关上大门。[①]

再次，美欧对中国纺织品出口设限在很大程度上是出自政治的需要。正如欧洲政策中心主任弗雷塞·卡梅伦在接受记者采访时所指出的，欧盟对中国纺织品启动“特保”调查是“愚蠢的”，一切只是为了法国公投的需要。卡梅伦表示，由于法国民众对现状不满，因而倾向于对《欧盟宪法》投否决票以“惩罚政府”，因此法国一些政要急于要找到一个承担经济不景气和失业率居高不下的“替罪羊”，中国纺织品的冲击便成了一个很好的靶子。由于法国在欧盟中的领导地位和影响力，因此欧盟委员会也希望通过在纺织品问题上的强硬姿态，以“示好”法国政府和民众。同样，美国对中国纺织品设限，除经济利益之外，也与执政者的政治利益以及主管当局所采取的政策有关。美国服装鞋类协会副会长弗恩·埃文森（Fawn Evenson）说，美国纺织品服装公司花了十年时间来准备迎接没有配额的时代，但最近的研究表明，超过1/3的美国纺织品公司在配额时代后期没有做任何准备。而且2/3的纺织品公司在做调查，利用这段时间寻找进一步延长配额的方法。许多这些公司目前在推动美国政府根据中国纺织保护条例下“重新采用配额制”。美国政府正是为了满足国内不同政治集团的要求，不得不把经贸问题“泛政治化”，明知美国的纺织工业已经日薄西山，也不得不应国内纺织生产制造商的要求对中国纺织实施“特保”，以换取国会和国内纺织品行业对其大选的支持。

与欧盟不同的是，在美国重拳出击的背后，同时还隐匿着贸易逆差、人民币汇率等多种要素。中美纺织品争端背后的深层次问题实际上是美方对巨额贸易逆差的强烈不满。据统计，2004年，中美双边贸易额达到1696.2亿美元，美国成为中国第一大贸易伙伴、第一大出口市场、第二大技术来源国和第一大贸易顺差来源地，中国则成为美第三大贸易伙伴和第五大出口市场。在双边经贸迅速发展的同时，美对华贸易逆差持续扩大，中方统计2004

① 新华网，2005年5月30日，商务部部长薄熙来就中国与美欧之间的纺织品贸易争端问题召开的国务院新闻发布会上的发言。

年达 802.7 亿美元（美方统计为 1620 亿美元）。2005 年以来，美对华贸易逆差继续扩大，中美贸易摩擦加剧，新的矛盾和问题突出，美国国内贸易保护主义升温，美国在探讨中美贸易问题时常常离不开“贸易不平衡”和“贸易逆差”这两个关键词。

也有人认为是中国大量低价纺织品的进口造成了美国制造业大批失业，其原因是人民币汇率被低估。4 月 7 日美国参议院启动的要求人民币 6 个月内升值，否则对中国产品征税 27.5% 的法律程序，就是一个清楚的信号。美国实际上将纺织品贸易与贸易逆差、人民币汇率捆绑在一起，从而使问题更加复杂化。因此，美国总有一些议员、协会或工会以此做依据，从三方面指责和发起行动：一是启动两反两保指控和调查，特别是对纺织品和服装；二是指责美国制造业因此在三年内减少了 260 多万个就业机会；三是指责人民币汇率低估。

可见，冰冻三尺非一日之寒。值得欣慰的是，在中欧双方的共同努力下，中欧双方的问题已经得到解决。6 月 11 日，中国商务部部长薄熙来与欧盟贸易委员曼德尔森就纺织品问题签署备忘录。然而，为了赶在配额用完前进口纺织品，欧洲进口商纷纷催促中国出口商加快交货。配额很快被用完，超出配额的纺织品被积压在欧洲各国的港口，使中欧间在此前签订的协议面临破裂的危险，9 月 5 日，中国商务部与欧盟再次在纺织品问题上达成妥协，同意对双方间的一项配额协议进行修改，将 2008 年底前十类中国出口至欧盟纺织品的年增幅由此前的 8% 上调至 12.5%；欧盟将接收上述超出配额产品中的一半，另一半将从明年的配额中扣除，从而结束了双方间的一场纺织品贸易纠纷。

中欧纺织品贸易谈判在最后时刻达成一致，人们似乎从中看到解决中美贸易争端的一丝曙光。然而，摆在中美谈判代表面前的“三座大山”，即设限范围、终止期限和美方克制使用“特保”的承诺，似乎很难逾越。美方希望在“一揽子协议”中涵盖 30 多类敏感产品，并希望设限期能延至 2008 年底。而中方则希望尽量减少设限品种，设限期则同中欧协议一样至 2007 年底，并冀望得到美方克制使用“特保”的承诺。双方经过七轮谈判，这“三座大山”终于被超越。11 月 8 日前往欧洲参加世贸组织会议的中国商务部部长薄熙来和美国贸易代表波特曼在伦敦签署了《中华人民共和国政府与美利坚合众国政府关于纺织品和服装贸易的谅解备忘录》（以下简称《备忘录》），《备忘录》将于 2006 年 1 月 1 日正式生效，于 2008 年 12 月 31 日终止。根据双方达成的协议，美国将在协议期内对中国向美国出口的棉质裤子等 21 个类别产品实施数量管理，包括 11 个类别服装产品和 10 个类别纺织产品。协议产品 2006 年基数基本上是 2005 年美国从中国的实际进口量，2007 年和 2008 年基数均为上一年度全年协议量。在增幅方面，《备忘录》表明，协议产品 2006 年增长率为 10%～15%，2007 年为 12.5%～16%，2008 年为 15%～17%。美方还在《备忘录》中承诺，对协议外产品，美方将克制使用《中国加入 WTO 工作组报告书》第 242 段条款；对协议签署日之前因 242 段设限造成的卡关货物立即放行，不计入协议量。

从《备忘录》来看，中美双方是各有让步。虽然协议结果中，中方关于设限到 2007 年底，增幅分别为 2007 年达到 20%、2008 年达到 30% 的要求没有达到，但在基数确定上取得了很大成功，可以为中国企业提供相对较大的发展空间。

（二）多哈回合谈判——对 2005 年香港第六届部长级会议的期待

2001 年 11 月，在卡塔尔首都多哈举行的世贸组织第四次部长级会议启动了新一轮多边贸易谈判，即“多哈回合”。这轮谈判确定了八个谈判领域，即农业、非农产品市场准入、服务、知识产权、规则、争端解决、贸易与环境以及贸易和发展问题。“多哈回合”按计划在 2005 年 1 月 1 日前结束。但 2003 年 9 月在墨西哥坎昆举行的世贸组织部长级会议上，由于各成员在农业等问题上没有达成一致，会议无果而终，“多哈回合”谈判陷入僵局。2004 年 3 月，世贸组织成员的代表在日内瓦就农业问题进行了紧急磋商，尽管各方一致同意要努力推动谈判、争取在年中达成框架协议，但谈判并未取得实质性进展。世贸组织 2004 年 7 月 16 日公布“多哈回合”框架协议草案以后，各方贸易代表在日内瓦经过两周的密集磋商和谈判终于达成框架协议。在谈判的核心领域——农业的框架协议中，发达国家成员承诺最终取消出口补贴，大幅度削减国内支持，实质性改进市场准入条件。框架协议达成后，世贸组织成员将在此基础上继续就谈判模式和具体内容进行磋商，以最终完成“多哈回合”谈判。

按照各成员达成的时间表，2006 年应完成多哈发展议程谈判。因此人们对将于 2005 年 12 月在香港召开的第六届部长级会议有了更多的期待，世贸组织成员在积极努力，希望能在香港会议上取得重大进展。在 2005 年 5 月，世贸组织在法国巴黎举行了一次小型部长会议，对农业问题达成初步协议。

这次达成的协议涉及农产品的“非从价税”向“从价税”的转换问题，正是这个十分关键的技术性问题，自2005年年初以来一直困扰着“多哈回合”农业谈判。

为使谈判取得更实质性进展，以便为年底在香港举行的世贸组织部长级会议做好准备，2005年7月再次在中国大连召开了一次非正式小型部长级会议。此次小型部长级会议重点讨论了农业问题、非农产品的市场准入和发展问题以及年底香港会议的“路线图”，并取得了积极的成果。在具体议题上，关于农业，在削减扭曲贸易的国内支持分层削减公式的结构上，各方观点进一步趋于一致；在市场准入方面，在分层削减关税的层数上各方观点也进一步接近，在关税削减公式上，部长们认为可以在目前对立的两种公式，即瑞士公式和乌拉圭回合公式之间寻找一条“中间道路”，这种“中间道路”将是一种能实质性削减关税，同时兼顾各方利益的折中办法。关于非农产品市场准入，与会成员代表一致认为，所有的关税税目应当约束，同时应当为发展中成员提供必要的灵活性。关于服务贸易，会议讨论了是否有可能增加其他谈判方式，比如采用多边的方法、诸边的方法，对传统的双边要价/出价的方式加以补充，以加快谈判进程，并提高服务贸易谈判质量。关于规则，部长们都认为进一步完善现行规则十分重要，尤其是在反倾销规则方面。在贸易便利化方面，中国等成员敦促发达成员向发展中成员提供足够的经济资源和技术支持，以增强他们对谈判的信心和未来执行规则的能力。发展问题是本次会议的一个重点，发达成员和发展中成员的部长都对这个问题进行了积极讨论；包括中国在内的一些成员一致认为，发展中成员的特殊和差别待遇应得到充分的重视和切实的解决。其中一项重要工作是寻求有效途径处理最不发达国家履行某些规则义务的困难，并就进一步改善最不发达国家产品市场准入条件达成共识。

当然在讨论中，成员之间尚存在一些分歧，比如在非农产品市场准入方面，多数成员赞成采用瑞士公式削减关税，也有一些成员赞成采用其他公式。在农业谈判中，仍然存在很多困难。

新的进展，引起了人们对即将于2005年12月份在香港举行的新一届部长会议的期望。人们普遍认为，在多哈回合的多边贸易谈判进程中，此次部长级会议（香港会议）具有里程碑的意义，多哈回合将在这次会议上取得重大进展，并达成一揽子协议。世贸成员普遍赞同在此次会议中至少要在五个领域内取得实效，即农业和非农产品的市场准入模式、服务领域市场准入的临界点，包括贸易便利化在内的法规谈判的重要进展，发展规模的合理评估。当然，香港部长级会议能否如人们所愿完成此回合谈判还是个不确定因素。当年的乌拉圭回合经过七年之久才完成谈判。而此次谈判的成员国更多，寻找一个平衡点让各方都满意很难。世贸组织新任总干事拉米 9 月 15 日在他就任后召开的首场新闻发布会上表示，他的目标是用三个月时间达成多哈回合谈判的初步协议，并在 2006 年完成整轮谈判。我们期待他的目标能够实现，从而进一步推动全球贸易自由化的进程。

四　2006 年国际贸易形势预测

据联合国经社理事会预测，2006 年的世界经济增长速度将略高于 2005 年。美国、欧盟和日本的经济增长都将好于 2005 年。经济的增长必然带动生产和需求的增长，从而促进国际贸易的发展。如果不出意外的话，2006 年的国际贸易增长将继续维持在较高的增长水平，预计 2006 年的国际贸易增长速度与 2005 年相当，增长率在 6%～7% 左右。

可能影响 2006 年国际贸易增长的最大的不确定因素就是石油价格的上升。目前全球经济处于上升期，发达国家仍主导着世界石油市场需求，发展中国家的石油消费量正在追赶发达国家，尤其是经济发展较快、人口较多的发展中地区大国，已经进入或正在进入人均能源消费量增长较快的阶段，致使石油消费将进入一个相当长的增长周期。全球对石油需求的日益增长、有限的供应能力和石油加工能力不足，有可能使原油价格在相当长时期内维持在一个高水平上。IMF 预测，全球将面临长期石油价格振荡，未来 20 年必须适应持续高企的油价。高油价不仅使日本和欧盟这样的发达国家经济增长的成本加大，对中国和印度这样的发展中大国经济增长的负面影响不可低估。亚洲开发银行认为，高油价将成为亚洲国家经济增长的难题，将严重打击一些高度依赖石油的亚洲国家和地区的经济发展，从而可能给国际贸易的增长带来一定的负面影响。

国际金融市场回顾与展望

○ 高海红

2005年以来，美国等一些主要发达国家以及亚洲新兴市场国家持续的经济增长，以及国际投资者对公司盈利前景的乐观预期，成为带动国际金融市场融资持续活跃的基本因素。尽管在这一时期，出于对通货膨胀的担忧，美联储采取紧缩性货币政策，连续五次提高官方利率，但是正如我们在2004年报告中所预测的，由于美联储注重时机，采取多次小幅升息方式，这在相当程度上缓解了国际金融市场对利率的过度反应，市场对美联储升息的解读似乎是美联储正将利率引向“中性水平”（neutral level）。此外，欧洲中央银行在年内一直保持官方利率水平不变，日本中央银行持续长期的零利率政策，这些都为全球融资流动性提供良好的政策环境。当然，一些长期性的结构问题，如全球性国际收支持续失衡、美国经常项目长期逆差的威胁，以及一些外部条件的变化，尤其是国际原油价格的上涨，对全球外汇市场和资本流动产生了重大的影响。

一　融资环境宽松，国际资本市场融资活跃

国际资本市场在经历2004年大幅度回升之后，2005年上半年这种上升势头依然强劲。主要融资工具，如债券、票据、银团贷款和股权融资，都相当活跃。其中，国际负债证券（包括债券和票据）的总发行额达到20506亿美元，比2004年同期增加了17.05%，国际负债证券净发行额达到1065亿美元，更比2004年同期增加了26.53%。国际银团贷款签约额在2005年上半年达到11380亿美元，比2004年同期增长了44.77%。国际股权融资公布发行额在2005年为1249亿美元，也比2004年同期增加了19.29%（参见表1）。

表 1　国际资本市场金融资本融资规模

单位：10 亿美元

融资种类	2002	2003	2004	2004				2005	
	全年	全年	全年	一季度	二季度	三季度	四季度	一季度	二季度
国际负债证券(净发行额)	1011.4	1439.4	1613.5	521.0	282.4	321.6	429.1	524.3	492.2
国际银团贷款(签约额)	1296.9	1241.4	1806.9	264.2	521.9	461.9	559.0	435.7	703.3
国际股权融资(公布额)	102.9	121.9	218.6	58.1	46.6	43.3	70.6	65.5	59.4

资料来源：BIS，*Quarterly Review*，July，September 2005。

相对宽松的融资条件是 2005 年以来国际融资持续活跃的重要因素。尽管在年内，美国和英国等一些国家的中央银行先后提高官方利率，但是，金融市场对利率上升的反应与以往情形不同。通常，由于通货膨胀预期等因素，官方紧缩的货币政策往往带来长期收益率的上升。但是对这一轮的货币紧缩，市场反应却相反。货币紧缩过后，在主要市场上的长期收益水平普遍下降。比如，随着美国从 2004 年中后期以来连续收紧银根，美国十年期国债收益率却从 2004 年 8 月到 2005 年 5 月中旬累计下降了 50 个基本点。在其他官方利率上升的国家，如英国、加拿大和澳大利亚等国家中长期收益率同样伴随着货币紧缩而出现下降的势头。在欧元区，欧洲中央银行维持较低的利率水平，在日本，日本中央银行始终保持零利率政策不变，这两个市场的长期收益率更是从 2004 年中期到 2005 年中期分别下降了 107 和 49 个基本点。

造成上述长期收益率低迷的主要原因是：首先，市场形成了通货膨胀具有可控性的预期。尽管在这一时期国际市场原油价格猛涨，但是，市场对原油价格上涨可能带来的通货膨胀预期在一定程度上被美国等主要西方国家中央银行表现出的抑制通货膨胀的决心所缓解，主要西方国家政府控制通货膨胀的公信力似乎给投资者带来乐观的情绪。从技术指标来看，最能反映投资者对通货膨胀预期补偿程度的指标——通货膨胀指数证券（inflation-indexed securities）收益率，比如五年期隐含收益率，在美国和欧洲市场都有不同程度的下降。其次，2004 年中期以来，随着时间的推移，市场对主要西方国家经济增长前景和利率政策走向的不确定性预期不断消除，特别是由于美联储充分吸取历史教训，在升息行动之前为市场留出充分吸收预期的时间和余地，避免出现所谓的加息给市场带来“惊奇”效应，这在相当程度上缓解了市场的不确定性预期，降低了这一时期市场的波动率和风险溢价，使得长期收益率保持在较低的水平上。再次，金融领域中的结构性调整措施，比如美国2005年1月出台的养老金制度改革，在相当程度上刺激了市场对长期债券的需求，这使得长期债券收益率，特别是十年期以上的收益率处于较低水平。最后，以美元形式持有大量外汇储备的亚洲投资者（包括亚洲国家的中央银行）对美国政府债券的购买和持有也是形成美国长期收益率低迷的重要因素。

未来这种宽松的融资环境能维持多久，主要看这一轮紧缩货币政策持续的时间和力度以及市场对货币当局控制通货膨胀能力的信心。2005年以来美联储连续五次调高利率，目前联邦基金利率已调整到3.75%。伴随着美国经济步入强劲的回升周期，通货膨胀压力将不断增大，预计在2005年剩下的时间里美联储还将适时提高利率。如果适时的紧缩政策能有效减缓通货膨胀压力，长期收益率不会出现大幅度上升，全球融资环境不会恶化。否则，如果市场认为这一轮紧缩政策的调整随通货膨胀压力的日益加大而不断加大力度，带动全球长期利率水平的上升从而提高国际融资成本，就会对国际投资活动产生抑制作用。

二　美国投资者削减美国市场比重，欧元区成为国际负债资本主要目的地

一向被认为是国际资本流动的枢纽的美国市场从2001年以来出现资本流入减缓的势头。这一势头到2005年仍没有明显的逆转。而欧元区在几年之内迅速成为国际负债资本流动最主要的目的地。

进入2005年，美国投资者大量削减其证券组合中美国资产的比例，其减少速度是近十年来最快的。一方面，大量的资产转向美国境外，从2004年8月到2005年8月，美国投资者投资境外债券和股权总额达1460亿美元，高于1994年以来任何一个时期的购买数额。另一方面，国际资本流入美国市场的速度减缓，仅从负债证券发行来看，2004年，美国以及其岸外中心的债券和票据净发行为2859亿美元，比2003年的2589亿美元减少了23.6%(参见表2)。2005年第一季度，美国国际负债证券净发行只有644亿美元，比上年同期减少了近一半。尽管第二季度净发行额与同比有大幅度上升，但是如果将货币市场证券算在内，美国总的国际债券净发行从第一季度的720亿美元大幅度下降为第二季度的490亿美元。

表2　国际负债证券发行地域结构（净发行额）

单位：10亿美元

地区	2003	2004	2004				2005	
	全年	全年	一季度	二季度	三季度	四季度	一季度	二季度
美国	285.9	218.5	115.4	4.2	34.8	64.1	64.4	45.7
欧元区	733.4	780.8	215.8	205.1	139.8	220.4	282.1	289.4
日本	-1.6	17.4	5.2	10.0	1.9	0.4	4.9	-0.6
离岸中心	16.5	21.4	0.4	4.4	8.5	8.9	2.6	8.0
新兴市场	42.3	75.2	25.8	15.1	13.0	21.6	28.7	15.2

资料来源：BIS，*Quarterly Review*，July，September 2005。

投资者对美国市场投资比重的减少在相当程度上可能是受美国长期面临的经常项目巨额逆差的影响。美元长期走低也是一个重要的决定因素。此外，影响美国吸引境外投资的长期性因素还包括美国非金融部门对吸引境外投资热情的降低。在美国国际债券发行中，有95%的发行主体是金融部门，非金融部门的发行比例在不断缩减。实际上，从总体来看，美国的非金融部门在近年来面临改善公司收支状况以及减少杠杆比例的结构性调整，它们不仅减少在境外发行，同时境内市场的活动也趋于低迷。

与美国情形形成鲜明对照的是，欧元区成为国际债券投资的主要目的地。不论从总发行额还是从净发行额来看，欧元区在地域结构中占据了越来越大的比重。在2004年，欧元区债券和票据总发行额达14698亿美元，是美国市场的两倍。而在2005年上半年，欧元区债券和票据总发行额达10368亿美元，美国市场却只有3917亿美元。此外，欧元区债券和票据净发行额也远远高于美国市场。到2005年第二季度，欧元区债券和票据发行总额占全球总额的52%，净发行额占全球的61%。而且欧元区主权债发行也成为欧元区吸引资本流入的重要形式。总之，欧元区资本流入的增加，一方面是国际投资者证券组合结构调整的结果，另一方面也受近年来欧元相对美元升值的影响。

除了发达市场之外，新兴市场国家在国际市场上的债券净发行额在2004年达到了752亿美元，为1997年以来的最高水平。进入2005年，新兴市场国家的债券和票据发行仍保持良好的势头。造成这种增长的原因，一方面是受全球宽松的融资条件的影响，另一方面是受新兴市场主权债发行的推动。

当然，这些国家表现出的良好的经济增长势头也是重要的基本决定因素。

在 2005 年剩下的时间里和 2006 年内，国际资本流动在方向上不会有根本性变化。美国经常项目逆差可持续性问题仍是国际投资者对美国市场风险评估中的重要因素。尽管美国似乎已经开始通过减缓国内需求和通过实现美元长期贬值来纠正其严重失衡的外部收支，但是美元长期贬值是一把双刃剑。一方面美元贬值可以改善美国的贸易出口，而另一方面美元贬值会降低美元资产价格，降低国际投资者对美元资产的需求，而欧元区市场的吸引力与欧元升值有关。同时，从中长期看，欧元替代美元成为第一大国际债券和票据发行货币的地位已经确立，2003 年和 2004 年，欧元债券和票据发行从 7852 亿美元增长到 9235 亿美元；同期美元债券发行从 4420 亿美元减少为 3797 亿美元。这一趋势在 2005 年以来进一步加强（见表 3）。欧元国际货币地位的增强在一定程度上将进一步增强欧元区市场对国际投资者的吸引力。

表 3　国际负债资本总发行额：按币种划分

单位：10 亿美元

币　种	2003	2004	2004				2005	
	全年	全年	一季度	二季度	三季度	四季度	一季度	二季度
美　元	1171.8	1154.4	357.2	257.3	255.5	284.4	313.6	299.1
欧　元	1287.8	1597.8	478.8	379.0	350.2	389.8	570.1	530.4
日　元	102.7	111.4	39.3	33.8	22.4	25.9	30.5	27.0
其　他	322.9	437.1	117.8	98.7	98.0	122.6	160.8	119.2

资料来源：BIS, *Quarterly Review*, September 2005。

三　全球股票市场在小幅振荡中持续回升

从 2003 年初开始全球主要股票市场开始进入强劲回升期，进入 2005 年，尽管上升势头有所减缓，但是总体而言主要市场还是表现良好，特别是到 2005 年 8 月，美国市场的道琼斯指数和欧洲市场的 DJ EURO STOXX 50 分别达到 2003 年以来的最高水平（见图 1）。日本市场表现也不错，TOPIX 也在同期上升到近年来的最高点。拉丁美洲和亚洲市场也表现出强劲的上涨，在年内分别上升了 19% 和 9%。

带动全球股市走强的主要原因是：第一，在 2005 年间，欧美公司的业

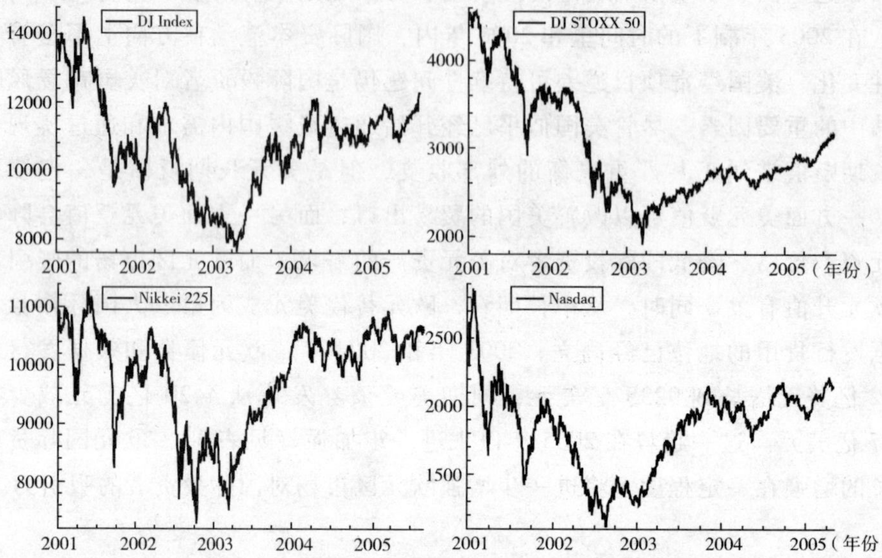

图 1　全球主要股票市场的股票价格走势

资料来源：http：//finance. yahoo. com，Datastream。

绩远远好于 2004 年市场的预期。在 2004 年，市场普遍认为大部分的公司业绩在 2005 年将出现大幅度下降，但事实上，到 2005 年第二季度，美国公司盈利在年内增长了 10%，多数标准普尔 500 公司公布的业绩要高于一年以前的预期。欧洲公司也表现出同样好的业绩。第二，在 2005 年内，美国、日本等主要国家公布的经济数据给股市带来利好的信号，对宏观经济持续强劲增长的预期进一步带动市场对公司盈利前景乐观的预期，这种乐观的预期带动股市上涨。第三，在 2005 年内，宽松的融资环境使国际投资者的风险偏好进一步趋向“风险喜好”。投资者投资风险偏好从 2003 年中期开始就出现了明显的变化，投资的风险规避倾向大大减弱，即国际投资者在选择资产组合时大大增加风险资产，如股票的比重，这种投资风险规避倾向的减弱在 2005 年间相当明显。尽管在年内美联储连续数次升息，但是市场普遍将美联这种小幅升息方式视为美联储将利率引向“中性水平”，并且认为美联储的货币紧缩政策基本上沿着“可控制”的路径调整，而且接近了顶点。这在相当程度上缓解了国际金融市场对紧缩的利率环境的过度反应，长期债券收益率普遍较低，从而为投资者市场增加风险资本的投资提供激励。投资者在证券组合中增加对股票等风险资产的投资比率，就成为推动2005年国际股票市场的良好表现的重要因素。第四，在2005年内，石油价格的大幅度上涨并没有对公司盈利前景造成摧毁性影响。2005年5月，布雷特（Brent）原油每桶价格为47美元，而到了2005年8月中旬，原油价格创历史新高，达到每桶价格67美元。通常，能源价格的上升会提高公司营运成本，公司盈利能力因此受到不利的影响，这往往会降低市场对公司盈利前景的预期。但是在2005年上半年，大部分公司对原油价格上涨表现较好的对应能力，许多公司通过提高销售价格，或者通过进一步降低成本，来保证公司利润不变，甚至提高公司的利润率。第五，在2005年内出现的突发性事件，没有对股票市场产生持续的负面影响。如发生在7月7日的伦敦爆炸案，只是在爆炸当天，FTSE和DJ EURO STOXX下跌1.5%，随后在几天之内迅速恢复到爆炸发生前的水平。2005年年内突发事件给股票市场造成的不确定性在短期内很快被市场所消化，市场很快会从“反射性”情绪恢复到常态。第六，2005年股票市场预期的另一个变化是中国的人民币升值。市场普遍预期人民币升值将带动日元兑美元升值，从而对日本股市带来不利的影响。但是在7月21日中国人民银行宣布人民币升值2%后，日本东京市场只是在第二天开盘时下降了1.5%。由于日元紧随人民币短暂升值，日本股票市场仅在一个星期之内就恢复到人民币升值前的水平。

要预期2005年后期和2006年全球股票市场的走势，就要看以下几个因素的变化。第一，要看原油价格的走势。2005年上半年公司为保证盈利能力采取了降低成本和提高销售价格来应对原油价格的飞涨，但是这种应对能力还能维持多久目前很难确定。如果在有关国家努力下原油价格能得到有效控制，原油价格可能就不会对公司营运成本带来重大的冲击，在一定程度上确保公司未来的盈利能力，从而支持股票市场持续上升。但是如果油价上涨失控，或油价高企时间持续较长，靠公司来消化高能源价格带来的高营运成本的余地将十分有限，这会严重影响到公司的盈利前景。第二，技术指标的变化。从公司的价格/收益比率（P/E）来看，目前的比率基本上与历史平均水平相近，这意味着一段时期以来的股价上涨仍在合理的范围之内。比如在2005年8月，根据2006年公司盈利增长11%的预期测算的标准普尔500的P/E值为15，接近20世纪90年代平均水平（P/E值为16）。这表明股票市场上涨仍有一定的空间。然而在另一方面，尽管在2005年头三个季度中公司盈利的实际表现都好于早先的市场预期，投资者似乎低估了公司的盈利能力，但是从历史经验看，市场分析家们往往高估公司盈利增长。这种高估倾向使投资者对股票市场上涨的持续性会有所担心。如果高估被证明属实，那么股票市场对高股价的纠正也许比预期来得早。第三，主要西方国家的宏观经济前景和货币政策走向。如果目前良好的经济增长得以持续，又不致引起严重的通货膨胀，或者主要西方国家的货币当局通过高超的“政策调整艺术”控制经济过热，从而有效引导市场预期，全球股票市场就不会出现大幅度的向下调整。当然，由于心理因素的作用和预期的影响，在目前情况下市场仍然对政府公布的经济数据极其敏感，特别是市场已经形成这样的预期，即美联储很可能在年内再度调高利率的预期影响下，股市波动在所难免。最后，还要看国际恐怖事件再度发生的可能性。突发事件往往对股票市场造成巨大的冲击。除非不确定性预期持续的时间较短，否则市场会出现暴跌甚至长期低迷。

四　美元汇率短期回调，长期看跌

美元币值从 2002 年 1 月开始贬值，这一贬值走势到 2004 年后期进一步加速，到 2004 年底，美元实际有效汇率比 2002 年 1 月下跌了 22%（BISb）。进入 2005 年，从 1 月到 4 月中旬，受美国宏观经济数据利好的影响，美元似乎开始收复失地，美元对欧元和日元的名义汇率升值了约 6%。对其他主要货币，如英镑、加元等也升值了 3%～4%，这一轮回调一直到 7 月上旬。随后，美元对其他主要货币出现振荡下跌（见图 2）。与此同时，美元对新兴市场国家的货币却持续贬值。

美元币值在 2005 年内短期变动受如下几个因素的影响。第一，在 2005 年内美联储五次提高官方利率，从而带动短期利率上升。与此同时，欧元区欧洲中央银行维持官方利率不变，实行所谓的中性货币政策。日本中央银行仍保持长期以来的零利率政策。在美、欧、日官方不同的利率政策的影响下，美国与欧元区和与日本之间的短期利差不断扩大。短期利差的存在吸引了国际资本更多地流入美元短期资产，从而推动美元币值的上升。这其中，连接利差和汇率的一个主要渠道是“携带交易”（carry trade），即投资者通过借入低收益货币，投资于高收益货币，同时假定高收益货币不会贬值到抵消掉两个货币间利差所带来的所得。其结果，短期利差往往与币值走势成正相关关系。事实上，在我们的观测期内，有大量的对冲基金采用这种携带交

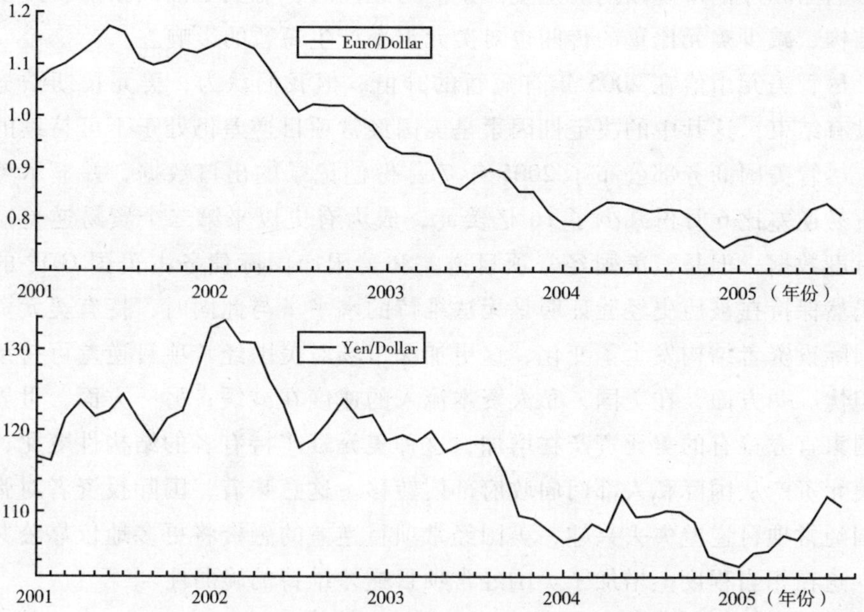

图 2　主要货币汇率走势（月平均）

资料来源：http：//fx. sauder. ubc. ca/。

易战略。比如，由于在 2005 年内，美国货币政策的变化和市场对美联储进一步提高官方利率持续的预期，引发大量的携带交易，从而推动美元币值的上扬。第二，市场对美国经济增长有普遍的乐观预期，成为支持这一时期美元币值回升的基本面因素，特别是美国非农部门生产力在年内有明显的提高，这无疑增强市场对美元的信心。第三，外汇市场仍然对美国公布的贸易逆差数据相当敏感。特别是当投资者们观察到大量的私人部门越来越不情愿为弥补美国经常项目逆差而持有美元资产，这在相当程度上加深了国际投资者对美国经常项目逆差可持续性的担忧。事实上，在 2004 年大部分时间里的美元贬值主要是由于私人部门减少对美元资产的持有，包括减少购买美国股票和减少对美国的直接投资。相应地，由于美元资产的持有者越来越从私人部门转向公共部门，外汇市场对各国官方持有美国国债的数据越加敏感。在 2005 年，美元币值变动与每月公布的各国官方对美元资产的购买数据的变化成正相关：购买数额上升，美元升值；购买数额减少，美元贬值（BISb）。第四，亚洲国家，特别是中国的汇率政策的变动也在一定程度上成为影响国际外汇市场预期的重要因素。与此同时，有关亚洲国家改变外汇储备结构、减少美元比重的传闻也对美元汇率产生短暂的影响。

尽管美元币值在2005年有短暂的升值，但我们认为，美元长期跌势还远没有结束，这其中的决定性因素是美国经常项目逆差仍处于不可持续的状态。尽管美国商务部公布了2005年7月份创记录的出口数据，并显示美国的贸易逆差比6月份减少了16亿美元，成为有史以来第二个贸易逆差减少的月度数据，但是，美国经常项目逆差和美国净国际债务占美国GDP的比例仍然保持在被历史经验证明是无法维持的水平。与此同时，持有美元资产的国际投资者结构发生了变化，这更加深市场对美国经常项目逆差可持续性的担忧。一方面，在美国，私人资本流入的速度在减缓；另一方面，世界其他国家官方持有的美元资产在增加，这种美元资产持有者的结构性变化，表明美元资产从国际私人部门向政府部门转移。这意味着，国际投资者对弥补美国经常项目逆差失去兴趣，美国经常项目逆差的融资将更多地依靠公共部门，这在相当程度上增加了美国经常项目逆差维持的脆弱性。

参考文献

BISa, *Quarterly Review*, June, September 2005.

BISb, *75rd Annual Report*, June 2005.

IMF, *Global Financial Stability Report*: *Market Development and Issues*, April 2005.

The Financial Times, www. ft. com.

国际直接投资形势回顾与展望

○ 张金杰

尽管按照一些国际经济组织的预测，2005 年的世界经济发展速度将比上一年有所放缓，但从国际直接投资形势看，2005 年在 2004 年显著开始好转的基础上，体现出规模继续扩大并且日益活跃的趋势。

一 全球国际直接投资概况

1. 总规模将延续 2004 年的增长趋势

自 2001 年全球外国直接投资（foreign direct investment，即 FDI）持续下降三年之后，2004 年则呈现止降转增的现象。这一年，全球 FDI 流入规模比 2003 年增长 2%，达到 6480 亿美元。① 在投资结构中，跨国并购呈现出日趋活跃的迹象，大宗交易也是频频发生。据统计，2004 年的全球跨国并购实现了四年来的第一次增长，达到 4291 亿美元。② 进入 2005 年后，全球国际直接投资形势继续显示复苏态势。作为左右全球投资局势的经济合作组织国家，2005 年 1～5 月其跨国并购流入总金额便达到 2216 亿美元，全年预计将达到 5319 亿美元（见表 1）。

对于 2005 年全球的外国直接投资流入总规模，由于世界各国相关统计数据的发布通常比较晚，即使最权威的类似联合国贸发会议和 OECD 等国际经济组织，它们发布的有关外国直接投资及跨国并购统计数据，也往往源自美国汤姆森金融证券数据公司（Thomson Financial Securities Data）等咨询公司，故此其中的误差在所难免。但无论如何，2005 年的全球外国直接

① UNCTAD，*World Investment Report 2005*，p. 19.

② JETRO，News & Press Releases，http：//www. jetro. go. jp，August 10，2005.

投资确已走出前几年低谷的形势，并可能达到 7000 亿美元左右的规模（见图 1）。

表 1　OECD 国家跨国并购状况（1995～2005）

单位：10 亿美元

年　底	流　出	流　入
1995 年	138.0	151.0
2000 年	1160.8	1134.2
2001 年	606.4	586.6
2002 年	378.3	409.4
2003 年	309.7	328.0
2004 年	413.0	452.8
2005 年 1～5 月	216.6	221.6
2005 年预计	519.8	531.9

资料来源：（OECD）www.oecd.org.com，June 2005.

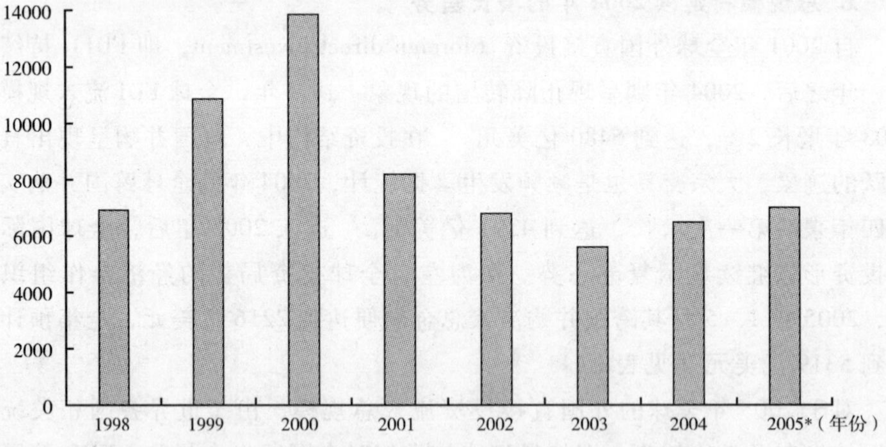

图 1　全球外国直接投资流入规模（1998～2005）

资料来源：根据 UNCTAD《2004 年世界投资报告》制作。

2. 全球企业并购进入一个新的发展周期

在 20 世纪中期开始的全球第五次并购浪潮中，包括跨国并购在内的全球企业并购交易规模以年均 33% 的速度递增，并在 2000 年达到 3.4 万亿美元的历史高峰。然而，到了2001年，便急遽下跌到1.7万亿美元。在2000～2003年间，全球企业并购交易规模以年均27%的速度减少，其中，2003年仅为1.3万亿美元。进入2004年后，全球企业并购活动似乎又进入了一个新的发展周期，与上年相比，总交易规模增长了46%。而且从大宗并购案（10亿美元以上）的数量看，均较前三年有了很大增加（见表2）。值得关注的是，在2004年交易规模最大的十件全球并购交易中，全部都发生在服务领域。其中，四件为金融业，三件为电信领域。

表2　全球企业并购状况（1998～2004）

项　目	1998	1999	2000	2001	2002	2003	2004
并购总规模（万亿美元）	2.5	3.3	3.4	1.7	1.2	1.3	1.9
10亿美元以上并购案数量（件）	330	437	498	280	204	227	399
敌意并购案交易规模占总规模的比重（%）	4	26	4	13	5	8	14

资料来源：（Thomson Financial Securities Data）www.thomsonfinancial.com，January 2005。

尽管至截稿时我们尚难以得到有关2005年的全球企业并购统计数据，但是，根据上述OECD国家的跨国并购状况以及部分国家和部分领域的企业并购形势，有理由相信，2005年全球企业并购形势依然在延续上一年的活跃状况，呈现出了较为繁荣的景象。

3. 美国对国际直接投资形势依然起着关键性作用

就全球国际直接投资状况与美国之间的关系来说，真可谓“成也萧何，败也萧何”。在国际直接投资形势由陷于低迷复而走向活跃过程中，美国都发挥着决定性的作用。从美国对外直接投资状况看，按照OECD公布的统计数据，2004年，其流出总规模达到2520亿美元，不仅创造了1999年以来的最大增幅，而且在OECD所有国家对外直接投资总额中所占比例达到1/3以上。其中，在美国对外直接投资的地区流向中，有1/3的资金流入了英国、加拿大与荷兰三个国家。同时，在美国吸收的外国直接投资中，在2004年也达到了1068亿美元，不仅比上年增长了近60%，而且在OECD成员国吸收外资中的比重也从上年的15%提高到26%。2005年，伴随着美国经济的良好增长及全球跨国公司整体盈利状况的提高，无论是外国直接投资流入与流出，都呈现进一步增长的趋势。

4. 日本外资流入呈现出明显增长趋势

自 2004 年以来，国际直接投资形势中一个十分值得关注的现象，就是日本吸收外资的状况正在发生一种转折性的变化。仅在 2004 年，按照日本 JETRO 统计，日本的外国直接投资流入规模便达到 375 亿美元，而其流出规模则下降到 355 亿美元。这种状况使得日本自 1961 年以来第一次成为外国直接投资净流入国家。① 对于进入 2005 年后的日本吸收外国直接投资的状况，尽管目前我们尚难以得到较确切的相关统计数据，但在日本国内投资整体大环境不断改善的情况下，可以认为，外国企业对这一世界第二大经济强国的投资力度将会继续增强。

5. 欧盟正在走出对外直接投资的低迷状况

在第五次全球并购浪潮中，与美国一样，欧盟曾经扮演了十分重要的角色。也正因如此，即使近年来欧盟国各国对外直接投资都处在收缩状态，但在过去十年间对外直接投资总的净流出累计总规模方面，我们不难发现，英国、法国、德国及荷兰等成员国都是对外直接投资的净输出国（见图 2）。

自进入 2005 年后，发生在欧盟内的跨国投资活动呈现明显活跃的迹象。据英国《经济学家》报道，全球知名调查公司“Dealogic”公布的统计数据显示，2005 年 1～7 月，欧洲企业跨国并购金额比上年同期增长了 50%。其中，仅法国公司在海外的收购活动就达到了 600 亿美元的规模。②

在欧盟各国中，值得特殊一提的是英国。作为在国际投资格局中同样发挥重要影响的国家，2004 年，虽然英国对外直接投资达到 654 亿美元，与上一年相比基本持平，但其吸收的外来直接投资却达到了 785 亿美元，比上一年增长了近 3 倍。

6. 跨国公司对新兴经济国家（地区）的投资日趋活跃

进入 21 世纪后，发展中国家尤其是亚洲及拉美等新兴国家（地区）对于国际直接投资形势的影响力大大提高。可以说，也正是这些国家（地区）的经济快速增长，对于扭转国际投资下降趋势发挥了极为重要的作用，而这一状况则是十多年前美、日、欧三极鼎立的国际直接投资格局状况下所无法

① JETRO, News & Press Releases, http: //www. jetro. go. jp, August 10, 2005.

② “Europe's Nascent Merger Boom (Mergers and Acquisitions)”, *The Economist*, Sep. 3, 2005, p. 6.

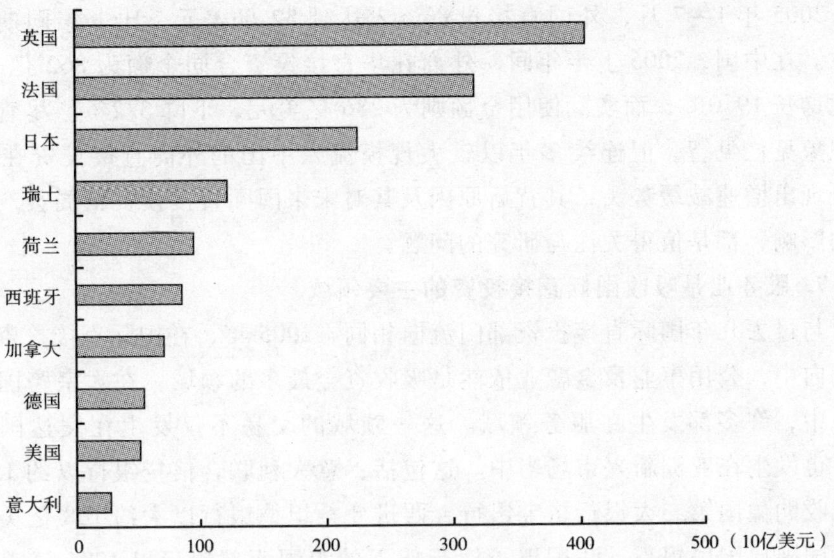

图2　全球10大FDI净输出国（1995～2004）

资料来源：根据OECD网站提供的统计数据制作。

想像的事情。

2004年，发展中国家共吸收外国直接投资2550亿美元，比上年增长48%，达到历史最高水平。在拉美国家中，巴西是跨国公司最青睐的投资国家之一。这一年，巴西外国直接投资在经历连续两年下降后大幅度增长，外国直接投资达到182亿美元，在世界外国直接投资额中占3%，比2003年的占1.7%几乎增长一倍。

与往年一样，亚太地区是吸收外国直接投资最多的发展中国家地区，2004年为1660亿美元，比2003年上升55%。进入2005年后，跨国公司在这一地区依然表现出浓厚的投资兴趣。据统计，2005年上半年，包括跨国并购在内的亚太地区并购额达到2452亿美元，比2004年同期劲增了59%，并且在全球并购总额中的比重达到18%。可以说，在这一地区，外国直接投资流入规模获得增长的国家（地区）比比皆是。例如，在菲律宾，2005年前5个月，外国直接投资流入达到4.17亿美元，比上年同期增长172%；[①] 在越

① Foreign Direct Investment Flows on a Positive Track in January to May 2005，菲律宾中央银行网站，www.bsp.gov.ph.19，August 2005。

南，2005年1~7月，外国直接投资流入达到32亿美元，比上年同期增长67%。在中国，2005上半年间，外商在华直接投资合同金额为862亿美元，同比增长19.0%，而实际使用金额则为286亿美元，下降3.2%。尽管就这一现象见仁见智，但连续多年以较大规模流入中国的外商直接投资在2005年呈现出增速减缓势头，其背后原因及其对未来国际直接投资格局会产生怎样的影响，都是值得关注与研究的问题。

7. 服务业是吸收国际直接投资的主要领域

与过去几年国际直接投资部门流向相同，2005年，在国际直接投资的部门流向中，公用事业及金融业依然是吸收资金最多的领域。在大宗跨国并购交易中，许多都发生在服务领域。这一领域的交易不仅发生在发达国家之间，也发生在亚洲新兴市场当中。这包括：意大利联合信贷银行以约154亿欧元收购德国第二大银行裕宝银行，西班牙桑坦德银行以大约168亿美元收购英国阿比国民银行，法国巴黎银行旗下的美国西部银行以13.6亿美元收购美国联邦商业银行，以及韩国第一银行（Korea First Bank）被一家英国银行以32亿美元收购，等等。此外，除了金融领域，房地产、钢铁等部门也是国际直接投资的主要领域。

二 影响2005年全球外国直接投资变化的主要因素

具体地说，影响2005年全球外国直接投资发生变化的主要因素包括：

1. 全球经济的稳定发展为国际直接投资的活跃创造了条件

2004年世界经济增长率几乎达到4%，成为2000年以来增长最快的一年。按照联合国贸发会议的估计，2005年将维持在3%左右的水平。[①] 在西方国家当中，美国经济增长非常稳健，日本经济呈复苏迹象，欧元区亦有转好迹象。其中，美国和日本2004年分别达到4.4%和2.6%，欧盟也达到2.1%，均为2001年以来的最好水平。尽管2005年上述主要国家和地区的经济有所放缓，但新一轮的企业并购活动已随着全球经济的稳定发展开始活跃起来，从而导致国际直接投资呈现恢复性增长的局面。

同时，以中国、印度为代表的新兴经济国家和地区的经济快速发展，为推动国际投资重新活跃起来起到了至关重要的作用。按照亚洲开发银

① UNCTAD, *Trade and Development Report*, 2005, p. 30.

行（ADB）分析，2005年，除日本以外的亚洲地区经济增长出人意料地强劲，发展中亚洲经济体预计将能实现6.5%的强劲增长。其中，2005年中国经济增长率可能达9%甚至更高，而印度经济也将实现7%的高速增长。

2. 跨国公司整体盈利状况继续得到提高

对于全球跨国公司整体经营业绩得到改善与提高的情况，从近两年来美国《财富》500强排行榜的变化中便可见一斑。由于全球经济恢复而大幅增长，2005年的全球500强进入门槛一下子提升到了124亿美元，同比增幅由前几年平均5%左右大幅增加到了15%，成为近五六年来增幅最高的一次。盈利状况的改善使得大企业既有了投资扩张的资本，又推动了本企业股票价格的上扬，从而在投资者的追捧下更热衷于包括跨国并购在内的投资活动。

3. 日本企业投资活动重现活跃

长期以来，企业坏账问题一直困扰着日本经济的发展。在巨大的坏账负担下，日本金融机构不可能承担大规模放款的风险，这反过来也限制了日本企业的投资扩张行为。但是，随着日本经济的好转，坏账问题正在逐步得到解决。按照日本金融厅（Financial Services Agency）提供的数据，截至2005年3月底，银行的坏账总额较上年同期下降了33%，降至约17.9万亿日元，大体相当于2003年3月时的一半左右的水平。这样，在经历近10年的持续下降后，2005年8月，日本各大银行不包括特殊因素的贷款量增长了0.2%。这也是自日本央行从1998年10月开始发布该项统计数据以来，日本各大银行的贷款量较上年同期首次出现增长。[①] 显然，坏账问题的解决使得日本银行贷款取得恢复性增长，从而推动日本企业积极地扩大投资并参与跨国并购活动，并最终影响到全球国际直接投资形势的变化。

4. 一些消极因素制约着欧盟跨国投资的快速增长

虽然2005年欧盟内部跨国并购活动有重拾升势迹象，大宗交易也在频繁发生，但反思第五次并购浪潮中欧盟所发挥的重要作用以及后来的低迷状况，究其原因是多方面的。概括而言，首先是由于欧盟经济的持续疲软。在1990~2000年间，欧元区15国年均GDP尚能达到2.1%的增长水平。在

---

① 华尔街日报网，www.wsj.com，Sep.10，2005。

2002～2003年间，年均GDP增长则不足1%，而这一两年也恰是欧元区的企业投资异常低迷时期。[①] 其次，一个不容忽视的现象，就是一些国家的政府对外资并购本国企业依然实行干预与限制的政策。可以说，这也是制约本地区外国直接投资重新活跃起来的一大因素。

可以说明这种跨国投资壁垒最突出的例子，莫过于达能公司被收购一案。2005年，法国政府以“国家安全”及“民族情结”为由，公开阻止美国百事公司收购法国达能公司。在该事件中，一位法国政府官员甚至号召法国人应保卫达能这家深受本国消费者喜爱的企业。而且也正是鉴于达能及另一家矿业集团均成为外国公司的并购目标，法国政府随后便颁布了产业保护名单，将十大战略性工业列入该保护名单中，禁止外国公司并购。这十项工业包括生物科技、制药、军备、通讯接收设备、电脑安全系统等领域。因此，虽然有诸多推动欧盟内部跨国投资增长的积极因素，但那些限制性因素同样也在起着很大的负面作用。

5. 钢铁等领域正在进行新一轮的行业整合

在中国、印度等一些发展中国家经济快速增长的推动下，西方发达国家产业结构面临着进一步的调整。以钢铁业为例，全球钢铁行业的利润2004年增长了88%，达到1130亿美元。[②] 但进入2005年后，国际市场对钢铁的需求似乎已开始下降，但全球钢铁行业的生产能力却依然居高不下。这样，产能过剩将使一些钢铁生产商开始转变它们的投资策略，而那些竞争力不强并逐渐陷于困境的企业自然将随时可能成为被收购的对象。事实上，一些钢铁生产商目前已经开始削减产量，并将一部分它们去年积聚起来的巨额财富用于业内并购。根据Dealogic提供的数据，2005年前6个月，全球钢铁和冶金行业共发生了144起并购交易，价值153亿美元，达到了2001年以来的最高水平。相比之下，2004年上半年，全球钢铁和冶金行业的并购额只有93亿美元。与钢铁业一样，许多行业都面临着多年未遇的良好并购时机。伴随着20世纪90年代末期的第五次全球并购浪潮的结束，经过两三年的相对低迷，电信、网络等领域又显现出进入新一轮的并购景气周期。

---

① UNCTAD, *Trade and Development Report*, 2005, p. 31.

② 华尔街日报网，www. wsj. com，July 20，2005。

三　迅速发展的中国企业海外直接投资事业

1. 发展现状

近两年来，中国企业海外并购呈现出十分活跃的态势。按照美国汤姆森金融公司统计，2004 年，在联想收购 IBM 个人电脑业务的影响与拉动下，中国企业仅在美国的收购额便攀升至 30 亿美元，超过前四年的总和。[①]

在中国海外投资产业分布中，最突出的自然当属作为资源寻求型投资的能源领域。中石油、中海油和中石化三大石油巨头经过连年的海外扩张已经取得了很大成效。目前，三家企业在全球范围内已有 60 个左右的项目。此外，家电、汽车等领域的中国企业都有大手笔的海外投资项目。在所有海外并购案中，作为迄今为止最大的项目，中海油以 184 亿美元的报价竞购美国第 9 大石油公司优尼科公司，堪称“走出去”的最大手笔（见表 3）。尽管该并购案最终竞购失败，但中海油能够用美国式的收购方法竞购一家老牌美国石油企业，并且承诺的所有条件全部优于美国竞争对手，反映出中国企业走向世界的实力与决心。

表 3　近年来中国企业已宣布的部分重大海外并购案件一览表

（截止到 2005 年 10 月底）

时　间	并购企业	被并购企业	交易规模（亿美元）	是否完成交易
2002. 12	京东方	韩国现代显示株式会社 TFT-LCD 业务	3. 8	是
2004. 9	上汽集团	韩国双龙（SSANG YONG）汽车公司	5	
2004. 10	TCL	法国阿尔卡特公司手机业务	0. 7	是
2004. 12	联想集团	IBM 的个人电脑业务	12. 5	是
2005. 6	海尔集团	美国美泰（Maytag）公司	12. 8	否
2005. 6	中海油	美国优尼科（Unocal）公司	185	否
2005. 7	南京汽车集团	英国罗孚（Rover）公司	0. 87	是
2005. 8	中石油	哈萨克斯坦石油公司（PetroKazakhstan Inc.）	41. 8	是
2005. 9	中石油等	加拿大 EnCana 公司位于厄瓜多尔的石油和管道资产	14. 2	是

资料来源：笔者根据国内外报道整理。

① *USA Today*, June 22, 2005.

伴随着国内经济规模的扩大以及国际化程度的加深，无疑推动国内企业将以更快的步伐"走出去"。正是在这样的背景下，国内外许多媒体都预测，在今后不长的时间内，中国完全可能成为全球最重要的对外直接投资国家之一。

2. 中国海外投资事业应注意的主要问题

（1）政治风险的防范。在中国海外直接投资明显加速之际，我们应当从20多年前日本企业的"殷鉴"中汲取一定的经验教训。从20世纪80年代初开始以后的数年中，日本企业大举增加在美国的投资，其规模之大、势头之猛，颇有"阔佬进了糖果店"之景状。但由于缺乏务实性的投资规划，缺乏风险防范意识，使得在很多美国投资的日本企业最终损失惨重。到1993年，在美国的日本银行不动产贷款高达2000多亿美元的总额中，其中近一半已经成为不良贷款。因此，海外投资是一项高风险的事业，在选择投资项目及并购企业时，企业应当树立明确的风险意识。

在各类风险中，政治风险是中国企业，尤其是在美欧这样国家的中国企业必须要经受的一种考验。从联想的并购案到海尔和中海油的并购案，所有那些稍微上点规模的并购项目，只要并购方是中国企业，往往就要触动一些美国政客的"国家安全"神经。可以说，遏制中国和禁止中国企业染指美国重要产业，压倒了美国政府一向倡导的所谓市场经济公平原则。因此，尽管中国企业为跨国并购投入了大量精力与财力，但最终却可能因这种政治阻力而导致竞购失败。

（2）企业跨国并购的方法亟待研究提高。一般来说，中国企业海外收购除了要面对一定的政治风险外，还存在着另外三个方面的风险：一是门槛高，国外市场竞争更加激烈，那些有实力的企业才可以走出去；二是国外监管力度更加严厉；三是信息披露的透明化，国外上市公司要随时向社会公布公司的运转情况，而国内公司在这方面做的还很不够。但从这次中海油并购优尼科一案中，我们却看到事情还远非这样简单。尽管中国企业认真努力地按照西方的公司治理标准及其并购规则行事，但目的与手段都十分透明的结果却是适得其反。究其缘由，除了上述企业不可控制的政治阻力外，还有如中海油公司董事长傅成玉所认为的，简单地套用了西方规则，而忽视了中国的需求和中国特色。[①] 因此，如何既要提高国内企业的公司治理水平，又要

① 傅成玉：《反思中海油收购案》，《中国企业家》2005年第17期。

合理运用各种手段（包括法律、投资心理、宣传推介等各方面）达到跨国并购目的，还需要依靠更多中国企业的实践才能回答这一问题。当然，中国企业要提高海外并购的能力，寻求以最小的并购成本获得最大的投资回报的方法，也需要国内产学各界共同努力地摸索与研究。

（3）注重并购后的企业整合。导致企业最终并购的失败可能有多种原因，如在并购前过高地估计了市场潜力，忽视了审慎调查的作用，过分强调财务报表的完美，等等。但是，对于许多并购案例来说，失败的最根本原因是并购后的整合不力。这种情况完全可能会越来越多地出现在进行海外并购的中国身上。

例如，作为两家国内上市公司，在2005年半年报中，在海外都有过大手笔收购业务的京东方和TCL两家企业均宣布发生巨额亏损，其中，京东方亏损近10亿元，TCL亏损近7亿元。总结两家公司的教训时，我们不难发现，虽然海外收购迅速扩大了企业规模，京东方、TCL都一跃成为国内TFT-LCD和彩电生产的最大生产厂家。但却应了那句老话：大不一定强。完成收购后这两家公司都存在与被收购企业在品牌、技术、生产与企业文化等各方面的整合问题。整合不利直接导致了企业海外经营陷于困境，不仅没有获得预期的投资回报，反而将母公司拖入亏损的泥潭。因此，从整体上看，中国企业的海外投资事业是不可逆转的必然趋势，但具体到某一家企业，不切实际的追求跨越式发展而又不具备一定的国际投资经验，其面临的风险将是巨大的。

四 2006年全球FDI发展趋势

2006年，全球直接投资形势能否延续上一年的恢复性增长趋势，依然取决于全球特别是美国、中国、日本、欧洲等主要国家和地区的经济走势，取决于跨国公司能否依然保持近一年多来的投资信心。一方面，按照主要国际经济组织的预测，世界经济将在2006年继续保持一定的增长速度；另一方面，在联合国贸发会议做的一项调查中，被调查的跨国公司大都对2006年的国际直接投资形势表现出乐观态度。对于各国尤其是对亚太地区的投资呈现出扩大投资规模的意愿。正是基于这些信息，有理由相信，2006年的全球外国直接投资规模将在2005年的基础上继续有所增加。当然，那种增长幅度会很大的观点也是不切实际的。因为那些发生在2005年制约国际直接投资快速增长的因素并没有完全消除，例如，法国、德国等欧盟主要成员国的低迷经济一时还难以有大的改观，石油等能源价格的上涨对跨国公司整体盈利状况的负面影响，等等。

综合所有这些因素，笔者认为，2006 年的国际直接投资形势将继续保持适度增长的趋势。

热点篇 1

全球石油价格走势与中国

世界石油市场的供求状况以及未来石油价格的走势

○刘　明

一　最近两年来世界石油价格的走势

在分析世界石油市场形势和国际油价变动趋势时，首先，有两个油价数据值得关注。即国际石油现货平均价（APSP，average petroleum spot price）和欧佩克一揽子油价每日报价（OPEC Basket Price）。前者是美国西得克萨斯中质油（WTI）、英国北海布伦特油（Brent）和亚洲迪拜油（Dubai）三种原油的平均价。它代表了世界石油市场的主要原油交易。后者是欧佩克一揽子原油平均价。在2005年6月15日前，该油价是七种市场监督油价的平均价，其中包括非欧佩克产油国墨西哥的Isthmus原油；目前欧佩克的一揽子油价是指代表各成员国的11种出口原油价格的加权平均数。该油价的重要性不言而喻，它反映并影响着市场当前和未来的主要原油供需。同时，也是欧佩克确定石油生产与供应额度的重要参照数据。当然，在世界石油市场受政治、投机等非市场经济因素干扰和影响时，无论是哪种国际原油，其价格往往激烈波动，并掺有大量水分，对市场造成巨大的负面影响。近年来这种现象尤其明显。因此，引起世界各国和有关国际组织的关注，并采取了诸如“石油数据共享行动”（Joint Oil Data Initiative，JODI）的国际联合举措，为稳定石油市场，建立一个包括油价在内的透明、实时、完整、准确、适用和统一的石油信息数据系统。①

① 2000年11月，亚太经合组织（APEC）、欧盟统计办公室（EUROSTAT）、国际能源机构和经合组织（IEA/OECD）、拉美能源组织（OLADE）、欧佩克（OPEC）、联合国统计局（UNSD）六个国际组织提出改革石油统计数据的数量和质量、增加透明度的联合行动倡议，（接下页注）

其次，要区分现货油价和期货油价。期货市场油价变动对市场心理的影响更加强烈，同时，期货市场的投机行为更易于利用人们的敏感心理和国际石油交易市场的可操作空间，进行期货炒作，导致“原油溢价”，搅乱了世界石油市场的正常运行。

再次，世界石油贸易包括原油贸易和成品油贸易，两种石油商品的价格变动有自己的规律和特点，这里不做论述。需要说明的是，在市场交易中，原油价格和成品油价格在各自的形成、变动的同时，相互之间的影响作用越来越大，值得关注。因此，尽管我们在分析和考察世界石油市场和石油价格问题时，主要是针对原油市场和价格，但是，也要考虑成品油的市场状况和价格因素。

（一）近年国际原油价格变动走势概述和分析

自2003年以来，从世界石油市场变化的总趋势来看，国际原油价格呈现上升态势（见图1）。

期间，也有间断的油价回落，甚至连续数周的价格下滑，或者频繁

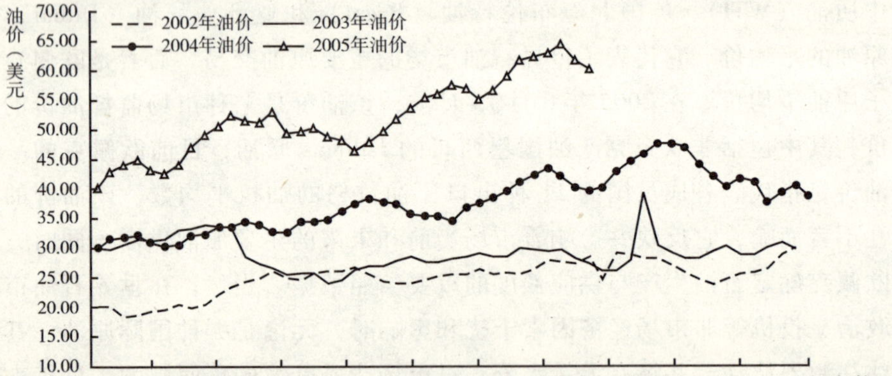

图1　2002～2005年国际油价*变化趋势图

*是WTI、布伦特和迪拜三种原油的平均价。

资料来源：欧佩克《石油市场月报》。

（上接第137页注①）2003年4月该行动组织者把这一国际合作活动确立为永久性石油数据联合体系，即“石油数据共享行动”。到2004年5月底止，参加这项共享行动的国家增至78个，中国是参与国之一。参见“石油数据共享行动JODI”网，www.oil-data-transyparency.org。

的上下波动。但是，几年来，各种国际原油的年均价格数据都显示，国际油价具有明显的增高特性，并且通常是在前一阶段价位基础上形成高位振荡。同时，国际有关机构发布月度的和每个交易日的油价变动数据揭示，[①] 即便出现了油价下跌，与上年或上一轮油价周期同比，价格几乎都高于前期水平（见表1）。这种油价上升状况显示，世界正进入一个高油价阶段。

表1 国际主要原油现货价格（2003～2005年）

单位：美元/桶

月份	2003				2004				2005			
	WTI	Brent	Dubai	OPEC	WTI	Brent	Dubai	OPEC	WTI	Brent	Dubai	OPEC
1	33.14	31.32	28.02	30.34	34.24	31.23	28.88	30.33	46.83	44.23	37.92	40.24
2	35.61	32.71	29.98	31.54	34.74	30.83	28.61	29.56	47.94	45.37	39.68	41.68
3	33.45	30.54	27.38	29.78	36.76	33.87	30.85	32.05	54.33	52.90	45.84	49.07
4	28.50	24.93	23.51	25.34	36.69	33.25	31.68	32.35	52.89	51.82	47.20	49.63
5	28.21	25.77	24.38	25.60	40.24	37.80	34.73	36.27	49.90	48.61	45.42	46.96
6	30.66	27.51	25.51	26.74	38.00	35.05	33.43	34.21	56.36	54.38	51.08	52.04
7	30.70	28.35	26.72	27.43	40.68	38.33	34.65	36.29	58.68	57.58	52.83	53.13
8	31.59	29.79	27.66	28.63	44.90	43.04	38.52	40.27	64.96	64.06	56.55	57.82
9	28.25	27.08	25.37	26.32	45.81	43.26	35.55	40.36	65.28	62.75	56.41	57.88
10	30.27	29.65	27.27	28.54	53.17	49.64	37.55	45.37	—	—	—	—
11	31.03	28.73	27.66	28.45	48.56	42.84	34.82	38.59	—	—	—	—
12	32.14	29.87	28.10	29.44	43.20	39.53	34.20	35.85	—	—	—	—

资料来源：根据《中国石油石化》和欧佩克《石油市场月报》2003～2005年各期提供的数据编制。

以欧佩克油价为例，自1999年下半年从低谷回升并很快贴近25美元/桶，掀起新世纪第一轮油价暴涨高潮后，[②] 2003年欧佩克油价在上一年普遍

① 参见欧佩克：《石油市场月报》（*Monthly Oil Market Report*）和秘书处在网上公布的"欧佩克一揽子油价每日报价（Daily Basket Price）"数据（www. opec. org）、美国能源情报署在网上发布的油价数据（www. eia. doe. gov），以及路透社电讯普氏报价。

② 1999年2月欧佩克油价只有10.05美元/桶。2000年欧佩克油价涨至27.60美元/桶，比上一年提高10.10美元，增幅达57.7%。该年油价暴涨引起世界极度恐慌，并造成主要消费大国的社会动荡。可参见世界经济黄皮书《2000～2001年：世界经济形势分析与预测》中《国际油价发展变化及未来前景》一文，社会科学文献出版社，2001。

走高的基础上继续攀升，从8月起，油价多次连续10个交易日超过28美元上限，12月以后油价没有再低于28美元，[①] 该年年均价格达28.10美元/桶，比上一年增加了3.74美元。2004年，这种增长势头不减，年均价格提高至36.05美元/桶，增幅达28.3%。2004年10月21日，欧佩克单日油价每桶冲破46美元，为46.61美元/桶，是该年的最高价位。

进入2005年，世界石油市场的所有原油价格，包括各种原油的现货价格和期货价格，无不处于阵发性“高热”状态，并频繁创下“历史纪录”。①1月底，WTI现货价格接近50美元/桶。②投机基金重返纽约商品期货交易所，至3月18日时，WTI的4月原油期货合约收盘价位在56.72美元/桶，是该交易所1983年3月推出原油合约以来的期货历史高点。③欧佩克油价1～4月份连升四级，从1月的40.24美元/桶上升到4月的49.63美元/桶。[②] 这一期间，单日最高价（4月4日）52.53美元/桶比单日最低价（1月3日）35.67美元/桶高出了16.86美元。

欧佩克提高原油日产量限额50万桶至2750万桶、国际能源机构调低2005年世界石油消费增长速度预测、美国炼厂故障、中东地区遭遇恐怖袭击、法国的罢工活动、美联储第八次升息和美元升值，以及美国原油库存连续增加等等一系列事件形成利好或抑制因素，造成4、5两个月世界油市宽幅振荡局面，油价有涨有跌。4月初，WTI现货价格曾达到57.26美元/桶，4月下旬至5月20日油价转为连续下跌，跌幅达8.8%，5月底，该油价已降到52.08美元/桶。[③]

自6月起，国际原油价格又是一路飙升并屡创新高（再见表1）。①6月27日，WTI期货价格突破60美元心理关口，达到60.54美元/桶；②8月底，热带飓风“卡特里娜”席卷整个墨西哥湾，交易者担心飓风对美国石油业造成重创，国际原油价格随即大幅攀升，30日纽约商品交易所10月份交货的轻质原油期货收盘价达到每桶69.91美元；③伦敦北海布伦特原油期货曾达到68.27美元/桶，刷新了8月15日创下的66.85美元/桶的纪录；④欧佩克现货油价升至61.10美元/桶，次日再度上涨至61.37美元/桶，成为迄

① 欧佩克于2000年建立的“油价自动调整机制”，规定了维持市场油价稳定的“22～28美元”价格区间。

② 该数据及下文中欧佩克的主要油价数据来源：欧佩克网站主页“欧佩克一篮子油价每日报价”和欧佩克《石油市场月报》各期。

③ 资料来源：美国能源情报署。

今为止的最高价；⑤半个多月之后的“丽塔”飓风同样威胁墨西哥湾的石油生产，导致9月19日纽约商业交易所WTI的10月原油期货合约上涨7%，报收67.39美元/桶，同时，4.39美元的单日涨幅，也创下了WTI原油即期合约的历史之最；⑥英国伦敦国际石油交易所布伦特11月原油期货也上涨了3.80美元至65.61美元/桶。

（二）近年国际油价变动和持续攀升走势的主要表现特征

（1）阶段性、次第攀升的上涨模式，升的多降的少，把油价推高。2005年油价几乎总是处在升温中，如欧佩克油价5月份出现较大降幅，但仍高于1、2两个月的水平，更比上年同期高出近10美元。

（2）突发事件引发世界油市剧烈波动。最为明显的是2003年对伊拉克战争前后油价发生巨大的涨跌幅度，以及2005年最近的两次飓风推动油价高企。

（3）反季节变化现象增多。按常规，由于第二季度是需求淡季，导致油价下降，一般3、4或5月份原油价格在不同的年份里会降低；冬季则是需求最旺的季节，油价也会最高。但是近年油价却出现了“淡季不跌”、“旺季不涨”的情况。第二季度的油价比第一季度高出3~5美元（再见表1）；而2001年“9·11”事件后，世界石油需求明显减少，导致油价陡然下降，欧佩克12月份油价只有17.53美元/桶，为全年最低。① 这说明，除了供需变化外，其他非经济因素的影响力在逐渐加强。

（4）名义价格和实际价格的差距拉大。据欧佩克公布的数据显示，② 其最新的9月份的原油名义价格为57.88美元/桶，但是如若扣除通货膨胀和美元汇率因素，该油价的实际价格为41.29美元/桶，两种价格相差16.59美元，差率（差额/实际价格的百分率）达到40.18%。这种情况越来越严重，三年前，差率只是一位数（见表2）。这一现象的出现，正是由于美元汇率下降和通货膨胀率上升，资金大量从美国资金市场流出，而更多地投入期货交易所，利用“利多”，推动油价继续上扬。

（三）导致油价波动和上涨的主要因素

进入21世纪的全球经济一体化和政治多极化形势，遍及全球的地缘政

---

① 根据欧佩克秘书处发布的每日油价讯息计算。

② 欧佩克：《石油市场月报》2005年10月号，第13页。

表 2　欧佩克原油名义价格和实际价格比较（2001～2005 年）

单位：美元/桶

月份	2001 年			2002 年			2003 年		
	当月平均价	扣除通胀等因素后价格*	差率** %	当月平均价	扣除通胀等因素后价格*	差率** %	当月平均价	扣除通胀等因素后价格*	差率** %
1	24.06	21.68	10.97	18.33	17.34	5.71	30.34	24.99	21.41
2	25.41	23.17	9.67	18.89	18.28	3.34	31.54	25.79	22.3
3	23.7	21.93	8.07	22.64	21.7	4.33	29.78	24.25	22.8
4	24.38	22.67	7.54	24.88	23.5	5.87	25.34	20.44	23.97
5	26.25	24.54	6.97	24.76	22.67	9.22	25.6	19.85	28.97
6	26.1	24.71	5.63	23.8	21.15	12.53	26.74	20.63	29.62
7	23.73	22.35	6.17	25.13	21.63	16.18	27.43	21.52	27.46
8	24.46	22.46	8.9	25.99	22.64	14.8	28.63	22.76	25.79
9	24.29	22.07	10.06	27.38	23.85	14.8	26.32	20.74	26.9
10	19.64	17.97	9.29	27.32	23.75	15.03	28.54	21.69	31.58
11	17.65	16.3	8.28	24.29	20.81	16.72	28.45	21.55	32.02
12	17.53	16.28	7.68	28.39	24.02	18.19	29.44	21.65	35.98

月份	2004 年			2005 年		
	当月平均价	扣除通胀等因素后价格*	差率** %	当月平均价	扣除通胀等因素后价格*	差率** %
1	30.33	21.91	38.43	40.24	27.76	45.06
2	29.56	21.25	39.11	41.68	28.97	43.87
3	32.05	23.38	37.08	49.07	33.91	44.71
4	32.35	23.77	36.1	49.63	34.4	44.27
5	36.27	26.87	34.98	46.96	32.71	43.56
6	34.61	25.34	36.58	52.04	37.19	39.93
7	36.29	26.32	37.88	53.13	38.48	38.07
8	40.27	29.41	36.93	57.82	41.26	40.14
9	40.36	29.47	36.95	57.88	41.29	40.18
10	45.37	32.63	39.04	—	—	—
11	38.96	26.21	48.65	—	—	—
12	35.7	24.31	46.85	—	—	—

* base July 1990 = 100 扣除通货膨胀和货币波动因素影响后的价格。

** 指当月名义价格与实际价格的差额比率，即差额/实际价格（%）。

该表中油价数据来自欧佩克：《石油市场月报》2002～2005 年各期，差率是计算得出的。

治动荡和格局重组趋势，世界经济，特别是亚洲等新兴发展中国家和地区经济发展，是影响世界石油市场形势和国际油价形成及其变动趋势的外部条件和政治经济大背景。

世界石油产业现状和石油经济发展，世界石油市场供应和需求状况及供需前景预测，仍旧是导致国际油价波动乃至持续上涨的基本因素。这种基本状况，尤其表现在原油剩余产能缩小、炼油设施不足与石油消费增长过速之间的矛盾更加突出。

政治突发事件和地区政局紧张、严重的自然灾害袭击和气候变化影响、原油市场投机行为，甚至人们敏感的心理预期和恐慌等，成为近几年引发石油价格波动，特别是导致油价飙升的重要因素。它们对油价波动所造成的影响，通常是短期的、偶发的，但是程度剧烈。

如果说2000年出现的油价暴涨和2001年的油价回落现象，主要原因在于市场供需变化和调整，欧佩克和非欧佩克合作，采取削减或扩大原油产量的手段，影响了国际油价；同时期货市场的投机炒作行为也开始引起人们的警觉。那么，2004年和2005年的国际油价波动及大幅上扬，在需求拉动的基本原因之外，则更要强调投机和气候等不确定因素的恶劣影响作用。

所有上述各种因素，相互作用、交叉影响，对世界石油市场、油价形成和振荡，以及对世界能源领域的发展变化，构成一组综合性、多元影响元素。

近年来，各国面对石油供应中断威胁和高油价冲击，采取了一系列应对措施，调整石油战略、政策，建立多元能源安全体系，石油生产国和石油消费国之间、全球性或地区性组织机构之间，在石油天然气和能源等领域的对话、磋商与合作等各个方面的进展程度不断加强，对世界石油产业、石油经济的发展，对形成稳定的石油价格，对建立有序的新的世界石油市场体系，都具有越来越重要的作用。

二　世界石油市场上的需求因素

全球石油消费不断增加，是世界石油价格持续上涨的主要拉动因素。不但从实际石油消费绝对量上看，需求增长很快，而且在未来可预测时期内，预期增长量也很大。同时，值得关注的是，石油炼制产品，包括取暖油、汽油、柴油、中质馏分油等石油产品的需求量持续增长，是推动原油消费量进一步扩大的主要组成部分。

（一）全球石油需求绝对量增长，增加了对市场供需平衡的压力

进入21世纪以来，全球石油消费迅速增加（见表3），从2000年的日均7620万桶增至2004年的8214万桶，四年增加了594万桶，增幅7.8%，预计2005年将达到8340万桶。

表3 世界主要地区和国家石油消费比较（2000～2005年）

单位：万桶/日

年度	世界石油需求	OECD	欧洲	美国	日本	韩国	发展中国家	非洲	拉美	中东	亚洲*	中国	印度
2000	7620	4770					2410				1210	480	
2001	7740	4800					2510				1240	470	
2002	7803	4802	1527	1976	546	215	2584	268	483	541	1294	502	232
2003	7921	4865	1543	2003	550	218	2630	273	467	527	1363	558	247
2004	8214	4948	1560	2073	535	215	2821	280	486	559	1496	643	260
2005**	8340	4981	1561	2085	539	220	2910	289	495	588	1538	664	265

*含中国。**为估计数据。

资料来源：国际能源机构：《石油市场报告》2002年11月号，表1；2005年6月号，表2；2005年10月号，表2。

1. 消费总量增长

西方主要消费国家的石油消费增长速度缓慢。虽然OECD的石油消费量超过全球消费总量的一半以上，这一总结构并未改变，但有逐年下降趋势。2000年以来所占比例分别为63.0%、62.0%、61.5%、61.4%、60.2%、59.7%。其中，美国是世界石油消费最多的国家，基本保持在占世界消费总量1/4的水平，日均消费量在2000万～2100万桶。诚然，总体上发达国家的石油消费增长速度放慢，但与20世纪90年代初部分国家的石油消费绝对下降相比，近年来发达国家石油消费绝对增长，2003和2004年，OECD国家，特别是美国的石油消费绝对增长量较大，应该说，这是造成本次世界石油消费增长迅速的重要因素。①

与此相对应，发展中国家的石油消费增长不断扩大，从表3中可以看出

① 2003年和2004年OECD日均石油消费量分别增加了63万桶和83万桶，同期美国的增长量是27万桶和70万桶，见国际能源机构：《石油市场报告》（*Monthly Oil Market Report*）2005年10月号，表2。

这种消费需求的增加具有普遍性。同期，占世界总消费的比例也逐年上升，依次达到31.6%、32.4%、33.3%、33.2%、34.3%、34.9%。尤其是亚洲地区发展中国家，增长比率更快一些。中国和印度成为该地区石油消费的重要国家，中国在世界总消费中的比率占6%~8%，印度的这一比率约为3.1%。

2. 消费增量比较

从世界石油消费增量角度进行比较，发展中国家消费增长迅速的情况更加明显：2003、2004年发展中国家的消费增量占世界总增量的比例分别达到39%和65%，预计2005年可达71%；而OECD国家的同期比例则是53%、28%和23%。[①] 另外，亚洲发展中国家的消费增长速度相对更快一些。其中，2003、2004年中国的石油消费增量占世界消费增量的比重，分别达到40.0%、27.6%，预计2005年降到15.4%，但2006年可能重新升高至27.8%。[②] 据中国商务部9月份的预测，中国2005年原油需求增长6%，需求量达3.1亿吨，因原油产量为1.8亿吨，供需缺口达1.3亿吨，进口依存度将超过43%。不过，也应看到，中国2005年的石油消费增长速度已经在减缓，据有关统计，2005年上半年进口原油6342万吨，只增长了3.9%，比去年同期大幅度下降了30个百分点，增速同比大跌89%。[③]

3. 全球石油消费形势发生变化的重要原因

①世界经济近年来保持增长，特别是发展中国家地区增长迅速。②相对于20世纪70年代前，发达国家石油消费进入理性消费阶段，通过政策、技术、资金等调控手段，实施能源消费多元化战略和采取提高能效、降低能耗等相关的政策措施，减少了对石油的消费依赖。过去的30年，发达国家的石油强度（单位GDP能耗）降低了近一半。③正在进行工业化、城市化和产业结构调整，人口增长迅速，不断提高生活水平和生活质量的发展中国家，进入了石油高消费期。④发达国家高耗能产业向发展中国家地区的转移，也加大了后者对石油消费的依赖程度。⑤发展中国家的能源政策，例如燃料补贴等，以及资金和技术的约束，刺激了石油高消费并阻滞了实行“降耗增效”的战略性消费模式变革。

---

① 根据附表提供的数据计算。

② 该数据源于国际能源机构的统计。参见IEA：《石油市场报告》2005年10月号，表2。

③ 资料来源：2005年8月3日《国际商报》。

（二）从石油消费类型和终端消费部门看石油需求增长

石油消费以类型划分，包括原油消费和成品油消费；按消费部门归类，可分为中间部门（如炼厂等）和交通、家庭等终端消费部门。从整体上看，发达国家对成品油的需求增长要快于对原油的需求。

根据国际机构的有关数据显示，世界成品油消费，从1984年5742万桶/日，增至2004年7794万桶/日，20年间增加了2000多万桶/日，增幅高达35.7%。[①] 特别是工业发达国家，在原油炼油生产能力和产量增长缓慢的情况下，对成品油的需求量却相对增加较快。尤其表现在近两年，工业国国内炼油厂开工率达90%以上，为满足扩大了的消费需求，石油制成品进口持续增加。2003、2004年OECD成品油进口分别是653万桶/日和697万桶/日；[②] 2005年第一、二季度该产品进口分别达738万桶/日和766万桶/日，环比增加了10万桶/日和28万桶/日。预计2005年OECD的主要石油制成品需求将超过2004年，其中，柴油和航空燃油的需求量增长最多。[③]

发展中国家的石油制成品需求也在逐渐扩大。从1994年到2003年的十年，其消费量从2528万桶/日增加到3361万桶/日，增幅约达33%。亚太、中东、非洲地区增长速度分别达到38.1%、34.6%、31.1%。[④] 而发展中国家的石油消费增长最快的部门，是交通运输、工业和家庭消费，加剧了对汽油、柴油等燃料油，工业生产动力燃料和给料，发电、取暖等燃料油的供应压力。

尽管从总趋势上来看，石油消费在增加，但由于世界各国经济发展水平和消费结构的差异，对石油消费的需求也就不尽相同。因此，石油消费变化对世界石油市场和油价的影响将因不同类型、不同消费结构而有所区别，从而对扩大世界石油制成品供应量和提高炼油能力提出了更高的要求。

（三）环境保护等其他因素对石油消费提出高标准要求

环境保护等其他因素对石油消费提出高标准要求，决定了石油需求结构发

---

① 见2004年《欧佩克统计年报》（*OPEC Annual Statistical Bulletin* 2004），表22。

② 根据国际能源机构的统计数据，进口增长率环比分别达1.2%和6.8%。参见国际能源机构：《石油市场报告》2005年10月号，表7。

③ 参见国际能源机构：《石油市场报告》2005年10月号，表7。

④ 根据国际能源机构的统计数据，进口增长率环比分别达1.2%和6.8%。参见国际能源机构：《石油市场报告》2005年10月号，表7。

生变化，以及对清洁石油产品需求增长。1998年美国、欧洲和日本发布《世界燃油规范》，美国实施严格的更清洁汽油的规定，需要汽油炼油厂提供更多的高标准清洁汽油。同时，世界石油市场对轻质和超轻质原油的需求量增加。

由此可以看出，在影响近些年世界市场油价上涨和剧烈波动的供需要素中，一是供需结构总体存在失衡或潜在的失衡威胁；二是原油和石油制成品的需求构成变化得不到相应的原油或石油产品的供应保证。

国际机构预测，在本世纪中期甚至更长时期内，石油和天然气在人类能源消费构成中仍旧占据主要地位，从2001年的38.7%增至2025年的39.4%。世界石油需求量在2015年和2025年可分别增加到1.03亿桶/日和1.19亿桶/日。[①]

未来世界石油需求增长趋势对石油供应提出严峻挑战。

三　世界石油市场上的供给因素

世界石油市场供应和需求这一对矛盾，供应方是关键。

（一）世界石油供应方面的宏观分析

如同石油需求一样，世界的石油供应也包括原油供应和成品油供应两大类。原油供应是各种石油消费的基础和前提，对国家石油和能源安全至关重要；而石油制成品供应不但与各个部门特别是终端消费部门的联系更加直接，而且它的供应能力和程度也对原油市场和原油需求具有不可忽略的影响作用。

1. 保证世界原油供应

世界原油供应的两大主力，一是以中东海湾产油国为主的欧佩克，一是非欧佩克产油国。

首先，保证石油供应的首要条件是石油储量不断增加。世界石油探明剩余储量目前达到1750.3亿吨。欧佩克拥有的储量为1212.6亿吨，占总储量的69.3%。[②] 非欧佩克产油国和地区，石油储量前景也很可观，中美洲和南美洲、非洲、东欧及前苏联等地区分别拥有世界探明储量的6%～8%。[③] 里

① 见美国能源情报署：《2005年国际能源展望》（*International Energy Outlook 2005*），http://eia.doe.gov。

② 资料来源：〔美〕《油气杂志》（*Oil & Gas Journal*）2004年12月20日。

③ 据美国能源情报署：《2004年度能源展望》报告。

海拥有丰富的石油天然气资源，石油储量估计达1500亿～2000亿桶，已探明储量有70亿～100亿吨，仅次于海湾地区，被称为“第二个波斯湾”。

相对于石油需求的不断增加，石油潜在的供应能力也是在不断提高的。这种潜在供应能力可以从两个角度体现。一方面是石油储量的增长趋势：1994年底世界石油探明剩余储量1369.5亿吨，十年增长幅度达27.8%。按照当前技术能力和不变生产水平，现有石油储量可供开采49年。同样，根据近十年的消费增长幅度（19.7%），在消费水平增速不变的前提下，储量的持续增长加上充分的开采和生产，没有其他突发事件干扰，完全能够保证世界石油消费需求。

另一方面是科学技术的提高：石油勘探和开采中科学和工艺技术手段的应用，包括三维地震勘探技术，采用喷射钻井、定向钻井、水平钻井等钻井技术，实行二次采油强化注水等生产工艺，提高对边缘油田、“低品位”石油资源的开发能力，提高采收率。对非常规石油开发（非常规石油主要指油砂、重油等，约有4万亿桶的储量，其中6000亿桶被认为是可开采的），目前其开采成本约25美元/桶，在加拿大、委内瑞拉具有一定规模的储量，资金和技术将决定开采能力和可能。另外，国际石油公司对深海石油资源（水深2500英尺以下）的开发正在逐步展开。

上述这两个方面的石油资源储备能力的扩大，是能够满足需求的增长需要的。

应该看到，所谓的“石油枯竭”，实质上是人为造成的、在特定时段、对人类有效利用不可再生石油资源的一种威胁。按照动态发展的观点来分析，不存在绝对的“枯竭”。①

其次，是原油产量的保证。供应方面的关键因素是产量。世界原油产量逐年增加。欧佩克2001和2002年的产量下降是由于连续削减原油产量配额合计500万桶。② 2003年以来欧佩克持续增加产量配额，实际产量更超出限额，年均增长率为7.7%。（见表4）

---

① 可参见Rafael Sandrea，“What about Deffeyes' Prediction That Oil Will Peak in 2005?” *Middle East Economic Survey*，Vol. XLVIII，No. 37，12－September－2005，资料来源：www.mees.com；胡见义：《世界石油格局走势与对策》，资料来源：人民网，2004年7月29日，www.people.com.cn。

② 欧佩克自2001年2月1日起至2002年底连续4次削减产量，从最高产量限额2670万桶降至2170万桶。

表 4　欧佩克原油产量与世界产量比较（2000～2005 年）

单位：万桶/日，%

指　标	2000	2001	2002	2003	2004	2005
欧佩克原油年均产量	2775	2687	2432	2689	2908	2991*
年增长率	4.2	-3.1	-9.5	10.6	8.1	4.3**
世界原油年均产量	6563	6530	6393	6709	7889	8017
欧佩克占世界产量比率	42.3	41.2	38.0	40.1	36.7	37.3

*1～9 月份产量。** 与 2004 年同比。

资料来源：2000～2003 年数据来自欧佩克：《2003 年统计公报》（*Annual Statistical Bulletin 2003*），表 13、14；2004～2005 年数字根据欧佩克：《石油市场月报》（*Monthly Oil Market Report*）2005 年各期和国际能源机构：《石油市场报告》2005 年第 6、10 期提供数据计算。

同时，非欧佩克的产量增长也比较快。根据国际能源机构的数据显示，非欧佩克产油国自 2000 年以来石油产量逐年提高，年均增长率为 2%。其中，俄罗斯 2000 年以来产量迅速增加，2003 年年产量达到 4.11 亿吨，居世界第二位，2004 年超过沙特为 4.48 亿吨。①

在供应方中，现有产量会受到产油国政策的影响（或鼓励增产或实行减产），受到本国或外界政治等因素的影响，受到自然灾害的破坏，往往原油生产能力不能最大限度地发挥出来，当无法满足市场需求时，必将影响油价的波动和石油市场的稳定。

需要强调的是，石油生产的潜在能力近年来特别受到关注，它说明剩余产能在石油供需平衡中的作用日益加强。尤其是欧佩克的剩余产能，成为指示市场动向的风向标。2005 年诸多国际能源组织和市场分析人士屡次提及欧佩克的剩余产能“告罄”，引发市场动荡和对未来前景的担忧。根据欧佩克公布的资料显示，自 2004 年以来，其成员国中，印度尼西亚、委内瑞拉和伊朗的实际原油产量未能达到规定的产量配额，除了政治因素外，生产技术等是约束产能提高的主要原因。但是，同时，沙特、阿尔及利亚等多数成员国的实际原油产量，均超过规定的配额，不但弥补了前者的产量短缺，而且向市场提供了更多的原油。② 欧佩克在 2005 年 9 月 19～20 日举行的第 167 届部长会议上，决定保持当前 2800 万桶的产量配额，并保证 200 万桶的剩

① 〔美〕《油气杂志》（*Oil & Gas Journal*）2003 年 12 月 22 日和 2004 年 12 月 20 日。

② 见欧佩克：《石油市场月报》各期。

余产能。预计 2005 年下半年欧佩克闲置产能约占其总产量的 7.9%，高于 2004 年同期 3 个百分点，2006 年将其闲置产能提升至 10%。[①] 沙特石油和矿产资源大臣纳伊米（Naimi）在 9 月 27 日第 18 届世界石油大会上强调，沙特有能力将其原油生产能力从 1100 万桶/日提高到 1150 万桶/日，预计 2009 年将进一步增至 1250 万桶/日。沙特等欧佩克的中东产油国近年来加大了对石油勘探开发项目的投资力度，并相继发现了新油田和新油井。这对未来石油生产持续提高和保证稳定的供应，是一个极为重要的基本前提条件。

非欧佩克产油国潜在产能的提高前景也看好。产油国本国对石油资源的开发及吸引国际资本、技术的投入，将为其扩大生产能力、增加市场供应提供基本保证。

2. 世界石油制成品供应“底气不足”

世界石油制成品供应的主要来源是工业发达国家，特别是 OECD 国家。据资料显示，世界原油炼制能力在 20 世纪 90 年代增长较快，从 1989 年的 7428 万桶/日增加到 1999 年的 8245 万桶/日，增长率为 11.0%。同期，世界实际炼油产量也从 6241 万桶/日增加到 7099 万桶/日，增幅 13.7%。但是，2000 年以来，世界炼油业产能增长缓慢甚至有所下降，2000～2004 年增长率分别为 -0.06%、0.6%、0.4%、0.03% 和 0.8%。[②]

中东产油国（如沙特阿拉伯等国）在扩大原油生产的基础上，也逐步扩大其原油炼制能力和石油产品生产能力。其原油炼制能力从 1983 年的 375 万桶/日提高到 2004 年的 669 万桶/日，现已占世界总产能的 10.8%；而实际石油产品产量达 625 万桶/日，比 20 年前增长了 303 万桶/日。但是，同样在进入 2000 年以来，其炼油能力增长速度减慢，2000 年出现负增长 0.3%，但 2003 年和 2004 年炼油能力有所增加，分别为 2.3% 和 1.8%；此外，为了满足需求增长的需要，这些国家扩大了生产，实际石油制成品产量 2003 年和 2004 年分别增长了 0.6% 和 3.0%。

虽然，世界炼油业实际产量增长略快于产能增长，2000～2004 年增长率分别达到 2.0%、0.9%、1.6%、1.3% 和 3.1%，基本能够满足消费需求。

---

① 欧佩克：《石油市场月报》2005 年 8 月号。

② 参见《欧佩克统计年报》（2004 年）表 18、20，文中相关数字是根据这些数据进行计算的，下文同样。

但是由于产能增长迟缓，未来供应能力受到限制。另外，亚洲地区经济发展迅速，对石油产品需求扩大，需求增长超过世界消费总增长率，[①] 但同样，炼油产能增长缓慢，因而更加剧了亚洲成品油市场供需紧张局势。

（二）近年来世界市场石油供需平衡中存在供应"缺陷"

2003 年，当国际油价开始大幅攀升后，以及随后两年油价屡屡上涨之际，欧佩克为了抑制高涨的油价，多次提高原油产量配额。从而按照这一供应趋势，市场基本面应该实现供需的大体平衡，甚至出现供应过剩。据国际能源机构资料显示，几年来，世界石油市场供应和需求状况基本保持平衡。2001 年和 2002 年市场供应短缺分别为 20 万桶/日和 80 万桶/日，2003 年和 2004 年供应大于需求 50 万桶/日和 100 万桶/日，2005 年和 2006 年是估计数据，假设欧佩克原油产量保持 2005 年 9 月份 3034 万桶/日的水平，加上非欧佩克产量和欧佩克的液态天然气产量，该两年的石油总供应量将分别达到 8544 万桶/日和 8704 万桶/日，约大于需求 180 万 ~200 万桶/日。[②]

但是，在供应并不短缺的情况下，如何看待近年国际油价上涨这一现象？排除其他政治、经济因素的影响，石油供应本身实际上存在缺陷。市场对石油供应的反应，包括现时供应量和预期供应能力两方面，并且更加强调的是未来供应的实现。如前文所述，当潜在石油供应能力出现问题时，市场会担忧未来供应萎缩或中断，从而会影响油价波动。2004、2005 年对石油需求增长预测低估和对石油供应后劲不足的担忧，导致油价持续上涨。

（三）影响供应变化的几个重要因素

当前影响世界石油供应变化的主要因素，从石油产业本身来看，包括投资、剩余产能、炼油能力、石油运输和库存等方面，即表现在世界石油产业发展过程中和其基础设施建设中。从世界石油产业链的整体发展来看，存在着薄弱环节，突出表现在中、下游部门；同时，存在着地区和国家差别。因此，需要加强世界石油产业的生产供应能力。

---

① 2000 ~2004 年间，世界总消费平均增长率为 7.8%，同期亚洲增长率达 13.9%，比世界平均值高出 5 个百分点。该数据根据《欧佩克统计年报》（2004 年）表 22 数据计算。

② 参见国际能源机构：《石油市场报告》2005 年 10 月号，表 1。文中数据根据该报告统计数据整理计算。

1. 投资

造成高油价的重要原因之一就是石油供应不足。而对石油产业的投资，就是为后续石油供应提供资金。油价的变化，在短期内是同市场供需状况相互影响并发生作用的；而从长期看，如果投资不足，将造成供应受限制，进而导致油价持续上涨。所以，从这点来看，投资问题比油价波动对各国石油安全和经济发展的影响更为重要。

由于对地区局势动荡的担忧和顾虑投资回报率低，以及预期油价下跌，投资者（主要是国际大石油公司）对向石油产业投资持审慎观望态度。20世纪90年代，世界对石油开采和生产的投资年均金额仅2100亿美元，大约比正常需要减少了15%，累计少投资达3000多亿美元。尽管有关资料显示，2004年世界投资于石油开采和生产的资金增长了10%，但是，一般来说对新油田的投资，从投入到产出，通常周期为3～10年。因此，即使没有其他因素的影响，由于投资不足导致2005年以至于随后的几年内油价将会继续上涨，起码维持在较高价位的判断是成立的。

国际能源机构在关于投资的报告[①]中指出，在2001～2030年间，油气产业需要3万亿美元的投资，占全球能源投资总额的19%，其中70%将用于提高生产能力。中东地区因其石油资源得天独厚的优势，投资回报率最高，据欧佩克估计，其1美元的投入产生的石油产能是其他地区的4倍。[②] 作为世界重要的石油生产者，欧佩克成员国近年来将高油价收入投入本国的石油天然气产业，特别是增加了下游产业投资。

2. 剩余产能

关于剩余产能的问题，上文已做分析，此处不再赘述。

3. 炼油瓶颈

石油下游产业（石油产业链中的炼油部门）瓶颈的形成源于如下因素：①下游部门利润低造成长期投资不足，投资增长滞后于世界石油需求的增长，削弱了平衡石油市场的能力；②炼厂与原油类型不匹配，特别是缺少重油加工能力，缺少有效的炼油能力去满足增长的轻油产品需求；③几乎所有炼油地区的炼厂都是满负荷运作（美国炼油厂开工率达到95%以上），难以

---

① IEA，*World Energy Investment Outlook*，2003年11月4日发布。

② 参见欧佩克代理秘书长Adnan Shihab-Eldin在2005年8月30日挪威奥斯陆召开的北欧能源会议上的发言（Oil Prices: To the Sky or Stabilization?）。

在短期迅速扩大生产空间；④更加严格的环境法规、环保政策，提高了特殊石油产品标准，要求更高的炼油技术和使用更环保的清洁能源；⑤无法预测的天气因素对炼油设施和生产作业的严重破坏等。

所以，炼油业后劲不足，导致石油产业陷入双重窘境：一方面是世界总体炼油生产能力不能满足迅速扩大的需求；另一方面，缺少足够的资金投入各种炼油技术升级和革新项目，使新的炼油能力难以投入使用，尤其是在美国。① 预计到2015年石油产品供应短缺将达100万桶/日。因此，这种严峻的状况对油价走高起到了推波助澜的作用。

4. 运输安全

运输安全正在成为世界石油市场实现顺利、安全供应和使消费者获得最终需求服务的关键。各国越来越重视寻求便捷、经济、高效、平安、持续稳定的石油天然气运输途径。

保障石油天然气运输安全的重要性在于：①它影响到资源的重新分配，把石油产地和市场及消费地连接起来；②影响到世界贸易变化，原油和石油、天然气产品的贸易量在世界商品贸易中占有很大比例，发展中国家的石油贸易量不断增加；③影响到市场价格变化，伴随安全风险加大，运输成本提高，石油进口价格相应提高，而技术提高和运输设备设施改进则有利于运输成本下降。石油天然气运输问题影响到世界石油市场运作顺利进行，以及实现市场供需平衡。

世界石油天然气运输，主要依靠海运和管道输送以及近距离的陆地罐装运送。据美国能源情报署统计，每天经过主要海上运输通道和陆上输油管线的石油流量达3500万桶，占世界石油贸易量（原油和成品油）的2/3。② 世界石油天然气的海上固定运输航线，要经过6条重要海峡或运河，被称为“运输通道咽喉”，这就是曼德海峡、霍尔木兹海峡、马六甲海峡、博斯普鲁斯海峡、苏伊士运河、巴拿马运河。以马六甲海峡为例，每年约有8万艘轮船（其中包括许多巨型油轮）通过，是中国、日本、韩国等国家和地区石油

① 国际货币基金组织在《石油市场发展与问题》报告中特别强调增强全球炼油能力的迫切性。据有关资料显示，2001年炼油能力超过2000万吨的世界级大炼厂均没有扩大产能。国际油价上涨超过40美元/桶后，炼油业毛利空间缩小，国际大石油公司扩大炼油业务的投资急剧下降。许多专家认为每年的投资萎缩度在10%以上。见韦立林：《成品油紧张症蔓延全球》，《中国石油石化》2005年第19期。

② 见EIA，*World Oil Transit Chokepoints*，April 2004。

进口的主要海上运输通道。亚洲国家的能源需求和石油天然气产业发展以及经济利益，与该海峡的安全密切相联。美国把包括马六甲海峡在内的所有国际海上运输通道视为其国家和全球安全的战略要道，加强了对它们的军事渗透。美、日、印度等国企图将“马六甲海峡国际化”。今后围绕马六甲海峡问题的国际争端、冲突不可避免，同时，有关该地区能源安全的磋商、协调与合作行动也将不断加强。

同样，谁拥有安全、获利的输油气管道设施，谁就能够真正控制石油资源，也就得到能源安全保障。世界主要国家在输油气管线建设和控制方面的竞争非常激烈。近几年，具有突出影响的有：围绕俄罗斯与美国对里海能源争夺修建的“巴－杰”输油管线、中俄日之间的输油管线“安大线”与“安纳线”之争以及“泰纳线”方案、中国与哈萨克斯坦正在合作兴建的输油管道项目，还有构想中的中缅石油管线计划、印度策划的伊朗－巴基斯坦－印度输油气管线，以及泰国提出的在南部克拉地峡修建输油管道等。

基于国家利益和地缘政治争夺的影响，相关国家间在石油运输安全中的冲突加剧，同时，对话以及合作也在增加。运输安全问题对石油市场供应的影响力和制约作用日益加强，这是今后世界石油市场发展的特点之一，并将成为影响今后世界石油格局重构的重要因素。

5. 石油库存、战略石油储备

消费国的石油库存是国际石油市场供需结构中的一部分，库存对市场供应和石油价格的影响较大。[①] 石油库存包括原油库存和成品油库存。任何一种石油的库存量变化，均可向市场发出供需结构将发生变动的信息，从而影响市场油价波动。库存增加，预示市场供应充裕，油价趋降；反之，库存减少，预计供应紧张，油价上涨。

近年来，库存在市场供需平衡中的作用越来越受到世界主要消费国的高度重视。如欧盟的石油储备法规要求成员国必须建立最低原油和/或成品油库存，[②] 欧盟有三种石油库存模式：公司库存（包括法定的义务库存和商业库存）；政府库存（中央政府预算提供资金建立专用于紧急目的的库存）；

① 国际能源机构、欧佩克以及美国等西方国家的能源部门，在分析石油市场形势和预测市场前景和动态时，都要对库存状况进行跟踪研究，并搜集、制定和公布库存信息和数据。

② 最低储备量是根据前一年国内90天的石油消费量计算的。

国际能源机构库存（由公共机构和私人机构建立的紧急库存，通常依据“成本分摊安排”进行管理）。后两种库存形式相当于战略储备，用于紧急情况下对成员国的能源供应中断进行协调，以及对市场进行必要的干预，是一种紧急应对机制。美国除了有商业库存外，还建立了战略石油储备。前者有原油和成品油如汽油、柴油、取暖油等，由各个炼油厂或石油进口和出口公司等承担并使用；后者只是原油储备，是以长期能源安全为目的建立的，由政府控制并在供应中断或紧急情况下动用。美国的战略石油储备不断增加，目前的战略储备能够满足国内两个月的消费需求。[①] 预计将来可能扩大到10亿桶。

近几年国际机构公布的OECD原油库存统计数据显示，受市场影响和追逐利润驱动，2002年以来工业消费国的商业库存持续下降，直到2005年上半年才陆续增加原油库存，5月份库存量达到近9.9亿桶，比2003年初的库存水平提高了1.7亿桶。同期，OECD各国政府控制的原油库存基本保持持续增长态势，从而能够减缓因商业库存减少造成的国际原油市场供应紧张压力。[②] 当然，由于近两年非经济因素对油价的影响加剧，尽管库存总水平增加，仍无力使过度上涨的油价降温。

而实际上，在政治、自然灾害等非经济因素导致国际市场受到供应中断的威胁和高油价的严重冲击时，美国和欧盟都曾动用过战略石油储备，及启动了紧急应对机制，以解救危机。如第一次海湾战争时，2000年10月油价暴涨至30美元/桶以上，以及2005年8月底卡特里娜飓风后，美国都动用了它的战略储备。国际能源机构在此次飓风后，也宣布连续30天向市场投入总计6000万桶原油储备，并正在实施。

四　世界石油市场上存在的不确定因素

1. 政治局势

石油资源是产油国的重要经济支柱，是石油消费国经济发展和现代化需求的战略安全保证。因此，在世界石油市场中，长期存在围绕石油资源的开

① 2003年以来的油价上涨并没有阻挡美国扩大战略石油储备的步伐，据美国能源情报署的数据显示，到2005年8月，战略石油储备已经扩大到7.05亿桶，比2002年底的储备水平增加了1.1亿桶。

② 参见国际能源机构：《石油市场报告》近年各期中的“库存部分”及表5。

发和利用而进行的地缘政治冲突与争夺。资源分布的不均衡性，以及石油产地和消费市场相距遥远，需要通过输油输气管道和油轮连接，更加大了地缘政治和地区以及国家内部局势紧张，并造成突发事件的可能性。特别是在中东地区，以色列和巴勒斯坦冲突升级，伊拉克战争后持续动乱的形势，针对沙特等其他中东国家石油生产设施进行的恐怖袭击等等一系列政治事件，往往是造成国际石油市场高度紧张，从而推动石油价格急剧冲高的重要因素。这些长期得不到根本解决的因素，原本已经使实际油价中掺入了高风险成分，一旦矛盾激化、突发，就加大了不确定的程度。因此，许多世界主要石油消费国家，将石油进口来源多元化作为其能源安全战略的重要目标之一。

另外，世界其他地区和国家的政治冲突和社会动荡，也经常会冲击和损害石油生产和出口，给世界石油供应造成巨大影响甚至导致供应中断。例如，委内瑞拉2002年底爆发的石油业罢工致使该国石油生产和出口几乎全面瘫痪；2003年、2004年和2005年，几乎都是发生在石油生产国（如尼日利亚、挪威、法国）的罢工事件，均在短期内影响了石油市场价格振荡。

不可否认的是，美英以打击恐怖主义为借口发动的对阿富汗战争，特别是所谓的以推翻萨达姆独裁政权、查出并销毁大规模杀伤性武器、建立新的伊拉克民主政府为目的的伊拉克战争，更是美国国家安全战略和美国实行单边主义、独霸世界、意图控制石油资源的实际体现。这不但引起市场油价频繁动荡，而且对世界石油市场稳定和建立有序、公平、安全的国际石油市场体系构成不利影响。

2. 自然灾害

自然灾害的发生，从中短期来看，对世界石油市场的石油供应和油价波动的影响和破坏性很大，如厄尔尼诺现象频发、各种飓风的袭击。前者形成的罕见酷暑或暖冬现象，致使石油供需的反季节性变化增多，从而加大了对市场预期的难度；后者，如2004年的伊万飓风和近期的卡特里娜飓风和丽塔飓风，都对石油生产和石油市场供应带来严重破坏。仅卡特里娜飓风已致使墨西哥湾沿岸的石油工业陷入瘫痪，据估计，卡特里娜飓风将使美国到年底原油生产损失4500多万桶，并导致10%的炼油生产中断，包括四家炼厂严重受损，数月内不能恢复生产。[①] 飓风灾害给美国的石油产业造成了严重

① 欧佩克：《石油市场月报》2005年9月号，第3页和第34页。

损失，石油短缺的现象不仅限于美国国内，而且将会成为一个全球性的危机。[①] 自然灾害对市场供应和油价的不利影响在不断加强，已经引起国际社会的警觉和重视。

3. 投机基金（和金融资本）

投机因素导致国际原油价格“失真”，搅得国际市场极其脆弱。近几年，国际石油期货市场的投机炒作行为显示，在普遍“看多”的氛围下，几乎没有人敢于“做空”，从而形成一个巨大的“油价泡沫”。一旦受世界经济衰退的影响，石油需求迅速缩减，或金融市场变动，期货市场就会出现瞬间大规模转仓，多转空，投机资金大量抽逃，油价泡沫将会被刺破。这种以“做多”为主的现象，对国际油价构成明显的威胁，在近些年来尤为突出。石油期货市场交易量迅速扩大，据统计，美国商品期货交易所2005年的WTI期货合同交易量将达2.37亿桶，比2003年猛增32.4%。[②] 美国商品期货交易委员会近期公布的原油期货持仓报告指出，对冲基金的交易量现在已占世界石油市场交易总量的60%以上，所持有的原油期货头寸占到市场总额的32.9%，高峰时投机基金投入资金量高达7000亿美元。

投机资本在石油市场的活动不再是个别现象，随着全球化形势下国际金融市场和国际石油市场的发展，两者间的相互作用和影响日趋增强。股市中，石油股走强，支撑着石油期货交易中的投机者买多。

一般的期货市场的投机行为，是对石油供应（即剩余产能）和石油需求的长期增长变化趋势进行对比，对石油供需结构进行分析预测，进行套期保值。而参与这场投机大战的重型炒家，包括摩根·斯坦利、美林、高盛等，一些长期从事国际证券投资的大型投资公司，不但以实际投入大量资金操纵市场，而且制造油价“高涨”舆论来影响价格走势。

当前世界石油市场的实际变化趋势已经证明，金融资本（对冲基金等）利用市场，左右世界石油产业，控制了世界市场石油供需的变动预期。国际金融资本和虚拟资本对实物经济（包括石油市场经济）的影响作用越来越大，不可小视。石油领域存在的问题，必须从全球金融经济的角度进行考察和研究。[③]

① 见〔英〕《金融时报》2005年8月31日发表的分析文章《飓风可能引发全球能源危机》。

② 参见欧佩克代理秘书长 Adnan Shihab-Eldin2005年8月30日在挪威奥斯陆召开的北欧能源会议上发言（Oil Prices：To the sky Or Stabilization?）。

③ 有关这方面的研究可参见王建的《虚拟资本运动与国际油价危机》一文，2005年9月5日，搜狐财经，http：//business. sohu. com。

五 未来石油价格走势预测

（一）油价高企后的回落调整

从短期看，基于如下原因，2006 年的国际油价有可能适度回落：①世界经济增长速度减缓，受几年来高油价的影响，石油消费需求增量缩小，对供应的压力减轻；②近期内世界石油供应有所好转，主要产油国石油生产增加，欧佩克预计 2006 年石油产量增长 210 万桶/日，其中轻质原油占 49%；③国际力量合作，力求阻止油价在高位徘徊。

但是飓风对石油生产和炼油业的破坏性影响在一定程度上使石油供应受到局限，从而石油供应不会出现过剩，进而导致油价急剧下滑；且地区政局仍旧不稳定，特别是伊拉克未来前景难测，突发事件对油价的推高影响，也阻挡油价下降；甚至在国际石油炒家的操控影响下，在个别时段油价还可能爆出新高。

（二）高油价时期的开始

从较长时期看，世界石油市场将进入一个高油价时期。

但是，这个高油价是相对概念，即不会如同有些国际组织和金融机构估计的，油价暴涨到冲破 100~120 美元/桶。油价高涨的程度受到多种因素的制约：

（1）需求扩大主要是在发展中国家，但国际社会共同关注这一发展趋势，并将采取合作行动，从技术交流和资金投入等方面，引导、鼓励和推进能源消费方式的改变；

（2）在油价持续高涨时，各国采取联合行动，直接向市场投放原油库存和成品油库存，启动石油战略储备或防止供应中断的紧急应对机制，来缓解供需失衡压力；

（3）加大向石油产业的投资，扩大石油生产和炼化能力，提高满足预期石油消费的增长需求潜力；

（4）加快对替代能源的开发、研制和推广使用，起到协调石油价格的作用。

欧佩克近些年来在各种场合一再强调产油国和消费国的通力合作，以实现合理、公平、稳定的石油价格和建立稳定的世界石油市场，这对各方（包括生产者、消费者和投资者）都是非常有利的。近年来欧佩克的石油产量政策，在推动对石油产业的投资、扩大石油生产能力方面的措施，以及在与国际能源机构、欧盟、国际能源论坛等国际性生产和消费国组织建立永久性对话机制等积极行动，为促进世界石油市场的有序发展和稳定，奠定了基础。

（三）适当的高油价可以接受，过低的油价受到抵制

第一，产油国需要有保证的，对他们是合理的、有利的石油收入，所以极力维持较高的油价水平。第二，消费国从能源安全的角度，寻求能源来源多元化，由于提高能源使用效率和降低能耗，承受高油价的能力大大提高，并将继续提高。第三，较高的石油价格，有利于替代能源的开发和利用。第四，限制排放的环保行动，需要政府的强制性政策、法规，需要国际社会合作，也都支持较高的油价水平。第五，21 世纪是走向能源结构多元化的时代，石油资源的真正有效、经济、科学利用才是最终的方式和目的，而提高石油本身的价值，价格不能是低廉的。

面向未来的中国能源政策

○ 何　帆　覃东海

前　言

2002 年以来，伴随世界经济的强劲复苏，世界能源价格迅速攀升。以世界能源消费中占据40%比例的石油为例，尽管从实际价格上看，本轮石油价格上涨仍然低于20世纪80年代初石油危机期间的水平，但是从名义价格上看已经超过了海湾战争期间的历史最高水平。由于在经历了20世纪的石油冲击之后，世界经济结构出现了较大的调整，所以本轮石油价格上涨对全球宏观经济的冲击比较有限。但是，石油价格冲击对各国宏观经济的影响具有不对称性。经济合作与发展组织（OECD）国家1970年代以来的石油依存度（以石油消费/GDP比例衡量）持续下降，而发展中国家的石油依存度反而上升了，本轮石油价格上涨中，发展中国家遭受的负面影响更大。

就中国而言，目前消耗的一次性能源占全球比重已经超过了10%，紧随美国之后成为全球第二大能源消费国。从增量上，中国的新增能源需求占世界新增能源需求的比例更高。根据欧佩克（OPEC）的估计，2001~2004年间，中国的新增石油需求对世界新增石油需求的贡献高达36%。[①] 随着中国城市化和工业化进程的加速，未来10~20年间，中国的能源需求还将以3%~5%的年均速度增长。中国的能源需求，特别是石油需求已经成为世界能源市场上最为引人注目的因素。

中国的能源问题同世界经济之间的互动影响也越来越强。第一，中国已

① 根据欧佩克2005年10月的《石油市场月报》（*Monthly Oil Market Report*）数据，中国的石油需求从2001年的470万桶/天上升到2004年的650万桶/天；同期，全球石油需求从2001年的7710万桶/天上升到2004年的8210万桶/天。

经成为世界经济增长的重要引擎，如果能源问题拖累了中国经济，也必将拖累世界经济；第二，随着中国石油进口的迅速增长和煤炭出口的迅速减少，必将影响到世界能源市场的供求平衡，造成新一轮的能源竞争；第三，中国以及世界其他地区能源消费带来的环境破坏和生态灾难不仅影响到中国的可持续发展，同时影响到世界经济的可持续发展；第四，世界政治经济环境影响到全球能源市场，直接对中国的能源形势带来冲击。

一　中国的能源问题现状

回顾历史，过去的25年间（1980~2004年），按可比价格计算，中国的GDP年均增长率达到了9.5%，经济规模迅速扩大。中国以能源消费翻一番实现了GDP翻两番。展望未来，中国政府计划到2020年GDP比2000年再翻两番，达到约4万亿美元的总体目标。经济发展需要有能源发展作为保障，能源和环境问题已经构成中国经济可持续发展的最大挑战，包括能源，特别是石油进口依存度的显著上升，煤炭为主的能源结构带来的环境污染和生态破坏，迅速增长的二氧化碳排放等。为了实现经济持续、快速和健康发展，必须考虑能源和环境的承受力问题。

（一）中国的能源需求和能源结构

改革开放以来，伴随中国经济的快速增长，能源生产和能源消费也出现了迅猛增长。1978~2003年间，中国的一次性能源生产（供给）增长了155%，一次性能源消费（需求）增长了194%。虽然有经济增长的大背景，和世界能源需求增长速度相比，中国的能源需求增长相当惊人。① 如图1所示，总结中国的能源生产、能源消费和经济增长，可以得到以下一些经验性结论：第一，1991年前，能源生产能够满足能源消费，1991年后开始出现连续的能源消费缺口，这种状况的持续发展使得中国日渐成为世界上越来越重要的能源净进口国；第二，1995~2000年中国在能源行业的投资不足造成能源生产下降，特别是能源生产下降快于能源消费下降速度，造成能源消费缺口扩大，为最近一轮的能源投资扩大和能源价格上涨埋下了伏笔；第三，

① 根据美国能源部（http://www.eia.doe.gov）公布的数据，1981~2003年间，中国的一次性能源消费年均增长超过了4.3%。同期，世界的一次性能源消费年均增长仅为1.7%。

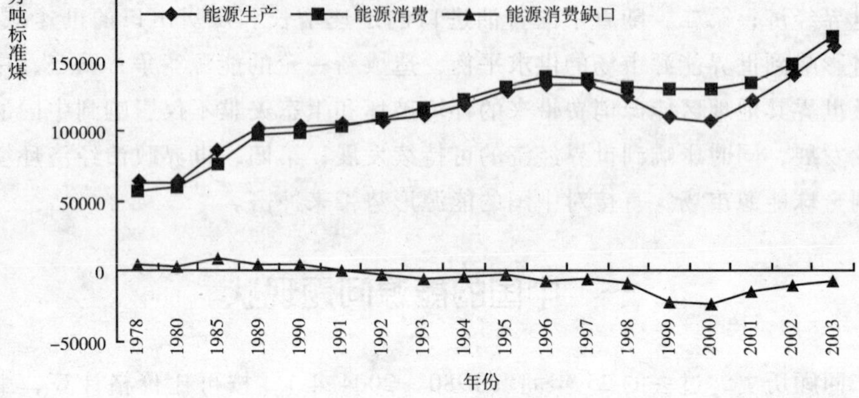

图 1　中国的能源消费和能源生产

资料来源：国家统计局：《中国统计年鉴》各期。

经济增长和能源消费变化的周期性波动都相当剧烈，如果没有缓冲能源消费波动的相应措施，经济增长波动带来的能源消费波动将给能源市场的价格稳定带来冲击，并进而影响到国民经济整体价格水平的稳定。长期以来，由于能源消费增长速度显著低于经济增长速度，反映在能源消费弹性（能源消费量年均增长率/国民经济年均增长率）长期小于 1。表面上似乎意味着中国经济增长过程中的能源利用效率很高。但是能源消费弹性反映的是两个增量之间的比例关系，掩盖了我国单位产出能源消耗较高的事实。用能源密集度（单位产出消费的能源）衡量，1981～2003 年间中国是日本的 13 倍，是美国的 5 倍，中国的能源利用效率甚至要低于印度，处于相当落后的水平。[①] 另外，能源消费弹性小于 1 的状况在 2002 年以后出现了逆转，能源消费弹性突破了 1，并且呈现出逐年放大迹象。由此可见，2002 年以来中国经济新一轮的高速增长是一种高能耗的粗放型增长模式，经济增长过程中重工业化发展和居民消费升级特征相当明显。

从行业上看，根据国家发展改革委员会公布的信息，目前我国的能源利用效率为 33%，比发达国家低约 10 个百分点。电力、钢铁、有色、石化、建材、化工、轻工、纺织 8 个行业主要产品单位能耗平均比国际先进水平高 40%；钢、水泥、纸和纸板的单位产品综合能耗比国际先进水平分别高

① 根据美国能源部（http：//www. eia. doe. gov）公布数据整理而来。

21%、45%和120%；机动车油耗水平比欧洲高25%，比日本高20%；我国单位建筑面积采暖能耗相当于气候条件相近的发达国家的2~3倍。[①] 这些指标反映了中国目前的能源使用比较浪费、能源利用效率相对低下的事实。

从能源消费结构看，煤炭依然在中国能源消费存量上占据绝对主导地位，维持在65%以上的比重。但是在各种能源消费结构的相对变化上，煤炭消费比重呈现出先升后降的变动趋势，从1980年代初期71%左右上升到1980年代末75%左右，然后一直下降到目前65%左右；石油消费比重呈现先降后升的变动趋势，从1980年代初期22%左右下降到1980年代末期19%左右，然后一直上升到目前的24%左右；水电消费在中国的能源消费结构中具有了越来越重要的地位，从1980年代初3%左右上升到目前7%左右；天然气消费比重相对平稳，一直保持在2%~3%左右；核电消费从无到有，也开始在中国的能源构成中占据一席之地，目前占全部能源消费1%左右；中国对地热、太阳能、风能及木材废料能源的开发利用尚处于起步阶段，在整个能源消费结构中几乎微不足道。[②] 从近两年的情况看，煤炭消费比重重新攀升，据估计，2005年煤炭消费在中国的能源消费构成中可能重新提高到70%以上。

从世界的能源消费结构看，受石油危机的影响，石油消费比重从1980年代初46%左右下降到1980年代后期39%左右，然后一直保持相对稳定；天然气消费比重呈现稳步上升的态势，从1980年代初期19%左右一直上升到现在23%左右；煤炭消费比重呈现先升后降的变化，从1980年代初期25%左右稳步上升到1980年代后期27%左右，然后稳步下降到目前24%左右；水电消费比重在世界能源消费结构中几乎没有什么变化，一直保持在6%~7%相当稳定的比重；核电是世界能源消费中增长最快的能源，从1980年代不足3%上升到了目前6.5%；其他地热、太阳能、风能及木材废料能源的开发在全部能源消费中不足1%。[③]

与世界能源消费结构相比，中国的能源消费结构具有以下三方面的特点：第一，基于自身能源储量方面的结构性特点，煤炭消费在中国的能源消费结构中占据绝对主导地位，虽然所占比重有稳步下降的趋势，但其主导地位在可见的将来不会发生改变；第二，随着中国工业化、城市化发展以及居

① 《大力提高能源效率，努力建设节约型社会——国家发展改革委副主任张晓强在建设节约型社会国际研讨会上的发言摘要》（http://nyj.ndrc.gov.cn/zywx/t20050810_40425.htm）。

② 根据美国能源部（http://www.eia.doe.gov）公布数据整理而来。

③ 根据美国能源部（http://www.eia.doe.gov）公布数据整理而来。

民消费升级，对石油、天然气的消费需求增长迅速，石油、天然气将在未来中国的能源消费结构中占据越来越重要的地位；第三，核能在全球能源结构中所占比重越来越高，成为新兴能源中重要的组成部分，中国已经掌握了成熟的核能利用技术，核能也将在中国未来的能源结构中扮演更为重要的角色。

中国的能源消费和能源结构给未来的能源发展战略带来了两难选择：如果中国继续依靠煤炭为主要的能源来源，尽管有助于维持能源自给的程度，但是将带来能源效率低下和环境污染等问题，如果中国转而更多地消费石油和天然气，又会遇到能源进口依存度不断提高以及能源安全的问题。

（二）中国的石油需求展望

一方面，基于环境可持续发展上的压力，以煤炭为主要消费对象的能源结构必须进行调整；另一方面，随着中国工业化、城市化发展以及居民消费升级，对石油、天然气的消费需求增长迅速。可以预见，石油、天然气将在未来中国的能源消费结构中占据越来越重要的地位。然而，从中国的能源储量上看，石油储量却相当有限。因此，中国经济可持续发展的焦点在能源，能源问题的焦点在石油。随着中国的能源进口持续大于能源出口，特别是大量新增石油需求不得不通过进口得以满足，中国已经日渐成为全球能源市场上的重要买家。从 1997 年开始，中国已经成为能源净进口国，能源的进口依存度逐步上升到 2003 年的 6%。特别是从石油消费看，由于自身的石油储量非常有限，中国从 1993 年已经成为石油净进口国。此后，石油进口依存度迅速上升，到 2003 年已经达到了近 50%。

根据英国石油公司（BP）的资料，2004 年末中国的探明石油储量为 23 亿吨，占全球探明储量的 1.4%，同年中国消费的石油已经占到全球消费比重的 8.3%，中国的石油进口占全球石油进口比重已经达到 7.1%。[①] 特别是 2002 年以来伴随中国经济新一轮的快速增长，石油进口猛增。根据中国商务部的统计资料，2002~2004 年间中国累计进口了 36971 万吨原油和成品油，特别是 2003 年和 2004 年的增长速度分别高达 33.0% 和 34.6%。[②] 目前，中国的石油进口依存度已经达到了 40% 以上。另据国际能源署的一项合作研究结果，到 2010 年，中国的石油进口依存度将达到 60%，到 2030 年，中国的

① BP, *Statistical Review of World Energy*, June 2005.

② 中国商务部，http://www.mofcom.gov.cn/。

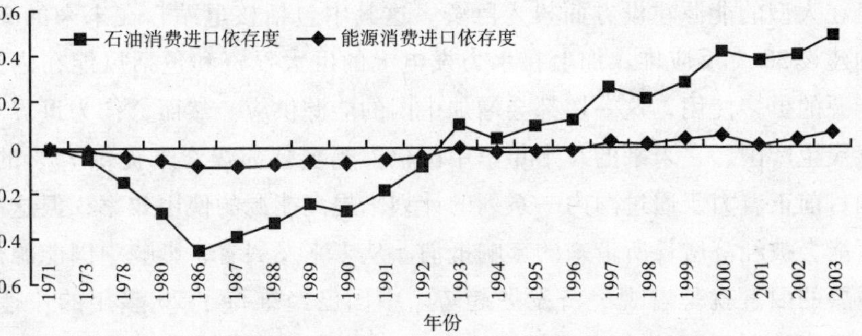

图 2　中国的能源和石油进口依存度（1971～2003）

资料来源：IEA，*Energy Balances of Non-OECD Countries* 各期。

石油进口依存度将超过 80%。[1]

随着国际油价上涨，许多人将中国因素视为对世界能源市场的主要冲击。但是，导致油价上涨的中国因素可能被过分扩大。这主要是因为影响石油价格的因素包括供给方面的因素，也包括需求方面的因素。从供给方面的因素来看，由于 20 世纪 90 年代以来油价偏低导致石油行业投资不足，近年来的空余产能不足是带来油价上涨的主要原因。从需求方面的因素来看，世界经济的复苏，美国等 OECD 国家的石油需求强劲，以及以中国、印度为代表的新兴市场国家新增石油需求给世界石油市场带来了冲击。但是，无论从绝对量、比重和人均量来看，中国对国际油价的影响都非常有限。2004 年中国石油的消费量仅占全球消费量的 8.3% 左右，大大低于美国的 24.9%，美国石油消费差不多是中国的 3 倍。从进口量来看，2004 年，中国石油进口占全球石油进口量的 7.1%，而美国为 26.8%，日本为 10.8%，美国石油进口量是中国的 3.8 倍，日本石油进口也高于中国。[2] 从人均石油消费量看，中国远低于美、日等国水平，目前，美国人均消费石油是中国的 14 倍，日本是中国的 3.8 倍。最后，不能忽视的是，投资银行、对冲基金、养老基金以及传统的能源公司大量投资于石油类金融衍生工具，加剧了石油价格波动并抬高了石油价格。

中国能源使用的增加对全球能源市场的影响很大程度上取决于中国能源的供应状况，同时未来的几十年内全球能源的需求和供应状况也不容忽视。中国

① Ehara，Norio，“IEA Collaboration with India and China on Oil Security”，IEA/ASEAN/ASCOPE Workshop，Oil Supply Disruption Management Issues，Cambodia，6 April，2004.

② BP，*Statistical Review of World Energy*，June 2005.

已经在大型的能源建设方面投入巨资，这其中包括核电站，在未来的 20 年内计划建设 30 个反应堆。加上在水力发电上的巨大投资和包括风能在内的可再生能源的更多使用，这一切都会增加中国的能源供应。然而，作为世界上最大的煤炭生产国，在未来的几十年里中国仍然需要依靠煤炭来提供 75% 的能源。中国目前正着力于通过国内一系列的计划来提高能源的使用效率，但这些努力有可能会被经济增长所带来的影响抵消。从未来发展看，影响中国能源需求最为重要的因素就是宏观经济发展趋势。中国已经维持了 20 多年的快速增长，中国政府计划到 2020 年经济规模比 2000 年再翻两番，意味着年均经济增长需要超过 7.2%。如果中国经济还能保持快速增长，未来能源需求也将快速增长。国际机构对中国未来经济增长和能源消费增长的预测也印证了这种判断。

表 1　中国未来经济增长率和能源消费增长率预期

预测机构	预测时段	经济增长率	能源消费增长率	石油消费增长率
国际能源署	2002～2030	5.0	2.6	3.4
	1997～2020	5.2	3.2	4.4
美国能源部	2002～2025	5.3－6.2－7.0	3.5－4.1－4.7	3.9－4.5－5.1
	1996～2020	3.5－6.5－8.0	2.2－4.1－5.1	1.9－3.8－4.8
APEC 亚太能源研究中心	2002～2025	6.6		4.4
	1999～2020	7.2	2.7	3.2

资料来源：U. S. Department of Energy, *International Energy Outlook 1999*, *2005*; International Energy Agency, *World Energy Outlook 2000*, *2004*; APEC Asian Pacific Energy Research Centre, *Energy Demand and Supply Outlook in APEC Northeast Asia Case 2005*; APEC Asian Pacific Energy Research Centre, *Energy Demand and Supply Outlook 2002*。

石油价格上涨对宏观经济具有滞胀效应，石油市场上中国因素的日渐加强不仅对中国宏观经济，甚至对全球宏观经济都将带来重大影响。石油价格上涨对宏观经济的冲击强度取决于四方面的因素：第一，石油价格上涨幅度有多大；第二，石油价格上涨将持续多久；第三，国民经济对石油的依赖性；第四，财政货币当局对石油冲击的政策反应。[①] 特别是，基于各国对石油的依赖程度（以石油消费/GDP 为指标进行衡量）不同，石油价格冲击对各国宏观经济的影响具有不对称性：发达国家随着技术进步，石油在整个经

① Roubini, Nouriel and Brad Setser, "The Effects of the Recent Oil Price Shock on the U. S. and Global Economy", August 2004, http://www.stern.nyu.edu/globalmacro/。

济体中的重要性正逐步降低，而发展中国家，特别是一些低收入贫困国家的石油进口依赖性越来越强，石油价格波动带来的负面冲击将更加严重。根据世界银行的估算，石油价格上涨10美元，将使高收入国家的GDP下降近0.3个百分点，低收入石油净进口国的GDP则下降近0.8个百分点。[①] 石油价格上涨带来的贸易条件恶化使他们不得不大幅削减消费和投资，甚至不得不动用国际机构用于该国发展项目的援助资金，经常项目恶化进一步带来本国货币的贬值压力。

（三）能源利用和中国的环境问题

以煤炭消费为主的消费结构以及中国在清洁能源技术开发和运用上的滞后，使得中国目前的能源消费利用效率相当低下，同时给环境发展带来沉重压力。与煤炭燃烧相关的环境问题不仅对于中国，而且对于整个地区和全球而言，都是值得关注的。很多研究估计每年由于使用化石燃料而造成的环境污染成本达到中国GDP的2%。随着中国在世界能源消费所占比重的上升，中国的二氧化碳排放所占比重也明显上升，特别是，中国的二氧化碳排放比重长期以来高于中国的能源消费占全球的比重，能源消费给环境带来的破坏长期以来比世界平均水平要更加严重。这种总量上的比较在一定程度上掩盖中国相比世界发达国家和其他新兴市场国家在环境污染方面的差距。长期以来，中国单位GDP的二氧化碳排放要显著高于发达国家和亚洲以及美洲新兴市场国家。由于使用化石燃料而带来的二氧化硫造成了酸雨并侵害了公民的健康。2004年世界卫生组织估计酸雨严重影响中国30%的地区，使中国超过6亿的人口暴露在二氧化硫超过世界卫生组织规定水平的环境中。然而，酸雨问题并不只是中国的问题，中国是东北亚地区主要的酸雨来源地。

2003年中国的能源消费不到全球11%，二氧化碳排放超过了全球排放的14%。[②] 另据世界资源研究所（WRI）的数据，1995年中国的二氧化硫排放占全球排放的24.2%，位居全球第一。[③] 此后，中国出台了一系列控制废气污染，特别是二氧化硫排放的政策，二氧化硫排放迅速增长的趋势得到了有效控制，甚至在部分年份出现了绝对排放量下降的可喜成果。但是，近年

① World Bank, *Global Economic Prospects 2005: Trade, Regionalism, and Development*, 2004.

② 美国能源部，http://www.eia.doe.gov。

③ 世界资源研究所，http://www.wri.org/。

来，随着中国经济步入新一轮的快速增长，能源、特别是燃煤的大量消耗，导致二氧化硫排放迅速上升，2003 年突破了 2000 万吨，2004 年更是达到了 2255 万吨，其他烟尘以及粉尘排放也相当严重。环境污染，特别是与燃煤密切相关的大气污染依然是我们面临的严峻挑战。直接的控制政策，比如二氧化硫交易制度，有助于进一步解决这个问题。

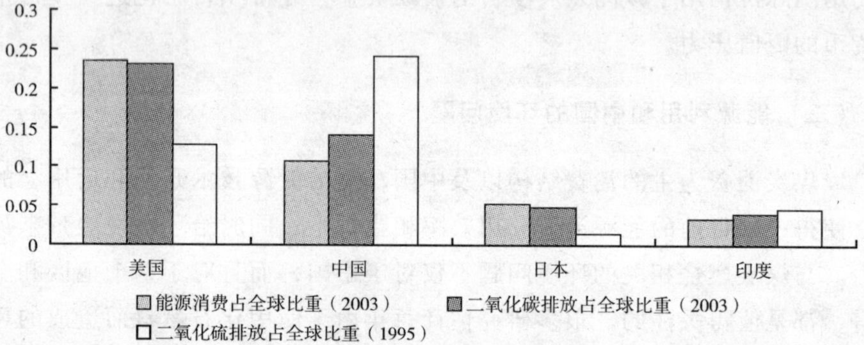

图 3　中国废气排放的国际比较

资料来源：美国能源部网站，http://www.eia.doe.gov；世界资源研究所网站，http://www.wri.org/。

中国已经批准了旨在控制二氧化碳排放的国际公约——《京都议定书》，但中国没有设定有约束力的目标。在有关气候转变的国际争论中，中国是一个重要的参与者，这不仅因为中国是个比较大的排放国，而且作为一个发展中国家，它对二氧化碳的政策反应会引导全球范围内对这一政策的争论。中国不应该采取《京都议定书》中罗列的那种有严格的目标制和明确时间表的做法，而最好采取市场激励和政府控制相结合的道路。应该建立交易和定价这种产权的市场，对排放不设短期上限而只规定价格上限。这种方法鼓励对能源使用的保护，提高能源使用的效率，并对放弃使用二氧化碳排放技术提供长期的激励。它同样有利于通过在中国境内配置二氧化碳排放权来帮助政府鼓励外国资本投资于能源行业。

二　中国能源政策的国际战略

2002 年以来，中国的能源需求猛增只是一个信号。中国经济发展刚刚进入工业化和城市化迅速推行时期，重工业发展和城市居民对耐用消费品等耗能产品的需求不断升级，未来相当长的一段时间内，中国仍将保持强劲的能源需求。根据美国能源部的预测，2002～2025年间，中国的一次性能源消费将保持3.5%～4.2%的年均增长速度，远远高于世界一次性能源消费1.5%～2.4%的年均增长速度。[①] 中国对全球能源市场的冲击主要还不是表现在存量上，更重要的是表现在增量上，因为存量因素已经包括在历史变动之中。国际能源署的一项估计表明，2000～2030的未来30年间，中国能源需求增量将占世界能源需求增量的20%。其中，煤炭需求增量占全球煤炭需求增量的43%；石油需求增量占全球石油需求增量的18%。[②] 前面已经说明，中国经济发展的焦点在能源，能源的焦点在石油。本部分关于能源政策的国际战略实际上就是石油战略。

（一）同石油供应国，主要是富油国之间的合作

作为全球第三大石油进口国，中国却长期游离在全球石油市场和供应体系之外。由于全球石油市场和石油工业主要由美国以及其他工业化国家的跨国石油公司所操控，中国难以通过全球石油市场确保自己稳定的石油供应。另外，作为全球石油需求增长最为迅速的亚洲地区，没有能源政策协调和对话的技术性合作组织，中国也难以通过地区合作机制实现能源安全战略。国家主义导向的双边战略成为中国确保能源供应的唯一选择。

国家主义的双边战略常常带有更强的地缘政治色彩，采用的方式主要有以下三种：第一，通过中国政府积极的外交手段，包括政府对政府的贸易、经济和金融援助，争取这些石油出口国对中国的石油供应；第二，积极开拓发达国家不愿或者基于政治原因拒绝进入的领域，包括利用中东地区以及其他富油国出口多样化的愿望，扩大石油供应基地的选择范围；第三，参与石油出口国的石油勘探、开采、管道铺设等基础设施建设和投资，直接对中国进行石油供应。通过这些双边途径，中国石油战略的海外之路已经涵盖到了中东、中亚、非洲和拉丁美洲，开始建立起多样化的石油供应网络。以2004年的原油进口为例，中东、非洲、亚太、欧洲和西半球分别贡献了45.4%、

① U. S. Department of Energy, *International Energy Outlook 2005*, July 2004.

② IEA, *World Energy Outlook 2002*, September 2002.

28.7%、11.5%和14.3%，前五位的原油进口地贡献了中国60.1%的原油进口。①

由于美国、日本等发达国家的长期经营已经在主要的富油国和地区建立起了石油进口基地，中国的双边石油战略多少带有游击战的特征，难以进入一些主要的石油储藏地（见图4）。在非洲，中国以安哥拉、苏丹和刚果为基地，而探明储量更为丰富的利比亚、尼日利亚和阿尔及利亚，中国的进口相当有限；在中东，中国以沙特阿拉伯、阿曼、伊朗和也门为基地，而探明储量非常丰富的伊拉克、科威特和阿拉伯联合酋长国处于美国的垄断性控制中，中国也难以取得突破；在欧洲和西半球以俄罗斯和巴西为基地，而探明石油储量非常丰富的委内瑞拉和哈萨克斯坦，中国的进口也非常有限。因此，虽然中国在进口地多样化上面取得了显著成绩，但是在一些重要的富油国并没有建立起稳固的石油供应基地，美国、日本等工业化国家的大型石油公司已经控制了这些国家和地区的石油供应。

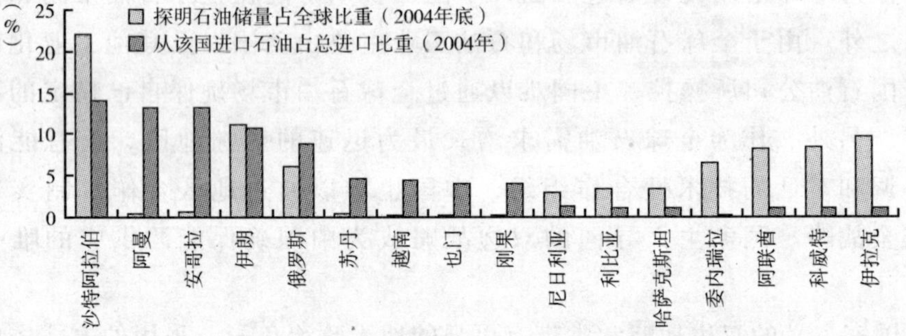

图4 各国石油丰富程度及其在中国进口地中的重要性

资料来源：中国海关总署；BP（2005）。

因此，中国必须进一步同主要的富油国之间进行合作，包括非洲的尼日利亚和利比亚，美洲的委内瑞拉以及中东的阿联酋、科威特和伊拉克。进一步巩固已有的石油基地，开拓新的石油基地，一方面要坚持进口地多样化的方针规避风险，另一方面必须确保在具有战略重点的富油国建立起稳固的石油供应基地。在这一过程之中，必然同其他石油进口国之间产生竞争和利益冲突。必须同石油进口国，主要是美国进行政策协调。

① 中国海关总署。

（二）同石油进口国，主要是同美国的石油政策协调

中国日益增长的石油需求意味着中美两国在争夺世界石油资源上的竞争将日趋激烈。在石油产地的控制上，中美之间已经开始在全球层面上全面接触，但是中国和美国在保障石油进口上采取的战略并不相同（见表2）。第一，美国海外石油战略的军事化特点尤其明显，主要的石油进口地同时也是美国的海外军事基地，海外军事力量在保护美国的石油供应方面发挥着重大作用；第二，海外石油基础设施的投资在中国的海外石油战略中扮演了非常重要的角色，特别是在非洲和前苏联地区，中国进行了大量投资以确保自己的石油供应；第三，美国通过自己的石油公司进入主要的富油国，投资开采以后的石油进入世界石油市场，通过控制世界石油市场，保证稳定的石油供应；第四，中国通过国有石油公司在世界范围内购买开采权和冶炼权，得到的石油并不进入全球的石油市场，而是直接运回国内。

表2　中美石油竞争全接触

石油出口国	美国			中国			石油出口国	美国			中国		
	出口石油	购买武器	军事基地	出口石油	购买武器	基础投资		出口石油	购买武器	军事基地	出口石油	购买武器	基础投资
沙特	√	√	√	√			尼日利亚	√	√		√		√
伊朗				√	√	√	阿尔及利亚	√	√			√	√
伊拉克	√	√	√	√			埃及	√	√	√		√	√
科威特	√	√	√	√	√		利比亚					√	√
阿联酋	√	√	√	√	√		苏丹				√	√	√
卡塔尔	√		√	√			哈萨克斯坦		√	√	√	√	√
阿曼	√	√	√	√			乌兹别克斯坦		√	√	√	√	√
也门	√	√		√	√		俄罗斯	√			√		√
安哥拉	√	√		√			印度尼西亚	√	√	√	√		√

资料来源：根据 Yeomans，Matthew.“Crude Politics：The United States，China，and the Race for Oil Security”，*The Atlantic Monthly*，April 2005，pp. 48 ~49 整理所得。

中美之间的全球石油竞争给中美政治经济关系带来了两大阴影：第一，留给中国的一些外围石油生产国往往就是美国眼中的“问题国家”，中国在这些国家增加石油基础设施投资以及建立能源战略联盟立即触及到了美国的政治神经，并进而影响到两国之间的政治经济关系；第二，中国希望从外围

石油出口国进入中心石油出口国的任何努力都可能遭遇美国的敌视和不满。

伊朗和苏丹分别是中国在中东和非洲重要的石油进口基地，中国进行了大量的石油基础设施投资。然而伊朗的核问题、苏丹达尔福尔地区战乱带来的人权问题等都成为美国要求联合国进行制裁的重要理由，中国和美国直接面临着政治利益和经济利益上的冲突。另外，一些处于美国控制的富油国希望减轻对美国的过度依赖，争取石油出口的多样化。比如委内瑞拉总统同中国签署了能源战略联盟，邀请中国的石油公司在委内瑞拉从事石油勘探、冶炼以及铺设通往太平洋的输油管道，这种举措已经触及到美国石油战略的后院。

由于中东地区对石油资源的垄断性占有，中国将不可避免地会在该地区加强自己的外交和政治攻势，成为美国在该地区施加政治影响的重要竞争对手。就海湾地区而言，一些主要国家开始逐渐加强它们与亚洲和中国的外交联系，目前海湾地区 2/3 的石油出口都是供应亚洲地区，这一份额随着亚洲地区石油需求的迅速增长还将继续提高。类似问题也出现在欧亚大陆地区，中国的石油需求以及其他亚洲国家的石油和天然气需求已经把俄罗斯拉回到了亚洲阵营。美国的卡特总统曾经放言：任何试图控制波斯湾的外部努力都将被视为对美国核心利益的侵犯。中美之间这种利益冲突随着中国石油需求的继续增长将更加激烈，中美之间在石油问题上必须建立起有效的对话和协调机制。

（三）中国石油战略和周边关系

中国的能源战略也给亚洲地区的地缘政治带来冲击。中国需要处理好两类周边关系：一类是同石油、天然气资源丰富的前苏联地区之间的关系；另一类是同东亚、南亚和东南亚诸多国家和地区之间的能源竞争关系。

从能源贸易上，中国对周边地区还有一定的能源出口。从 1994～2003 年的发展趋势看，中国的能源出口从高度集中开始出现了一定的分散。日本仍然是中国主要的能源出口地，但是相对地位出现了明显下降，日本所占比重从 1994 年的近 50% 下降到了 2003 年的 20% 左右。能源出口主要是煤及煤产品的出口，以 2003 年数据为例，日本、韩国、中国台湾和中国香港的烟煤进口中，来自中国内地的进口比例分别为 17%、37%、32% 和 24%，仅次于澳大利亚，成为这些国家和地区的第二大烟煤进口地。[①] 但是，煤及煤

① 中国海关总署数据库。

产品消费在这些国家和地区的能源消费构成中所占比例很低，因此，中国的能源供应并不具有决定性影响。

亚洲地区的大部分国家和地区都是石油净进口国。从1994～2003年的发展趋势看，中国的石油进口地进一步出现了多样化和分散化的发展方向。新加坡和印度尼西亚在中国石油进口上的重要性出现明显下降，中东和非洲国家的重要性显著上升。主要有以下两方面的原因：第一，中国的石油进口从成品油进口为主转向原油进口为主，原油进口增长速度要快于成品油的进口增长速度，作为中国主要成品油进口基地的新加坡在中国能源进口中的绝对重要地位已经不复存在，就成品油进口本身，韩国也已经取代新加坡成为中国最主要的成品油进口基地；第二，中国的能源战略向石油储备丰富的非洲、中东和俄罗斯转向，特别是注重开拓非洲以及中东未被美国控制的富油国的石油市场取得了丰硕的成果。

从长远看，中国日益增加的石油进口需求与周边国家的石油进口需求构成了竞争关系，相互间在石油战略上缺少共同利益，更多的是利益争端。中国和日本已经在争夺俄罗斯的输油管道上直接角力。随着印度经济的迅速增长，印度即将成为中国下一个石油竞争的主要周边对手。根据ITO的一项研究，2000～2020年间，亚洲地区石油需求增量主要产生于中国和印度，分别占据了47%和21%，两国之间的能源争夺也将日趋激烈。由于亚洲各国都在奉行一种重商主义和国家主义的竞争方式以确保未来的能源供应和输送线路，这实际上阻碍了该地区发展一种合作型和市场导向型的方式解决地区共同的能源安全问题。

中国日益增长的石油需求和日益严峻的石油安全问题，将深刻影响到中

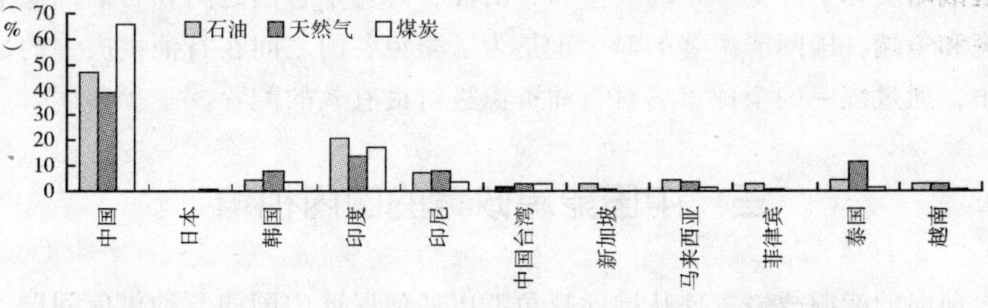

图5　亚洲各国能源增量需求占地区增量需求比重（2000～2002）

资料来源：Ito，Kokichi，“Asia/World Energy Outlook”，385th Forum on Research Works，10 March，2004，Tokyo，Japan。

国在亚洲以及全球政治和经济中的角色。从目前现状看，一边是发展完善的全球石油市场，发达国家通过势力强大的石油公司控制全球石油市场获取稳定的石油供应；一边是中国这种发展中国家游离在全球石油市场的外围，只能通过国家主义的双边战略解决自己的石油供应问题。这种双向发展模式容易在石油资源的争夺上爆发冲突。

中国石油企业的海外业务也是服务于国家石油战略的双边途径，直接参与石油出口国的石油建设项目，通过产品分成、合资、租让、服务等方式从合作项目的石油产量中分取一定的份额，得到的份额油直接运回国内，不进入国际石油市场，因而也不受价格波动的影响。另外，中国的石油企业也通过并购方式拓展海外业务，但是并购对象主要集中于石油行业上游的石油天然气田，比如中海油 2002 收购印尼五个区块油田的部分权益，2003 收购哈萨克斯坦北里海油田和澳大利亚西北大陆架天然气项目，2004 年收购印尼天然气项目等。

实际上，在对海外石油产业的关注对象上，中国石油战略的新思路可以从上游领域转向中下游领域，这种行为可以为中国进入国际石油市场提供一条通道。石油出口国虽然控制着石油天然气田等上游领域，发达国家的大型跨国石油公司却控制着生产、冶炼和销售等中下游领域，控制着全球石油流通市场。中国的石油企业只有通过进入他国石油中下游领域的石油公司，才能真正进入全球石油供应的主流系统，通过市场化运作方式获取稳定的石油供应。这种思路不仅符合中国多元化的石油战略利益，也不会威胁到美国的能源安全以至经济安全，实际上为中美之间的能源争夺提供了协调和合作的机制。石油危机使我们得到的一个重要经验教训就是：各国争夺石油供应的双边战略实际上降低了市场效率和灵活性，恶化了各国之间在石油供应上的冲突和争端。国际能源署的诞生正是为了避免各国之间在石油供应上的恶性竞争，通过统一的全球市场对石油资源进行最有效的配置。

三　中国能源政策的国内视角

前面的能源战略主要从国际视角考虑如何保证中国的石油供应问题，还必须从国内视角考虑中国的能源政策问题。为了实现 2020 年中国 GDP 比 2000 年翻两番的目标，国家发展改革委员会将关于 2020 年前的中国能源和石油天然气政策总结为“节能优先、效率为本，煤为基础、多元发展，优化结构、保护环境，立足国内、对外开放”。在我们看来，中国能源问题的国内政策主要有两方面的内容：一是提高能源利用效率，优化能源消费结构；二是改革能源供应机制，平抑能源价格波动带来的负面冲击。

（一）优化能源消费结构

为了解决能源消费带来的环境可持续性问题，必须提高能源利用效率，优化能源消费结构。中国作为一个发展中大国，为了确保能源安全，必然长期坚持能源供应基本立足国内的方针。而我国能源资源的特点决定了未来相当长的时期内，以煤炭为基础的能源结构不会有显著改变。由于中国以煤炭为基础的能源结构长期内无法改变，优化二次能源结构，特别是提高煤炭利用效率和清洁性是未来能源结构调整的中心。中国的电力构成中，火力发电占据着80%左右的比重，水电约为17%，核电不到3%，其他风能发电、太阳能发电等尚处于起步阶段。发展煤炭的液化、气化技术；推进大型、高效、清洁煤发电，提高发电用煤在煤炭消费中的比重。目前的煤炭消费中，用于发电的比重仅在50%左右。从国际经验看，发电是最能干净利用煤炭的部门，大多数的洁净煤利用技术也都与电力工业密切相关。主要工业国家的煤炭消费中除了冶金等原材料用煤外，80%~90%都用于发电。因此，将更多的煤炭转化成电能是解决我国煤炭消费为基础和环境可持续发展的关键所在。

表3　各种电力选择的成本分析

能源种类	污染成本	碳化物排放	技术成本	燃料成本	总成本
清洁煤	中低	高	高	低	中高
天然气	低	中	低	高	中
水　电	难以判断	很低	高	没有	中
核　能	难以判断	没有	很高	低	高
太阳能等可再生能源	低	很低	高	没有	中

资料来源：Logan, Jeffrey and Dongkun Luo, “Natural Gas and China’s Environment”, paper presented at the IEA-China Natural Gas Industry Conference in Beijing on 10 November, 1999。

同世界能源消费结构相比，中国以煤为主的能源消费结构，特别是煤炭消费中对清洁技术的运用不够是造成中国能源利用效率低、污染严重的根本原因。世界能源消费结构在经过战后几十年的发展，完成由煤炭向石油的转换后，正朝着高效、清洁、低碳或无碳的天然气、核能、太阳能、风能方向发展。中国应从可持续发展战略出发，一方面要充分考虑以煤为主的能源消费结构所带来的环境压力，积极地调整现有的能源发展政策，大力开发核能、太阳能、风能、地热能、生物能等新能源；另一方面，在煤炭消费的结构上更需要积极调整，把绝大部分的煤炭消费用于清洁发电上，只有这样，才能确保中国社会、经济、环境可持续发展的能源发展战略。

（二）建立起商业和政府控制的石油储备

2002 年以来，石油价格大幅上涨，中国作为主要的石油净进口国就是主要的受害者之一。比如，2003 和 2004 年两年，中国的石油进口量分别增长了 33.0% 和 34.6%，由于石油价格上涨，石油进口额却分别增长 55.0% 和 68%。2005 年前 8 个月的石油进口量累计同比下降了 1.5%，石油进口额累计同比却增长了 35.3%。2002～2004 年的三年之间，仅石油一项就给中国带来了 711 亿美元的贸易逆差。

因此，在石油战略方面，除了确保稳定的石油供应，还需要有石油价格波动的缓冲机制，出现政治军事事件、自然灾害、投机等不确定因素冲击后，通过缓冲机制平抑石油价格波动的负面影响。也就是说必须建立起石油储备机制。一方面，要有商业储备，中国的石油公司，特别是三大石油公司要有一定的商业储备；另一方面，必须有政府石油战略储备计划。中国正在沿海比较方便的地方开展储备基地的项目建设。

在 20 世纪 70 年代的石油危机冲击之下，主要的石油消费国联合起来成立了国际能源署。其最初角色就是促成各国建立起石油储备，并且在成员之间共享这种风险缓解机制应对国际石油供应中不确定事件带来的冲击。其中关键性的规定就是成员国对应急石油储备的承诺，最初固定为 60 天的石油净进口量，后来提高到了 90 天的石油净进口量。从表 4 可以看到，OECD 国家[①]作为整体已经建立起了超过 40 亿桶以上规模的石油储备。从石油储备构成上，60% 以上为原油和液态天然气，40% 以下为成品油；60% 以上的石油储备由石油行业的企业控制，即商业储备；40% 以下为政府控制，即官方储备。

① 其中绝大部分国家，包括澳大利亚、奥地利、比利时、加拿大、捷克共和国、丹麦、芬兰、法国、德国、希腊、匈牙利、爱尔兰、意大利、日本、韩国、卢森堡、荷兰、新西兰、挪威、葡萄牙、西班牙、瑞典、瑞士、土耳其、英国和美国一共 26 个国家同时也是国际能源署的成员国。

表4　经济合作与发展组织国家的石油储备规模（2005年2月）

单位：百万桶

国　家	行业储备	政府控制的储备	总　和	能满足的消费天数（2004年9月底之前）
加拿大	183	0	183	76
墨西哥	47	0	47	20
美　国	979	682	1661	79
美国的领地	17	0	17	
北美的OECD国家	1227	682	1909	74
奥地利	23	0	23	72
比利时	27	0	27	39
捷克共和国	4	12	17	82
丹　麦	8	7	15	94
芬　兰	17	10	27	106
法　国	115	73	188	92
德　国	78	195	273	97
希　腊	34	0	34	76
匈牙利	11	9	21	128
冰　岛	—	—	—	—
爱尔兰	7	5	12	60
意大利	136	0	136	72
卢森堡	1	0	1	14
荷　兰	94	17	111	113
挪　威	17	0	17	77
波　兰	28	5	34	61
葡萄牙	26	0	26	72
斯洛伐克	4	2	6	76
西班牙	92	34	126	79
瑞　典	33	0	33	90
瑞　士	37	0	37	140
土耳其	54	0	54	81
英　国	104	0	104	52
欧洲的OECD国家	951	370	1322	81
澳大利亚	37	0	37	37
日　本	296	321	617	114
韩　国	69	74	143	67
新西兰	7	0	7	46
亚太地区的OECD国家	409	396	804	93
OECD国家总计	2587	1448	4035	

资料来源：美国能源部网站，http：//www. eia. doe. gov/。

（三）征收能源税

无论是发达国家还是发展中国家，对能源产品征税已经成为通用的做法。从各国实践看，对能源产品征税至少可以实现三个政策目标：提高能源利用效率；保护环境；获取稳定的财政收入。

发达国家中，日本和欧洲国家普遍对能源产品征收重税，美国的能源税负担在发达国家中相对较轻。英国、法国、德国对柴油和汽油的税率（税收占税前价格的比率）甚至接近200%。能源政策上的差异造成各国能源利用效率和环境保护上的差异。其中，美国的GDP大约占全球GDP的26%，消耗的能源大约占全球能源消耗的24%，二氧化碳排放大约占全球排放的23%，能源利用效率和环境保护只是略优于全球平均水平。相比之下，日本、德国、英国和法国四国的GDP总量大约占全球GDP的35%，消耗的能源仅占全球能源消耗的14%，二氧化碳排放仅占全球排放的12%。日本和欧洲国家的能源利用效率和环境保护远远走在了美国前面，能源使用的重税政策无疑扮演了关键性角色。

能源税的意外之喜是给政府提供了稳定的财政收入，比如德国税收收入的10%来自燃料税，日本、英国、法国的这一比例分别为11%、12%和8%，韩国高达19%的税收收入来自燃料税，保加利亚的比例最高，达到了36%。

表5 选择性经济体的能源产品税收在最终价格中的比重

国家	工业用低硫燃油	工业用轻质燃油	商业用柴油	91号常规无铅汽油	家庭用天然气	工业用电	家庭用电
日本	4.8	4.8	48.4	52.7	4.8	7.8	6.8
德国	14.3	18.2	58.2	72.6	23.8		13.8
英国	26.2	20.7	67.6	73.6(95号)	4.8	6.7	4.8
法国	9.9	16.5	56.4	71.9(95号)	14.7	11.2	24.6
美国		4.9	25.1	20.8			
中国台湾	6.0	6.1	24.5	36.1	4.8	4.8	4.8
印度		24.3	32.0				
韩国	12.1	33.7	49.4	63.6(92号)			
泰国	10.5		25.9	34.9			

资料来源：IEA，*Energy Prices & Taxes*，*Quarterly Statistics*，2005 First Quarter。

四 结 论

结论之一：从能源问题的现状看，中国经济可持续发展的焦点在能源，能源的焦点在石油。首先，从能源需求和能源效率上看，伴随着中国经济的快速增长，中国的能源需求也出现了快速增长，但是中国的能源需求增长长期以来慢于经济增长速度，表明了中国的经济增长并没有以能源消费的更快增长为代价。但是，中国单位 GDP 的能源消耗仍然高于世界平均水平，中国的能源利用效率仍然相当低下。其次，从未来的能源需求看，为了保证经济长期高速发展，必然意味着能源需求的高速增长。能源的进口依存度，特别是石油进口依存度将显著上升。中国经济与国际能源市场之间的互动性将越来越强。最后，以煤炭为主要能源的消费结构给我国环境的可持续发展带来严重挑战，随着城市化和工业化进程加快，转变能源消费结构、实现能源消费多元化是必然的趋势。

结论之二：从能源战略上，确保稳定的能源供应，特别是稳定的石油进口成为中国能源安全的关键所在。首先，日益增长的石油需求必然伴随日益增长的能源进口需求，中国必须同主要的富油国之间进行合作，建立起长期稳定的石油进口基地。其次，中国的石油进口需要同其他石油消费国之间形成资源竞争，中国必须同主要的石油消费国，尤其是美国进行能源协调。再次，中国的能源战略影响到了同周边国家之间的关系，东亚各国之间在能源问题上既有合作也有竞争，倡导区域能源合作和对话机制符合各国的共同利益。

结论之三：从国内能源政策上看，一方面需要转变能源消费结构，提高能源利用效率；另一方面需要建立起能源储备机制。首先，能源消费结构上，需要大力发展风能、太阳能、生物能等新兴能源，优化能源消费结构，提高煤炭消费用于发电的比重是中长期内的首要任务。其次，建立商业和政府两级石油储备，平抑石油价格波动对石油市场以至宏观经济的负面影响。再次，可以采用国际通行的能源税的办法，达到提高能源利用效率、保护环境等目标。

全球初级产品市场：中国与世界经济的互动

○张　明

20余年来的改革开放所带来的经济持续高速增长，使得中国开始扮演东亚甚至全球范围增长引擎的角色。在世界经济发展史中，拥有广阔国内市场的国家往往在国际贸易和投资领域内占据主导地位。中国在未来几十年内在提供国内市场方面将成为美国强有力的挑战者。目前中国的进口已成为带动日韩和东南亚各国经济增长的重要因素。中国的城市化和重工业化方兴未艾，这要求大规模和持续的初级产品供给，而中国在某些初级产品[①]的储量方面又相对匮乏，以上因素使得中国已经成为全球初级产品市场上最重要的买方之一。

中国从1995年起一直是全球初级产品市场上的净进口国。从2002年开始，伴随中国经济进入新一轮增长周期，[②] 中国大宗初级产品进口大幅增长。在中国进口额最大的四种初级产品中，原油进口额在2003年增长55%，在2004年增长71%；铁矿石进口额在2003年增长75%，在2004年增长162%；铜材进口额在2003年增长61%，在2004年增长38%；大豆进口额在2003年增长119%，在2004年增长29%。[③] 中国已经成长为原油的全球

---

① 本文对初级产品和制成品的划分沿用世界贸易组织（WTO）关于产品的分类，即根据标准国际贸易分类（Standard International Trade Classification，SITC）的第三修正案进行划分。第一类是初级产品（primary products）；第二类是制成品（manufactures）；第三类是其他产品（other products，包括黄金和军火等）。初级产品又可以分为农产品（agricultural products）和矿产品（mining products）。农产品包括食品（food）和农业原材料（raw materials）。矿产品包括矿石和其他矿产品（ores and other mineral）、燃料（fuels）和有色金属（non-ferrous metals）。

② 中国在2003、2004和2005年的GDP增长率都超过了9%。

③ 以上数据源于中国海关统计。

第二大进口国，以及铁矿石、铜材和大豆的全球最大进口国。但是一方面由于中国的进口需求迅速上涨，另一方面由于中国的进口需求过于分散，从而没能在初级产品的全球价格形成机制上形成合力，导致全球初级产品价格从2002年开始迅速上涨，原油价格在2003年上涨7%，在2004年上涨30%；铁矿石价格在2003年上涨9%，在2004年上涨17%，在2005年更是上涨了75%；铜材价格在2003年上涨38%，在2004年上涨43%；大豆价格在2003年上涨36%，在2004年下跌30%。[①] 这导致中国企业的进出口贸易条件发生恶化，压缩了中国企业的利润空间，并且形成了外源性的通货膨胀压力。我们认为，全球初级产品的价格上升趋势很可能在长期内继续维持。要化解这一趋势对中国经济持续高速增长造成的冲击，中国政府和企业急需进行战略调整。

本文的第一部分介绍中国的初级产品进出口现状及其在全球初级产品市场上扮演的角色，第二部分分析国际初级产品市场的定价机制以及近期价格上涨对中国造成的冲击，第三部分是结论和政策建议。

一　中国的初级产品进出口现状及其在全球市场上的地位

图1展示了近20年来中国初级产品进出口的总体状况。出口一直缓慢上升，而进口出现过两次快速增长：一次是1999年到2000年，进口额增长74%；另一次是2002年到2003年，进口额增长48%。对比图1和图2可以看出，在1997年之前，中国初级产品进口额的变动趋势和GDP增长率的变动趋势并没有明显的相关性；在1997年之后，这两者之间具有明显的正相关。进口额的两次快速增长均对应了GDP的较大幅度增长：1999年到2000年，GDP增速摆脱了从1993年开始的连续下跌的态势，从7.1%上升到8.0%；从2002年到2003年，中国经济进入新一轮的高增长周期，GDP增速从8.3%攀升到9.3%。这说明GDP增长率的预测值可以作为预测初级产品进口额变动的良好指标。在1995年之前，中国一直是初级产品的净出口国；从1995年开始，中国一直是初级产品的净进口国。在1995年到2002

① 以上数据来源为国际货币基金组织（IMF）的商品价格月度数据资料，每年价格数据为第12个月的数据。

年的 8 年时间里，初级产品出口额占出口商品总额的比例年均为 13%，初级产品进口额占进口商品总额的比例年均为 21%，[1] 中国在初级产品贸易方面的逆差逐年扩大，而且有理由认为这一趋势在可预见的未来不会发生改变。

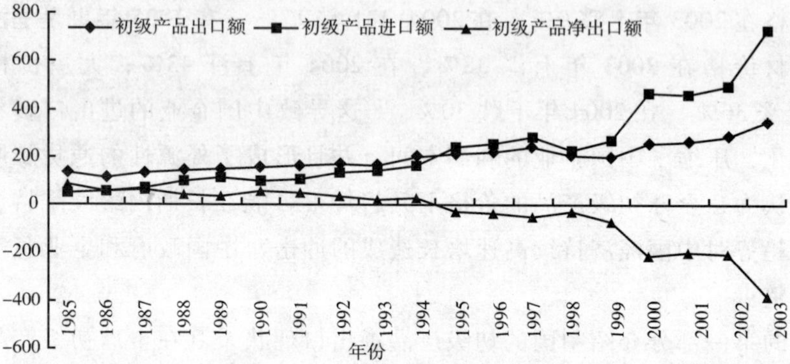

图 1　中国历年初级产品进出口状况

资料来源：《中国经济年鉴 2004》。

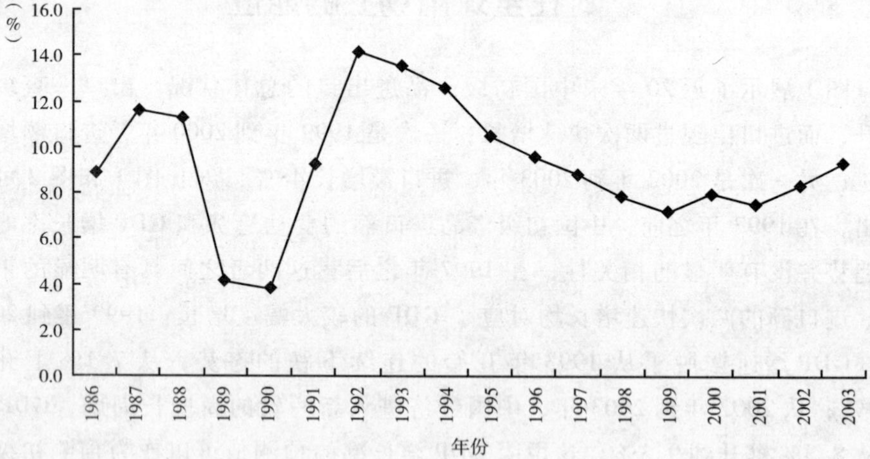

图 2　中国历年 GDP 增长率

资料来源：《中国经济年鉴 2004》。

① 以上数据来自《国际统计年鉴 2004》。

图3集中反映了中国作为一个初级产品净进口国在全球市场上的地位。各类初级产品的进口额占全球贸易额的比重均出现了不同程度的上升，而矿石上升得最为显著。2003年中国矿石和其他矿产品的进口额占全球贸易额的比重为17%，农业原材料为12%，有色金属为8%，燃料为4%，食品为3%。2003年中国初级产品进口总额约占全球初级产品贸易总额的5%。[①] 近几年来，在全球贸易额每年近3000亿美元的净增加值中，来自中国的贡献大约为1500亿美元左右，[②] 中国已经成长为全球初级产品市场上的重要买方。

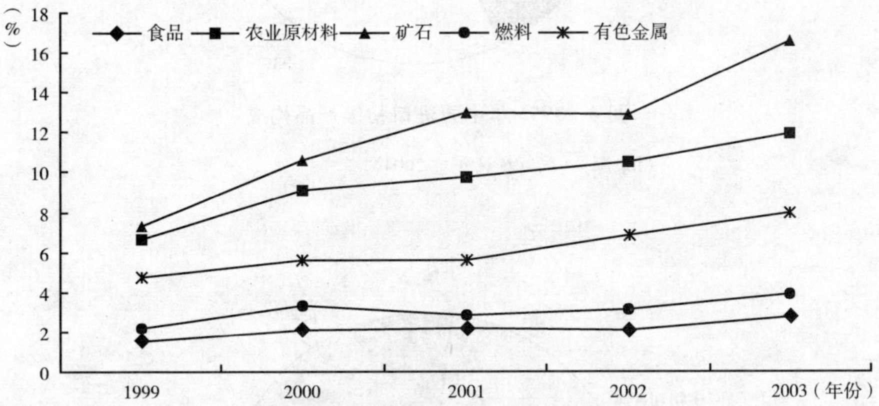

图3　中国各类初级产品进口额占全球出口额的比率

资料来源：WTO，*International Trade Statistics 2004*；*International Trade Statistics 2001*。

中国初级产品的进口结构在过去十年内发生了很大变化。图4和图5分别给出了1995年和2003年中国初级产品的进口结构。食品与农业原材料的比重有所下降，而燃料与矿物和金属的比重则相应上升。燃料已经取代食品成为中国进口金额最大的初级产品。中国发展面临的约束已经从粮食约束转变为能源约束，这反映了中国工业化程度的不断深入。

图6到图12分别列示了中国各类初级产品进口的主要来源地。中国农产品的主要来源地是亚洲（35%）、北美（26%）和拉美（19%）。在农产

① 该数据引自WTO，*International Trade Statistics 2004*。

② 该数据转引自黄庭满、林玉（2005）：《中国亟需建立大宗原材料国际战略》，人民网，http：//finance. people. com. cn/GB/1037/3291663. html。

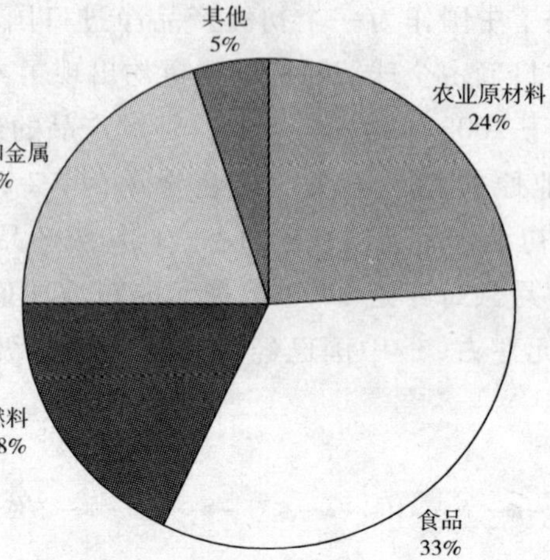

图 4　1995 年中国进口初级产品构成

资料来源：《国际统计年鉴 2004》。

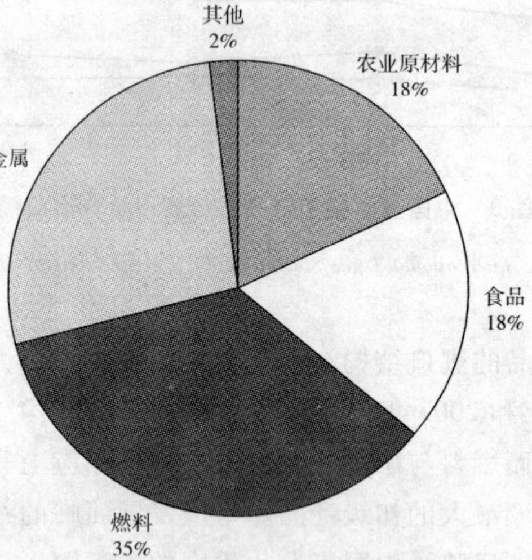

图 5　2003 年中国进口初级产品构成

资料来源：UNCTAD，*Handbook of Statistics 2004*。

品之中，食品的主要来源地是拉美（33%）、北美（27%）和亚洲（27%），农业原材料的主要来源地是亚洲（43%）、北美（25%）和转型国家（12%）。中国矿产品的主要来源地是亚洲（40%）、中东（22%）和非洲

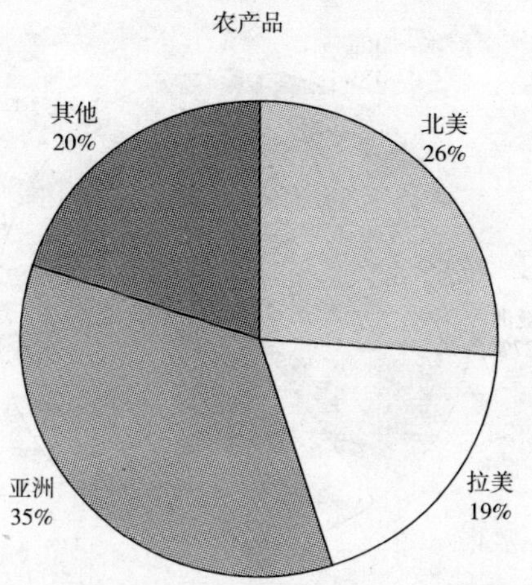

图 6　2003 年中国进口农产品三大来源地

资料来源：WTO，*International Trade Statistics* 2004。

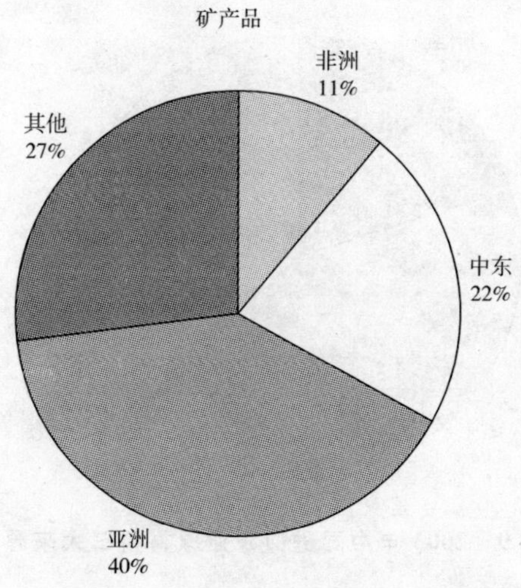

图 7　2003 年中国进口矿产品三大来源地

资料来源：WTO，*International Trade Statistics 2004*。

（11%）。在矿产品之中，矿石和其他矿产品的主要来源地是亚洲（52%）、拉美（21%）和北美（11%），燃料的主要来源地是中东（39%）、亚洲

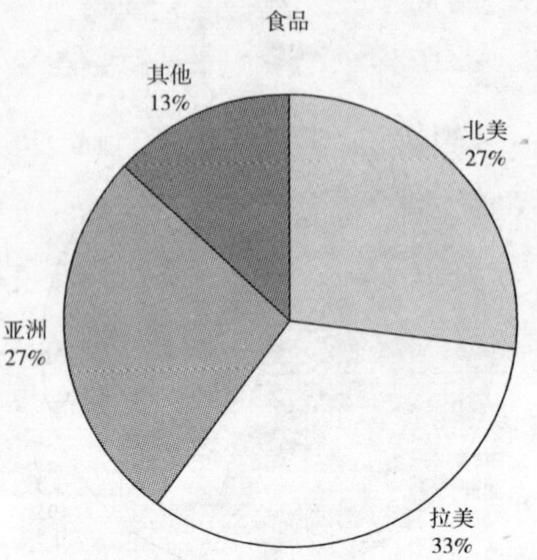

图 8　2003 年中国进口食品三大来源地

资料来源：WTO，*International Trade Statistics 2004*。

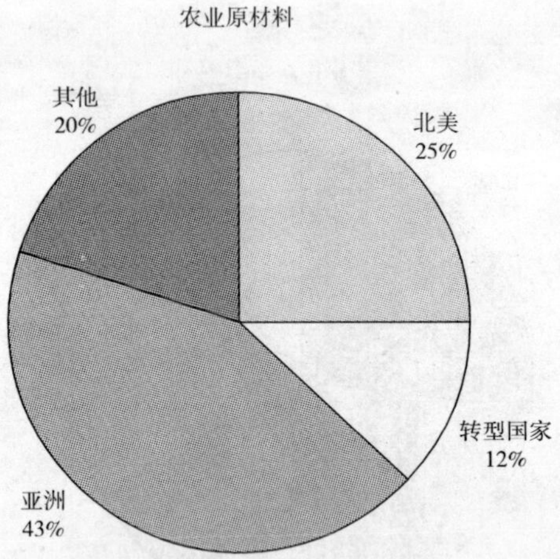

图 9　2003 年中国进口农业原材料三大来源地

注：转型国家包括中东欧、独联体和波罗的海三国。

资料来源：WTO，*International Trade Statistics 2004*。

（32%）和非洲（17%），有色金属的主要来源地是亚洲（48%）、拉美（14%）和转型国家（14%）。

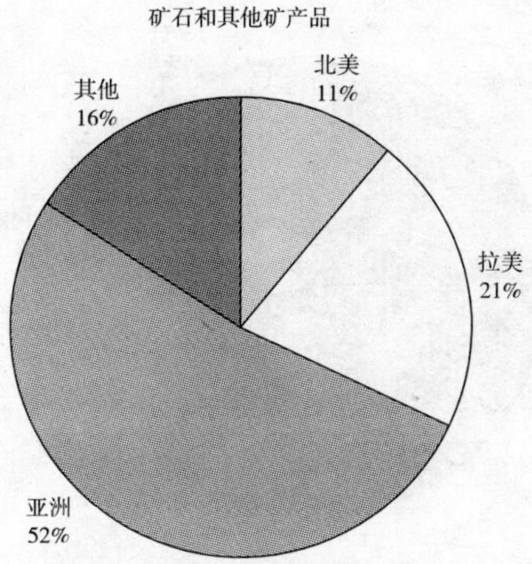

图 10　2003 年中国矿石和其他矿产品三大来源地

资料来源：WTO，*International Trade Statistics 2004*。

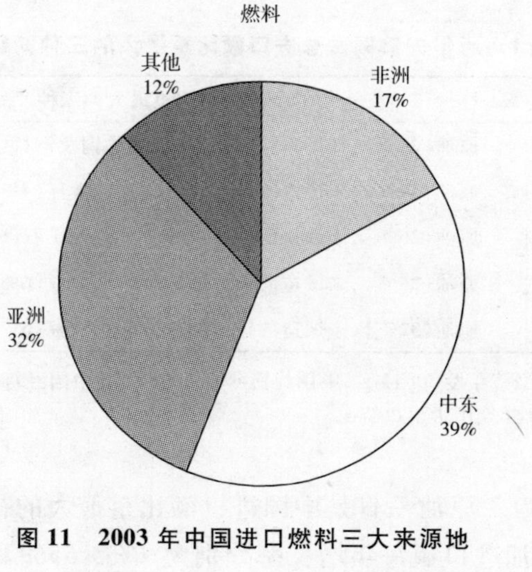

图 11　2003 年中国进口燃料三大来源地

注：转型国家包括中东欧、独联体和波罗的海三国。

资料来源：WTO，*International Trade Statistics 2004*。

就中国进口初级产品的品种而言，原油、铁矿石、铜材和大豆是中国近年来进口金额最大的四种产品（见表 1）。

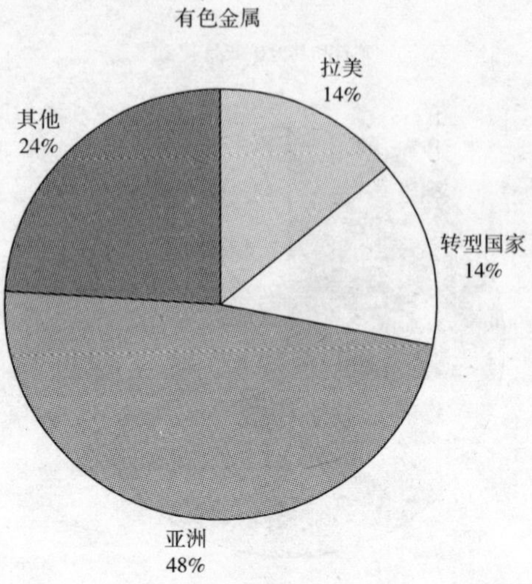

图12　2003年中国进口有色金属三大来源地

注：转型国家包括中东欧、独联体和波罗的海三国。

资料来源：WTO，*International Trade Statistics 2004*。

表1　历年进口额占总进口额比重最大的三种初级产品

年份	进口额比重最大的三种产品
2004	原油(29%),铁矿石(11%),未锻造的铜及铜材(7%)
2003	原油(27%),未锻造的铜及铜材(8%),大豆(7%)
2002	原油(26%),未锻造的铜及铜材(7%),铁矿石(6%)
2001	原油(25%),未锻造的铜及铜材(8%),大豆(6%)
2000	原油(32%),未锻造的铜及铜材(7%),大豆(5%)

资料来源：《中国经济年鉴2004》、《中国经济年鉴2003》、《中国经济年鉴2002》、《中国经济年鉴2001》、商业部2004年全国进出口情况。

在过去五年内，原油一直是中国进口额比重最大的初级产品。2002年到2004年，中国原油进口额每年增长率分别为9%、55%和77%（图13）。中国从1993年开始成为原油的净进口国，目前已经成为仅次于美国的全球第二大原油进口国。2004年中国原油的进口依存度已达40%。[①] 国际能源署的

① 数据转引自王羚（2005）：《石油对外依存度高企　替代能源战略刻不容缓》，汽车中国网站，http：//www. carcn. net/2005/3－31/200533183230. html。

一项研究结果表明，到 2010 年，中国原油的进口依存度将达到 60%；到 2030 年，中国原油的进口依存度将突破 80%。

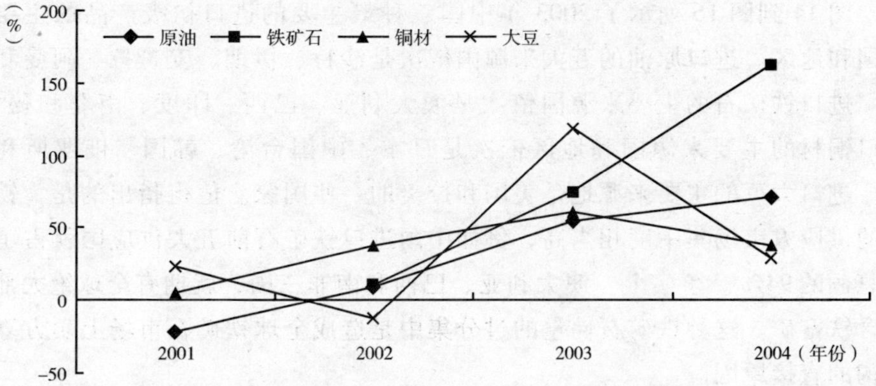

图 13　中国大宗初级产品的年进口额增长幅度

资料来源：中国海关统计和商业部历年全国进出口情况统计。

2002 年到 2004 年，中国铁矿石进口额每年增长率分别为 11%、75% 和 162%（见图 13）。从 2003 年开始，中国取代日本成为全球铁矿石最大进口国，2003 年中国铁矿石进口额占全球铁矿石贸易总额的 25%，同年铁矿石的进口依存度达到 36%。①

2002 年到 2004 年，中国铜材进口额每年增长率分别为 38%、61% 和 38%（见图 13）。中国已经成为全球铜材最大进口国，2004 年中国铜材进口额占全球铜材贸易总额的 20.6%。② 2002 年中国铜材的进口依存度就超过 60%。③

2002 年到 2004 年，中国大豆进口额每年增长率分别为 -12%、119% 和 29%（见图 13）。中国的大豆消费量从 20 世纪 90 年代初以来迅速扩大，从 1991 年到 2004 年中国的大豆消费量大约增长了 3 倍。从 1995 年开始中国成

① 数据转引自金黔在线（2004）：《中国五矿谋跨国最大并购交易金额超过 50 亿美元》，http://www.gog.com.cn/jqpd/pd0404/ca715330.htm。

② 该数据转引自黄庭满、林玉（2005）：《中国亟需建立大宗原材料国际战略》，人民网，http://finance.people.com.cn/GB/1037/3291663.html。

③ 数据转引自金黔在线（2004）：《中国五矿谋跨国最大并购交易金额超过 50 亿美元》，http://www.gog.com.cn/jqpd/pd0404/ca715330.htm。

为大豆的净进口国，目前已经成为全球大豆最大进口国。[①] 2004 年中国大豆进口额占全球大豆贸易总额的 31%，同年中国对大豆的进口依存度达到 53%。

图 14 到图 16 列示了 2003 年中国三种最主要的进口初级产品的主要来源国和地区。进口原油的五大来源国依次是沙特、伊朗、安哥拉、阿曼和也门。进口铁矿石的主要来源国依次是澳大利亚、巴西、印度、南非和秘鲁。进口铜材的主要来源国和地区依次是日本、中国台湾、韩国、俄罗斯和印度。进口大豆的主要来源地是美国和拉美的一些国家。值得指出的是，铁矿石的供应方市场集中度相当高，例如中国进口铁矿石前五大供应国就占了进口总额的 94%。事实上，澳大利亚、巴西和南非三国，就拥有全球绝大部分的含铁富矿。这种铁矿石储量的过分集中是造成全球铁矿石市场上卖方寡头结构的直接原因。

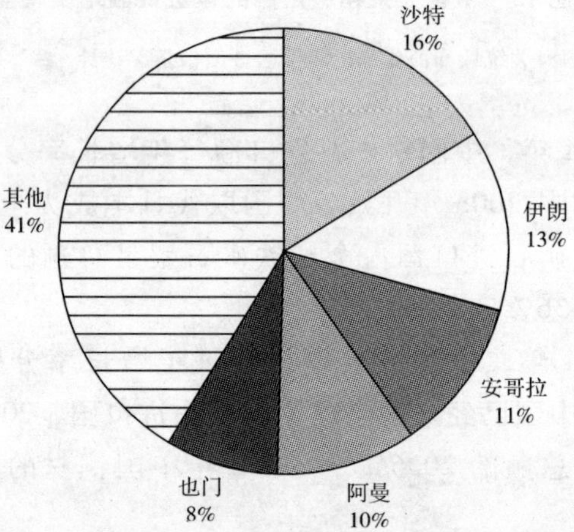

图 14　2003 年中国进口原油的五大来源国和地区

资料来源：中国海关统计。

值得注意的是，中国虽然进口了大量的初级产品，但是并非所有这些初级产品最终都被中国人所消费。因为加工贸易进口额在中国商品进口额中占有相当大的比重，而加工贸易企业进口的初级产品将被用来为其他国家生产制成品。从表 2 可得，2001 年到 2004 年中国加工贸易进口额平均约占总进

① 以上数据来自芝加哥商品期货交易所数据库。

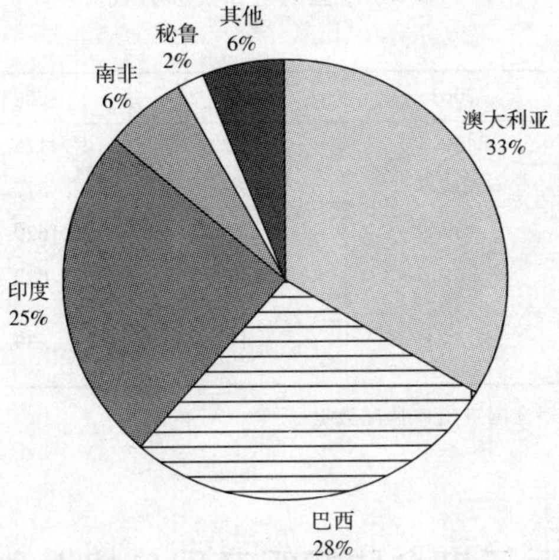

图 15　2003 年中国进口铁矿石的五大来源国和地区

资料来源：中国海关统计。

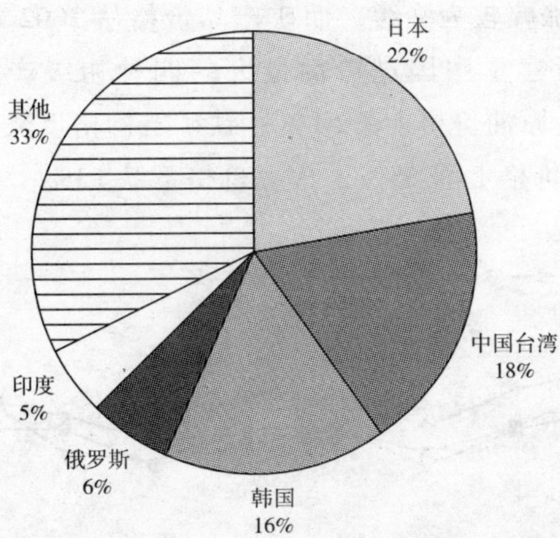

图 16　2003 年中国进口铜材的五大来源国和地区

资料来源：中国海关统计。

口额的 40%。鉴于加工贸易进口中初级产品的比重要明显高于一般贸易进口，因此我们粗略估算，中国进口的初级产品大约有一半被用来生产出口制成品，从而最终被外国人所消费。

表 2　中国的进口贸易方式

单位：亿美元，%

指　标	2001	2002	2003	2004
总进口额	2436.1	2952.0	4128.4	5614.2
一般贸易进口额	1134.7	1291.2	1877.0	2482.3
加工贸易进口额	939.8	1222.2	1629.4	2217.4
其他贸易进口额	361.6	438.7	622.0	914.5
加工贸易进口额占总进口额的比率	38.6	41.4	39.5	39.5

资料来源：商务部历年全国进出口情况数据。

二　近年来全球初级产品价格上涨及其对中国造成的冲击

图 17 表明，全球各大类初级产品价格从 2002 年起均开始上扬，食品和农业原材料的价格涨幅较为平缓，而矿产品价格从 2002 年到 2004 年上涨了 50%。图 18 集中考察了中国进口额最大的四种初级产品的价格走势。从 2002 年到 2004 年，原油价格上涨 51%；铁矿石价格上涨 27%，2005 年更是上涨了 75%；铜材价格上涨 63%；大豆价格下跌 13%。

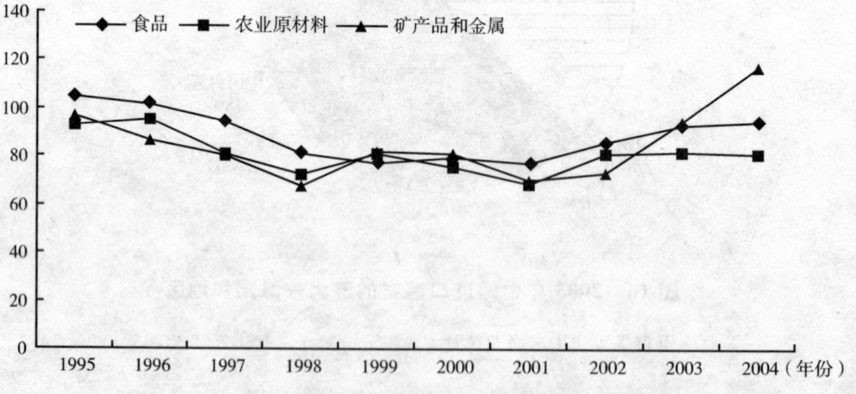

图 17　初级产品类别的价格变动趋势

注：各类商品价格指数的基期为 1995 = 100。

资料来源：IMF 商品价格月度数据资料。每年价格数据为第 12 月价格。

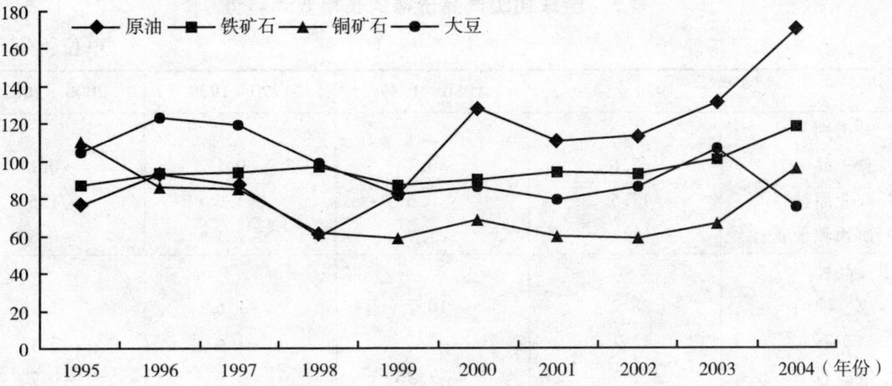

图 18　四种主要初级产品的价格变动趋势

注：各类商品价格指数的基期为 1990 = 100。

资料来源：1995 ~ 2003 年数据来自 UNCTAD，*Handbook of Statistics 2004*，2004 年数据由笔者根据中国海关关于年进口额增长率的数据折算而成。

全球初级产品价格从 2002 年起大幅上涨的动因包括：①全球经济特别是美国经济逐渐从 20 世纪末的经济衰退中复苏，经济增长速度反弹加大了对初级产品的需求；②中国因素的作用，来自中国的需求在一定程度上拉动了全球初级产品市场价格的上涨；③供应商利用自己的寡头垄断地位，在行情看涨的市场前景下大幅提价；④国际机构投资者利用这一轮行情进行投机炒作，从而放大了初级产品价格的波动幅度。

进一步考察全球初级产品价格的长期变动趋势（见表 3），我们发现，20 世纪 70 年代是全球初级产品价格飙升的时代，而在 20 世纪 80 年代和 90 年代，全球初级产品的价格总体而言是逐渐下跌的。但是随着全球经济在 2001 年以来逐渐走强，全球初级产品价格重新回到了上涨的轨道中来。如果再考虑到 2004 年的价格涨幅，原油、铁矿石、铜材和大豆在 21 世纪前四年的年均价格都显著上扬。我们认为，由于预期以美国为代表的全球经济将继续走强，全球初级产品价格的上升趋势将会至少在短期和中期得以延续。

全球初级产品价格上涨对中国经济运行造成了负面的外部性冲击。第一，进口价格大幅上涨恶化了中国的贸易条件，而贸易条件的恶化将会压缩中国进出口企业的利润空间，造成中国经济增长基础的弱化。在 1995 年到 2002 年八年间，中国初级产品进口额占进口总额的比重平均为 21%，初级产品出口额占出口总额的比重平均为 13%，因此全球初级产品价格的普遍上

表 3　全球初级产品价格的长期变动趋势

单位：%

	1970~1979	1980~1989	1990~1999	2000~2003
产品类别				
食　品	8.6	-3.7	-0.1	-0.1
农业原材料	12.5	0.6	-1.9	1.5
矿物和金属	8.1	1.7	-2.1	-0.5
主要品种				
原　油	28.2	-10.7	-1.6	1
铁矿石	12.1	-2.1	-1.4	3.1
铜矿石	2.7	3.3	-3.9	-0.7
大　豆	9.4	-1.2	-0.1	7.6

注：产品价格的长期变动趋势是指每一时期内的年均价格变化率，价格用当前美元价格计算。
资料来源：UNCTAD，*Handbook of Statistics 2004*。

扬所导致的进口成本上升大于所导致的出口收入增加，这必然会导致中国初级产品贸易赤字的恶化。此外，进出口初级产品结构的不对称性也会导致中国贸易条件的恶化。在这八年间，在中国出口的初级产品中，食品的平均比重为50%，农业原材料的平均比重为10%，燃料的平均比重为25%，矿物与金属的平均比重为15%；在中国进口的初级产品中，食品的平均比重为25%，农业原材料的平均比重为24%，燃料的平均比重为33%，矿物和金属的平均比重为27%。而在这一轮全球初级产品价格上涨中，涨幅由高到低分别是矿物和金属、燃料、农业原材料和食品。因此，全球初级产品价格上涨对中国初级产品进口成本的影响必然超过对中国初级产品出口收入的影响，从而造成中国贸易条件的恶化。图 19 反映了中国进出口贸易条件指数的变化情况，可以看出，中国的贸易条件在 1995 年到 1997 年期间以及 1998 年到 2000 年期间分别经历了上升和下降的阶段，在 2001 年贸易条件有所反弹，但是在 2002 年重新下滑。考虑到 2003 年至今中国进出口商品价格的变化情况，贸易条件指数从 2002 年到现在必然是不断下滑的，而且贸易条件恶化的趋势到目前为止还没有改变的迹象。第二，全球初级产品价格上涨，特别是原油价格上涨，给中国注入了外生性通货膨胀压力，这将会影响到中国政府实施宏观调控的效果。外生性资源价格冲击往往是造成经济滞胀的直接原因。更为严重的是，如果原材料价格的上涨不能引起最终消费品价格的相应上涨，即价格在制造业上下游之间的传导机制存在阻塞，那么工业企业的利润将会不断降低，从而影响到经济增长的可持续性。

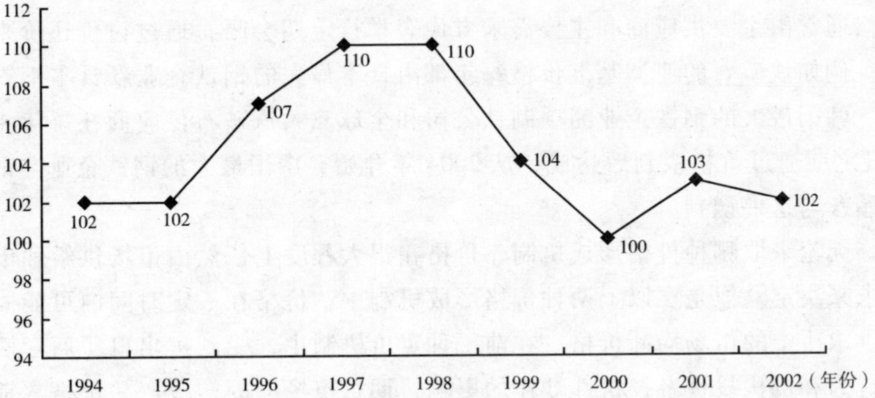

图 19　中国历年的贸易条件指数

注：该指数的基期为 2000 = 100。贸易条件指数的计算方法为每年的出口单位价格指数除以进口单位价格指数，再乘以 100。

资料来源：UNCTAD，*Handbook of Statistics 2004*。

中国进口需求的迅速上升固然是造成全球初级产品市场价格上涨的重要原因，然而全球初级产品市场并不是一个完全竞争市场，因此买卖双方都可以根据自己的实力来对市场价格的形成施加影响。但是目前中国的进口企业相对于全球市场上的初级产品寡头供应商而言，更多的是价格接受者而不是价格制定者。要准确剖析中国进口企业存在的问题，就有必要对全球初级产品市场的价格形成机制进行分析。

当前的全球初级产品市场从本质上来讲是一个卖方寡头垄断市场。例如 OPEC 国家的原油出口量占到全球原油贸易量的 55%，[①] 全球铁矿石三大供应商的铁矿石出口量占到全球铁矿石贸易量的 75% 左右。[②] 这些寡头企业可以通过控制产量来影响价格，但是价格也并不完全由这些寡头企业来决定。对于有着成熟的期货品种的初级产品而言，其全球价格基本上由全球范围内著名交易所的标准期货合同的价格来决定，例如芝加哥商品交易所

① 此数据引自 IMF：《世界经济展望》，2005 年 4 月版。

② 这三大厂商是巴西淡水河谷公司（CVRD）、澳大利亚力拓公司（Rio Tinto）和澳大利亚必和必拓公司（BHP）。

（Chicago Board of Trade，CBOT）的大豆合约、纽约商品交易所（New York Mercantile Exchange，NYMEX）的石油合约，以及伦敦金属交易所（London Metal Exchange）的铜合约。对于缺乏成熟的期货品种的初级产品而言，其价格通常由主要供应商和主要需求方代表举行定期会晤，通过讨价还价来制定。例如铁矿石的亚洲基准价格每年都由日本最大的钢铁企业新日本钢铁公司、韩国最大的钢铁企业浦项制铁公司和全球三大铁矿石供应商在每年4月1日之前通过价格谈判后达成，从2004年开始，中国最大的钢铁企业宝钢也开始参与这一谈判。

无论采取哪种价格形成机制，价格在很大程度上依然由市场供给和市场需求来决定。但是在以上两种价格形成机制中，价格在一定时间内可能偏离由供求决定的市场均衡价格。在前一种定价机制中，受到进出口厂商套期保值行为和机构投资者投机性炒作的影响，期货市场上的初级产品价格常常出现与基本面背离的大起大落现象。在后一种定价机制中，协商价格在多大程度上与均衡价格背离，取决于谈判双方的实力对比，如果卖方寡头实力占优，谈判价格可能严重背离均衡价格。例如铁矿石价格在2005年上涨75%就被普遍认为背离了市场真实价值。

问题在于，中国企业在以上两种价格形成机制中都处于劣势。在前一种定价机制中，中国企业普遍缺乏在国际性期货市场中进行套期保值的意识，同时缺乏相应投资经验，因此往往成为国际机构投资者投机操作的受害者。在后一种定价机制中，由于中国钢铁行业的市场集中度偏低，[①] 而且钢铁企业往往在国际市场上各自为战，缺乏集体采购意识，在价格谈判时难以形成合力，因此在谈判的过程中不能发挥与自己进口份额相称的作用。要改变自己在全球初级产品市场上价格形成机制中的弱势地位，中国政府和企业急需进行战略调整。

---

① 截至2003年底，中国有871家钢铁企业。其中，国有钢铁企业为107家，钢铁生产能力占国内的56.8%。民营及民营控股的钢铁企业为706家，钢铁生产能力占国内的39.4%。外资钢铁企业58家，钢铁生产能力占国内的3.8%。据标准普尔统计，中国共有1000家钢铁生产商，其中大部分的年产能力低于50万吨。2002年中国最大的10家钢铁生产商的产量占中国原钢产量的50%，2003年下降到38%。排名第一的宝钢集团年产量也仅为2000万吨，不到新日本钢铁公司的一半。相比于其他国家而言，中国钢铁产业的行业集中度相当低。例如韩国仅浦项制铁公司的钢产量就占全国钢产量的65%；日本5家钢铁企业的钢产量占全国钢产量的75%；欧盟15国6家钢铁企业钢产量占欧盟整个钢产量的74%；而法国的阿赛洛钢铁公司几乎囊括了法国的钢铁生产。因此，国外的钢铁企业容易"形成一个拳头说话"，而中国钢铁企业则显得分散，谈判能力相对较弱。

三　结论和对策分析

从以上分析中可以得出如下结论：

——中国从1995年起成为全球初级产品市场上的净进口国，而且净进口额逐年扩大，目前已经成长为全球初级产品市场上最重要的买方之一，这一趋势在未来不会转变。

——在过去十年间，中国的初级产品结构发生了重大变化。矿产品的比重上升，农产品的比重下降，这反映了中国工业化进程的不断深入。

——中国初级产品进口额最大的四种产品依次是原油、铁矿石、铜材和大豆。中国目前已经成长为全球原油第二大进口国，全球铁矿石、铜材和大豆的最大进口国。中国对这些初级产品的进口依存度都在35%以上，铜材和大豆的依存度已经超过50%，而且仍在不断加深。

——在以上初级产品中，供应方市场集中度从高到低依次是铁矿石、铜材和原油。供应方市场集中度过高是造成全球初级产品市场上卖方寡头结构的直接原因。

——在中国进口的初级产品中，大约有50%属于加工贸易进口，这部分初级产品被用来生产出口制成品，因此最终被外国人所消费。

——全球主要初级产品价格从2002年起均开始上扬，原油和矿产品价格飙升。鉴于全球经济回暖，这种价格上升趋势至少会在短期和中期内得以延续。

——全球初级产品价格上涨对中国经济增长造成的负面冲击包括：恶化了中国的贸易条件，注入了通货膨胀压力，有可能弱化中国经济的增长基础，并且破坏增长的可持续性。

——全球初级产品市场的结构是卖方寡头垄断市场。该市场具有两种价格形成机制：一是由著名交易所的标准期货合约定价，二是由供应商和买方定期通过谈判定价。

——中国企业在这两种价格形成机制中都处于弱势地位。要改变这种状况，中国政府和企业急需进行战略调整。

在全球初级产品市场上，中国已经成为最重要的买方之一。中国对初级产品的进口依存度不断加深，因此遭受外生性冲击的可能性以及冲击可能造成的破坏程度也相应增大。价格上涨就是全球初级产品市场对中国经济造成的外生性冲击的一种形式。冲击的最严重形式甚至包括禁运（供给完全中断）。因此，针对中国和全球初级产品市场的互动关系，中国政府和中国企业进行相应的战略调整，以增强自己对外生性冲击的抵抗力，或者增强对全球初级产品市场价格形成方面的影响力，是非常必要的。那么如何进行战略调整呢？我们在此提出以下八项政策建议。其中前四项对策有利于增强中国经济对外生性冲击的抵抗力，后四项对策有利于增强中国企业在全球初级产品价格形成方面的影响力。

对策一：转变中国经济的增长方式。通过技术进步和科学管理，努力实现增长方式由粗放型向集约型转变，有助于提高中国企业对初级产品的使用效率，从节流方面减少中国企业对进口初级产品的依赖程度。

对策二：重视和加强中国国内的初级产品生产。虽然比较优势理论和资源禀赋理论均强调自由贸易的优越性，但是经济学分析忽略了政治因素。一方面过度依赖外部资源存在巨大的政治风险，另一方面国内初级产品资源的开发能够增强中国企业的可选择性，防止国外供应商的漫天要价。一旦爆发战争或者其他突发性政治事件，由于中国政府目前尚无能力控制全球初级产品的主要产地和航运要冲，届时就只能依靠国内的资源产量和战略储备，因此国内初级产品资源的节约型开发利用不容忽视。

对策三：建立重要初级产品的战略储备和商业储备。在国际油价波动剧烈且国家能源安全受到广泛瞩目的背景下，建立石油战略储备已经成为当前的热门话题。我们认为，除了石油之外的其他初级产品，如果符合以下三项标准的话，中国也应该仿效某些发达国家建立相应的商业储备：第一，这种商品是中国国内相当匮乏的；第二，这种商品对于中国经济持续高速增长而言是不可或缺的；第三，这种商品的储存成本以及商品价值随时间的损耗率不是太高。

对策四：人民币汇率向均衡汇率水平适当升值。人民币汇率名义水平低估已经成为全球范围内的共识。如果人民币汇率适当升值，除了能够促进中国贸易品和非贸易品部门的平衡发展，促使中国出口企业提高产品品质之外，也能够降低国外初级产品的人民币进口价格，从而改善中国进出口企业的贸易条件。

对策五：完善和壮大中国国内的商品期货市场。商品期货市场具有价格发现、风险转移和提高市场流动性等功能。当前中国国内商品期货市场交易品种少、[1] 规模小，而且80%以上的投资者均为中小投资者，缺乏具有价格

① 根据有关资料，当前全球商品期货交易所有100多家，共有93类原材料可以交易。而中国国内只有9个期货品种可以交易，从而不能给需求种类多的企业提供完善的避险工具。

形成影响力的机构投资者，在全球初级产品的价格形成方面当然影响甚微。中国政府应该提供多方面的政策支持，以扩大期货市场规模，增加期货交易品种，鼓励相关企业积极利用期货市场进行套期保值，以及努力培育机构投资者。随着中国国内商品期货市场的完善和壮大，由于来自中国的需求在全球初级产品市场上举足轻重，中国商品期货市场将会对全球初级产品的价格形成机制产生越来越大的影响。

对策六：充分利用国际期货市场。在国内期货市场尚不发达而当前中国初级产品进出口规模已经极为庞大的情况下，应该充分利用国际期货市场来规避价格风险和增强价格形成方面的影响力。中国政府应该有序开放国内企业和居民参与境外期货交易。[①] 此外，中国政府可以考虑依托民间资本力量，组建一些大型的专业类和综合类投资基金进入国际期货市场，以增强中国因素在全球初级产品价格形成机制方面的影响力。

对策七：在全球初级产品市场上进行集体采购。中国企业之所以在进口量巨大的同时缺乏价格影响力，根本原因在于中国企业的行业集中度不高，而且在进口方面通常是各自为战，难以形成集体行动。中国企业一方面要以进口量为谈判筹码，另一方面构建进口联盟进行集体采购。首先彼此之间就进口条件和进口价格达成协议，然后选出代表和国际初级产品供应商进行谈判。由于中国企业向来缺乏合作的传统，如何克服搭便车等机会主义行为对集体行动的损害是其面临的一大挑战。

对策八：境外参股。对于饱受全球初级产品价格上涨之苦的中国企业来说，最为明智的应对方式就是成为全球初级产品供应商的股东。中国企业可以采取在海外购买矿山、与当地企业进行联营，以及参股甚至控股的方式，这样一来可以获得稳定的国际初级产品价格，[②] 二来一旦涨价的话，

① 目前我国对境内企业和居民参与境外期货交易的管制相当严厉，迄今为止只有26家企业获准进行境外期货交易，而且在业务种类和具体操作方面存在严格限制。这种管制不仅限制了期货市场的功能，而且可能导致逆向选择。

② 和日本企业相比，中国企业的铁矿石进口价格的波幅要大得多。日本钢铁工业进口铁矿石的平均价格从1998年到2004年一直稳定在每吨23~26美元之间。但根据中国商务部的数据，中国进口铁矿石的平均价格变化幅度非常大，2002年是每吨24.83美元，2003年上升至每吨32.79美元，而2004年飞涨至每吨61.09美元。根据国际金属和矿产工业的权威机构AME提供的资料，在澳大利亚24个主要的铁矿中，8个有日本公司直接参股。其余的16个铁矿日本的企业也间接参股。在巴西的22个铁矿中，日本公司同样有参股。仅新日本钢铁公司就在全球最大的铁矿石供应商巴西淡水河谷公司中占有40%的股份。

进口价格上升造成的损失可以通过股利或者股票溢价收入得到补偿，而且甚至可以成为打压竞争对手的一种手段。[①] 近年来中国企业在海外初级产品投资方面已经有所进展，但是和发达国家企业相比还有很长的路要走。[②]

① 很多分析师认为，2005 年日本和韩国的钢铁公司之所以如此爽快地接受国际铁矿石寡头供应商75%的提价要求，就是因为它们均在海外铁矿石公司中拥有可观股份，因此所受损失远较中国钢铁公司为小。因此这可以视为日韩钢铁公司打压中国竞争对手的一种非常规手段。

② 按照国际通行做法，对于铁矿石等资源产品的进口商而言，其海外投资应该达到进口量的40%，长期合同应该达到进口量的40%，现货交易只占20%。但是目前中国企业境外开矿规模在进口矿中的比例只有20%左右，而日本这一比例达到70%以上。

热点篇 2

全球经济失衡与人民币汇率

全球国际收支失衡及其对中国的影响 *

○ 姚枝仲

一 全球国际收支失衡概况

当前全球国际收支失衡主要体现在两个方面：一是美国巨额的经常账户逆差和迅速上升的净对外债务。2004 年，美国的经常账户逆差为 6659 亿美元，占 GDP 的 5.7%；净对外债务余额为 2.54 万亿美元，占 GDP 的 22%。二是部分国家尤其是部分亚洲国家大量的贸易顺差，特别是对美贸易顺差和迅速累积的外汇储备。2004 年中、日、韩和东盟五国（印度尼西亚、马来西亚、菲律宾、新加坡和泰国）的贸易顺差为 2326 亿美元，其中对美贸易顺差为 1832 亿美元；外汇储备余额为 1.9 万亿美元，其中 2004 年增加了 4673 亿美元。

这一失衡状况被描述成一种“双循环”格局。其中，第一循环是指部分亚洲国家向美国输出商品，获得大量外汇储备；第二循环是指这些亚洲国家的外汇储备又返回美国，弥补了美国的经常账户逆差，支持了美国继续大量进口商品。

在这种格局中，美国似乎成了众矢之的。美国被认为通过发行美元和日益增加的债券“免费”获得了外国的商品。美国在这一格局中获得了大量的利益。因此，国际上要求美国调整经常账户逆差的呼声一直很高。按照这一逻辑，美国似乎应该承担调整经常账户逆差的责任。美国政府应该主动削减财政赤字，降低财政支出，并且应该鼓励居民降低消费和增加储蓄。

亚洲国家在这一格局中则处于非常尴尬的地位。一方面，大量的贸易顺

* 本文采纳了中国社会科学院世界经济与政治研究所孙杰研究员提供的许多建设性的修改意见，在此特表感谢。

差和快速的外汇储备积累表明亚洲国家的货币存在低估现象。因此，这些国家常常被“指控”为通过操纵汇率向外“倾销”商品，因而必须让其货币升值。但是，另一方面，这些亚洲国家又不得不继续通过大量购进美元来维持美元汇率稳定，以避免其储备资产的价值损失。

另外，美国巨额的经常账户逆差和迅速累积的净对外债务似乎迟早都要调整。事实上，美元汇率也已经发生变动，并继续处于预期不稳定状态。国际货币体系也似乎需要新一轮的变革来适应或改变目前全球国际收支不平衡的格局。因此，如何看待这一失衡状况及其变革是当前国际经济中一个十分重大的问题。

在分析当前的全球国际收支失衡之前，简要回顾一下 20 世纪 70 年代的国际收支失衡状况及其引起的问题和相关争论是十分有益的。

与目前的国际收支失衡不同，20 世纪 70 年代的国际收支失衡主要表现在三个方面：OPEC 巨大的顺差、欠发达国家迅速增长的债务和许多发达国家空前的经常项目逆差。其后果是引发了 1980 年代和 1990 年代一系列的货币危机。

尽管当时很多学者认为是石油价格上涨造成了当时的国际收支失衡，但是后来越来越多的学者认为石油价格不是唯一的因素，甚至不是最主要的因素。这也引发了对经常账户分析的革命性的变化，即跨期优化方法的引入。这一方法的引入带来了一个颠覆性的结论，即经常账户平衡或贸易平衡不是一个国家的最优选择，不是一个国家最优资源配置的结果。在一段时期内出现经常账户逆差、在另一段时期内出现经常账户顺差反而是一国进行最优资源配置的表现。这一结论推翻了所有以贸易平衡或经常账户平衡为原则或前提的分析结论。由于贸易平衡在贸易理论和人们的观念中已经根深蒂固，因此这场革命至今还在继续。

现在大多数经济学家认为一个国家不会在每一时期都保持贸易平衡或经常账户平衡。一个国家可能在一段时期出现贸易顺差或经常账户顺差，而在另一个时期出现贸易逆差或经常账户逆差，甚至长期出现贸易逆差或顺差。这种现象是可能的，也是正常的。同样，在某一个时期内，一些国家为贸易顺差或经常账户顺差，而另外一些国家为贸易逆差或经常账户逆差，这种现象也是可能的，甚至是一种常态。

在理论上，目前关于经常账户的分析，也不再以余额平衡为基本原则，而主要集中于经常账户余额的决定和变化，及其与各种相关因素之间的关系。其中，一个十分重要的课题是经常账户余额的可持续性问题以及经常账户与汇率之间的关系。

在考察当前全球的国际失衡状况及其影响时，以美国作为基点，考察美国贸易逆差或经常账户逆差的可持续性就是一个很好的视角。因为美国经常账户的可持续性决定了当前全球国际收支状况的可持续性，也决定了当前全球货币体系的可持续性。可见，从美国贸易逆差或经常账户的可持续性可以分析当前全球国际收支状况的发展趋势及其影响。以下本文首先着重考察美国贸易逆差的可持续性，然后再分析美国贸易逆差可能面临的变动方式及其对中国的影响。

二 美国贸易逆差的可持续性

贸易逆差是经常项目逆差的一个主要组成部分，而经常项目逆差表现为对外债务的累积。因此，要考察贸易逆差是否可持续，就要从对外债务的可持续性来考察。

考察对外债务是否可持续实际上就是分析一个国家能否持续获得足够的外债。其中，最简单的办法是考察未来对外债的偿付能力。但是，不是说一国的总产出或总财富超过了对外债务，就是有偿付能力。因为一国的总产出和总资源还需要用于居民的消费和投资，还需要用于维持正常的社会运转。不能将一国的所有产出和资源都用于偿付外债。所谓偿付能力，是指今天通过贸易逆差或经常账户逆差累积的外债能否通过明天的贸易顺差或经常账户顺差来弥补。更严格地说，对外债务的偿付能力是指预期未来经常账户差额的累积贴现值是否大于当前的对外债务水平。如果预期未来经常账户差额的累积贴现值大于或等于当前的对外债务水平，则该国对这一债务水平是具有偿付能力的；如果预期未来经常账户差额的累积贴现值小于当前的对外债务水平，则该国对这一债务水平是不具有偿付能力的。遗憾的是，没有一个可靠的办法来估计一个国家未来的经常账户差额。因此，考察对外债务的可持续性还需要其他的办法。

考察债务是否可持续的另一个办法是分析债务/GDP 是不是处于一个稳定水平，或会不会收敛于一个稳定水平。如果债务/GDP 处于一个稳定水平或者收敛于某一个稳定水平，则该国的债务具有可持续的基础；如果债务/GDP处于一个不断扩大的发散过程，则该国的债务就是不可持续的；如果债务/GDP处于一个不断缩小的发散过程，则该国的对外债务将会消失，并出现对外债权，从而没有必要再考虑债务的偿付问题。

需要说明的是，即使债务/GDP处于一个稳定水平或者会收敛于某一稳定水平，也不能说这一稳定的债务水平就是可持续的。因为要维持这一稳定的债务水平还需要资本的继续流入。因此，资本的流入意愿决定了这一稳定的债务/GDP水平是否真正可持续。

可见，一个可持续的贸易逆差或债务水平至少需要具备两个条件：一是债务/GDP处于稳定水平或将收敛于某一个稳定水平；二是资本有继续流入的意愿。以下就从这两个条件来考察美国的贸易逆差是否具有可持续性。

首先来看美国的对外净债务/GDP是否处于一个稳定水平。一个简单的办法是考察美国对外净债务的增长率是否与GDP的增长率相同。如果对外净债务的增长率与GDP的增长率相同，则对外净债务与GDP的比显然处于一个稳定水平。如果对外净债务的增长率大于GDP的增长率，则该比值会不断扩大；相反，如果对外净债务的增长率小于GDP的增长率，则该比值会不断缩小。后两种情况都表明当前的对外净债务/GDP不是稳定的。

从2004年的数据来看，美国对外净债务的增长率为7.2%，而名义GDP的增长率为6.5%。对外净债务的增长率略高于GDP的增长率。因此，目前的债务/GDP不是处于一个稳定水平，而是在不断扩大。

接下来，我们再考察美国的对外净债务/GDP是会无限扩大，还是会收敛到某一个较大的值。在理论上，对外净债务的变化主要由经常账户逆差组成，而经常账户逆差主要由两部分构成，分别是贸易逆差和净收益（或利息）支出。如果对外支付的收益率大于GDP增长率（如对外债务完全是外国直接投资），则即使贸易逆差额不发生任何变动，甚至不断缩小，对外净债务的累积速度也会快于GDP的增长速度，从而对外净债务/GDP就会无限扩大。在这种情况下，只有出现一定的贸易顺差，对外净债务/GDP才会收敛到某一水平。

在美国的国际收支中，有一个非常独特的现象。美国虽然是净的对外债务国，且净的对外债务达到了2.54万亿美元。但是令人惊奇的是，美国的对外净资本收益却是正的362亿美元。也就是说，尽管美国欠他国很多钱，但是美国还能从他国获得一些利息。更直白地说，就是世界上许多国家竟然倒贴利息借钱给美国。这是一种非常奇怪的现象，但在美国却是一件千真万确的事情。其原因在于美国的对外投资能够获得4.2%的平均收益率，但是其他国家在美国的投资却只能获得2.9%的平均收益率。[①] 这种结构使得美国可以从国外借钱然后投资到国外而获得利益。也可以使美国从国外借入100美元时，只要将其中的70美元投资于国外，就能获得收益上的平衡。[②] 而另外的30美元可以在美国国内进行消费或投资。这30美元对外净债务不会给美国带来收入流失。

在这种情况下，尽管美国会出现贸易逆差，甚至会出现较大的贸易逆差，美国的对外净债务/GDP仍然可能稳定于某一个特定的不是很高的水平，因为贸易逆差会被资本收益抵消掉一部分。当然，如果贸易逆差增长太快，以至于对外净债务超过了对外债权总额的45%，[③] 则对外净债务/GDP又会朝更高的水平运动。美国2004年的贸易逆差相对于2003年增长22%。如此之高的增长率将使得美国的对外净债务/GDP不断上升，并趋于无限大。在这种情况下，完全可以认为，美国的贸易逆差和对外债务/GDP是不稳定的，并且也是不可持续的。

即使假定美国的贸易逆差占GDP的比保持不变，美国的对外债务/GDP也会攀升到94%的水平。[④] 这时，美国需要越来越大的资本流入。此时，尽管美国的对外债务/GDP在技术上能实现稳定，但是这种稳定是否可持续，还取决于资本的流入意愿。

近年来，美国的资本流入有一种特别的结构，即以亚洲国家的官方储备为主。官方储备的主要功能是维持宏观稳定，而不是资产收益。持续的、过量的外汇储备增长会给亚洲国家带来通货膨胀压力。为了维持宏观稳定，亚洲国家有很强的动机去降低储备资产的增长，从而减少对美国的资本流入。

---

① 平均收益率根据美国2004年的国际收支平衡表和对外投资头寸表的有关数据计算。

② 美国借入100美元后，根据2.9%的平均收益率，需要每年对外支付2.9美元的利息。但是，美国只需将其中的70美元投资到国外，按4.2%的平均收益率，就能每年获得2.94美元的收益，从而可以偿付借入的100美元的利息。

③ 由于145美元的对外债务所需要支付的利息（145×2.9% =4.2）正好和100美元对外投资的收益（100×4.2% =4.2）相等。因此，对外净债务超过了对外债权总额的45%时，投资收益就会净流出。此时，债务利息会导致债务的扩大。

④ 从对外债务增量（$B_t - B_{t-1}$）等于贸易余额（T）与投资净收益（rB_{t-1}）之和这一基本公式出发，可以得出在贸易余额与GDP之比保持不变的情况下，一个稳定的债务与GDP之比（B/Y）等于，$T/Y1$ －（$1+r$）$Y_{t-1}\ Y_t$，根据美国2004年的数据，$T/Y_t = 5.26\%$，$r = -1.43\%$，$Y_{t-1}/Y_t = 95.75\%$。故可得稳定的债务与GDP之比为94%。

因而从资本的流入意愿上说，即使对外债务/GDP 能收敛于 94% 的水平，美国的贸易逆差和对外债务也很可能是不可持续的。

三 美国贸易逆差的调整方式

前已述及，美国贸易逆差和对外债务水平是不可持续的，因此，美国贸易逆差的调整是不可避免的。美国贸易逆差的调整意味着世界贸易格局的变化，意味着国际资本流量与流向的重大变化，甚至意味着国际货币体系的深刻变化。但是，不同的调整方式对世界经济的影响程度和范围是不一样的。

从理论和历史上看，美国贸易逆差的调整可能存在以下六种方式：美元主动大幅度贬值；由于国际资本流向突然发生变化导致的美元突发性被动贬值；亚洲货币主动升值；美元对世界主要货币缓慢贬值；美国缩减政府支出；美国调整居民的消费储蓄和投资结构。以下逐一讨论各种调整方式带来的影响和可能性。

1. 美元突然大幅度主动贬值

这是对美国最有利的方式。但是，由于美国实行自由浮动汇率，因而现在缺乏单方面主动贬值的手段。这里的主动贬值是指美国政府自主决定的美元贬值。历史上，美国曾经在尼克松时期两次通过美元主动贬值来克服外部不平衡问题，并直接导致了布雷顿森林体系的解体。美元突然主动贬值可以使美国在国际资本还没来得及反应就完成了汇率和经常账户调整。而世界其他国家将承担美元资产缩水、净出口减少和国际货币价值体系紊乱带来的经济滑坡等损失。幸运的是，在当今国际金融市场上，美国政府虽然能干预美元汇率，但已经不能单方面决定美元汇率，因此也没有能力实现美元的突然大幅度主动贬值。

2. 美元的被动恶性贬值

这是对美国最不利的一种方式。美元的被动恶性贬值伴随着国际资本大量抛售美元资产，并直接导致美国经济衰退，因而是对美国最不利的方式。美国政府会尽量避免美元被动贬值，避免国际资本对美元资产丧失信心。同时，世界上其他国家和地区，尤其是欧元区和日本，也包括中国和亚洲其他国家，为避免美元资产缩水和对国内经济的冲击，也会尽量避免美元的恶性贬值。

3. 亚洲货币主动升值

由于亚洲国家对美国的贸易顺差和官方储备上升是当前全球国际收支失

衡的主要特征之一，因而一般认为，亚洲国家货币存在普遍的低估现象。不管亚洲国家宣布的汇率制度是单一钉住美元，还是钉住一篮子货币，还是有管理的浮动和自由浮动汇率制度，从官方储备快速上升的现象表明，亚洲国家普遍对其货币的汇率进行了较强的干预。在这一逻辑下，亚洲国家的货币主动升值就成为解决当前国际收支失衡的一种当然的手段。

由于亚洲目前缺乏货币合作和汇率协调机制，因而亚洲货币的主动升值存在两种不同的方式：其一为各经济体自主决定升值与否、升值幅度以及升值的时间路径；其二为各主权经济体同时升值。

在第一种情况下，由于亚洲国家之间经济紧密相联，商品之间存在较强的竞争关系，因此，很难有一个国家首先采取升值行动。或者即使有某一个国家首先升值了，其他国家也可能不跟进。但是中国例外。

这是因为人民币在亚洲尤其是在东南亚具有巨大的影响力。

竞争关系越强的两个国家，贸易品之间的替代程度越高，双边汇率波动带来的影响就越大，因而这两个国家对双边汇率稳定的要求也会越高。许多亚洲国家与日本之间的贸易要超过与中国之间的贸易，如果单纯从贸易份额来看，对亚洲其他国家而言，日元汇率将比人民币汇率更加重要。但由于这些国家的贸易品与中国贸易品之间存在较强的替代性，这些国家可能更加关注人民币的汇率而不是日元的汇率。

更为重要的是，通过一个竞争压力指数发现，中国、日本与亚洲其他国家之间存在明显的不对称竞争压力。中国对日本以外的其他亚洲国家所构成的竞争力要远远大于其他国家对中国所构成的竞争压力。另外，中国对印度尼西亚、菲律宾和泰国的竞争压力要大于日本对这三个国家的竞争压力。

在美国市场上，中国对东盟十国以及日本、韩国都处于竞争优势地位，中国对这 12 个国家的竞争压力都要大于这些国家对中国的竞争压力。而且除印尼和新加坡外，中国对其他八个东盟国家的竞争压力都要大于日本对这八个东盟国家的竞争压力。

由于中国经济的持续高速增长和对外贸易的快速扩张，也由于中国在经济增长与收入提高的同时，仍然在长期内存在大量剩余劳动力，因此中国在其他产业迅速发展的同时，劳动密集型产业仍然会在较长一段时期内保持一定的优势，也就是说，中国的经济发展将在越来越多的领域对亚洲国家构成竞争压力。可以预料，中国对亚洲国家的竞争压力将逐渐全面超过日本，与此同时，亚洲其他国家包括日本对中国的竞争压力则将持续缩小。这种竞争压力的不对称将使中国成为亚洲最有影响力的国家，而且使中国在亚洲的各种国际经济合作中处于非常有利的地位。

竞争压力的不对称也带来了对双边汇率稳定性要求的不对称。中国与亚洲其他国家之间的竞争关系表明，亚洲其他国家对其货币与人民币之间的汇率有很强的稳定性要求，对人民币汇率的稳定对于维持亚洲其他国家货币的汇率稳定有极其重要的作用，但是，亚洲其他国家货币的稳定却并不是维持人民币汇率稳定的主要因素。

竞争压力的不对称以及由此带来的对双边汇率稳定性要求的不对称，使中国在促进亚洲汇率稳定的国际货币合作中处于明显的优势地位。中国完全可以自主地调整人民币汇率，而其他国家则需要密切关注人民币的汇率变动，甚至“参考”人民币汇率变动而调整其自身的货币汇率。

因此，在各经济体自主决定升值的情况下，主要取决于人民币的升值状况、升值幅度和路径。中国政府可能主动承担调整全球国际收支失衡的责任，但是中国政府还面临两方面的制约：其一，中国的汇率政策以维护国内宏观经济稳定为依据，只有在不破坏国内宏观经济稳定的前提下才会承担调整全球国际收支失衡的任务。其二，人民币升值对调整全球国际收支失衡的作用是有限的。即使人民币带动了亚洲货币的升值，这种升值也是有限的，尤其是，要调整全球国际收支失衡，美国消费储蓄和投资结构的调整是必要的。单纯依靠人民币升值和亚洲货币升值不能完全解决问题。

对于亚洲货币升值的第二种方式，即亚洲货币同时升值的方式，其实现难度较大。首先，亚洲现在没有有效的货币合作和汇率协调机制。其次，对于升值幅度难以存在共识。由于同样的升值幅度对各经济体的影响程度是不一样的，因此，各经济体难以同意实行相同的升值幅度，同时又缺乏一个标准来具体识别每个经济体应该的升值幅度。因此，同时升值的方式较难实现。

4. 美元对世界主要货币缓慢贬值

缓慢贬值意味着缓慢的调整。这是一种冲击较小的调整方式。但是，在调整过程中，世界经济尤其是美国经济仍然要付出较大的代价。首先，美国在调整过程中需要担负艰巨的维持宏观稳定的任务。其次，美元作为国际货币的地位将受到较大的削弱，美国因美元作为国际货币而获得的利益将受到较大的损失。再次，由于美国市场吸纳各国商品的能力将受到削弱，美国作为世界经济发展推动力的作用将受到削弱。最后，在这个过程中，随时可能受到国际资本的剧烈冲击，导致美元急剧地被动恶性贬值。美国可能需要付出很大的努力才能防止这种冲击。

5. 美国缩减政府支出

美国的失衡常常被描述为双赤字，即财政赤字和经常账户赤字同时存在的现象。从20世纪80年代初期到90年代中期，双赤字一直是美国最主要的经济问题之一。政府过度支出一度被认为同时制造了财政赤字和经常账户赤字，双赤字的原始含义实际上是“孪生赤字”。“9·11”事件以后，美国财政支出急剧增加，财政赤字迅速扩大，并带动了经常账户赤字进一步增加。2004年美国财政赤字已达4255亿美元，经常账户赤字达6659亿美元，分别占GDP的3.6%和5.7%。但是，克林顿政府的实践否定了政府过度支出同时制造了财政赤字和经常账户赤字的这一认识。1998~2000年美国实现了财政盈余，但是经常账户赤字却并没有消失，反而呈扩大趋势。双赤字不一定同时出现，政府过度支出不是经常账户赤字的唯一决定因素。美国经常账户赤字还是美国居民过度支出和储蓄不足的结果。因此，美国缩减政府支出有助于降低财政赤字，降低经常账户不平衡程度和全球国际收支失衡程度，但是不能完全解决美国的经常账户不平衡和全球国际收支失衡问题。

为了降低财政赤字，新一届布什政府开始缩减政府支出。为了防止由此产生的宏观经济不稳定，布什政府同时实行减税政策，刺激投资增加，以弥补政府支出减少导致的总需求下降。这一政策有助于降低甚至消除美国的财政赤字。但是由于不能改变美国居民储蓄不足的状况，因而不能从根本上改善其经常账户。

6. 美国调整居民的消费储蓄和投资结构

美国的经常账户逆差在核算上由两部分组成：一是居民储蓄不足投资的部分；二是政府的财政收入不足支出的部分，即财政赤字。因此，美国居民的低储蓄和高消费、高投资是其经常账户逆差的又一个重要原因，甚至是一个更主要的原因。要调整美国的经常账户逆差，就必然要涉及调整美国居民的消费储蓄和投资结构。美国居民的低储蓄与美国社会保障体系、住房按揭体系等鼓励消费的制度密不可分。因此，调整居民收入支出结构，从鼓励消费转向鼓励储蓄，是美国政府改善经常账户的现实选择。从鼓励消费向鼓励储蓄的转变，会产生总需求不足的宏观经济风险，但这是美国避免美元恶性贬值的现实选择。为了防止在调整过程中出现经济衰退，美国会尽量放慢调整速度，并采取必要的财政政策和货币政策维持宏观经济稳定。

在现实中，除了第一方式不能实现以外，另外的五种方式都是可行的。

同时，后四种方式还可以同时实现。而且在美国贸易逆差的调整过程中，财政支出的缩减与居民消费和储蓄结构的变化总是不可避免的，美元贬值也往往是美国贸易逆差调整过程中的伴生物。

四　对中国经济的影响

由于美国贸易逆差的调整一定伴随着贸易逆差的缩小和美元汇率的波动，因而对中国经济的影响主要体现在对外贸易、储备资产、人民币汇率以及宏观经济稳定上。

如果美元发生恶性贬值，世界经济将受到较大负面冲击，中国的对外贸易和宏观稳定也将受到较大的紧缩冲击。这对世界经济，包括美国经济和中国经济来说都是一场灾难。因而美国和世界各国都会尽量避免这种情况的发生。美元缓慢贬值的好处就在于不至于对世界经济的宏观稳定造成太大冲击，同时中国的宏观经济稳定也不会受到太大影响，除非人民币汇率发生突发性的大幅度升值。当然中国政府也会尽量避免人民币的突发性大幅度升值。因而以下仅仅讨论在美国贸易逆差缓慢调整、美元缓慢贬值和人民币汇率缓慢变动的情况下，美国贸易逆差的调整对中国的对外贸易、储备资产和人民币的影响。

首先来看对中国对外贸易的影响。对美的贸易顺差是中国获得整体贸易顺差和维持贸易平衡的主要组成部分。根据海关统计数据，2004 年中国对外贸易顺差总额为 318 亿美元，其中对美国的顺差达到了 804 亿美元，如果由于美国贸易逆差的调整导致中国对美国的贸易出现了平衡，则中国将出现 486 亿美元的贸易逆差，中国将迅速从一个贸易顺差国变为一个贸易逆差国。

但是，即使美国的贸易差额实现了平衡，中国可能仍然对美国保持贸易顺差。这是因为，美国贸易逆差的调整是以整体贸易差额的变化为目标的，而不会追求单独与某一个国家的贸易差额的变化。而中国在美国的贸易格局中扮演了一个非常特殊的角色，这种角色可以从中国对外贸易的地区分布和产品分布中看出来。中国对亚洲国家存在贸易逆差，而对美国存在贸易顺差。亚洲国家向中国出口原材料和零部件，经中国加工后出口到美国。因而中国对美国的贸易顺差中实际上有一部分被其他亚洲国家获得了，中国只有与美国保持贸易顺差才能实现总体上的贸易平衡。同样，美国即使对中国保持逆差仍然能实现总体上的贸易平衡。

认识到这一点，并不意味着美国贸易逆差的调整不会对中国的对外贸易造成影响，只是这种影响的结果不是中国对美国之间实现贸易平衡。或者说，美国贸易逆差的调整对中国贸易的影响要弱于对其他国家尤其是其他亚洲国家的对外贸易的影响。

这种情况一方面是好事，但是另一方面，也使得中国对美国的贸易顺差在美国贸易逆差的来源中显得特别突兀。这就是使得中美贸易特别容易成为美国贸易保护主义攻击的对象，中国的对外贸易政策和人民币的汇率政策也特别容易受到美国关注的原因。因此，中美之间的经济摩擦也会更加频繁与剧烈。

其次，对储备资产的影响。由于美元贬值，对于以美元为主的外汇储备来说，势必遭受一定的价值损失。同时，外汇储备大幅度地转换持币结构又会加速美元的贬值。因而对于储备资产的处理显得比较尴尬，在处理时也需要特别谨慎。需要认识到的是，这种损失是必然要发生的，也是中国维持宏观稳定的一种必然的代价。因此，剩下的问题是如何在继续保持宏观稳定的前提下尽量减少储备资产的价值损失。

再次，对人民币的影响。美元汇率波动和阶段性贬值仍然会成为调整过程中的主要特征。除非出现新的技术创新周期，在调整过程中美国经济将不断面临经济衰退的考验。而一旦出现经济衰退，美国又会转而寻求汇率的有限贬值来减轻调整压力。因此，在调整过程中，美元汇率波动和阶段性贬值将是一个主要特征。美元贬值及中国对美的贸易顺差使得美国贸易逆差的调整将对人民币汇率造成较大影响。美元贬值带来的最大影响是会导致人民币对美元的升值压力和升值预期，并使人民币汇率调整陷于困境。但同时，人民币的国际影响力也将逐渐得到体现。美国贸易逆差的调整为人民币的国际化和在未来国际货币体系中占据重要地位提供了契机。

美元汇率波动和不断贬值将导致各国货币的价值变动。当今国际货币体系不能统一协调各国货币价值，各国无法估计和有效规避美元汇率波动带来的风险。因此，有关国际货币合作的呼声会越来越强，也为我国谋取人民币的国际货币地位提供了机会。但是，我国还没有实现人民币的完全可兑换，外汇市场还很不完善，人民币目前难以很快成长为国际货币体系中的一种关键货币。因此，我国目前应对国际货币合作的最佳策略是逐渐提高人民币的国际影响力，尤其是在亚洲的影响力，而不是建立真正的汇率协调机制。

提高人民币汇率形成的市场化程度，调整对外经济政策，是我国应对国际压力、克服外部不平衡以及提高人民币国际地位的最佳选择。提高人民币汇率形成的市场化程度，则可以名正言顺地让市场来决定汇率，不必理会国际舆论压力和政治压力。而且只要在外汇市场上保持中央银行的干预力量，即使提高人民币汇率形成的市场化程度，仍然能保持人民币汇率稳定。同时，还可以通过调整对外经济政策，改善国际收支管理，降低外部不平衡程度和人民币汇率的低估程度，减轻中央银行在外汇市场上的干预压力。

提高人民币汇率形成的市场化程度需要推动三项改革措施。提高人民币汇率形成的市场化程度，需要兼顾中央银行的干预能力，宜采取逐步放宽人民币汇率浮动区间的办法。但是，这一汇率制度对外汇市场基础有较高的要求，需要事先推动三项改革措施：第一，统一外汇指定银行同企业、个人之间的外汇市场与中国外汇交易中心的外汇市场，避免外汇市场分割带来的外汇制度改革失败。第二，改革目前的强制结售汇制，实行自愿结售汇或者更加宽松的强制结售汇制度，避免外汇指定银行对人民币汇率的垄断定价权。第三，放松对外汇指定银行的外汇余额管理，或者完全取消余额限制。避免外汇指定银行的非意愿外汇买卖，真正发挥外汇指定银行在外汇市场上的基础性作用。

对外经济政策宜以改善国内资源配置效率为目标。由于我国目前已经具有很高的对外开放水平，而且现有对出口和引进外资的优惠政策已经成为造成中国外部不平衡的一个重要原因。因此，目前应该逐步取消对出口和引进外资的优惠政策，逐步消除对进口用汇和内资的限制。对外经济政策不宜继续片面强调出口导向和吸引外资，宜以提高国内资源配置效率为目标。

人民币汇率水平与制度改革

〇张　斌

有什么证据证明人民币真的被低估了？即使人民币偏离了其均衡水平，过去两年的经验表明，中国货币当局并没有像传统观点预测的那样，丧失货币政策独立性，并引发通货膨胀。人民币如果被低估，负面影响重点究竟在哪个方面？人民币最终在今年选择了升值，如果中国经济增长一帆风顺，今后还会再升，升值会像传统观点认为的那样对出口、就业乃至国民经济总产出带来不利影响吗？2005 年 7 月 21 日，中国货币当局对人民币汇率制度改革做出了新的重要决定。市场对汇率改革的看法众说纷纭，有观点认为人民币汇率制度逐步走向真正的有管理的浮动；还有观点认为如此小幅度的调整并不足以说明人民币汇率真正走向浮动，人民币汇率形成机制并没有实质性的变化。究竟如何认识这次汇率改革？未来的人民币汇率制度和汇率水平会按照什么样的路径变化呢？

以上的一系列疑问是人民币汇率水平和汇率制度研究中的几个重点问题。经过过去几年时间的热烈讨论，学术界、商业研究机构和政策制定者对于这些问题的认识也逐渐清晰。特别是由于中国国情比较特殊，人民币汇率的研究中有很多与传统研究的重点并不完全一致，得到的结论与传统结论也并不完全一致。这里，笔者把过去几年时间里关于上述问题的研究做一个比较全面的回顾。

上篇：人民币汇率水平及其影响
——传统观点正确吗？

一　人民币是否被低估？程度如何？

1. 基于生活中的判断——直觉可信吗？

揭开汇率神秘的面纱，与其他商品价格一样，汇率可以表示为单位外国货币的本币价格，也就是我们通常所说的 8 元多人民币可以换 1 美元。在供求关系的作用下，外国货币在本国的价格取决于本国对于外国货币的供给与需求。在本国外汇市场上，对外国货币的供给大于需求，外国货币贬值，同时也就是本国货币升值。

中国对外国货币的供求关系如何呢？仅靠常识推断，记忆中至少还记得从改革开放到 1990 年代初，我们一直都生活在对索尼电视机、松下冰箱、JVC 音响、爱华随身听的无限向往当中；皇冠、尼桑轿车是当时权力阶层的时尚；一套哪怕今天送给你都不要的 286 计算机是一个工厂、学校里面专人看守的重要财产。这些进口货太珍贵了，可以买这些宝贝的外汇，自然更是当时的宝贝。时事如棋，一切都发生得很快。以后短短十年的时间里，上面几乎所有的进口货都可以在中国找到大规模生产基地，中国的企业也不甘落后，海尔、长虹、联想等一大批国产品牌比外国大品牌也差不到哪里去，他们的产品也大量销往欧美市场。

这些变化反映在外汇市场上，一方面是来自进口需要的外汇需求减少，另一方面是出口创汇能力增加。外汇需求持续减少，供给持续增加，外国货币降价（本币升值）自然难免。货币当局不愿让本币升值，就不得不把外汇市场上全部超过外汇需求的额外外汇收归国家外汇储备，于是出现了中国连续长达十多年的贸易顺差与外汇储备的急剧增长。

2. 基于理论的判断——巴拉萨－萨缪尔森效应正确吗？

局限于有限的生活经验，上面的判断只能帮助做一个大致的推测。更有说服力的是来自理论的研究。早在 20 世纪 60 年代，巴拉萨－萨缪尔森假说（the Balassa-Samuelson Hypothesis，以下简称 BSH）就有结论：快速经济增长带动货币升值。其中的逻辑为：经济增长比较快的国家，往往伴随其国内贸易品部门劳动生产率的快速提升。受贸易品部门劳动生产率快速提升的影响，贸易品部门工资水平提高。在一个完全竞争的劳动力市场上，非贸易品部门工资也跟随贸易品部门工资上升，导致非贸易品部门产品价格上升。在小国假定下，本国贸易品部门的商品价格由国际市场决定，因此其价格不会因为劳动生产率和部门工资的变化而变化。最终，非贸易品价格相对于贸易品价格上升，也就是真实汇率[①]升值。简单地说，BSH 认为贸易品部门劳动

① 可以表示为本国商品与外国商品的相对价格，也可以表示为非贸易品与贸易品的相对价格，下文中有例子说明。关于各种真实汇率表达形式之间关系更详细的讨论和实证研究，参见张斌（2005）。

生产率的上升，带来了全社会工资和价格水平的提高。但是，由于贸易品部门价格决定的外生性质，价格上升并不体现在贸易品价格上，而是非贸易品相对贸易品价格的上升。

国内学者对 BSH 提出了疑问。BSH 推理背后的假定在中国并不一定成立。首先，中国农村沉淀了大量劳动力，贸易品部门劳动生产率提升并不必然带动工资上升；其次，就算工资随劳动生产率调整，小国假定对中国也不适用。中国贸易品出口，尤其是在纺织品，一些劳动密集型机械、电子等产品出口上，是国际市场地位举足轻重的供给者，能影响到国际市场价格。如果贸易品价格也因为工资变化进行了调整，也不会必然导致非贸易品与贸易品相对价格的变化。

中国这些比较特殊的情况并不影响 BSH 关于贸易品部门劳动生产率上升带动货币升值的基本结论，但是，BSH 的推理过程在中国需要做出调整。给定贸易品部门劳动生产率快速提升，工资价格在庞大剩余劳动力的压力下不随之调整，则贸易品实际价格有向下调整趋势。由于中国许多劳动密集型产品在国际市场上占据较大市场份额，国内市场价格的下降会带来国际市场价格的下降。因此，在国内非贸易品价格不变的假定下，同样会发生国内贸易品相对于非贸易品价格下降的趋势，与 BSH 的结论相同。

还可以从另一个角度认识 BSH 在中国的变形。由于贸易品、非贸易品价格的变动在中国更多地体现在贸易品价格下降，而不是非贸易品价格上升方面，中国贸易品价格的下降同时意味着出口和进口替代品价格的下降。这种变化反映在外汇市场上会导致外汇供给的增加和需求减少，贸易顺差也会增加。因此，如果典型意义上的 BSH 并不一定伴随着贸易不平衡，中国特色的 BSH 则难以避免贸易顺差，市场上对货币升值的预期与投机压力也会更加严重。

最后，必须指出的是，BSH 仅描述了在市场机制作用下均衡汇率变动的方向，并不意味着贸易品部门劳动生产率迅速提高一定会带来货币升值。原因很简单，如果有一个强有力的政府，它完全可以利用行政力量把汇率固定在一个水平上。是什么和应该是什么，在现实中往往存在难以逾越的距离。

3. 基于实证模型和国际经验的研究

与生活经验或者是理论相比较，来自实证模型的证据更直接，更受到关注。除了国际收支、外汇储备等显而易见的证据以外，均衡汇率模型是判断货币是否被高估或者低估的最主流工具。限于篇幅，这里不对测算均衡汇率的各种方法做出详细解释，有兴趣的读者可以参考 Montiel and Hinkle

(1999) 或者张斌 (2003)。大部分相关的人民币均衡汇率模型都支持这样的结论：2000 年以后，人民币持续低估，尤其是在 2002 年美元贬值以后，人民币低估的程度增加。造成人民币均衡汇率升值的原因，在张斌 (2003)，施健淮、余海丰 (2005) 等很多类似研究中也达成了共识：贸易品（制造业）部门劳动生产率的提升是造成人民币均衡汇率升值的主要推动力量。这与我们来自生活经验和理论的判断达成了一致。

除了均衡汇率模型，实证判断人民币是否被低估的方法还有很多，比如通过对中国与外部世界贸易品部门劳动生产率增长率的比较，再结合人民币汇率的实际变动情况，进而判断人民币是否需要调整；再比如投资银行习惯采用的基本面分析法，即通过宏观经济与国际收支基本面变化，判断货币是否需要调整。国际上比较有影响力的研究集中在瑞士联合银行（UBS）Anderson 连续三个版本的 "The Complete RMB Handbook" 和美国国际经济研究所 Goldstein (2004) 的研究。特别地，Goldstein 立足于全球国际收支平衡的视角，判断了人民币需要多大程度的调整，同时结合美、日、欧以及东亚诸多国家的努力，才能引导全球国际收支重建平衡。

在国际经验研究方面，张斌、何帆 (2004) 关于日本、德国货币升值的国际经验，证实了一个经济大国的崛起，往往会伴随着货币升值。另外还有很多关于经济增长与货币升值之间关系的实证研究，限于篇幅，这里就不再一一列举。

与判断人民币是否被低估相比，在人民币究竟被低估了多少的问题上有更多的疑问。人民币究竟是被低估了一点点，还是像国外有些声音所说的那样有 30% 甚至更多？国内外各种实证研究对这个问题并没有达成一致的结论，人民币被低估的幅度估计也在 5% ~30%，或者更多。造成如此重大差异的原因主要有两个方面：首先是计算方法的差异；其次是所采用样本的差异。坦白地说，由于对人民币均衡汇率决定的理论模型很难达成一致，再考虑到数据上的限制，非常准确地估算人民币均衡实际有效汇率非常困难，这些研究的结论更多的意义在于反映均衡汇率变动的趋势、背后的决定因素以及人民币汇率失调的一个大致区间，而不在于非常准确地给出一个汇率失调的具体数字。另外，即使对均衡汇率的估计非常准确，在人民币与美元超稳定的格局下，美元相对日元、欧元等世界主要货币的变化随时都会影响人民币实际有效汇率的变化，人民币实际有效汇率与均衡汇率错位的幅度也都会随时变化，这也影响了对人民币汇率失调具体幅度进行估计的准确性。

对于政策制定者和居民、企业来说，一个非常准确的人民币低估的数据意义也不像想像中那么大。即使人民币非常准确的估计被低估30%或者更多，政府也不会在一夜之间完成如此之大的调整，货币升值对于企业和居民的影响也都是在一个较长的时间内完成的。典型的例子就是美国，早在2000年，就有许多经济学家和商业研究机构认定，美元大幅度高估，对于高估的幅度估计从10%~40%不等。但是，美元依然是在今天升、明天贬的摇摆之中缓步贬值，没有因为谁准确地估计了美元高估30%，美元就真的立即贬值30%。市场，也只有市场，才真正知道均衡汇率在什么地方。

二　人民币低估的影响如何?

1. 传统观点正确吗?

对于货币低估影响的传统论述是：货币低估导致国际资本投机，破坏货币政策独立性。当货币当局难以有效冲销投机资本带来的基础货币增加的时候，就会引发通货膨胀。这个最基本的判断在很多市场经济国家得到了验证。比如，20世纪70年代日元在被普遍认为低估的情况下，日本政府依然希望保持较低的汇率水平，并鼓励日本国内银行机构持有外汇资产，以此减少外汇市场上带来的基础货币增发压力。但是，当美国总统尼克松宣布美元与黄金脱钩以后，市场上对日元的升值预期骤然增强。日本国内的私人银行机构再也不顾货币当局的劝阻，大量抛售美元。为了维护日本的目标汇率水平，日本货币当局不得不大量收购美元，投放日元。结果，日本基础货币迅速大量增加，在随后的两年中经历了高达20%的通货膨胀率。遗憾的是，日本货币当局希望保住原有低汇率水平的初衷也没有达到，日元升值依旧。

中国的情况与传统观点和大多数市场经济国家的经验不太一致，对于人民币低估的预期和市场上的投机行动并没有像传统观点认为的那样带来通货膨胀。与传统观点以及国际经验预测一致的是，对人民币低估的预期引发了投机资本的冲击，货币当局在过去几年内承受了巨大的货币操作压力。在2003~2005年投机比较严重的几个月，货币当局每个月要吸纳200亿美元外汇占款；即使是平常月份，平均每月也有100多亿美元的外汇占款进账。持续大量增长的外汇占款已经成为国内货币供给增加的主导渠道，外汇占款的增幅已经远远超出了货币当局的基本货币供给增长目标。但是，所有这一切并没有导致货币当局基础货币投放失控的局面，国内的通货膨胀也基本上处于可控范围之内。

表面上看，货币当局的诀窍在于发行央行票据，借此从市场上回笼货币，抵补由外汇占款增长投放出去的货币，进而保持基础货币供给在总量上的稳定增长。习惯上，这种做法被称为冲销。令人费解的是，冲销措施在西方国家的货币操作过程当中被认为效果有限，尤其是在中长期内，冲销措施很难达到稳定货币供给的作用。这是因为冲销过程中发行的央行票据，必然会提高本币资产的收益率，提高投机资本的投资收益，引发更多的投机资本。因此，非常短的时间内冲销措施可能有效，但是时间稍微长一点，冲销的作用会被新增加的投机资本所抵消。但是，中国的冲销措施为何如此成功呢？关键原因在于中国对短期国际资本流动保持严格管制，由增发央行票据所带来的本币资产收益上升压力并没有转化为大量的新增投机资本。除了冲销措施以外，中国的货币当局在过去几年内还采取了很多措施来降低对人民币的投机压力，比如降低商业银行在货币当局的超额准备金利率、适当放松资本流出等等。这些措施都在不同程度上发挥了作用。

货币当局遏制通货膨胀的另一个诀窍在于“窗口指导”，即通过行政手段限制贷款的增加。在“窗口指导”的保障下，即使货币当局在基础货币投放上超出了预定的目标，通过“窗口指导”限制信贷增长，依然可以限制市场上资金流动性的增加，达到稳定物价的目的。“窗口指导”起到了降低社会上货币流通速度的目的。所以，即使基础货币增加，广义的货币供给并不一定增加，社会上总体的货币供给还保持在与稳定物价相一致的水平上。除了“窗口指导”以外，中国另一个显著不同于西方国家的事实在于：中央以及各级政府掌握了很大份额的经济资源。政府对于控制投资增长速度有决定性力量。为了控制通货膨胀，能够发挥作用的不仅仅是货币当局，政府其他机构也完全可以通过压缩投资来减轻通货膨胀压力。

综合来看，人民币低估的预期会引致投机资本，投机资本所转化的外汇占款增长增加了货币当局在维持货币稳定供给操作层面上的压力和难度。但是，在资本管制、“窗口指导”或者是其他形式的政府干预的保驾护航之下，中国政府有充分的政策空间把物价稳定在可以接受的水平上。考虑到中国政府对于经济资源强有力的控制能力，原则上中国政府可以把人民币汇率定在任何一个它认为适当的水平上，并同时保持国内的物价水平稳定。

传统观点所强调的货币低估的负面影响在中国并没有成为现实，但这是不是意味着货币低估对于中国经济的负面影响可以忽略，中国应该继续保持低汇率水平呢？

2. 什么是人民币问题中的重点?

人民币被低估会给货币当局造成操作压力，还会带来国际上的压力。但是，这些都不是人民币问题的重点。人民币被低估的负面影响，关键在于它对中国经济可持续增长潜力带来严重的负面影响。具体地说，它造成了工业部门中严重的人力、能源、环境等资源耗费和创新能力欠缺，服务业中医疗、教育、卫生、环境、公共服务等供给的不充分，产业结构、国际收支、区域经济等一系列发展失衡现象。

表 1 （贸易品部门劳动生产率快速增长下）货币低估的国际收支失衡与资源配置扭曲

假　设			
8 年前	一台冰箱(中国制造):80 个单位小时 ×10 元人民币/单位小时 =800 元人民币	一台冰箱(美国制造):5 个单位小时 ×20 美元/单位小时 =100 美元	一次医疗服务:40 个单位小时 ×10 元人民币/单位小时 =400 元人民币
8 年后	一台冰箱(中国制造):40 个单位小时 ×10 元人民币/单位小时 =400 元人民币	一台冰箱(美国制造):4 个单位小时 ×20 美元/单位小时 =80 美元	一次医疗服务:40 个单位小时 ×10 元人民币/单位小时 =400 元人民币
均衡汇率下的名义汇率与冰箱/医疗服务相对价格	8 年前,人民币兑美元:8:1;一台冰箱 = 两次医疗服务 8 年后,人民币兑美元:5:1;一台冰箱 = 一次医疗服务		
货币低估下的名义汇率与冰箱/医疗服务相对价格	8 年前,人民币兑美元:8:1;一台冰箱 = 两次医疗服务 8 年后,人民币兑美元:8:1;一台冰箱 = 两次医疗服务		
均衡汇率下的国际收支与国内资源配置	国际市场上,中美共同生产冰箱,贸易平衡 国内市场上,由于冰箱/医疗服务相对价格变动,经济资源流向医疗服务部门		
货币低估下的国际收支与国内资源配置	国际市场上,美国退出冰箱生产,全部冰箱由中国生产,中国面临贸易顺差 国内市场上,经济资源集中流向冰箱生产部门		

开放经济当中，汇率是当之无愧的“价格之王”。得此美称的原因即在于汇率关系到开放经济中所有商品和金融市场产品之间的相对价格，对于资源配置效率和宏观经济稳定具有重要影响。汇率通过什么渠道影响资

源配置呢?[①] 从真实汇率的定义我们知道，真实汇率代表了一个国家贸易品与非贸易品的相对价格。汇率调整，正是通过这个渠道调节一个国家人、财、物等经济资源在这两个部门之间的配置。通过一个例子，更有助于说明汇率如何调节经济资源配置。

上面的例子中，冰箱代表贸易品部门，医疗服务代表非贸易品部门，中国比美国的贸易品部门发生了更快速的劳动生产率进步。从上面的例子可以看到，货币低估是一种价格扭曲，将带来一系列资源配置扭曲，最明显的是贸易顺差。由于贸易顺差代表了一个国家国际收支基本面的变化，持续的贸易顺差可能引发短期投机资本大量流入，并带来宏观经济管理上的困难，更重要的是国内经济资源配置的扭曲。在货币被低估下，本应该流向非贸易品的经济资源停留在贸易品部门，贸易品部门发展得到过分的鼓励，非贸易品部门发展遭到遏制。

贸易品/非贸易品部门不协调发展，关系到我国整体经济供给面的健康发展。由于制造业多集中在贸易品部门，工业部门中的电力、能源生产供应，以及服务业中的绝大部分集中在非贸易品部门，汇率失衡同时也带来了这些部门之间的不平衡发展。正如我们所看到的，尽管我国在制造业的出口上日新月异，但是在人力资源、原材料、能源、环境上的耗费也非常严重。由于低估的汇率水平，很多原本应该退出的制造业继续停滞在行业当中，在低汇率的保护之下，行业面临的国际市场压力和内部创新动力都受到遏制。更严重的是在电力、能源、医疗、教育、卫生、环境、公共基础设施建设等方面造成瓶颈。毋庸置疑，这些部门的市场化改革滞缓是造成这些部门效率低下、发展滞后的主要原因。同时，汇率作为这些产品相对价格的关键因素，难以发挥价格杠杆对其发展的调节作用，货币被低估对于这些部门的改革和发展构成了严重障碍。

三　人民币升值的影响

1. 小幅升值影响如何?

2005 年 7 月 21 日，人民银行宣布我国开始实行以市场供求为基础、参考一篮子货币进行调节的有管理的浮动汇率制度。人民币汇率不再钉住单一美元，形成更富弹性的人民币汇率机制。美元对人民币交易价格自 7 月 21

① 对于这个问题一个很有借鉴意义的讨论是 Obstfeld and Rogoff（2004）关于美元问题的论述。

日19时调整为1美元兑8.11元人民币。在随后的几个月当中，人民币对美元汇率又做出了非常小的调整，人民币兑美元最高汇率达到1美元兑8.09元人民币。

人民币如此小幅度的升值，对中国乃至世界经济有什么影响呢？国内外学术机构和商业投资机构普遍认为，这次调整更多体现了中国货币当局汇率制度改革的愿望和决心，但是非常小幅度的人民币汇率调整对中国与世界经济的影响非常微弱。从汇率调整以后几个月的市场反应上可以看到，人民币升值基本上没有消除人民币离岸远期外汇市场上的人民币升值预期。在实际经济面上看，对于宏观经济中投资、消费、净出口、就业和产出等一系列变量也不构成显著影响；对于重建全球国际收支平衡影响也可谓微乎其微。事实上，过去的经验同样可以证明如此小幅度的汇率调整，不会对中国乃至世界经济造成显著影响。自东南亚金融危机以来，尽管人民币/美元之间比较稳定，但人民币对美元以外世界其他货币的汇率波动频繁，人民币实际有效汇率波动的幅度并不微弱，个别年份甚至达到10%。但是，实际有效汇率的调整对于出口和整体国民经济运行并没有构成非常显著的影响。与过去年份人民币实际有效汇率变动的幅度相比，人民币对美元升值3%之后，人民币实际有效汇率升值的幅度还远小于这个幅度，对于经济的影响程度可想而知。

很显然，研究人民币升值对于中国经济的影响，重点不在于7月份这次调整以后对中国经济的影响，而是从一个更长期的视角看待人民币升值的影响。在前一部分的分析中我们已经看到，造成人民币升值压力的根本原因在于中国贸易品部门劳动生产率的快速提升。鉴于目前中国与发达国家贸易品部门依然保持非常大的劳动生产率差异，[①] 中国贸易品部门在未来十年甚至更长的时间里都还有充分的学习模仿空间，劳动生产率快速提高还会持续较长时间。在此压力下，人民币升值压力也将会是长期的，人民币汇率在未来总的调整幅度会是一个相当可观的水平。我们所要重点研究的，就是人民币汇率面临的这种持续调整过程对于中国经济影响如何？

鉴于政策当局在汇率政策制定中非常突出的控制权，细致研究这个问题的重要意义在于看清人民币升值对中国经济的影响是像教科书中所说的那样抑制出口鼓励进口，还是在中国的特定背景下另有别情。只有进一步明确了

① 在贸易品集中的工业品部门，中国的劳动生产率仅是发达国家的10%左右。

这些问题，政策制定者才有信心通过适当的汇率水平调整应对中国经济可持续增长的需要。否则，政策当局很可能在传统思维的禁锢下持续维持价格扭曲，牺牲大量的政策空间，结果却保护对经济造成负面影响的扭曲价格。

过去几年，李建伟、余明（2003），何新华、吴海英、刘仕国（2003），万解秋、徐涛（2004），范金、郑庆武、王艳、袁小惠（2004），张曙光（2005）以及德意志银行、中金公司等商业研究机构就人民币升值对中国宏观经济的影响进行了大量的实证分析。总的来看，上述研究对于认识汇率调整在短期内对宏观经济的冲击具有借鉴意义。但是，由于大部分计量模型都基于传统认识下的结构性模型，在建立模型时缺乏针对中国问题特殊国情的区别对待。再加上中国在真实汇率、行业数据、宏观数据等方面样本、数据质量的限制，结论局限性较大。鉴于这个问题具有非常重要的政策参考价值和目前计量模型建模上的局限，下面重点讨论以往实证研究中没有给予充分重视、有悖于传统观点但是贴切国情的一些线索。希望通过对这些问题的进一步深入实证研究，加强研究对政策制定的参考意义。

2. 传统观点的偏差

如果是泛泛而论货币升值的影响，传统观点很简单：货币升值会提高居民购买水平，增加其福利；但是削弱出口竞争力，并引致进口替代国内生产，企业受到影响，继而祸及就业水平。但是，在中国目前非常特殊的快速经济增长时期，这个普遍意义上的答案不仅不能贴切国情，反而很容易使公众模糊人民币汇率调整的意义所在。

毫无疑问，升值以后的货币对于每家从事出口或者进口替代的企业都会带来压力，因为对于出口商来说，出口商品的美元价格不变，但是以美元表示的生产成本却上升了；对于进口替代企业则意味着进口商品价格更便宜，同行间价格竞争会更加激烈。但是，在这个最基本的分析当中有一个关键环节令人怀疑。人民币升值以后出口商品的美元价格还会继续保持不变吗？如果人民币升值仅仅落在了某一家或者某几家企业的身上，这几家企业会面临利润锐减，甚至关门停业的后果；如果所有的中国企业都面临同样的成本上升，那么他们一致的选择更可能是一起涨价，而不是一起坐观利润锐减或者是关门倒闭。

放眼当今全球生产网络，还没有哪个国家能在短时期内大范围地替代中国在劳动密集型产品上的出口。所以，即使中国商品集体涨价，国外消费者在没有其他更好选择的情况下只能继续购买中国商品。而且，如果中国商品在一定程度上带有吉芬商品①的性质，国外消费者在中国商品涨价后的反应可能是增加而不是减少对中国商品的消费。因此，人民币升值并不必然带来中国出口企业的竞争力下降和利润减少。更有可能出现的情况是国外消费者在更坚定地使用中国商品的同时，不得不为中国商品支付更高的价格。在全球范围的利益分配当中，中国受益，外部世界受损。

更重要的是，就算上述效应不明显，人民币升值确实减少了出口，挤垮了个别企业，这能算作不利影响吗？对于个别低效率出口企业来说，答案是肯定的。但是对于整个国家的发展来说，答案则是否定的。上文已经提到过，当前中国经济面临严峻的工业/服务业发展不平衡问题，经济资源有待在这两个部门之间重新调整配置。通过货币升值手段，可以最有效率地把制造业中那些技术含量与附加值低、管理不善的低效率企业挤出制造业，这恰恰符合中国经济产业结构调整的方向，进一步释放中国经济增长的未来潜力。同时，货币升值会引起行业内更加激烈的竞争，激励企业通过技术管理创新增强竞争力，让那些富于创新、有竞争力的制造业企业强者更强。日、德等很多国家的国际品牌都是在货币升值过程当中慢慢长大的，他们的成功不得不感谢本国货币的持续升值，因为货币升值让他们看到在低水平上竞争是死路一条，从而不断激励他们创新、再创新，在不断的压力下走向世界知名品牌之路。

如果因为货币升值而减少了出口生产，毫无疑问会殃及这些部门的就业。但是，这能说是对国内就业的不利影响吗？答案也是否定的。出口部门就业的减少并不等同于中国整体就业的减少。上文已经提到过，货币升值有助于提高服务业产品的相对价格。在更有利的价格吸引下，服务业对劳动力的需求也会扩大。事实上，1990 年代末期以来中国新增就业机会几乎全部来自服务业，服务业在吸纳就业方面的能力远远超出制造业。只要稍微把眼光放长远一点，就能看到货币升值给服务业带来的勃勃生机将会释放出更大的就业空间。

比就业数量更重要的是就业质量。中国的就业压力，关键在于如何把农村中从事低附加值生产的就业人口转化为城市从事高附加值生产的人口。但

① 吉芬商品是经济学上的一个术语，指某些廉价商品在价格上涨后消费需求不降反升，其中的原因在于某项廉价商品价格上升后带来真实收入的减少，而收入减少之后刺激消费者更多购买廉价商品。

是，如果农民进城后仅仅从事甚至比农活还简单的某一个装配工序，获取的仅仅是维持基本生计的微薄工资，这样的就业就丧失了增加就业的初衷。令人遗憾的是，从 1980 年代到现在，很多父子两代农民工还都是在最初级的加工工厂里从事着简单得不能再简单的工作，拿到的也只是仅够维持生计的工资。作为经济发展的最初级阶段，这种局面不失为一个过渡阶段，但是这种阶段如果持续了将近 20 年，后果就非常可怕了。这些加工工厂里集中的是我国最宝贵的 15~30 岁的年轻人力资源，这些资源不仅代表了一个国家未来的希望，而且在总人口中的比例正在飞速减少。珍惜这些宝贵资源，关键要在于退出难以让他们摆脱贫穷的行业或企业，增加其自身的人力资本积累。人民币升值已经向这些企业或者行业发出了强有力的信号：继续从事像农业劳动一样的劳动密集型低端产业要退出；没有能力为企业员工提供合理工资报酬的低效率企业要退出；重视员工人力资源培训，突出员工工作技术含量的要胜出。人民币升值，可谓良药苦口利于病。

下篇：人民币汇率制度改革
——目标、羁绊与现实

经过长达两年多的热烈讨论，人民币汇率形成机制终于在 2005 年 7 月 21 日迎来了崭新的一天。自 2005 年 7 月 21 日起，人民银行宣布实行以市场供求为基础、参考一篮子货币进行调节、有管理的浮动汇率制度。人民币汇率不再钉住单一美元，形成更富弹性的人民币汇率机制。随后的几个月里，人民币汇率出现了小幅度的波动，人民币对美元汇率一度从汇改当天的 1 美元兑换 8.11 元人民币升值到 1 美元兑换 8.09 元人民币。市场对汇率改革的看法众说纷纭，有观点认为人民币汇率制度逐步走向真正的有管理浮动；还有观点认为如此小幅度的调整并不足以说明人民币汇率真正走向浮动，人民币汇率形成机制并没有实质性的变化。

上面的两种看法都能够找到一些证据支持。从货币当局在市场上充当超级买家和定价者的地位，并且保持了人民币对美元双边汇率基本稳定的做法来看，后一种观点有一些道理。但是，不得不承认，人民币对美元双边汇率确实出现了前几年未曾有过的更加频繁的浮动，且不论这些浮动是否是按照货币当局宣布的“以市场供求为基础”、“参考一篮子货币”等原则做出调整，人民币对美元汇率的弹性确实增加了。面对这两种截然不同的观点，如何理解汇率改革后的人民币汇率形成机制变革呢？问题的关键在于对货币当局汇率政策目标和行为约束的理解，现实中的汇率制度变化实际上是货币当局在目标与约束之间的平衡选择。

一　人民币汇率制度改革目标

1. 发挥市场供求对汇率价格形成的作用

在货币当局历次关于汇率问题的发言当中，以市场供求为基础都被放在首要地位提出。开放经济当中，汇率是经济体中最重要的价格之一。逐渐放松国家对于汇率价格的制定，让市场供求更多地决定汇率价格水平，已经成为推进中国经济市场化改革的重要内容之一。

坚持汇率形成机制市场化改革的方向，在理论上主要有三方面支持。

第一，持续偏离市场供求平衡的汇率价格水平会对宏观经济稳定带来严重挑战。以货币低估为例，① 持续保持外部收支顺差意味着本国持有的国外资产不断增加。对于不能以本币进行国际借贷的国家来说，单方面地持续增加持有国外资产会造成市场对本币升值的预期，而升值预期又会进一步加重短期资本投机和外汇市场上供大于求的压力。面对不断增加的外汇资产，货币当局一方面会感到货币供给中外汇占款增加所带来的通货膨胀压力，另一方面，央行在克服通货膨胀过程中也会逐渐失去政策空间。升值压力首先捆住了央行通过提高利率克服国内通货膨胀压力的能力，因为本币利率的提高会进一步加剧本币升值压力，而央行为了维护既定的汇率水平不得不吸纳更多的外汇资产，这会进一步加剧国内通货膨胀的压力。除了利率政策以外，准备金政策与冲销政策②能够发挥的作用也很有限，这些政策虽然采取的形式不同，但是其实质也是从市场上回笼本币，这样做的后果同样会提高本币资产的实际收益，加剧本币的升值压力。准备金政策与冲销政策虽然可以在短期内发挥一定作用，但是无法克服由于外汇占款持续增加带来的持续通货膨胀压力。汇率低估带来的外部失衡使得货币政策无计可施，失衡的汇率水

① 对于大多数发展中国家来说，汇率面临的主要问题往往是汇率高估，它不仅损害了国内贸易品部门的发展，严重时甚至会成为货币危机、甚至是金融危机的导火索，有大量文献关注这方面问题。但是，关于汇率低估问题，鲜有人关注，从我们以下的分析可以看到它所带来的危害更加隐蔽。货币低估虽然不像货币高估那样在短期内让人觉察到它的危害，但它像是慢性毒药，会蔓延到宏观经济的各个领域，恶化经济结构，削弱经济增长潜力。

② 从理论与实践两方面看，冲销政策都难以达到在长期内稳定国内货币供给的作用。关于冲销政策理论与实证的研究参见 Darby，1980；Obstfeld，1980；Caballero and Krishnamurthy，2002 等。

平也无法维持。日本当年在这个问题上有非常深刻的教训（麦金农、大野健一，1999；Koruda，2003）。在 20 世纪 70～90 年代中期，持续相对进步较快的劳动生产率使得日元面临长期的升值压力。面对日元升值的压力，日本货币当局总希望拖延货币升值，给市场留下的印象是日元总留有升值预期。最后，为了减缓日元升值预期给货币当局带来的压力，同时也是迫于贸易逆差国方面的政治压力，日本政府采取了货币升值，同时还实施了低利率政策（一方面是减少日元升值压力，一方面也是为了在升值以后刺激需求）。不断下调的利率不仅使日本陷入了零利率流动性陷阱，同时还成了日本 80 年代末泡沫危机的温床。①

第二，持续偏离市场供求平衡的汇率价格水平会对可持续的经济增长带来严重负面影响。同样以汇率低估为例，汇率低估抬高了贸易品部门产品（主要集中在第二产业）的相对价格，但是压低了非贸易品部门产品（主要集中在第三产业）的相对价格，经济资源更多地流向了贸易品部门。在扭曲的价格下，这种歧视非贸易品部门的资源配置导向违背了市场经济资源配置的原则，价格机制无法将贸易品部门和非贸易品部门引向平衡发展的路径。中国农业、工业和服务业的产值比率是 15：52：33，世界平均的比率是 5：31：64；三次产业的就业比率 49：22：29，其他国家的普遍规律是第三产业就业是第二产业就业的 2～3 倍（转引自郭树清，2004）。这两组数据的比较说明，中国目前的第三产业还有着极大的发展潜力，它不仅对于经济可持续增长会做出最重要的贡献，同时也是未来中国就业最根本的保障。发挥第三产业对于中国经济可持续增长的积极贡献，人民币汇率向均衡水平靠拢是不可或缺的保障。

第三，持续偏离市场供求平衡的汇率价格水平还会对收入分配、社会福利、国际关系等一系列问题带来不利影响。还是以汇率低估为例，低估的汇率有利于资本家阶层，但是不利于工人阶层（Klyuev，2003）；低估的汇率降低了社会总体的购买力水平，降低了社会整体的福利水平；最后，低估的汇率往往伴随着持续的贸易顺差，这必然会引起贸易逆差国的强烈反对，贸

① 国内有一种很流行的看法，即广场协议之后的日元升值促成了日本 20 世纪 80 年代末的泡沫经济和 90 年代日本经济的一蹶不振，但鲜有日本学者把这些事件联系起来。除了经济制度方面的因素以外，造成日本 80 年代末的泡沫经济最重要的原因在于日本在之前实施了过度扩张的货币政策，而实施扩张货币政策的主要原因在于两个方面：（1）保持低利率有助于维护低的汇率水平；（2）货币当局对于当时经济周期的判断失误。因此，与其说是日元升值不如说是对日元升值的干预促成了泡沫危机。

易战势必愈演愈烈，破坏对外国际关系。

值得注意的是，发挥市场供求关系对汇率价格的决定作用，并不意味着货币当局把汇率价格的制定完全让渡给市场。实施浮动汇率制度国家的经验表明，完全由市场决定的汇率水平既包含着经济基本面因素，同时也充斥了大量短期泡沫因素，短期内市场上形成的汇率价格水平也不一定是最优的价格水平。因此，包括发达国家在内的货币当局，都要对市场上汇率水平做出合理性判断。如果货币当局内部广泛认同市场中的汇率水平已经持续地偏离了经济基本面变化，货币当局会选择适当的方式干预市场汇率水平。

2. 稳定出口国际竞争力与进口成本，降低外部冲击

货币当局在这次汇改中的一个亮点，是宣布参考一篮子货币因素调整人民币汇率。下面，我们先对一篮子货币做出简明解释，然后由此推断央行汇率制度改革的其他政策目标。

$$C = E_{rmb/usd}^{w1} * E_{rmb/yen}^{w2} * E_{rmb/euro}^{w3}$$
$$= E_{rmb/usd}^{w1} * (E_{rmb/usd} * E_{usd/yen})^{w2} * (E_{rmb/usd} * E_{usd/euro})^{w3}$$

钉住一篮子货币，意味着公式中为常数，是一个保持固定的汇率价格指数。$E_{rmb/usd}$，$E_{rmb/yen}$，$E_{rmb/euro}$分别代表人民币兑美元、日元和欧元的双边名义汇率的指数形式（上升代表升值，下降代表贬值），w1，w2，w3 代表赋予三种货币的权重。

权重的确定，是理解钉住一篮子货币制度的关键。根据不同的政策目标，权重的选择也会不同。周小川行长在讲话当中提到，[①] 人民币所参考的一篮子货币当中，以着重考虑商品和服务贸易的权重作为一篮子货币选取及权重确定的基础；适当考虑外债来源的币种结构；适当考虑外商直接投资的因素；适当考虑经常项目中一些无偿转移类项目的收支。总体来看，在一篮子货币权重的确定上以经常项目下的收支稳定为总的目标。

以贸易的权重作为一篮子货币选取及权重确定的基础，客观上达到了通过人民币对美元的小幅度波动，实现贸易加权汇率稳定的目的。将以上公式两边取对数，可以得到：

$$ln(C) = w1 * ln(E_{rmb/usd}) + w2 * [ln(E_{rmb/usd}) + ln(E_{usd/yen})]$$
$$+ w3 * [ln(E_{rmb/usd}) + ln(E_{usd/euro})]$$

① 2005 年 8 月 11 日《上海证券报》。

$$= ln(E_{rmb/usd}) + w2 * ln(E_{usd/yen}) + w3 * 1n(E_{usd/euro})$$

其中，w1，w2，w3代表不同美元、日元和欧元在一篮子货币中被赋予的权重。

$$w1 + w2 + w3 = 1$$
$$ln(E_{rmb/usd}) + ln(C) - w2 * ln(E_{usd/yen}) - w3 * ln(E_{usd/euro})$$
$$dln(E_{rmb/usd})/dln(E_{usd/yen}) = - w2$$
$$dE_{rmb/usd}/dE_{usd/yen} = - w2 * E_{rmb/usd}/E_{usd/yen}$$

考虑到$E_{usd/yen}$，$E_{rmb/usd}$都为指数基期，

$$E_{rmb/usd}/E_{usd/yen} = 1$$
$$dln(E_{rmb/usd})/dln(E_{usd/yen}) = - w2$$
$$dE_{rmb/usd}/dE_{usd/yen} = - w2$$

同理，

$$dE_{rmb/usd}/dE_{usd/euro} = - w3$$

可以看到，在钉住一篮子货币制度下，当世界主要货币之间汇率发生波动时，人民币对美元双边汇率不再稳定。比如，美元对于欧元或者日元的升值，会带来人民币对美元较小幅度的贬值。按照上式进一步推导，还可以得到人民币在这种情况下对日元和欧元较小幅度的升值。总之，在钉住一篮子货币制度下，人民币借助对美元的小幅度波动，实现了贸易加权汇率稳定。

实现贸易加权汇率稳定，反映了货币当局在汇率制度选择上的两重政策目标。首先是贸易加权汇率稳定有助于实现出口国际竞争力与进口成本稳定；另外是贸易加权汇率稳定有助于降低世界主要货币之间汇率波动给中国经济带来的其他负面冲击。

稳定出口国际竞争力与进口成本作为人民币汇率政策调整的目标之一，主要是考虑到中国经济增长的独特模式，尤其是对外进口、出口在未来中国经济增长中至关重要的战略地位。① 2004年来，对外贸易在GDP中的比重已

① 关于东亚地区投资（增长）、出口与进口之间的互动关系，可以参见Rodrik（1995）。东亚的这种开放式增长模式并不是依靠出口推动经济增长，出口的关键作用在于提供充足的外汇保证进口的需要，满足进口的需要同时也意味着满足国内投资与经济增长的需要。进出口在东亚经济增长中的确具有非常重要的作用，但是片面强调出口在外需方面对经济增长的推动作用根本就无法解释东亚的经济增长。

经达到了70%，对外贸易对于我国的经济增长与宏观经济稳定具有至关重要的作用。我国目前正处于新一轮的工业化与产业升级阶段，快速增长的原材料与机械设备进口满足了国内新一轮工业化与产业升级的需要，快速增长的制成品出口则为进口提供了必需的外汇供给，巨额的对外贸易最大限度地帮助中国实现了比较优势，大大提高了中国经济增长的效率。稳定出口国际竞争力与进口成本不仅是中国汇率政策必须考虑的因素，在其他出口导向型经济体的汇率调整过程中同样占据突出的重要性。近些年来，许多中小型的新兴市场经济体在汇率制度选择中引入钉住一篮子货币的汇率制度，其核心的意义即在于稳定出口国际竞争力与进口成本，进而达到稳定国际收支平衡与宏观经济稳定的目的。

降低世界主要货币之间汇率波动给中国经济带来的其他负面冲击在近些年来的意义特别突出。单一钉住美元的汇率制度之下，人民币贸易加权汇率随美元对世界其他主要货币的波动而波动。美元升值会带来人民币贸易加权汇率升值，美元贬值则人民币贸易加权汇率跟着贬值。2002年以来，美元对世界其他主要货币大幅度贬值，人民币也跟着美元对这些货币一起贬值。人民币背后的经济基本面与美元背后的经济基本面并不一致，于是，人民币贸易加权汇率跟随美元的贬值在一定程度上成为引发人民币自2003年以来升值预期的一个最主要原因。人民币钉住一篮子货币，而不是单一钉住美元，有助于减少这种来自世界主要货币之间汇率波动带来的外部冲击。

二 人民币汇率制度改革的羁绊

汇率制度改革的两个目标都要求人民币对美元双边汇率频繁调整。但是就目前国内金融市场发育状况来看，这一点很难在短期内做到。从20世纪90年代末期以来，学术界发现新兴市场经济体在选择汇率政策的时候往往倾向于保持更稳定的汇率水平。学术界将这种现象称为“害怕浮动”。害怕汇率浮动的国家一般会呈现出三个特征：①拥有大量的国际储备；②汇率的波动性很小；③国内利率的波动性很高（Calvo and Reinhart，2002；Reinhart，2000）。为什么这些经济体把汇率稳定作为一项突出的政策目标呢？Eichengreen and Hausmann（1999）认为，这主要是由于这些经济体市场经济制度建设方面还很不完善，在金融市场中存在大量道德危险。与发达国家相比，发展中国家以及新兴市场经济体存在制度安排上的“原罪”。由于制度上的缺陷，尤其是金融市场发育的不完全，汇率的波动往往会在较大程度上偏离真实经济基本面，给国内的宏观经济稳定以及金融市场安全带来严重的负面冲击。这样，在一定程度上牺牲国内的利率目标、保证汇率稳定就成为新兴市场经济体的最优政策选择。①

中国非常符合"害怕浮动"新兴市场经济体的三个重要特征，"害怕浮动"的原因也非常类似。中国经济的市场化进程远没有结束，制度依然是中国经济发展最关键的制约因素。尤其是在国内的金融市场上，市场最主要的参与主体（国有商业银行以及其他类型的银行和非银行金融机构）距离真正意义上的商业金融机构还有很大距离，市场上相关的配套法律法规也很不完善，各种类型市场的发育还非常不成熟，这从根本上限制了金融市场为汇率制定合理价格的能力。② 如果由于市场的缺陷而不能确保其找到合理的汇率水平，浮动的汇率会给国内金融市场安全与宏观经济稳定带来巨大风险和不确定性。

在近期内，中国难以引入对美元高频率浮动的另外一个重要原因在于国内外汇市场的基础设施建设还不足以支持这种汇率制度。如果人民币对美元汇率高频率地浮动（即使是真实经济基本面变化的需要），首要的问题是如何规避由于汇率浮动给企业和居民带来的汇率风险。人民币汇率自1994年并轨以来，人民币对美元一直保持了非常稳定的汇率水平，国内涉外经济交易80%以上采用美元计价，基本不存在汇率风险，国内私人部门持有的外汇资产也基本上不存在汇率风险。③ 如果人民币在短期内引入高频率的汇率波动，一方面国内金融市场难以提供低成本的汇率风险规避工具；另一方面私人部门也不具备规避汇率风险的管理能力与经验。人民币走向更高频率的浮动，需要各种类型远期外汇市场的发展与支持，而远期外汇市场的发展则依赖于国内金融市场全面建设的推进。

受目前的金融市场乃至各种体制性因素的羁绊，货币当局不得不尽量保持人民币对美元的双边汇率稳定。但是，人民币对美元双边名义汇率保持稳

---

① 对于这个问题更详细的综述研究参见张志超（2004）。

② McKinnon and Schanbl（2003）指出，发展中国家建立发达的远期外汇市场非常困难，由于这些国家的国内债券市场普遍不够发达，外汇交易商甚至很难为远期的本币制定合理的远期价格。

③ 对于那些对非美元计价的交易，由于人民币与美元保持非常稳定的汇率，而美元与世界其他主要货币之间存在发达的外汇市场与金融衍生工具来规避汇率风险，因此，借助钉住美元，人民币也可以低成本地规避与其他世界主要货币之间的汇率风险。

定，并不意味着一定要保持这个汇率不变，[①] 为了达到降低汇率风险的目的，关键在于不能让人民币对美元之间的汇率非常频繁地、大幅度地波动。

三　现实中的人民币汇率制度改革

1. 微调成为主旋律

2005 年 7 月 21 日央行宣布人民币升值 2%，就已经向市场表明央行在汇率调整上更加偏爱微调。央行对于微调方式的偏爱至少有以下几方面的原因。首先，在稳定中求发展一直是中国经济市场化改革的智慧结晶，尽量减少汇率制度改革和人民币汇率调整对于宏观经济短期内的负面冲击理所当然地成为汇率改革设计的出发点。在这个出发点下，微调汇率水平更有利于央行把握主动（尽管事实不一定如此）。其次，从国际经验看，即使一个国家汇率偏离均衡汇率水平有较大的幅度，向均衡汇率水平靠拢的调整过程也往往不是一蹴而就，而是在几年甚至更长的时间内渐进完成的。美元就是一个鲜明的例子。早在两年前，学术界就普遍预测美元价值被高估了 20% ~30% 以上，但是美元并没有一次性完成调整，而是在以后较长时间内渐进地朝着均衡汇率水平靠拢。再次，汇率改革关键在于制度建设，人民币汇率必须有波动才能推动汇率形成机制的改革。但是，在目前国内远期外汇市场发育较差，企业和居民规避汇率风险成本较高的客观环境下，微调方式更有利于减轻企业和居民面临的汇率波动损失，降低汇率改革的负面影响。最后，也是最重要的，央行有能力在短期内通过微调方式调整人民币汇率。中国外汇冲销的规模虽然很大，大约占基础货币的 20%、GDP 的 9%，但是与韩国、中国台湾、新加坡、马来西亚等东亚经济体相比，这个比例并不很高，央行的

---

① 国内近期对人民币汇率研究的各种争论当中，非常常见的一种观点是由于中国金融市场发育不完全，中国经济未来还有很多不确定因素，因此，人民币在长期内面临贬值趋势。从汇率理论文献上看，这种观点难以成立，一个国家的汇率制度的选择（汇率波动的频率）与国内金融市场的发育程度或者是经济体对抗各种外部冲击的能力有密切关系，但是，均衡汇率价值的确定（汇率水平的高低）却取决于另外一系列的经济基本面因素，比如相对劳动生产率、贸易条件、开放程度等（均衡汇率水平的决定因素参见 Montiel and Hinkle，1999）。目前的汇率文献中鲜有文章涉及汇率价值高低与金融市场发育程度关系的讨论，更没有结论认为金融市场发育程度低，均衡汇率水平也应该低的结论。20 世纪 60 ~80 年代日元对美元的升值就是一个非常鲜明的例子。日本金融市场发育也不完全，但是，日元相对美元还是发生了趋势性的升值，升值的主要原因是日本相对美国快速增长的劳动生产率要求日元必须升值，任何的政府干预都无法阻止汇率升值这一内生趋势。严重的干预只会带来严重的扭曲，加剧国内宏观经济与金融市场的不稳定，同时也危害到了未来经济的可持续增长。

冲销操作还有空间。另外，即使冲销空间萎缩，央行还保持资本管制、信贷控制等多种手段，至少能够在短期内在保持物价稳定的前提下维持汇率稳定或者是微调汇率水平。

2. 提高频率与幅度

如以上所述，货币当局在人民币对美元汇率波动频率问题上面临两难困境。一方面，持续保持当前人民币对美元汇率稳定意味着人民币汇率从钉住前一个水平转向另一个水平，有违汇率形成机制市场化改革的初衷；另一方面，放松汇率波动频率与幅度则意味着企业和居民将承担更多的汇率风险。基于上述原因，贸然引入过于频繁的汇率波动，企业和居民显然无法承受，外汇市场价格发现的功能也受到限制。因此，在短期之内汇率调整频率不会太高。

但是，提高汇率波动频率与幅度并不遥远。在 2005 年 7 月 21 日的汇改公告之后，央行工作重点非常集中地体现在推进远期外汇市场建设方面。8 月 10 日，央行宣布三项举措推进外汇市场发展，主要内容包括：①扩大银行间外汇市场交易主体；②增加银行间市场交易模式，在银行间外汇市场引入询价交易方式；③丰富银行间外汇市场交易品种。这三项措施是外汇市场建设的重大改进，但这仅仅是个开始。为了能够低成本地帮助企业规避汇率风险，诸如外汇期货、外汇期权等一系列金融衍生产品也势必在短期内引入当前外汇市场。随着远期外汇市场建设的快速推进，人民币走向更高频率波动的成本会随之下降，引入频繁汇率波动的时机也逐渐成熟。

3. 间歇性释放货币升值压力

央行是否有可能在微调人民币汇率的过程中突然引入较大幅度的汇率调整呢？如上文所述，在对冲操作和行政力量的双重保护下，短期内央行有充分政策空间微调汇率水平，引起较大幅度汇率调整的可能性至少在短期内不大。但是，随着时间的推移，这种可能性也会随之增强。央行在汇改中立足稳定，偏爱微调，但是通过微调显然无法释放人民币面临的持续升值压力，而且在持续升值压力的环境下不利于培育和发展外汇市场。人民币远期非交割市场在 2005 年 7 月 21 日汇改公告的表现充分说明了这一点，2% 的升值虽然能够降低短期内的升值预期，但是对于期限结构稍长的升值预期无能为力。随着央行在外汇市场建设的全方位推进，央行对于市场上外汇供求方的控制逐渐放松，这也意味着市场对抗央行定价能力的增强。尤其是当更多的远期外汇市场金融衍生产品被引入以后，央行面临的市场压力可能更加严峻。为了维持货币政策独立性，央行有动力通过稍大幅度调整间歇性释放货币升值压力。另外，增加这种可能性更重要的原因在于：通过前一个试验阶段，如果央行发现小幅度的汇率调整对于外贸、就业和总产出水平并没有严重的负面影响，势必会消除央行为人民币重新定价的疑虑，加强央行更大幅度调整人民币汇率水平的信心。

参考文献

Anderson, Jonathan, 2003, "The Complete RMB Handbook," UBS Investment Research, *Asian Economic Perspectives.*

Caballero, J. R. and Krishnamurthy, A., 2002, "International Liquidity Management: Sterilization Policy in Illiquid Financial Markets", Working Paper 7740.

Calvo, G. A. and Reinhart, M. C., 2002, "Fear of Floating", *Quarterly Journal of Economics*, vol. 117.

Darby, H. M., 1980, "Sterilization and Monetary Control under Pegged Exchange Rates: Theory and Evidence", NBER Working Paper 1049.

Eichengreen, B. and Hausmann, R., 1999 "Exchange Rate and Financial Fragility", NBER Working Paper 7418. http://www.fed.org.cn/paperdownload.asp? paperID = 50

Goldstein, Morris, "Adjusting China's Exchange Rate Policies", paper presented at the International Monetary Fund's seminar on China's Foreign Exchange System, Dalian, China, May 26 ~ 27, 2004.

Klyuev, V., 2003, "The Distributional Consequences of Real Exchange Rate Adjustment", IMF Working Paper WP/03/133.

Koruda, H., 2003, "The Nixon Shocks and the Plaza Agreement: Lessons From Two Seemingly Failed Cases of Japan Exchange Rate Policy". 在中国社科院世界经济与政治研究所提交的演讲论文。

McKinnon, R. and Schanbl, G., 2003, "The East Asia Dollar Standard, Fear of Floating and Original Sin", http://www.stanford.edu/ ~ mckinnon/.

Montiel, P. J. and Hinkle, L. E., 1999, "Exchange Rate Misalignment: An Overview", In Lawance, E. Hinkle and Peter, J. M., eds., *Exchange Rate Misalignment: Concepts and Measurement for Developing Countries.* 1 ~ 32. New York: The World Bank.

Obstfeld, M., 1980, "Sterilization and Offsetting Capital Movements: Evidence from Germany, 1960 ~ 1970", BER Working Paper 11914.

Obstfeld. Maurice and Rogoff. Kenneth, 2004, "The Unsustainable US Current Account Position Revisited", NBER Working Paper 10869.

Reinhart, Carmen M., 2000, "The Mirage of Floating Exchange Rates", *American Economic Review*, vol. 90, No. 2 (May), pp. 65 ~ 70.

Rodrik, D., 1995, "Trade Strategy, Investment and Exports: Another Look at East Asia", NBER Working Paper 5339.

郭树清：《中国经济均衡发展需要解决若干特殊问题》，《比较》第 15 辑，2004。

范金、郑庆武、王艳、袁小惠：《完善人民币汇率形成机制对中国宏观经济影响的情景分析——一般均衡分析》，《管理世界》2004 年第 7 期。

何新华、吴海英、刘仕国：《人民币汇率调整对我国宏观经济的影响探析》，《世界经济》2003 年第 11 期。

李建伟、余明：《人民币有效汇率波动及其对中国经济增长的影响》，《世界经济》2003 年第 11 期。

麦金农、大野健一：《日元与美元》，上海远东出版社，1999。

施建淮、余海丰：《人民币均衡汇率与汇率失调：1991～2004》，No. C2005002，2005 年 1 月 11 日。

万解秋、徐涛：《汇率调整对中国就业的影响——基于理论与经验的研究》，《经济研究》2004 年第 2 期。

张斌：《人民币均衡汇率：简约一般均衡下的单方程模型》，《世界经济》2003 年第 11 期。

张斌：《人民币真实汇率：概念测量与解析》，《经济学季刊》2005 年第 2 期。

张斌、何帆：《如何应对经济崛起时期的货币升值压力》，《国际经济评论》2004 年第 3 期。

张曙光：《人民币汇率问题：升值及其成本收益分析》，经济发展论坛 FC20050050，2005。

张志超：《发展中国家汇率制度选择的困境和挑战》，未发表的手稿，2004。

对人民币汇率政策调整的评论

○何　帆　郑联盛　姚　超

一　人民币汇率政策调整的外部压力

自2001年8月7日英国《金融时报》发表“中国的廉价货币”的文章以来，日本、美国和欧洲一些发达国家纷纷加入对人民币施加升值压力的阵营。在当前美元占据主导地位的国际货币体系中，美国贸易逆差不断扩大，而近年来中国对美国的贸易盈余却增长迅速，美国国内贸易保护势力自然将国内严重的贸易逆差问题归咎于中国，认为中国通过将人民币钉住美元获得不公平的国际竞争力。因此，人民币升值的外部压力主要是来自美国，其根源是美国不断扩大的贸易逆差和财政赤字。

在过去十年中，美国贸易逆差不断扩大。美国贸易逆差由1996年相对温和的1202亿美元（占国内生产总值的1.5%）急剧扩大到2004年的6659亿美元(占国内生产总值的5.6%)。如果美国贸易逆差的增长是用来为增加的国内投资融资，那么这种增长是可以持续的，因为未来美国生产能力的提高为偿还债务提供了物质基础。但实际情况是，2001~2004年美国家庭和政府消费支出增长迅速，而美国的国内投资在前两年明显下降，而后虽有所回升但仍明显低于1990年代中期的水平，这表明2001年以来美国贸易逆差的扩大主要是为美国家庭和政府消费支出的增加融资的。而且美国贸易逆差仍然呈不断增长的趋势。据Roubini和Setser的预测，如果不进行一定的政策和结构调整，任其自然发展，美国贸易逆差到2006年将达到国内生产总值的7%，2008年将达到国内生产总值的8%，而2008年净对外债务余额将达到国内生产总值的50%。[①] 因

---

① Roubini F. and B. Setser (2005), “The Sustainability of the US External Imbalances”, CESifo Forum, January.

此，美国巨大的且不断增长的贸易逆差目前已经到了必须调整的时刻。

当其贸易逆差处于不可持续状态的时候，美国可以有三种调整的办法：一是劝说或迫使其他国家调整宏观政策；二是放任美元贬值；三是调整美国国内政策。对于美国政府来说，第一种政策是上策，第二种政策是中策，第三种政策的成本最高。由于全球资本流动日益自由化，而且国际货币体系依然呈现出中心－外围的格局，大国的宏观经济可以很容易地影响外围的小国，并迫使小国被动地调整其经济政策。这就是美国能够迫使其他国家就范的基础。美国在1971~1973年、1977~1978年，以及1985~1987年间都曾经有意识地利用过这种“汇率武器”。美国在其贸易赤字难以维持的时候，通过使用“汇率武器”强迫日元和马克等货币对美元大幅升值，迫使他国调整宏观政策，达到调整本国贸易失衡的目的。从近期美国不断向中国施加人民币升值压力的政策，我们又依稀看到了以往美国使用“汇率武器”的影子。在其他主要货币均对美元实现大幅升值的时候，美国显然是希望通过再次运用“汇率武器”的老办法迫使中国承担调整美国贸易失衡的成本：通过向中国施加人民币升值压力和贸易制裁的双管齐下的方法迫使中国就范。

人民币升值能否改变美国日益严重的贸易失衡？如果单单是人民币升值，而美国政府财政赤字和私人借贷消费状况没有改变，结果只能是“其他国家”中与中国处于竞争状态的国家的出口替代了中国商品对美国的出口，根本无法解决美国不断增大的贸易逆差问题。如果人民币连同其他东亚国家的货币都对美元升值，结果将会是东亚的贸易顺差和国际储备将显著减少，但如果美国的财政赤字没有同时显著减少，美国利率将急剧上升，美元汇率也将急剧下跌，美国经济将因此急速地陷入经济衰退状态。①

二 人民币汇率政策调整的影响

2005年7月21晚，经国务院批准，中国人民银行正式公布了人民币汇率政策调整的方案。中国人民银行公告的内容主要包括四点：①人民币汇率不再钉住单一美元，而是改为以市场供求为基础、参考一篮子货币进行调节、有管理的浮动汇率制度；②中国人民银行以当日银行间外汇市场美

① 施建淮：《怎样正确分析美国经常项目逆差》，《国际经济评论》2005年第7~8期。

元等交易货币对人民币汇率的收盘价，作为下一个工作日该货币对人民币交易的中间价格；③7月21日19时，美元对人民币交易价格调整为1美元兑8.11元人民币；④现阶段，每日银行间外汇市场美元对人民币的交易价仍在人民银行公布的美元交易中间价上下3‰的幅度内浮动，非美元货币对人民币的交易价在人民银行公布的该货币交易中间价上下一定幅度内浮动。

在市场传言和国外政治压力之下，政府能够寻找到一个巧妙的空档，在“出其不意”的时机推出汇率调整方案，显示出了高超的调控能力和稳健的改革风格。说其出台时机出其不意，是因为其选在2005年5月份沸沸扬扬的升值谣言已经破灭、下一轮升值谣言尚未被炒作起来的时候，也是因为其选择在来自美国等国家迫使人民币升值的政治压力暂时减弱、流入中国的国际套利资本开始回流的时候。从另一个角度看，这一时机同样是最佳时机：中国经济从总体上看正面临着高增长低通胀的黄金组合；上半年贸易顺差和外汇储备急剧增加；美元兑欧元的汇率近期有较大回升；随着美国市场利率的提高和中国货币市场的利率降低，中央银行通过发行中国人民银行票据等方式进行的冲销操作的空间更加宽松。从这个角度来看，中国人民银行推出汇率政策的调整也是水到渠成的。

这次汇率政策调整可能产生三个影响：

1. 汇率制度将更加灵活化

这次中国人民银行的公告宣布人民币汇率不再钉住单一美元，而是改为“以市场供求为基础、参考一篮子货币进行调节、有管理的浮动汇率制度”。这和之前很多人预期的“钉住一篮子货币”汇率制度非常相似。但是，需要说明的是，“参考一篮子货币进行调节”并不是实行通常意义上的“钉住一篮子货币”的汇率制度。货币篮子不是决定人民币汇率水平的唯一规则，而仅仅是调整人民币汇率水平的一个参考。

参考一篮子货币，好处在于以贸易加权计算的人民币平均汇率水平更加稳定，中长期内对于保持出口竞争力与进口成本具有积极意义，同时还有助于减少国外主要货币之间的波动对我国宏观经济稳定方面的不利影响；不利的地方在于人民币对于美元的双边汇率波动较单一固定钉住汇率制度更加频繁。对于习惯了持有美元资产的投资者和以美元为计价货币的贸易商而言，不用担心汇率风险的日子一去不复返。中国95%以上的进出口贸易均使用美元计价，今后进出口企业要不得不学会为汇率风险负责。

在汇率制度中，完全固定汇率和自由浮动汇率是两个极端，其他各种汇率制度一般处于这两个极端之间。钉住一篮子货币的汇率制度更靠近固定汇率这一端，但是它只是一种过渡类型的汇率制度。中国汇率制度的演进，将随着外汇市场的发育、金融体系的改革、中国经济的健康发展越来越朝着更加灵活、更加有弹性的方向前进。从钉住美元的汇率制度、钉住一篮子货币的汇率制度和扩大汇率波动区间三种改革方案的优劣看，[①] 中国目前更适合采用混合方案，即吸纳固定钉住美元、钉住一篮子货币制度与区间浮动制度的部分因素，这样有助于弥补单独一种汇率制度的缺陷。

2. 汇率水平需要进一步调整

根据公报，人民币兑美元双边汇率调整到1美元兑8.11元人民币，较之原来的1美元兑8.27元人民币，人民币升值了2%。此前市场普遍预期人民币将会升值5%~10%，与市场普遍预期相比，这个调整幅度显然偏低，说明政策层不愿看到汇率大幅度调整可能带给经济的负面冲击。但是，在经济基本面面临持续升值压力的情形下，小幅度升值很难得到市场的支持，反而可能加剧升值预期。尤其是现有的汇率政策调整方案中有待进一步完善的地方，因此决定此次汇率调整方案成败的关键因素就要看能否成功地消化掉随后的升值预期。

现有的汇率调整方案缺乏明确的汇率变动规则。如果实行钉住一篮子货币的汇率制度，那么由于有了清晰的汇率变动规则，人们将主要根据其他货币汇率的变动预测人民币汇率走势。虽然公告中宣布人民币汇率将“参考一篮子货币进行调节”，但是对于货币篮子的组成，以及如何“参考”没有进一步的说明，这样做的好处是增加了汇率政策的灵活性，但也增加了人们随意猜测的想像空间。公告中还指出，国际收支状况仍然是调整人民币汇率的重要基础，但是在目前经常账户和资本账户双顺差，尤其是在2005年以来贸易顺差大幅度增长的情况下，2%的升值幅度显然不能反映国际收支平衡的要求。公告中宣称将参考货币篮子调整人民币汇率，而同时又承诺人民币汇率的当日最高浮动波幅限定在3‰的范围内。一旦美元和欧元、日元之间的汇率发生急剧变动，市场就完全有可能预期人民币汇率的收盘价即使处于3‰的端点，也不足以反映货币篮子的价值变动，这样人民银行就可能在未

① 张斌、何帆：《如何调整人民币汇率制度：目标、方案和时机》，《国际经济评论》2005年3~4月号。

来调整“参考货币篮子”的中间价。

我们在之前曾经建议采用“适度升值然后在一段时间之内承诺不再升值”的方式，为汇率制度的调整提供一种缓冲。比如，首先宣布升值10%，同时宣布在一年之内不再进一步升值。这样做的好处是可以分化市场预期，提高政府的公信力，减少市场的不确定性同时为汇率制度的调整赢得充足的准备时间。如果升值压力继续存在，政府将继续面临“大幅度、低频率”和“小幅度、高频率”这两种操作方式的权衡。“大幅度、低频率”是指间隔较长时间进行调整，但每次都调整到能获取市场信任的水平。“小幅度、高频率”是指调整次数较多，但是每次调整的幅度均低于市场预期。相比较而言，前者可能更有助于减少升值预期、增加中国人民银行的信誉度。

3. 汇率改革有利于推动中国发展战略的调整

汇率政策的调整将对中国经济带来有利和不利的影响。有利的影响是可以为货币政策松绑，中国人民银行不必再去冲销外汇储备的增加，贸易品和非贸易品相对价格的修正可以促进更多的资源流入非贸易品部门。考虑到制造业提供的就业机会几乎没有改变，而服务业提供的就业机会正在大幅度提高，从长期来看，服务部门增加的就业机会完全可以弥补出口部门减少的就业机会。不利的影响是出口部门会受到一定程度的冲击，出口部门的就业会减少，而且城市和农村之间的收入差距可能会提高。如果汇率提高了出口产品的价格，会影响到中国产品出口的竞争力。不过，57%左右的中国出口是加工贸易，因此这部分出口几乎是不受汇率调整影响的。但是，进口增加将会导致国内农产品价格降低，这会减少农民的收入。

为了减少汇率调整过程中的代价，需要有其他政策配套：①必须加强对短期资本流入和流出的监管，构筑一个相对安全的“防火墙”；②加快外汇市场的发展，提供更多的外汇避险工具，减少企业和金融机构因汇率波动可能带来的风险；③对在汇率调整过程中受到损失的出口企业、出口部门工人和农民进行补偿，通过财政支出帮助企业和工人转移到其他部门，增加农民收入；④加快对服务业部门的市场化改革。服务业部门中有很多部门仍然是国家垄断或政府控制的部门，比如医疗、教育、交通等，即使汇率调整之后非贸易品部门的利润空间增加，如果存在进入障碍，服务业仍然无法得到长足发展。打破服务业的垄断，对外资和内资同时开放，不仅能够使得汇率改革更加成功，而且将对中国走向更平衡的发展产生深远影响。

三　人民币初始升值后的汇率平稳上升

7 月 21 号人民币初始升值 2% 后截至目前的三个月内，人民币汇率（相对美元）虽然随国际金融市场时有起伏，但基本上仍是一个逐步释放升值压力、平稳上升的过程。10 月 31 日，美元对人民币收盘价为 8.0845。

在目前钉住一篮子货币的管理浮动汇率制度下，中国人民银行行长明确指出美元、日元、欧元和韩元是货币篮子的主要组成货币，人民币汇率与美元、日元、欧元以及韩元四者之间汇率变动趋势密切相关。由于美国国内遭受飓风和油价持续上涨等因素的影响，美元在未来 1～3 个月内可能走跌。鉴于美元在人民币货币篮子中所占比例较大，人民币在短期内有可能随美元汇率的走低面临升值压力。

由于人民币汇率政策调整以后，企业和金融机构会有一个适应性调整过程，因此人民币汇率在调整后的 3～5 个月内将处于适应期和调整期。决策者也会观察升值对经济的影响以及消化的程度，并在其他政策措施方面做出配合和适应。例如，如果汇率波动幅度变大，金融体系将提供更多的风险管理工具，让企业进行更为有效的风险管理，并重新调整自己的定价策略。目前中国经济出现趋冷迹象，通货膨胀压力减轻；而美元利息率则继续上升，人民币兑美元的利差进一步上升。所有这些都在一定程度上增加了中央银行干预外汇市场的空间。因而，在新汇率制度下，只要中国政府认为需要，人民币汇率在相当一段时间内保持稳定是完全可以做到的。

中国人民银行在 2005 年 7 月 21 日的汇率改革公告公布之后，中国人民银行的工作重点集中体现在推进远期外汇市场建设方面。8 月 10 日，中国人民银行宣布三项举措推进外汇市场发展，主要内容包括：①扩大银行间外汇市场交易主体；②增加银行间市场交易模式，在银行间外汇市场引入询价交易方式；③丰富银行间外汇市场交易品种。这三项措施是外汇市场建设的重大改进，但这仅仅是一个开始。为了能够低成本地帮助企业规避汇率风险，诸如外汇期货、外汇期权等一系列金融衍生产品也势必在短期内引入当前外汇市场。随着远期外汇市场建设的快速推进，人民币走向更高频率波动的成本会随之下降，引入频繁汇率波动的时机也逐渐成熟。中国人民银行的上述三项措施实际上是在为初始调整期结束后汇率波动频率和幅度的提高做准备，以便将汇率的决定权利更多地交给市场。

由于中国保持了持续的经济高增长，国际收支持续盈余和外汇储备迅速提升，人民币在长期内被低估显然已经成为广泛的共识。因此在中国人民银行提高波动频率和幅度之后，人民币汇率可能会进一步释放升值压力，减轻中国人民银行的冲销压力，为货币政策松绑，从而更明确地体现汇率在经济中的价格发现功能，保证中国经济的平衡增长，同时有助于缓解世界的经济失衡。①

四　人民币汇率政策调整的国际反映

中国人民银行7月21日汇率政策改革之后，国际上普遍做出了积极反应。总体上看，来自国外政府、经济学家和金融市场上的观点均认为，这是中国的汇率制度逐渐走向灵活的开始，汇率调整有助于中国的宏观政策得到更多的灵活性，也会对全球国际收支失衡的改善起到帮助作用。当然，由于立场不同，来自国外的观点中也夹杂着一些复杂的感受。

（一）政客：观望中的等待

美国白宫在人民币升值时候，当即表示欢迎。白宫发言人麦克莱伦说，“我们对中国今天宣布实行更灵活的以市场为基础的汇率机制感到鼓舞。”美国财政部长斯诺认为这是解决美国和中国经济之间经济扭曲的重要的第一步，中国政府让人民币走向由市场力量决定其价格的举措尤其具有重大的意义，中国改革汇率机制对中国和国际金融体系都很重要。当时的美国联邦储备委员会主席格林斯潘在人民币汇率机制改革推出之后表示，中国调整人民币汇率的举措已经提高了中国及其他经济体汇率的弹性。日本内阁官房长官细田博之在21日也表态说，日本对中国政府做出的人民币升值决定表示欢迎。他说：“这是中国经济国际化的第一步，也是人民币国际化的第一步。这是中国政府深思熟虑后做出的决定。”德国对人民币升值表示欢迎，称人民币升值对中国经济增长和德国经济都是“有益的”。西方七国集团（G7）财长及中国人民银行行长发表联合声明表示，欢迎中国政府采用较为自由的汇率制度，并称此举将有利于全球经济增长与稳定。欧洲

① Ma, Jun; Nguyen, Nam and Elledge, Richenda, “RMB: The Beginning of Gradual Appreciation”, *Deutsche Bank Asia*, July 21, 2005.

中国人民银行也发表声明称，欧洲中国人民银行行长Trichet对人民币重新估值表示欢迎，并冀望此举将有助于稳定全球金融市场。在积极评价的同时，西方政治首脑期待着人民币改革的进一步深化、人民币制度更具弹性。[①]

但是，值得指出的是，美国国会政客的态度依然强硬。由于美国对中国的贸易逆差在2005年累计将超过1800亿美元，两党反华情绪高涨，即使那些自由贸易提倡者也将投票赞成贸易限制。即使中国调整了人民币汇率政策，美国的一些政客仍然不会放弃其反华的立场。美国国会中鼓吹人民币升值最起劲的Schumer和Graham两位议员表示，人民币升值2%是远远不够的，人民币至少被低估了20%。他们表示他们不满于现状，处于一种“观望中的等待”，如果中国没有进一步的行动，他们会重新推动有关对中国出口到美国的商品征收27.5%附加关税的议案在国会中的表决。他们认为中国存在严重的货币操纵，使得中国出口品获得不公平的优势。[②] 而且在美国国会还形成了一种共识：中国是想以每年升值2%为缓兵之计尽可能地拖延。他们主张美国应增加对中国的压力以迫使中国加快汇率改革进程，尤其是让人民币以较快的步伐升值。

（二）经济学家：中国的下一步

国外经济学家在积极评价中国迈出了历史性一步的同时，对中国汇率改革的后续进程更加关注。他们的分析集中在中国新汇率制度存在的或者可能引致的问题以及中国将如何应对这些问题、改革如何继续等方面。

1. 新汇率制度对现状的改变非常有限

经济学家普遍的共识是中国此次汇率调整反映了中国国内经济本身的需求和国际对中国汇率改革压力两个方面的需要。中国经济改革的深化也需要一个更具弹性的、由市场力量决定的汇率制度。

华盛顿国际经济研究所（IIE）经济学家Goldstein和Lardy在《金融时报》上撰文对人民币升值进行了剖析。他们认为2%的升值幅度太小。根据贸易权重的估算，人民币实际上被低估了20%～25%。中国人民银行公报中

① 参见：Andrews，Edmund L.，“U.S. Calls Revaluation a Good Start for Beijing”，*New York Times*，July 21，2005；“Facts and Issues Surrounding the Renminbi”，*Financial Times*，July 26，2005。

② Athavaley，Anjali，“Suhumer，Graham May Press for China Tariffs”，*New York Times*，July 29，2005.

“管理浮动体制”和“根据市场调节浮动区间”容易变成当局干预外汇市场的最好借口。他们指出中国人民银行对人民币稳定的重视要远高于弹性，更不要提自由浮动。由于升值幅度太小，对中国巨大的经常项目盈余、国际收支失衡和全球经济失衡的改善几乎没有作用。对华盛顿国会压力的缓解也只是暂时的，无法改变保护主义者认定的中国进行货币操纵的观念。Goldstein 和 Lardy 断定，中国汇率的改革是秉承了中国改革 20 多年来的经验，采用的是一种渐进式的增量改革。农业、外贸和国有企业都是遵循这样的原则，并且取得了成功。但是，他们认为中国采用这种成功的经验进行汇率改革是错误的，因为人民币的扭曲程度是巨大的，如何控制升值预期将是一个严峻的挑战。[①]

2. 人民币不应为美国经济失衡买单

纽约大学 Nouriel Roubini 教授警告美国不要搬石头砸自己的脚。美国要求中国和其他亚洲国家货币大幅升值，但却没有意识到亚洲国家为美国“双赤字”低价融资的贡献。除非美国自己解决严重的财政赤字和经常项目逆差，否则要求中国货币升值 10% ~15% 是愚蠢的。[②] Intelligence 金融公司的主席 Persaud 指出，人民币大幅升值对中国经济的影响是巨大的负面性，可能将中国拉入严重的通缩，将会是另一个日本，而且对全球经济的不均衡是无济于事的。

3. 中国的冲销政策不可维持

Goldstein 和 Lardy，Nouriel Roubini 与 David Altig，国际货币基金组织研究部主任 Prasad 等都认为，人民币小幅升值会加强而不是缓解人民币进一步升值的预期，短期内将导致投机资本的进一步涌入，中国干预外汇市场的力度将增加。[③]

Roubini 认为中国的冲销政策具有不可维持性，冲销只是对冲了大概 50% 的资本流入，但是冲销产生了两个严重的金融方面的损失，并带来了系统的脆弱性。一方面，美元资产的累积越来越大，一旦人民币升值，导致中国严重的资本损失；另一方面，由于未能完全冲销，中国应对资本流入的操

① Goldstein, Morris and Lardy, Nicholas,“China's Revaluation Shows Size Really Matters”, *Financial Times*, July, 22, 2005.

② Altig, David and Roubini, Nouriel, “Whether the Yuan?”, *Wall Street Journal*, July 21, 2005.

③ Roubini, Nouriel ,“China Trip Report”, www. rgemonitor. com; Prasad, Eswar S. , “Next Steps for China”, IMF *Finance and Development*, September 2005, volume 42, number 3.

作空间很小，货币基数将被迫放大，带来信用和投资的膨胀，导致经济泡沫，这将增加中国经济的脆弱性和硬着陆的危险。[①]

Lardy 在《纽约时报》的采访中表现了同样的忧虑。他指出，中国具有很多无法用一般外汇渠道统计的巨额资本流入，主要表现在国际收支表的错误与遗漏项上。过去中国的这个项目为负，代表资本流出，2004 年却有 200 亿美元的正值。巨大的资本流入，对中国造成极大的通货膨胀压力。中国在过去两年来累积了超过 3000 亿美元的资本流入，2005 年还将继续扩大，外汇储备可能超过 8000 亿美元。Lardy 认为，如果中国资本交易超过 1 万亿美元，中国将无法干预市场而丧失对货币的控制力，且难以抑制通货膨胀。

4. 人民币改革深化将影响世界经济发展

亚洲新兴经济体的货币普遍存在一定的低估问题，由于这些经济体害怕丧失竞争优势，因此在人民币调整币值之前是不会调整本币汇率的。《金融时报》专题文章认为，人民币升值将给亚洲其他新兴经济体的货币带来升值压力。

Roubini 认为中国和亚洲国家货币升值，会给美国带来通胀压力，美联储会采取收紧政策，短期和长期利率上升，对美国长期利率的影响是难以估计的，但是大概范围会在 0.5%～1.5%之间。另外，由于美元看跌，东亚的私人投资者和外汇管理部门都会减持美元资产以调整自己的外汇储备结构，美国将面临资本流入减少的局面。如果资本流入不够为美国的赤字融资，美国需要调整消费结构和财政安排。

当然，人民币和亚洲国家货币的升值，带来了这些货币购买力的提高，对中国和亚洲出口的国家将受益。Roubini 还认为，人民币升值会改变中国高储蓄和低消费的状况，通过购买较为廉价的外国商品，拉动中国的消费并促进向中国出口国家的经济发展。

5. 中国近期需要某种程度上的资本管制

Roubini 指出，放松管制或者自由化，短期内并不会导致明显的资本外流从而缓解升值的压力，相反地，自由化将导致投机资本的进一步涌入。人民币升值和继续改革需要中国在应对投机资本进入的时候，采取逆向行动，阻止它们的冲击。如果干预减少和资本管制放开，那么唯一的结果就将是人民币升值。

---

① Roubini, Nouriel (2005), "China Trip Report", www.rgemonitor.com.

《纽约时报》认为外管局需要监控外国直接投资，使其确实用于进行工厂和其他政府认可项目的建设，不能让这些资本用于购买资产、投资股市或者存进银行等待进一步升值。具体的政策措施包括在边境上阻止巨额的美元现金入境，使美元兑换人民币更加复杂，比如在兑换的时候需要出示护照并填具表格。

Prasad 认为，人民币改革的方向最后也是资本项目的可兑换性。因为在固定的汇率体制下，或者是狭窄的变动幅度内，市场干预和资本管制是一种必需。然而，资本管制会导致更为强烈的规避管制动因，新的规避手段层出不穷，资本管制会逐步丧失其有效性，金融系统风险增加。

6. 新的汇率制度需要更多弹性

IMF 的 Prasad 认为，无视市场的基本力量而维持固定汇率机制会导致大量资本流入，给货币体系带来具有危害性的流动性，会导致资源的错配和通胀。建立一种更具弹性的汇率制度有利于降低金融系统的风险，有利于获得更大的货币政策空间，也为中国应对外部冲击提供了缓冲空间。

美国国际经济研究所的 John Williamson 还给出了具体意见。Williamson 认为人民币单一钉住美元，围绕中间平价变动，意味着需要政府对外汇市场进行干预。如果美元对其他主要货币升值或者贬值，中国必须保证人民币对美元的汇率保持在一个小的区间之内。从单一钉住转向钉住篮子（a basket peg），人民币价值会随着货币篮子中的其他货币对美元价格的变化而变化，并不必然和人民币与美元的相对供求直接相关。Willsamson 还认为一篮子货币兑换率标准（a basket numeraire）比钉住货币篮子更具广泛性。他指出，对于中国比较好的选择是钉住篮子货币，并根据贸易权重进行一篮子货币的权重安排。而从整个亚洲（尤其是东亚）来看，采用一种共同货币篮子（a common basket）的机制作为货币兑换率标准，对中国而言利益会更大。即使共同货币篮子机制近期不可行，至少也可以通过比较这个标准和货币篮子决定的人民币价格，来获得升值和贬值的重要参考。①

日本学者小川英治（Eiji Ogawa）指出，② 中国的新汇率制度包含了更多的弹性。但是，参考货币篮子与钉住货币篮子是不一样的，中国有更多的弹

① Williamson, John, "A Currency Basket for East Asia, Not Just China", IIE Policy Briefs, PB05 - 1.

② Ogawa, Eiji, "Respond to Professor Yu", 中国社科院世界经济与政治研究所内部资料，2005 年 8 月。

性管理人民币汇率的政策或者对汇率进行操纵的可能，而模糊的政策和操纵汇率的可能会损害货币当局的公信力，所以当局必须在透明度、责任感和公信力之间取得一个平衡。如果中国的目标是贸易均衡和整体经济的均衡，那么最好以贸易权重来安排篮子货币。人民币应该扩大波动幅度以适应篮子货币价格的变化，逐渐增加弹性，最后迈向浮动汇率。

（三）市场反应：人民币升值对中国经济影响甚微

来自各投资银行和其他金融机构的分析更多地能够反映出市场上对人民币汇率改革的评价和预期。

摩根·斯坦利的 Stephen Roach 认为，人民币升值是中国弹性汇率机制和资本账户开放的前奏，但是，微小的币值调整对中国出口竞争力的负面影响非常小，并且中国还有空间进行财政、货币政策的协调以刺激国内需求，以缓解外部需求的减少。[①] 瑞银华宝（UBS）的 Anderson 甚至认为，升值2%对中国的实体经济影响为零。[②]

标准普尔在提高中国信用等级的同时也指出，中国币值的调整面临一定的不确定性，但是，对实体经济影响小，并且会引导中国走向经济及其金融结构的优化。Hale 咨询公司也认为，升值2%对中国贸易位置的变化几乎没有作用。[③]

德意志银行同样认为，升值2%对经济基本面影响很小，但是更具有弹性的汇率机制可以帮助中国人民银行更好地应对中国经济周期的变化。他们的模型认为以后几年人民币每年对美元升值5%，只会对中国 GDP 产生0.3%的作用，不会对经济增长和就业产生过大的影响。[④]

---

① Roach, Stephen; Len, Stephen L., etc: "Global: An Awesome Move by China", Morgen Standley, July 21, 2005.

② Anderson, Jonathan, "Is the PBC Really Loosening?" *UBS Investment Research*, Hong Kong, July 21, 2005. Anderson, Jonathan, "What We Learned Over Summer Vacation?" *UBS Investment Research*, Hong Kong, August 12, 2005.

③ Breush, Geoff, "More to Be Expected After China's Exchange Rate Policy Changes", Standard&Poor's, July 22, 2005; Hale, David, "China's Currency Policy Change", Hale Advisers, LLC, July 21, 2005.

④ Ma, Jun; Nguyen, Nam and Elledge, Richenda, "RMB: The Beginning of Gradual Appreciation", Deutsche Bank Asia, July 21, 2005.

世界经济统计
分析与资料

2005～2006年世界经济统计资料

○ 吴海英　曹永福

目　录

（四）世界金融形势回顾与展望

（五）国际收支形势回顾与展望

（六）国际贸易形势回顾

（七）国际投资与资本流动回顾

（八）国家竞争力与全球大公司排名

表8-2-2　《财富》全球500家大公司行业表现排名（2004年）

表8-2-3　《财富》全球500家大公司之中国公司（2004年）

说　明

一　统计体例

1. 本部分所称“国家”为纯地理实体概念，而不是国际法所称的政治实体概念。

2. 大部分统计表先列国家集团或地区的数据，再列单个国家的数据。对统计指标是绝对值的表，国家通常按该指标绝对值由大到小排序；否则国家按其英文字母名排序。

3. 统计表数据为年度和季度数据。除非特别说明，2004年（含2004年）、2005年第二季度（含2005年第二季度）以前的数据均为实际统计数据，2005年以后的年度数据（含2005年）为估计值或预测值。1997~2006意为1997~2006年间指标的平均值，两年度间的平均值表示法以此类推。

4. “…”表示数据在统计时点上尚无法取得；“0”表示数据远小于其所在表的计量单位；“—”表示数据不存在或无实际意义。

二　经济预测

本部分的预测数据来自国际货币基金组织（IMF）的预测。IMF预测范围覆盖全世界，见《世界经济展望》（*World Economic Outlook*，以下简称WEO，每年4月和9月发布）和世界经济展望数据库（*World Economic Outlook Database*，每年4月和9月发布）。由于本部分预测数据和大部分历史数据均来自IMF，下面对IMF《世界经济展望》有关问题予以说明。

1. 假设

本部分所引IMF《2005年9月世界经济展望》的预测数据来自WEO项目组MULTIMOD模型的计算结果。该模型的基本假设如下：

（1）先进经济体的实际有效汇率保持在2005年7月8日至8月5日的平均水平不变。这一假设意味着2005年、2006年的美元/特别提款权（US＄/SDR）分别为1.481和1.456，美元/欧元（US＄/Euro）分别为1.25和1.21，日元/美元（Yen/US＄）分别为108.9和110.8。

（2）2005年、2006年石油平均价格分别假定为每桶54.23美元和61.75美元。

（3）关于利率，假设2005年、2006年的伦敦银行间6个月期美元存款拆借利率平均值分别为3.6%和4.5%，欧元3个月存款利率平均值分别为2.1%和2.4%，日元6个月存款利率平均值分别为0.1%和0.2%。

（4）各国当局的财政和货币政策在预测期内保持不变。

2. 数据与方法

175个国家的数据和预测形成了IMF《世界经济展望》及其数据库的统计基础。IMF研究部和各地区研究部共同维护该数据库，各地区研究部在保持各种变量全球一致假设的基础上定期更新各国的预测数据。IMF世界经济展望数据库综合反映了来自各国国家统计机构和国际组织的信息。虽然各国统计机构是历史数据的最基本提供者，但国际机构也参与数据的处理，目的是协调各国统计方法，内容包括统计资料的分析框架、概念、定义、分类以及生成统计数据的估计方法和程序。例如，IMF积极参与了1993年国民经济核算体系（SNA）、IMF国际收支指南第五版（BPM5）、货币和金融统计指南（MFSM）和政府金融统计指南2001年版（GFSM2001）的制定，它们均代表了经济统计和分析标准的重大改进。

《世界经济展望》的国家集团指标值为有关国家相应指标的加总或加权平均值。除非特别说明，年度平均增长率为复合年变化率。除其他新兴市场和发展中国家的通货膨胀与货币增长率指标采用几何平均法外，国家集团指标值均采用算术加权平均法。具体说明如下：

（1）国家集团的汇率、利率、货币总量增长率均按各国在该国家集团的国内生产总值（Gross Domestic Product，以下简称GDP）总额中所占比重进行加权。其中各国GDP按此前3年本币对美元的平均市场汇率折算成美元。

（2）与各国国内经济有关的国家集团其他指标，无论是增长率还是比率指标，均按各国在世界GDP或该国家集团GDP总额中所占比重进行加权。其中，各国GDP按购买力平价汇率折算成美元。

（3）欧元区12国（除非特别说明）指标值是欧元区各国数据基于1995年欧洲货币单位（ECU）汇率的加权汇总值。

（4）国家集团失业率和就业增长以各国劳动力占集团劳动力总额的比重为权数加权。

（5）与各国对外经济有关的国家集团指标，为各国相应指标（外债、对外贸易数额与价格变动除外）美元数值的加总，其中各国美元数值按与国际收支统计时段相对应的本币对美元平均市场汇率进行折算。国家集团的外债指标经各国本币对债务币种的期末市场汇率折算后再进行加总。而国家集团对外贸易数额与价格变动值的计算则以各国折算为美元后的出口（或进口）在上年世界或集团出口（或进口）总值中所占比重为权数进行算术加权。

IMF《世界经济展望》中统计指标年度及季度的计算方法参见本系列书2002 及 2003 年度世界经济统计资料的相关说明。

3. 国家分类

2004 年《世界经济展望》重新将全世界国家分为两大类：先进经济体、其他新兴市场和发展中国家，改变了以往三大类的分组方法（先进经济体、发展中国家、转轨国家）。目前尚有少数国家未包括在这两个分组中。原因之一是这些国家不是IMF 成员国，其经济运行亦未在IMF 的指导之下，如古巴与朝鲜；原因之二是这些国家的数据库尚未充分建成，如圣马力诺（属先进经济体）和阿鲁巴岛（属发展中国家）。此外，由于缺乏数据，国家集团数据不包括以下国家：阿富汗、波斯尼亚、黑塞哥维那、文莱、厄立特里亚、利比里亚、塞尔维亚、黑山、索马里、帝汶岛。

表 A 列出了2004 年 WEO 国家分组及各国家 GDP、货物与服务出口、人口占世界的比例。表 B 为先进经济体的细分国家类别。表 C 为欧盟成员国构成。

表 A　2004 年 WEO 国家分组及各国家 GDP、货物与服务出口、人口占世界的比例①

单位：%

国家分组	国家数	GDP		货物与服务出口		人　口	
		先进经济体	世界	先进经济体	世界	先进经济体	世界
先进经济体	29	100.0	54.6	100.0	71.6	100.0	15.4
美　国		38.2	20.9	14.4	10.3	30.5	4.7
欧元区	12	28.0	15.3	43.7	31.3	32.2	4.9
德　国		7.9	4.3	13.2	9.5	8.6	1.3
法　国		5.7	3.1	6.7	4.8	6.5	1.0
意大利		5.3	2.9	5.5	3.9	6.0	0.9
西班牙		3.2	1.7	3.4	2.4	4.3	0.7

续表 A

国家分组	国家数	GDP		货物与服务出口		人　口	
		先进经济体	世界	先进经济体	世界	先进经济体	世界
日　本		12.6	6.9	8.0	5.7	13.2	2.0
英　国		5.7	3.1	6.7	4.8	6.2	1.0
加拿大		3.5	1.9	4.7	3.4	3.3	0.5
其他先进经济体	13	12.1	6.6	22.5	16.1	14.6	2.2
主要工业国家	7	78.8	43.0	59.1	42.3	74.3	11.4
亚洲新兴工业经济体	4	6.4	3.5	13.1	9.4	8.5	1.3
国家分组	国家数	其他新兴市场和发展中国家	世界	其他新兴市场和发展中国家	世界	其他新兴市场和发展中国家	世界
其他新兴市场和发展中国家	146	100.0	45.4	100.0	28.2	100.0	84.6
地区分组							
非　洲	48	7.2	3.3	7.8	2.2	14.8	12.5
撒哈拉	45	5.6	2.5	5.7	1.6	13.5	11.4
中东欧	15	7.5	3.4	15.0	4.3	3.5	2.9
独联体②	13	8.3	3.8	9.6	2.7	5.3	4.5
俄罗斯		5.7	2.6	6.4	1.8	2.7	2.3
亚洲发展中国家	23	54.2	24.6	39.2	11.1	61.6	52.1
中　国		29.0	13.2	20.7	5.9	24.5	20.7
印　度		13.0	5.9	3.8	1.1	20.1	17.0
不含中国和印度	21	12.2	5.5	14.8	4.2	17.0	14.4
中东	14	6.2	2.8	13.7	3.9	4.8	4.0
西半球	33	16.5	7.5	14.8	4.2	10.1	8.5
巴　西		5.8	2.6	3.4	1.0	3.4	2.9
墨西哥		4.0	1.8	4.2	1.2	2.0	1.7
分析型分组							
燃料出口国	18	7.1	3.2	14.2	4.0	7.6	6.4
非燃料出口国	128	92.9	42.2	85.8	24.3	92.4	78.2
初级产品出口国	23	2.2	1.0	2.4	0.7	5.2	4.4
净债务国	126	56.4	25.6	52.0	14.8	67.5	57.2
官方融资型	50	12.9	5.8	9.3	2.6	22.4	19.0
重债穷国	27	1.9	0.9	1.1	0.3	7.6	6.4
中东与北非	20	8.2	3.7	15.8	4.5	6.8	5.8

①GDP 以购买力平价计。②蒙古虽然不是独联体成员，但由于同独联体国家在地理和经济结构上的相似性，通常在地区分组上被归入独联体。

表B　先进经济体细分类别

主要货币区	欧元区	亚洲新兴工业经济体	主要先进经济体*	其他先进经济体
美　国 欧元区 日　本	奥地利、比利时、芬兰、法国、德国、希腊、爱尔兰、意大利、卢森堡、荷兰、葡萄牙、西班牙	中国香港、韩国、新加坡、中国台湾	加拿大、法国、德国、意大利、日本、英国、美国	澳大利亚、塞浦路斯、丹麦、中国香港、冰岛、以色列、韩国、新西兰、挪威、新加坡、瑞典、瑞士、中国台湾

*主要先进经济体指先进经济体中GDP最多的七个国家，亦称为七国集团。

表C　欧盟成员国组成

奥地利、比利时、塞浦路斯、捷克、丹麦、爱沙尼亚、芬兰、法国、德国、希腊、匈牙利、爱尔兰、意大利、拉脱维亚、立陶宛、卢森堡、马耳他、荷兰、波兰、葡萄牙、斯洛伐克、斯洛文尼亚、西班牙、瑞典、英国

（一）世界经济形势回顾与展望

表1－1　世界经济形势回顾与展望：1987～2006年

单位：%

类　　别	1987～1996	1997～2006	2002	2003	2004	2005	2006
世界实际GDP	3.3	3.9	3.0	4.0	5.1	4.3	4.3
先进经济体	3.0	2.7	1.5	1.9	3.3	2.5	2.7
美　国	2.9	3.3	1.6	2.7	4.2	3.5	3.3
欧元区	—	2.0	0.9	0.7	2.0	1.2	1.8
日　本	3.2	1.1	－3	1.4	2.7	2.0	2.0
其他先进经济体①	3.8	3.3	3.2	2.4	3.9	2.8	3.3
其他新兴市场和发展中国家	3.8	5.3	4.8	6.5	7.3	6.4	6.1
非　洲	2.2	4.1	3.6	4.6	5.3	4.5	5.9
中东欧	0.9	3.7	4.4	4.6	6.5	4.3	4.6
独联体和蒙古	—	5.1	5.3	7.9	8.4	6.0	5.7
亚洲发展中国家	7.8	6.7	6.6	8.1	8.2	7.8	7.2
中　东	3.4	4.6	4.2	6.5	5.5	5.4	5.0
西半球	2.7	2.8	…	2.2	5.6	4.1	3.8
欧　盟	2.2	2.4	1.3	1.3	2.5	1.6	2.1

续表 1-1

类　别	1987～1996	1997～2006	2002	2003	2004	2005	2006
燃料出口国	2.6	4.6	3.6	6.4	7.2	6.0	6.2
非燃料出口国	3.9	5.4	4.9	6.5	7.3	6.4	6.1
初级产品出口国	3.2	3.4	2.9	3.3	5.6	4.4	5.1
净债务国	3.5	4.1	3.3	4.9	6.1	5.2	5.2
官方融资型	4.4	3.5	1.6	5.3	6.1	5.9	5.3
人均 GDP							
先进经济体	2.3	2.1	0.9	1.3	2.7	2.0	2.2
其他新兴市场和发展中国家	2.1	4.0	3.5	5.2	6.0	5.1	4.9
世界 GDP(亿美元)							
基于市场汇率	238400	352810	325170	364810	408950	438860	459420
基于购买力平价	287780	491040	490150	518240	556550	595600	634200
消费者价格							
先进经济体	3.5	1.9	1.5	1.8	2.0	2.2	2.0
其他新兴市场和发展中国家	56.6	7.6	5.9	6.0	5.8	5.9	5.7
世界货物和服务贸易							
贸易量	6.6	6.6	3.4	5.4	10.3	7.0	7.4
美元计价格指数	3.1	0.8	1.2	10.3	9.6	5.6	0.5
出口贸易量							
先进经济体	6.7	5.6	2.2	3.1	8.3	5.0	6.3
其他新兴市场和发展中国家	6.9	9.4	6.7	10.8	14.5	10.4	10.3
进口贸易量							
先进经济体	6.6	6.0	2.6	4.1	8.8	5.4	5.8
其他新兴市场和发展中国家	6.4	8.8	6.5	11.1	16.4	13.5	11.9
贸易条件							
先进经济体	0.1	-0.2	0.8	1.1	-0.2	-1.0	-0.5
其他新兴市场和发展中国家	-0.4	1.1	1.2	0.9	2.9	6.2	1.7
世界商品美元价格②							
工业制成品	4.0	0.6	2.4	14.4	9.7	6.0	0.5
石　油	3.7	11.7	2.5	15.8	30.7	43.6	13.9
非燃料初级产品	2.7	0.5	1.7	6.9	18.5	8.6	-2.1
世界贸易额(亿美元)							
货物和服务	46550	90650	79380	92350	111500	125890	136270
货　物	37210	72650	63060	73650	89390	101530	110450

①这里的“其他先进经济体”指除去美国、欧元区国家和日本以外的先进经济体。②所列三种商品价格分别指先进经济体工业制成品的出口单位价值指数；英国布伦特油、迪拜油和西得克萨斯中质油的平均原油现价；以1995～1997年非燃料初级产品占世界商品出口的比值为权重的非燃料初级产品世界平均市场价格。

资料来源：IMF，*World Economic Outlook*，2005年9月21日。

表 1-2　GDP 不变价增长速度：部分国家和地区（1980~2006 年）

单位：%

国家和地区	1980	1990	1995	2000	2001	2002	2003	2004	2005	2006
阿尔及利亚	-5.4	0.8	3.8	2.1	2.6	4.7	6.9	5.2	4.8	5.3
阿根廷	0.7	-1.3	-2.8	-0.8	-4.4	-10.9	8.8	9.0	7.5	4.2
澳大利亚	1.9	1.8	3.5	3.2	2.5	4.0	3.3	3.2	2.2	3.2
奥地利	2.3	4.6	1.9	3.4	0.8	1.0	1.4	2.4	1.9	2.2
比利时	4.1	3.1	2.3	3.7	0.9	0.9	1.3	2.7	1.2	2.0
巴　西	9.2	-4.2	4.2	4.4	1.3	1.9	0.5	4.9	3.3	3.5
加拿大	2.2	0.2	2.8	5.2	1.8	3.1	2.0	2.9	2.9	3.2
智　利	7.9	3.7	10.6	4.5	3.4	2.2	3.7	6.1	5.9	5.8
中　国	7.9	3.8	10.5	8.0	7.5	8.3	9.5	9.5	9.0	8.2
哥伦比亚	4.4	4.3	5.2	2.9	1.5	1.9	4.1	4.1	4.0	4.0
捷　克	…	…	5.9	3.3	2.6	1.5	3.2	4.4	4.1	3.9
丹　麦	-0.4	1.0	2.8	2.8	1.3	0.5	0.7	2.4	2.2	2.1
埃　及	3.4	2.4	4.5	5.4	3.5	3.2	3.1	4.1	4.8	5.0
芬　兰	5.1	-0.3	4.4	5.0	1.0	2.2	2.4	3.6	1.8	3.2
法　国	1.8	2.7	2.0	4.1	2.1	1.3	0.9	2.0	1.5	1.8
德　国	1.0	5.7	1.8	3.1	1.2	0.1	-0.2	1.6	0.8	1.2
希　腊	1.7	0.0	2.1	4.5	4.3	3.8	4.7	4.2	3.2	2.9
中国香港	10.2	3.7	3.9	10.2	0.5	1.9	3.2	8.1	6.3	4.5
匈牙利	0.2	-3.5	1.6	5.2	3.8	3.5	2.9	4.2	3.4	3.6
印　度	3.6	6.0	7.6	5.4	3.9	4.7	7.4	7.3	7.1	6.3
印度尼西亚	9.9	7.2	8.2	4.9	3.8	4.4	4.9	5.1	5.8	5.8
伊　朗	-14.9	16.9	2.7	5.1	3.7	7.5	6.7	5.6	5.7	5.4
爱尔兰	2.1	8.5	8.9	9.2	6.2	6.1	4.4	4.5	5.0	4.9
以色列	3.2	5.7	6.7	7.7	-0.3	-1.2	1.7	4.4	4.2	3.9
意大利	4.2	2.0	2.9	3.0	1.8	0.4	0.3	1.2	0.0	1.4
日　本	2.8	5.3	2.0	2.4	0.2	-0.3	1.4	2.7	2.0	2.0
韩　国	-2.1	9.2	9.2	8.5	3.8	7.0	3.1	4.6	3.8	5.0
卢森堡	3.2	5.4	1.5	9.2	2.2	2.3	2.4	4.4	3.1	3.2
马来西亚	7.4	9.0	9.8	8.9	0.3	4.4	5.4	7.1	5.5	6.0
墨西哥	9.2	5.2	-6.2	6.6	-0.2	0.8	1.4	4.4	3.0	3.5
荷　兰	0.5	4.1	3.0	3.5	1.4	0.1	-0.1	1.7	0.7	2.0
新西兰	1.7	0.0	4.3	3.5	2.6	4.7	3.4	4.8	2.5	2.5
尼日利亚	2.9	12.0	2.3	5.4	3.1	1.5	10.7	6.0	3.9	4.9

续表 1－2

国家和地区	1980	1990	1995	2000	2001	2002	2003	2004	2005	2006
挪　威	5.2	2.1	4.4	2.8	2.7	1.1	0.4	2.9	3.1	3.3
巴基斯坦	7.0	5.0	4.9	3.0	2.5	4.1	5.7	7.1	7.4	6.5
秘　鲁	7.7	－5.1	8.6	2.9	0.2	4.9	4.0	4.8	5.5	4.5
菲律宾	5.1	3.0	4.7	4.4	1.8	4.4	4.5	6.0	4.7	4.8
波　兰	－6.0	－7.2	6.8	4.0	1.0	1.4	3.8	5.4	3.0	4.0
葡萄牙	6.7	7.9	2.3	3.4	1.7	0.4	－1.1	1.0	0.5	1.2
俄罗斯	—	—	－4.1	10.0	5.1	4.7	7.3	7.2	5.5	5.2
沙特阿拉伯	7.9	6.1	0.2	4.9	0.5	0.1	7.7	5.2	6.0	4.7
新加坡	7.0	9.0	8.0	9.6	－1.9	3.2	1.4	8.4	3.9	4.5
南　非	6.6	－0.3	3.1	4.2	2.7	3.6	2.8	3.7	4.3	3.9
西班牙	0.7	3.8	2.8	5.8	3.5	2.7	2.9	3.1	3.2	3.0
瑞　典	2.9	1.0	4.1	4.3	1.0	2.0	1.5	3.6	2.6	2.8
瑞　士	5.3	3.8	0.4	3.6	1.0	0.3	－0.4	1.7	0.8	1.8
中国台湾	7.3	5.4	6.4	5.8	－2.2	3.9	3.3	5.7	3.4	4.3
泰　国	5.8	11.6	9.2	4.8	2.2	5.3	6.9	6.1	3.5	5.0
土耳其	－0.8	9.2	6.7	7.4	－7.5	7.9	5.8	8.9	5.0	5.0
阿联酋	－1.8	16.6	7.9	5.0	8.0	4.1	11.3	8.5	5.6	4.2
英　国	－2.1	0.7	2.9	4.0	2.2	2.0	2.5	3.2	1.9	2.2
美　国	－0.2	1.9	2.5	3.7	0.8	1.6	2.7	4.2	3.5	3.3
委内瑞拉	－1.9	6.5	4.0	3.7	3.4	－8.9	－7.7	17.9	7.8	4.5
越　南	－3.5	5.0	9.5	6.8	6.9	7.1	7.3	7.7	7.5	7.0

资料来源：IMF，World Economic Outlook Database，2005 年 9 月。

表 1－3－1　市场汇率计 GDP：部分国家和地区（1980～2006 年）

单位：亿美元

2004 年位次	国家和地区	1980	1990	2000	2001	2002	2003	2004	2005	2006
1	美　国	27895	58031	98170	101280	104696	109713	117343	124524	131235
2	日　本	10659	30531	47502	41675	39802	42997	46712	46723	46520
3	德　国	8261	15470	19058	18926	20258	24464	27547	27998	27702
4	英　国	5367	9946	14457	14353	15740	18075	21330	21968	22117
5	法　国	6912	12466	13327	13416	14642	17943	20463	21134	21243
6	意大利	4546	11045	10779	10913	11905	14711	16801	17189	17233
7	中　国	3015	3878	10807	11757	12707	14183	16537	19097	21721

续表 1-3-1

2004年位次	国家和地区	1980	1990	2000	2001	2002	2003	2004	2005	2006
8	西班牙	2302	5286	5824	6089	6885	8827	10413	11245	11646
9	加拿大	2689	5828	7252	7156	7356	8705	9934	11062	11812
10	韩　国	641	2638	5120	4820	5479	6083	6804	7997	8527
11	墨西哥	2056	2613	5805	6237	6426	6365	6753	7581	8244
12	印　度	1755	3131	4584	4713	4951	5757	6651	7461	8089
13	澳大利亚	1562	3078	3774	3576	4004	5113	6180	6838	7088
14	荷　兰	1784	2955	3717	4010	4394	5387	6075	6228	6263
15	巴　西	1489	4650	6016	5104	4606	5055	6038	7893	8829
16	俄罗斯	—	—	2597	3066	3451	4314	5818	7721	9214
17	瑞　士	1095	2369	2463	2506	2775	3220	3580	3648	3593
18	比利时	1216	1978	2288	2277	2466	3049	3523	3650	3677
19	瑞　典	1298	2405	2403	2200	2424	3023	3469	3540	3527
20	中国台湾	414	1604	3079	2796	2816	2858	3052	3307	3528
21	土耳其	701	1504	1982	1431	1830	2406	3026	3532	3727
22	澳大利亚	802	1654	1944	1931	2084	2567	2947	3068	3099
23	印度尼西亚	954	1257	1655	1644	2000	2386	2578	2702	2929
24	沙特阿拉伯	1493	1047	1887	1833	1888	2149	2509	3142	3494
25	挪　威	637	1163	1673	1698	1915	2208	2508	2946	3137
26	波　兰	553	607	1665	1858	1915	2098	2422	2857	3029
27	丹　麦	679	1337	1587	1591	1716	2114	2417	2525	2533
28	南　非	805	1120	1330	1186	1108	1654	2131	2341	2483
29	希　腊	490	841	1140	1176	1338	1736	2055	2196	2260
30	芬　兰	523	1372	1209	1222	1330	1626	1862	1909	1924
31	爱尔兰	212	462	964	1049	1233	1573	1847	2001	2091
32	葡萄牙	301	721	1068	1098	1213	1476	1679	1738	1755
33	中国香港	286	754	1654	1628	1599	1567	1641	1736	1837
34	泰　国	324	856	1227	1155	1268	1430	1635	1679	1788
35	伊　朗	938	830	964	1154	1164	1338	1615	2033	2422
36	阿根廷	2090	1413	2842	2687	1015	1273	1520	1773	1961
37	马来西亚	249	440	903	880	953	1040	1183	1326	1436
38	以色列	217	527	1155	1138	1043	1105	1169	1241	1254
39	委内瑞拉	698	484	1172	1229	929	843	1082	1310	1571
40	捷　克	…	…	557	609	738	906	1070	1218	1269

资料来源：IMF, World Economic Outlook Database, 2005 年 9 月。

表1－3－2　购买力平价计GDP：部分国家和地区（1980～2006年）

单位：亿美元

2004年位次	国家和地区	1980	1990	2000	2001	2002	2003	2004	2005	2006
1	美　国	27550	57314	96956	100028	103574	108680	116052	123323	130493
2	中　国	4144	15206	48828	53749	59172	65740	73343	80919	88771
3	日　本	10426	23201	32846	33779	34226	35717	38172	40093	41679
4	印　度	4343	11537	24370	25941	27693	30230	32908	36029	39186
5	德　国	7668	14463	21430	22128	22512	22897	23916	24985	26099
6	英　国	4769	9340	14542	15234	15759	16408	17364	18258	19108
7	法　国	5294	10096	14927	15605	16037	16418	17246	18116	18898
8	意大利	5355	10020	14386	14991	15293	15613	16205	16947	17699
9	巴　西	4486	7899	12573	13044	13515	13732	14616	15525	16398
10	俄罗斯	6028	12796	10542	11344	12071	13195	14492	15855	17070
11	加拿大	2690	5360	8759	9131	9601	9975	10505	11118	11676
12	韩　国	1054	3646	7930	8431	9168	9623	10298	10991	11800
13	墨西哥	2795	5075	8738	8932	9150	9439	10050	10649	11220
14	西班牙	2515	5070	8102	8528	8863	9251	9717	10263	10813
15	印度尼西亚	1356	3494	6312	6687	7048	7471	8014	8637	9298
16	澳大利亚	1365	2846	4889	5133	5415	5678	6021	6387	6750
17	中国台湾	666	2153	4916	4924	5185	5454	5895	6299	6746
18	土耳其	991	2475	4322	4094	4489	4836	5296	5707	6116
19	伊　朗	999	2091	3779	4011	4383	4756	5188	5603	6020
20	泰　国	635	2050	3870	4048	4337	4715	5123	5595	6064
21	南　非	1627	2853	4159	4373	4604	4775	5017	5320	5593
22	阿根廷	1810	2427	4498	4403	3988	4420	4842	5170	5488
23	荷　兰	1400	2638	4306	4472	4572	4615	4774	4987	5229
24	波　兰	1495	2226	3896	4030	4155	4391	4754	5129	5465
25	菲律宾	1038	1852	3018	3145	3335	3556	3830	4094	4358
26	巴基斯坦	572	1547	2751	2893	3068	3318	3608	3925	4245
27	沙特阿拉伯	1065	1696	2608	2686	2733	2983	3164	3373	3547
28	哥伦比亚	773	1633	2617	2716	2806	2964	3155	3368	3575
29	乌克兰	1986	3918	2034	2273	2433	2711	3121	3397	3657
30	比利时	967	1789	2713	2797	2862	2947	3090	3243	3381
31	埃　及	522	1308	2278	2415	2533	2660	2823	3028	3245
32	孟加拉国	493	1067	2109	2264	2413	2591	2798	3037	3283

续表 1－3－2

2004年位次	国家和地区	1980	1990	2000	2001	2002	2003	2004	2005	2006
33	马来西亚	317	857	2088	2145	2271	2435	2655	2896	3145
34	瑞　典	776	1455	2173	2246	2331	2411	2542	2674	2797
35	奥地利	770	1444	2240	2311	2381	2443	2541	2671	2793
36	瑞　士	823	1522	2071	2143	2181	2209	2301	2413	2514
37	希　腊	705	1139	1760	1875	1979	2102	2235	2363	2474
38	阿尔及利亚	584	1166	1680	1766	1867	2031	2172	2327	2460
39	中国香港	317	904	1724	1774	1837	1931	2125	2268	2407
40	越　南	236	632	1544	1660	1784	1926	2109	2316	2529

资料来源：IMF，World Economic Outlook Database，2005年9月。

表1－4　人均GDP：部分国家和地区（2004～2006年）

单位：美元

2004年市场汇率计GDP位次		国家和地区[①]	2004年	2005年	2006年	2004年PPP计GDP位次		2004年	2005年	2006年
总额	人均					总额	人均			
63	1	卢森堡	69737	73147	74436	92	1	63609	66821	70044
25	2	挪　威	54600	63795	67587	43	2	40005	41941	43481
17	3	瑞　士	49300	50158	49306	36	9	31690	33168	34498
31	4	爱尔兰	45675	48753	50252	51	4	37663	40003	42082
27	5	丹　麦	44808	46691	46734	44	7	33089	34718	36083
91	6	冰　岛	41804	49173	49292	134	6	33269	35686	37913
1	7	美　国	39935	41976	43804	1	3	39496	41571	43556
19	8	瑞　典	38493	39101	38776	34	20	28205	29537	30751
66	9	卡塔尔	37610	48049	53847	102	19	28919	29607	30326
14	10	荷　兰	37326	38180	38321	23	15	29332	30574	31990
2	11	日　本	36596	36599	36432	3	12	29906	31406	32640
22	12	奥地利	36244	37688	38006	35	10	31254	32802	34256
30	13	芬　兰	35666	36522	36753	49	16	29305	30818	32154
4	14	英　国	35548	36429	36494	6	18	28938	30277	31529
18	15	比利时	33866	35068	35310	30	14	29707	31159	32469
3	16	德　国	33390	33785	33405	5	17	28988	30150	31472
5	17	法　国	32911	33855	33894	7	22	27738	29019	30152
9	18	加拿大	31134	34375	36408	11	8	32921	34550	35989
13	19	澳大利亚	30682	33526	34325	16	13	29893	31318	32687

续表 1-4

2004年市场汇率计GDP位次		国家和地区①	2004年	2005年	2006年	2004年PPP计GDP位次		2004年	2005年	2006年
总额	人均					总额	人均			
6	20	意大利	29014	29635	29666	8	21	27984	29218	30468
8	21	西班牙	25320	27175	28012	14	28	23627	24803	26009
41	22	新加坡	24740	26253	27842	55	23	26799	28228	29591
42	23	阿联酋	23968	28579	29952	57	27	23818	23723	23292
46	24	新西兰	23846	26233	26313	58	26	23943	24882	25849
33	25	中国香港	23608	24715	25894	39	11	30558	32292	33940
56	26	科威特	19559	24940	27193	77	41	16066	16297	16440
85	27	塞浦路斯	19202	20866	21834	114	34	19633	20669	21740
29	28	希　腊	18722	20006	20593	37	32	20362	21529	22542
38	30	以色列	17780	18464	18263	52	30	22077	22944	23800
32	33	葡萄牙	15982	16525	16664	41	37	18503	19388	20260
10	36	韩　国	14151	16493	17438	12	31	21419	22666	24130
20	38	中国台湾	13451	14447	15271	17	24	25983	27513	29204
11	52	墨西哥	6494	7183	7696	13	64	9666	10090	10475
16	70	俄罗斯	4087	5459	6554	10	61	10179	11209	12143
7	112	中　国	1272	1462	1654	2	94	5642	6193	6761
23	113	印度尼西亚	1191	1233	1319	15	117	3703	3940	4187
48	120	菲律宾	1010	1111	1159	25	104	4561	4770	4968
12	135	印　度	622	687	732	4	120	3080	3316	3547
58	141	越　南	535	568	600	40	125	2570	2782	2995

①国家按2004年以市场汇率计人均GDP的位次进行排序。

资料来源：IMF, World Economic Outlook Database, 2005年9月。

（二）世界物价、失业形势回顾与展望

表 2-1-1　消费者价格指数：部分国家和地区（1987～2006年）

（上年=100）

单位：%

国家和地区	1987～1996	1997～2006	2000	2001	2002	2003	2004	2005	2006
先进经济体	3.5	1.9	2.2	2.1	1.5	1.8	2.0	2.2	2.0
欧元区①	—	1.9	2.1	2.3	2.3	2.1	2.1	2.1	1.8
其他先进经济体	5.1	2.1	2.0	2.4	1.7	1.8	2.0	2.0	2.3
主要先进经济体	3.2	1.8	2.1	1.9	1.3	1.7	2.0	2.1	2.1
亚洲新兴工业经济体	5.3	2.1	1.2	2.0	1.0	1.5	2.4	2.2	2.3

续表 2－1－1

国家和地区	1987～1996	1997～2006	2000	2001	2002	2003	2004	2005	2006
其他新兴市场和发展中国家	56.6	7.6	7.3	6.7	5.9	6.0	5.8	5.9	5.7
非　洲	28.6	10.2	13.1	12.2	9.6	10.4	7.8	8.2	7.0
撒哈拉	33.9	12.5	16.8	15.2	11.9	13.0	9.3	9.8	8.2
中东欧	61.3	18.1	22.7	19.4	14.7	9.2	6.5	4.8	4.3
独联体和蒙古	—	20.6	24.6	20.3	13.8	12.0	10.3	12.6	10.5
俄罗斯	—	21.9	20.8	21.5	15.8	13.7	10.9	12.8	10.7
不含俄罗斯	—	17.5	34.2	17.6	9.3	8.3	9.0	12.1	10.1
亚洲发展中国家	11.0	3.7	1.9	2.7	2.1	2.6	4.2	4.2	4.7
中　国	11.9	1.3	0.4	0.7	-0.8	1.2	3.9	3.0	3.8
印　度	9.5	5.3	4.0	3.8	4.3	3.8	3.8	3.9	5.1
不含中国和印度	10.8	7.4	2.8	5.9	6.3	4.6	5.5	7.4	6.4
中　东	15.3	7.8	5.9	5.4	6.5	7.1	8.4	10.0	9.7
西半球	181.9	8.0	7.6	6.1	8.9	10.6	6.5	6.3	5.4
燃料出口国	27.0	11.4	10.0	9.6	10.3	11.1	10.3	11.2	10.0
非燃料出口国	59.6	7.3	7.1	6.5	5.6	5.6	5.4	5.5	5.4
初级产品出口国	62.9	18.4	29.1	26.6	14.6	17.5	12.6	13.7	12.0
净债务国	65.4	9.0	9.1	8.4	8.3	7.6	6.0	6.2	5.8
官方融资型	41.7	8.9	6.1	7.2	9.4	7.8	6.9	8.1	6.9
重债穷国	64.8	12.4	24.8	19.1	5.8	8.7	6.6	8.8	5.4
中东与北非	16.1	6.9	5.0	4.8	5.7	6.1	7.3	8.4	8.3
阿尔及利亚	18.2	…	0.3	4.2	1.4	2.6	3.6	3.5	4.3
阿根廷	182.0	…	-0.9	-1.1	25.9	13.4	4.4	9.5	10.4
巴　西	656.6	…	7.1	6.8	8.4	14.8	6.6	6.8	4.6
加拿大	3.1	2.1	2.7	2.5	2.3	2.7	1.8	2.2	2.5
捷　克	…	…	3.9	4.7	1.8	0.1	2.8	2.0	2.5
埃及②	15.3	…	2.8	2.4	2.4	3.2	8.1	8.8	8.0
法　国	2.6	1.6	1.8	1.8	1.9	2.2	2.3	1.9	1.8
德　国	2.6	1.4	1.4	1.9	1.3	1.0	1.8	1.7	1.7
印度尼西亚	8.3	…	3.8	11.5	11.8	6.8	6.1	8.2	6.5
意大利	5.2	2.2	2.6	2.3	2.6	2.8	2.3	2.1	2.0
日　本	1.3	-0.1	-0.9	-0.7	-1.0	-0.2	…	-0.4	-0.1
马来西亚	3.0	…	1.5	1.4	1.8	1.1	1.4	3.0	2.5
墨西哥	36.7	…	9.5	6.4	5.0	4.5	4.7	4.3	3.6
巴基斯坦	9.7	…	4.4	3.1	3.2	2.9	7.4	9.9	9.8
菲律宾	9.7	…	4.3	6.8	3.0	3.5	6.0	8.2	7.5
南　非	12.1	…	5.4	5.7	9.2	5.8	1.4	3.9	5.3
西班牙	5.4	2.8	3.5	2.8	3.6	3.1	3.1	3.2	3.0

续表 2－1－1

国家和地区	1987～1996	1997～2006	2000	2001	2002	2003	2004	2005	2006
泰　国	4.8	…	1.6	1.7	0.6	1.8	2.7	4.2	2.7
土耳其	70.9	…	54.3	53.9	44.8	25.2	10.3	8.4	6.9
阿联酋	4.2	…	1.4	2.8	2.9	3.1	4.6	6.0	4.5
英　国③	4.2	1.5	0.8	1.2	1.3	1.4	1.3	2.0	1.9
美　国	3.7	2.5	3.4	2.8	1.6	2.3	2.7	3.1	2.8

①欧元区数据基于 Eurostat 的消费协调价格指数。②指财政年度数据。③指单位工资成本。

资料来源：IMF，*World Economic Outlook*，2005 年 9 月 21 日。

表 2－1－2　原油价格：1955～2005 年

单位：美元/桶

年份	世界平均原油价格	阿联酋迪拜油	英国布伦特油	美国西得克萨斯中质油	季度	世界平均原油价格	阿联酋迪拜油	英国布伦特油	美国西得克萨斯中质油
1955	2.11	1.97	2.06	…	1996Q1	18.31	16.54	18.63	19.76
1960	1.85	1.79	1.93	…	1996Q2	19.49	17.25	19.48	21.73
1965	1.79	1.80	2.23	…	1996Q3	20.63	18.94	20.54	22.41
1970	1.79	1.80	2.23	…	1996Q4	23.06	21.41	23.16	24.63
1971	2.19	2.21	3.21	…	1997Q1	21.08	19.30	21.17	22.78
1972	2.44	2.48	3.61	…	1997Q2	18.49	17.52	18.05	19.90
1973	3.27	2.86	4.25	…	1997Q3	18.66	17.67	18.52	19.77
1974	11.50	10.98	12.93	…	1997Q4	18.84	17.92	18.72	19.88
1975	11.45	10.43	11.50	…	1998Q1	14.16	12.45	14.08	15.96
1976	11.55	11.63	13.14	…	1998Q2	13.28	11.93	13.28	14.64
1977	12.51	12.57	14.31	…	1998Q3	13.00	12.42	12.43	14.17
1978	12.78	12.92	14.26	…	1998Q4	11.85	11.56	11.09	12.90
1979	29.83	29.82	32.11	…	1999Q1	11.64	10.93	11.09	12.90
1980	35.71	35.85	37.89	…	1999Q2	16.03	15.20	15.33	17.57
1981	34.04	34.29	36.68	…	1999Q3	20.44	19.48	20.33	21.53
1982	31.54	31.76	33.42	…	1999Q4	23.81	22.70	24.05	24.67
1983	29.47	28.47	29.78	30.41	2000Q1	26.62	24.29	26.77	28.79
1984	28.55	27.51	28.74	29.39	2000Q2	26.77	24.95	26.54	28.81
1985	27.37	26.51	27.61	27.99	2000Q3	29.88	27.60	30.34	31.72
1986	14.17	13.06	14.43	15.02	2000Q4	29.67	27.49	29.58	31.94

续表 2-1-2

年份	世界平均原油价格	阿联酋迪拜油	英国布伦特油	美国西得克萨斯中质油	季度	世界平均原油价格	阿联酋迪拜油	英国布伦特油	美国西得克萨斯中质油
1987	18.20	16.96	18.44	19.19	2001Q1	26.07	23.62	25.82	28.78
1988	14.77	13.36	14.98	15.97	2001Q2	26.73	25.08	27.24	27.85
1989	17.91	15.78	18.25	19.69	2001Q3	25.21	23.90	25.25	26.49
1990	22.99	20.73	23.71	24.52	2001Q4	19.31	18.24	19.34	20.36
1991	19.37	16.61	19.98	21.51	2002Q1	20.92	20.02	21.16	21.60
1992	19.04	17.14	19.41	20.56	2002Q2	25.20	24.28	25.07	26.26
1993	16.79	14.91	17.00	18.46	2002Q3	26.94	25.57	26.91	28.32
1994	15.95	14.83	15.83	17.18	2002Q4	26.74	25.07	26.86	28.28
1995	17.20	16.13	17.06	18.43	2003Q1	31.34	28.56	31.43	34.02
1996	20.37	18.54	20.45	22.13	2003Q2	26.49	24.37	26.13	28.98
1997	19.27	18.10	19.12	20.59	2003Q3	28.38	26.51	28.44	30.20
1998	13.07	12.09	12.72	14.42	2003Q4	29.36	27.50	29.41	31.18
1999	17.98	17.08	17.70	19.17	2004Q1	32.13	29.18	31.95	35.23
2000	28.23	26.09	28.31	30.32	2004Q2	35.63	32.98	35.49	38.35
2001	24.33	22.71	24.41	25.87	2004Q3	40.55	36.09	41.59	43.89
2002	24.95	23.73	25.00	26.12	2004Q4	42.73	35.57	44.16	48.31
2003	28.89	26.73	28.85	31.10	2005Q1	46.13	41.07	47.64	49.65
2004	37.76	33.46	38.30	41.45	2005Q2	…	47.69	51.61	53.05

资料来源：IMF，International Financial Statistics，monthly，2005 年 9 月。

表 2-2 失业率：先进经济体（1987~2006 年）

单位：%

国家和地区	1987~1996	1997~2006	2000	2001	2002	2003	2004	2005	2006
先进经济体	6.8	6.3	5.8	5.9	6.4	6.6	6.3	6.1	5.9
欧元区	—	8.9	8.2	7.9	8.3	8.7	8.9	8.7	8.4
德 国	7.3	8.9	7.8	7.9	8.7	9.6	9.2	9.5	9.3
法 国	10.4	9.8	9.1	8.4	8.9	9.5	9.7	9.8	9.6
意大利	11.3	9.7	10.6	9.5	9.0	8.7	8.5	8.1	7.8
西班牙	20.0	13.0	13.9	10.6	11.5	11.5	11.0	9.1	8.0
荷 兰	6.4	3.8	2.8	2.2	2.8	3.7	4.6	5.0	4.5
比利时	8.4	8.0	6.9	6.7	7.3	7.9	7.8	7.9	8.0
奥地利	3.4	4.3	3.7	3.6	4.1	4.3	4.8	5.0	4.7
芬 兰	9.7	9.6	9.8	9.1	9.1	9.0	8.8	8.0	7.8
希 腊	8.4	10.7	11.4	10.8	10.3	9.7	10.5	10.5	10.5

续表 2－2

国家和地区	1987～1996	1997～2006	2000	2001	2002	2003	2004	2005	2006
葡萄牙	5.8	5.7	3.9	4.0	5.0	6.3	6.7	7.4	7.7
爱尔兰	14.5	5.3	4.3	3.9	4.4	4.7	4.5	4.2	4.0
卢森堡	2.0	3.6	2.6	2.6	3.0	3.8	4.4	4.8	5.2
澳大利亚	8.4	6.4	6.3	6.8	6.4	6.0	5.5	5.1	5.1
加拿大	9.5	7.5	6.9	7.2	7.7	7.6	7.2	6.8	6.7
丹　麦	9.8	5.8	5.1	4.9	4.9	5.8	6.0	5.6	5.5
中国香港	1.9	5.6	5.0	5.1	7.3	7.9	6.8	5.7	4.6
冰　岛	2.8	2.4	1.3	1.4	2.5	3.4	3.1	2.3	1.7
以色列	8.4	9.2	8.7	9.3	10.3	10.7	10.3	9.1	8.7
日　本	2.6	4.6	4.7	5.0	5.4	5.3	4.7	4.3	4.1
韩　国	2.5	4.2	4.4	4.0	3.3	3.6	3.5	3.6	3.3
新西兰	7.5	5.4	6.0	5.3	5.2	4.7	3.9	4.0	4.2
挪　威	4.9	3.9	3.4	3.5	3.9	4.5	4.5	4.2	4.0
新加坡	2.6	3.5	3.1	3.3	4.4	4.7	4.0	3.6	3.4
瑞　典	4.7	5.3	4.7	4.0	4.0	4.9	5.5	5.2	4.9
瑞　士	2.1	3.0	1.7	1.6	2.3	3.4	3.5	3.7	3.7
中国台湾	1.7	3.9	3.0	4.6	5.2	5.0	4.4	4.3	4.2
英　国	8.5	5.5	5.5	5.1	5.2	5.0	4.8	4.7	4.8
美　国	6.1	5.0	4.0	4.8	5.8	6.0	5.5	5.2	5.2
主要先进经济体	6.6	6.2	5.7	5.9	6.6	6.7	6.4	6.1	6.0
亚洲新兴工业经济体	2.3	4.2	4.0	4.2	4.2	4.4	4.1	4.0	3.7

资料来源：IMF，*World Economic Outlook*，2005 年 9 月 21 日。

（三）世界财政形势回顾与展望

表 3－1－1　一般政府、中央政府财政余额占 GDP 比例：先进经济体（1998～2006 年）

单位：%

国家和地区	1998	1999	2000	2001	2002	2003	2004	2005	2006
一般政府财政余额占 GDP 比例									
先进经济体	－1.4	－1.1	…	－1.5	－3.4	－3.9	－3.4	－3.3	－3.4
美　国	0.1	0.6	1.3	－0.7	－4.0	－4.6	－4.0	－3.7	－3.9
欧元区	－2.3	－1.3	－0.9	－1.8	－2.5	－2.8	－2.7	－3.0	－3.1
德　国	－2.2	－1.5	1.3	－2.8	－3.7	－4.0	－3.7	－3.9	－3.7

续表 3－1－1

国家和地区	1998	1999	2000	2001	2002	2003	2004	2005	2006
法　国①	－2.6	－2.5	－1.5	－1.5	－3.1	－4.2	－3.7	－3.5	－3.9
意大利	－2.8	－1.7	－0.8	－3.2	－2.7	－3.2	－3.2	－4.3	－5.1
西班牙	－2.9	－1.1	－0.9	－0.5	－0.3	0.3	－0.3	0.3	0.3
荷　兰	－0.8	0.7	2.2	－0.3	－2.0	－3.2	－2.1	－2.3	－2.5
比利时	－0.7	－0.4	0.2	0.6	0.1	0.4	…	－0.8	－2.0
奥地利②	－2.5	－2.3	－1.6	0.1	－0.4	－1.3	－1.2	－2.0	－1.8
芬　兰	1.6	2.2	7.1	5.2	4.2	2.3	1.9	1.5	1.5
希　腊	－4.3	－3.4	－4.1	－3.6	－4.2	－5.2	－6.1	－4.3	－4.1
葡萄牙	－2.6	－2.8	－2.9	－4.4	－2.7	－2.8	－2.9	－6.2	－4.8
爱尔兰③	2.3	2.4	4.3	0.8	－0.4	0.2	1.4	－1.1	－0.6
卢森堡	3.2	3.7	6.0	6.4	2.8	0.8	－1.3	－1.7	－2.1
日　本	－5.5	－7.2	－7.5	－6.1	－7.9	－7.8	－7.2	－6.7	－6.2
英　国	…	1.1	3.9	0.8	－1.5	－3.2	－3.0	－3.2	－3.4
加拿大	0.1	1.6	2.9	0.7	－0.1	…	0.7	0.5	0.3
韩　国	－3.9	－3.0	1.1	0.6	2.3	2.7	2.3	2.2	2.8
澳大利亚	0.4	1.4	1.8	0.9	1.1	1.7	1.6	1.3	1.1
中国台湾	－3.4	－6.0	－4.7	－6.7	－4.5	－2.9	－3.4	－3.0	－2.8
瑞　典	1.9	2.3	5.1	2.9	－0.3	0.5	0.7	0.6	0.4
瑞　士	－1.5	－0.6	2.2	0.1	－1.2	－1.6	－1.0	－1.4	－1.2
中国香港	1.8	0.8	－0.6	－5.0	－4.9	－3.2	－0.8	－0.7	0.1
丹　麦	1.1	3.2	2.5	2.8	1.6	1.2	1.4	1.6	1.7
挪　威	3.6	6.2	15.6	13.6	9.3	7.6	11.4	16.7	18.3
以色列	－3.7	－4.2	－2.0	－3.9	－4.2	－6.5	－5.1	－5.1	－4.7
新加坡	3.6	4.6	7.9	4.8	4.0	5.8	5.2	4.5	4.2
新西兰④	2.1	1.5	1.3	1.6	1.7	3.5	4.6	4.1	3.7
塞浦路斯	－4.2	－4.4	－2.4	－2.3	－4.5	－6.3	－4.2	－3.0	－2.8
冰　岛	0.5	2.4	2.5	0.2	0.2	－1.0	0.4	1.0	0.8
主要先进经济体	－1.5	－1.2	－0.2	－1.8	－4.1	－4.6	－4.1	－4.0	－4.1
亚洲新兴工业经济体	－2.2	－3.2	－2.2	－4.8	－3.5	－1.9	－1.7	－1.5	－1.2
不包括社会保障的财政余额占 GDP 比例									
美　国	－0.6	－0.4	0.2	－1.5	－4.4	－5.1	－4.3	－4.1	－4.4
日　本	－6.9	－8.3	－8.0	－6.2	－7.7	－7.9	－6.9	－6.3	－5.8
德　国	－2.3	－1.7	1.3	－2.6	－3.4	－3.6	－3.6	－3.2	－3.0

续表 3－1－1

国家和地区	1998	1999	2000	2001	2002	2003	2004	2005	2006
法　国	－2.9	－3.1	－2.0	－1.7	－2.9	－3.5	－2.7	－2.9	－3.3
意大利	1.3	2.7	3.3	0.8	1.5	1.1	1.2	0.2	－0.3
加拿大	2.7	3.9	4.8	2.4	1.4	1.4	2.1	1.9	1.7
中央政府财政余额占 GDP 比例									
先进经济体	－1.1	－1.1	0.2	－1.0	－2.4	－3.0	－2.8	－2.6	－2.6
美　国⑤	0.5	1.2	2.0	0.5	－2.4	－3.4	－3.1	－2.6	－2.9
欧元区	－2.4	－1.6	－0.4	－1.6	－2.1	－2.3	－2.3	－2.3	－2.3
德国⑥	－1.8	－1.5	1.4	－1.3	－1.7	－1.8	－2.3	－2.1	－2.1
法　国	－3.7	－2.5	－2.4	－2.2	－3.8	－3.9	－3.2	－3.1	－2.8
意大利	－2.7	－1.5	－1.1	－3.0	－2.9	－2.7	－2.6	－3.2	－3.7
西班牙	－2.3	－1.0	－0.9	－0.6	－0.5	－0.3	－1.2	－0.5	－0.4
日　本⑦	－3.8	－8.5	－6.9	－6.3	－6.9	－7.1	－7.0	－6.9	－6.7
英　国	…	1.2	3.9	0.9	－1.6	－3.5	－3.0	－3.2	－3.5
加拿大	0.8	0.9	1.9	1.1	0.8	0.1	0.6	0.3	0.3
其他先进经济体	－0.8	－0.4	1.3	0.3	0.1	0.6	0.9	1.3	1.6
主要先进经济体	－1.0	－1.1	0.1	－1.2	－3.0	－3.6	－3.5	－3.2	－3.4
亚洲新兴工业经济体	－1.2	－1.1	0.8	－0.8	－0.3	0.2	0.4	0.5	0.9

①对外汇稳定基金的估值变化进行了调整。②基于欧洲国民经济账户体系 1995 年（European System of Accounts 1995），即 ESA95 方法。③数据包括前国有电话通讯公司清偿未来退休金这一负债所带来的影响，这一项占 1999 年 GDP 的 1.8%。④政府余额是收入减去支出加上国有企业余额，不包括私营收入（privatization receipts）。⑤数据基于预算核算。⑥数据基于行政管理核算，不包括社会保障业务。⑦数据基于国民收入核算，不包括社会保障业务。

资料来源：IMF，*World Economic Outlook*，2005 年 9 月 21 日。

表 3－1－2　一般政府结构余额占潜在 GDP 比例①：先进经济体（1998～2006 年）

单位：%

国家和地区	1998	1999	2000	2001	2002	2003	2004	2005	2006
先进经济体	－1.6	－1.4	－1.2	－1.8	－3.2	－3.4	－3.2	－3.1	－3.1
美　国	－0.5	－0.3	0.3	－0.8	－3.5	－3.8	－3.5	－3.2	－3.5
欧元区②③	－2.0	－1.6	－1.8	－2.4	－2.6	－2.5	－2.2	－2.3	－2.3
德　国②	－1.9	－1.5	－1.7	－3.1	－3.5	－3.4	－3.2	－3.3	－2.9
法　国②	－1.8	－2.2	－2.1	－2.1	－3.1	－3.4	－2.6	－2.6	－2.4

续表 3-1-2

国家和地区	1998	1999	2000	2001	2002	2003	2004	2005	2006
意大利②	-3.1	-2.0	-2.7	-3.9	-3.5	-2.8	-2.9	-3.4	-4.0
西班牙②	-1.6	-0.4	-1.4	-1.3	-0.5	0.3	0.6	0.9	0.9
荷　兰②	-1.4	-0.7	-0.2	-1.2	-2.3	-2.4	-1.2	-0.8	-0.9
比利时②	-0.7	-1.0	-1.6	-0.7	-0.1	-1.0	0.1	-0.2	-1.4
奥地利②	-2.7	-2.8	-3.4	-0.6	-0.2	-0.2	-0.7	-1.6	-1.7
芬　兰	-0.2	-0.2	5.8	5.0	4.4	2.6	1.7	1.6	1.3
希　腊	-2.5	-2.0	-4.1	-3.8	-4.4	-5.9	-6.9	-5.0	-4.5
葡萄牙②	-3.0	-3.8	-4.0	-4.7	-4.8	-4.8	-4.5	-5.2	-3.8
爱尔兰②	1.8	1.0	2.6	-0.5	-1.2	0.4	1.7	-1.0	-0.8
日　本	-5.3	-6.6	-7.3	-5.5	-6.8	-6.9	-6.8	-6.6	-6.2
英　国②	-0.1	1.0	1.3	0.3	-1.7	-3.1	-3.0	-3.2	-3.2
加拿大	0.5	1.3	2.0	0.4	-0.2	0.3	0.9	0.7	0.4
其他先进经济体	-0.8	-0.1	0.8	0.7	…	0.3	0.6	0.5	0.3
澳大利亚④	-1.6	-0.7	-0.2	-0.2	0.1	0.6	0.7	0.8	0.7
瑞　典	2.7	2.0	4.3	3.0	0.3	0.9	1.8	1.4	0.7
丹　麦	0.8	2.2	2.2	2.5	2.0	2.3	2.0	1.7	1.7
挪　威⑤	-4.5	-3.7	-2.5	-1.2	-3.9	-5.5	-4.7	-5.0	-5.1
新西兰⑥	1.8	0.9	1.2	2.1	3.3	4.4	4.5	4.3	3.7
主要先进经济体	-1.6	-1.5	-1.4	-2.0	-3.7	-3.9	-3.7	-3.6	-3.6

①一般政府结构余额基于国民收入核算。潜在产出为充分就业下的GDP。结构预算状况定义为实际预算赤字（或盈余）减去产出与潜在产出周期性背离所带来的影响。由于同这种周期性差距、国民收入税收和支出弹性估计有关的不确定性差异的存在，描述结构预算状况的指标应被理解为广泛的和多层次的。此外，很重要的一点是引起结构预算余额变化的因素并不一定是政策变化，而有可能反映了已有支出项目计划的一些内在要素。除了有特殊统一计划存在的时期外，假设结构预算保持不变。②不包括来自移动电话许可证销售的一次性收入。2000年，德国的这一收入相当于GDP的2.5%，意大利为GDP的1.2%，英国为GDP的2.4%，西班牙为GDP的0.1%，荷兰为GDP的0.7%，奥地利为GDP的0.4%，葡萄牙为GDP的0.3%；2001和2002年法国为GDP的0.1%，2001年比利时为GDP的0.2%，2002年爱尔兰为GDP的0.2%。此外，数据不包括来自相当规模的资产交易一次性收入。特别地，2005年法国该类收入占GDP的0.5%。③不包括卢森堡。④不包括国民政府私营收入。⑤不包括石油。⑥政府余额是收入减去支出加上国有企业余额，不包括私营收入。

资料来源：IMF，*World Economic Outlook*，2005年9月21日。

表3-2　中央政府财政余额占GDP比例：其他新兴市场和发展中国家（1998~2006年）

单位：%

国家和地区	1998	1999	2000	2001	2002	2003	2004	2005	2006
其他新兴市场和发展中国家	-3.8	-4.0	-3.0	-3.3	-3.5	-2.9	-1.7	-1.1	-0.7
地区分组									
非　洲	-3.8	-3.5	-1.3	-2.1	-2.5	-1.9	-0.2	0.6	2.4
撒哈拉	-3.7	-3.8	-2.4	-2.5	-2.7	-2.5	-0.8	-0.3	1.2
中东欧	-4.0	-6.0	-4.9	-7.1	-7.5	-5.7	-4.7	-4.1	-3.7
独联体和蒙古	-5.3	-4.0	0.3	1.8	1.0	1.2	2.7	6.0	6.6
俄罗斯	-6.0	-4.2	0.8	2.7	1.3	1.6	4.4	8.6	9.6
不含俄罗斯	-3.1	-3.2	-1.4	-0.7	0.2	0.1	-1.7	-1.2	-1.6
亚洲发展中国家	-3.6	-4.5	-4.7	-4.2	-4.0	-3.5	-2.6	-2.7	-2.5
中　国	-3.0	-4.0	-3.6	-3.1	-3.3	-2.8	-1.7	-1.7	-1.5
印　度	-5.3	-6.6	-7.2	-6.6	-6.1	-5.3	-4.5	-4.5	-4.1
不含中国和印度	-2.9	-3.1	-4.3	-4.1	-3.3	-3.2	-2.9	-3.0	-3.1
中　东	-5.2	-1.8	4.3	-0.5	-2.2	-0.1	1.6	6.8	7.8
西半球	-3.4	-2.9	-2.4	-2.6	-3.1	-3.1	-1.5	-2.1	-1.6
巴　西	-5.4	-2.7	-2.3	-2.1	-0.8	-4.0	-1.5	-3.8	-2.6
墨西哥	-2.3	-2.2	-1.6	-1.3	-1.6	-1.6	-0.3	-0.7	-0.7
分析型分组									
出口收入来源									
燃料出口国	-5.9	-2.3	6.3	0.2	-1.8	1.0	4.1	10.1	12.4
非燃料出口国	-3.7	-4.1	-3.8	-3.5	-3.6	-3.2	-2.1	-2.0	-1.6
初级产品出口	-2.3	-3.8	-4.5	-2.9	-3.0	-3.0	-1.6	-1.0	-0.9
对外融资									
净债务国	-3.9	-4.3	-4.2	-4.3	-4.3	-3.9	-2.9	-3.0	-2.6
官方融资型	-3.2	-3.6	-4.1	-4.0	-4.6	-3.0	-2.6	-2.5	-2.6
重债穷国	-3.5	-4.4	-5.3	-4.1	-4.4	-4.5	-3.6	-2.9	-2.6
中东与北非	-4.7	-1.8	3.7	-0.5	-2.1	-0.1	1.6	5.9	7.3

资料来源：IMF，*World Economic Outlook*，2005年9月21日。

（四）世界金融形势回顾与展望

表4-1 货币供应量增长率①：部分国家和地区（1998~2006年）

单位：%

国家和地区	1998	1999	2000	2001	2002	2003	2004	2005	2006
狭义货币②									
先进经济体	5.8	8.2	2.6	9.8	9.1	7.9	6.3	…	…
美国	2.0	1.9	-1.7	6.9	3.3	7.1	5.4	…	…
欧元区③	10.7	11.0	5.4	9.7	10.0	9.6	8.7	…	…
日本	5.0	11.7	3.5	13.7	23.5	4.5	4.0	…	…
英国	5.8	11.7	4.5	8.0	6.1	7.3	5.8	…	…
加拿大	8.7	8.9	14.4	15.3	4.6	11.1	11.5	…	…
亚洲新兴工业经济体	0.9	19.8	4.6	11.4	13.4	13.9	9.3	…	…
广义货币④									
先进经济体	6.7	5.9	4.9	8.7	5.8	5.5	5.1	…	…
美国	8.4	6.2	6.1	10.2	6.8	5.4	5.2	…	…
欧元区③	4.9	5.4	4.1	11.2	6.7	6.5	6.4	…	…
日本	4.0	2.7	1.9	3.3	1.8	1.6	1.8	…	…
英国	8.4	4.1	8.4	6.7	7.0	7.2	8.8	…	…
加拿大	0.8	5.1	6.6	6.0	5.0	6.0	6.3	…	…
亚洲新兴工业经济体	20.0	17.3	14.4	7.3	5.7	6.8	3.4	…	…
其他新兴市场和发展中国家	18.0	17.7	13.1	14.5	17.5	16.7	16.8	15.2	13.4
非洲	18.3	19.1	20.1	18.3	21.4	20.1	17.9	17.4	13.7
撒哈拉	16.8	21.2	22.9	18.5	24.8	23.1	20.6	19.3	14.0
中东欧	37.1	37.1	24.0	30.6	12.2	11.6	13.2	12.5	11.2
独联体和蒙古	34.7	53.2	25.4	40.9	64.0	38.7	34.1	35.9	30.8
俄罗斯	37.6	48.1	15.0	40.1	77.3	39.4	33.7	37.8	33.5
不包括俄罗斯	24.8	70.3	58.2	43.0	34.2	36.6	35.1	29.8	21.8
亚洲发展中国家	18.4	14.4	12.3	13.1	15.5	16.2	14.6	13.5	13.0
中国	14.8	14.7	12.3	14.8	19.7	19.6	14.5	13.0	12.0
印度	20.2	18.6	16.2	13.9	15.1	15.9	18.0	16.2	16.6
不包括中国和印度	21.5	11.5	9.6	9.5	8.5	10.3	12.1	12.5	12.3
中东	8.5	10.7	12.5	14.0	17.1	13.8	19.0	17.2	11.6
西半球	11.0	10.1	7.1	6.5	13.6	15.0	15.9	11.2	9.7
巴西	5.5	7.8	3.3	13.3	23.6	3.7	19.3	12.0	9.4
墨西哥	25.0	19.7	12.9	16.0	10.8	13.5	12.6	8.5	8.3

续表 4-1

国家和地区	1998	1999	2000	2001	2002	2003	2004	2005	2006
燃料出口国	14.4	16.2	18.9	14.6	19.3	20.5	23.2	20.4	14.6
非燃料出口国	18.4	17.9	12.5	14.5	17.3	16.3	16.0	14.5	13.3
初级产品出口国	17.4	20.2	22.4	21.5	20.7	22.2	25.7	20.3	12.0
净债务国	18.1	16.8	12.8	13.0	14.0	13.9	15.1	12.8	11.9
官方融资型	21.6	10.4	10.2	-1.0	10.3	20.7	13.3	13.4	12.7
重债穷国	20.1	23.3	30.2	21.1	19.5	15.2	15.4	14.2	12.8
中东与北非	11.0	11.2	12.7	14.7	16.4	13.8	17.4	17.0	12.0

①按期末月度数据计算。②狭义货币，除英国为 M0 外，其他国家均为 M1。M0 由流通中钞票和银行业务存款（operational deposits）组成。M1 通常由流通中现金与私人活期存款构成。美国还包括非银行机构发行的旅行者支票和其他可开支票的存款，但不包括私人部门在银行的应收未收支票余额和活期存款（float and demand deposits）。加拿大不包括私人部门应收未收支票余额。③2001 年前不包括希腊。④广义货币 M2 定义为 M1 加上准货币。但是，日本的广义货币为 M2 加上大额存单（certificates of deposit，CDs），英国的广义货币为 M4。准货币的主要部分包括私人定期存款和其他通知存款（notice deposits）。美国还包括货币市场互助基金余额、货币市场存款账户、隔夜回购协议和美国银行海外分支机构向美国居民发行的隔夜欧洲美元（overnight Eurodollars）。英国的 M4 由以下部分组成：不生息的 M1，私人部门在银行的活期生息英镑存款（interest bearing sterling sight bank deposits）、定期英镑存款和英镑大额存单，私人部门所持建房协会的股份和存款、英镑大额存单，但须扣除建房协会在银行的存款、大额存单以及钞票与辅币。欧元区 M3 为 M2 加欧元区居民所持回购协议、货币市场基金股份/单位、票据以及二年期以上的债权证券等可流通的有价证券。

资料来源：IMF，*World Economic Outlook*，2005 年 9 月 21 日。

表 4-2　利率：先进经济体（1997~2005 年）

单位：%

国家和地区	1997	1998	1999	2000	2001	2002	2003	2004	2005 年 8 月
政策性利率①									
美　国	5.5	4.7	5.3	6.4	1.8	1.2	1.0	2.2	3.3
欧元区	—	—	3.0	4.8	3.3	2.8	2.0	2.0	2.0
日　本	0.4	0.3	0.0	0.2	0.0	0.0	0.0	0.0	0.0
英　国	7.3	6.3	5.5	6.0	4.0	4.0	3.8	4.8	4.5
加拿大	4.3	5.0	4.8	5.8	2.3	2.8	2.8	2.5	2.5
短期利率②									
先进经济体	4.1	4.0	3.4	4.4	3.2	2.0	1.6	1.8	2.5
美　国	5.2	4.9	4.8	6.0	3.5	1.6	1.0	1.4	2.9
欧元区	—	3.7	3.0	4.4	4.3	3.3	2.3	2.1	2.1
日　本	0.3	0.2	0.0	0.2	0.0	0.0	0.0	0.0	0.0
英　国	6.9	7.4	5.5	6.1	5.0	4.0	3.7	4.6	4.8
加拿大	3.2	4.7	4.7	5.5	3.9	2.6	2.9	2.2	2.7
亚洲新兴工业经济体	9.3	10.6	4.6	4.6	3.7	0.7	3.0	3.7	3.4

续表 4-2

国家和地区	1997	1998	1999	2000	2001	2002	2003	2004	2005 年 8 月
长期利率[③]									
先进经济体	5.5	4.5	4.7	5.0	4.4	4.2	3.7	3.9	3.6
美　国	6.4	5.3	5.6	6.0	5.0	4.6	4.0	4.3	4.2
欧元区	6.1	4.8	4.7	5.5	5.0	4.9	4.2	4.3	3.5
日　本	2.1	1.3	1.7	1.7	1.3	1.3	1.0	1.5	1.3
英　国	6.8	5.1	5.2	5.0	5.0	4.8	4.5	4.8	4.4
加拿大	6.1	5.3	5.6	5.9	5.5	5.3	4.8	4.6	3.8
亚洲新兴工业经济体	9.0	9.7	6.8	6.9	5.0	4.8	4.8	4.9	4.3

①年度数据为期末值。对政策性利率，美国指联邦基金利率，日本指隔夜拆借利率，欧元区指主要的再融资利率，英国指基准借款利率，加拿大指隔夜货币拆借市场融资利率。②年度数据为期平均值。对短期利率，美国指三个月正常到期的国库券收益率，日本为三个月期债券回购协议收益率，欧元区为三个月期 EURIBOR，英国为三个月期银行间存款利率，加拿大为三个月期的国库券收益率。③年度数据为期平均值。对长期利率，美国指十年正常到期的国库券收益率，日本指十年期政府债券收益率，欧元区 1998 年前为各成员国十年期政府债券收益率的加权平均值，1998 年后为十年期欧元债券收益率，英国为十年期政府债券收益率，加拿大指十年期政府债券收益率。

资料来源：IMF，*World Economic Outlook*，2005 年 9 月 21 日。

表 4-3　汇率[①]：部分国家和地区

（1997~2005 年度、2003 年第二季度~2005 年第二季度）

币　种	1997	1998	1999	2000	2001	2002	2003	2004	2005[②]
欧　元	—	—	1.067	0.924	0.896	0.944	1.131	1.243	1.249
英　镑	1.638	1.656	1.618	1.516	1.44	1.501	1.634	1.832	1.815
日　元	120.8	130.4	113.5	107.7	121.5	125.2	115.8	108.1	108.9
加拿大元	1.384	1.482	1.486	1.485	1.548	1.569	1.397	1.299	1.228
瑞士法郎	1.451	1.447	1.5	1.687	1.686	1.554	1.346	1.242	1.244
韩　元	931.5	1389.2	1188.4	1130.3	1290.8	1249	1191.2	1144.1	1014.8
澳大利亚元	1.344	1.589	1.55	1.717	1.932	1.839	1.534	1.358	1.309
新台币	28.622	33.434	32.263	31.216	33.787	34.571	34.441	33.44	31.743
港　币	7.742	7.745	7.757	7.791	7.799	7.799	7.787	7.788	7.784
新加坡元	1.485	1.674	1.695	1.724	1.792	1.791	1.742	1.69	1.638
	2003Q2	2003Q3	2003Q4	2004Q1	2004Q2	2004Q3	2004Q4	2005Q1	2005Q2
欧　元	0.88	0.89	0.84	0.80	0.83	0.82	0.77	0.76	0.79
英　镑	1.62	1.61	1.71	1.84	1.81	1.82	1.86	1.89	1.86
日　元	118.44	117.57	108.90	107.23	109.75	109.91	105.89	104.71	107.64

续表 4－3

	2003Q2	2003Q3	2003Q4	2004Q1	2004Q2	2004Q3	2004Q4	2005Q1	2005Q2
人民币	8.28	8.28	8.28	8.28	8.28	8.28	8.28	8.28	8.28
加拿大元	1.40	1.38	1.32	1.32	1.36	1.31	1.22	1.23	1.24
瑞士法郎	1.34	1.38	1.31	1.25	1.28	1.26	1.18	1.18	1.23
韩　元	1207.88	1174.32	1181.92	1171.18	1162.29	1154.70	1093.12	1022.22	1008.11
澳大利亚元	0.64	0.66	0.72	0.77	0.72	0.71	0.76	0.78	0.77
港　币	7.80	7.79	7.76	7.78	7.80	7.80	7.78	7.80	7.79
新加坡元	1.75	1.75	1.72	1.69	1.70	1.71	1.66	1.64	1.66

①汇率单位：欧元和英镑为美元/本币，其他货币汇率单位为本币/美元。②为假设值。

资料来源：IMF，*World Economic Outlook*，2005年9月21日；IMF，International Financial Statistics，monthly，2005年9月。

表4－4　储蓄的来源和使用占GDP比例：世界部分国家和地区（1983～1998、2000～2010年）①

单位：%

	1983～1990	1991～1998	2000	2001	2002	2003	2004	2005	2006	2007～2010
世　界										
储　蓄	22.8	22.0	22.5	21.4	20.6	20.9	21.5	22.1	22.4	22.6
投　资	23.8	22.7	22.6	21.6	20.9	21.1	21.9	22.2	22.4	22.8
先进经济体										
储　蓄	22.2	21.7	21.9	20.6	19.3	19.2	19.5	19.5	19.6	19.8
投　资	22.8	22.0	22.3	20.9	19.9	19.9	20.6	20.8	20.9	21.2
净借出	-0.6	-0.3	-0.4	-0.3	-0.6	-0.8	-1.1	-1.3	-1.3	-1.3
经常转移差额	-0.4	-0.5	-0.5	-0.5	-0.6	-0.6	-0.6	-0.6	-0.5	-0.5
收益差额	-0.2	-0.4	0.8	0.7	0.4	0.3	0.2	0.3	0.3	0.1
贸易差额	-0.1	0.5	-0.6	-0.5	-0.4	-0.4	-0.6	-1.0	-1.1	-0.8
美国										
储　蓄	17.5	16.1	18.0	16.4	14.2	13.4	13.4	13.7	13.7	14.1
投　资	20.2	18.5	20.8	19.1	18.4	18.5	19.6	19.8	19.8	20.2
净借出	-2.8	-2.4	-2.7	-2.8	-4.2	-5.0	-6.2	-6.1	-6.1	-6.1
经常转移差额	-0.5	-0.5	-0.6	-0.5	-0.6	-0.6	-0.7	-0.6	-0.5	-0.5
收益差额	0.1	-0.7	1.7	1.3	0.5	0.1	-0.3	…	-0.1	-0.7
贸易差额	-2.4	-1.2	-3.9	-3.6	-4.0	-4.5	-5.3	-5.6	-5.5	-4.9
欧元区										
储　蓄	—	21.3	21.6	21.7	21.1	20.7	21.1	21.0	21.0	21.4

续表 4-4

	1983～1990	1991～1998	2000	2001	2002	2003	2004	2005	2006	2007～2010
投　资	—	20.5	21.1	20.1	19.2	18.8	19.2	19.3	19.4	19.5
净借出	—	0.8	0.5	1.6	1.9	2.0	2.0	1.7	1.6	2.0
经常转移差额	-0.5	-0.7	-0.8	-0.8	-0.7	-0.8	-0.8	-0.7	-0.8	-0.8
收益差额	-0.5	-0.5	-0.2	-0.1	-0.4	-0.5	-0.5	-0.4	-0.4	-0.4
贸易差额	1.3	1.4	0.6	1.5	2.3	2.0	2.0	1.6	1.5	1.8
日　本										
储　蓄	32.5	31.6	28.8	27.9	26.8	27.1	27.6	27.5	27.6	27.5
投　资	29.7	29.2	26.3	25.8	24.0	23.9	23.9	24.3	24.5	24.4
净借出	2.7	2.4	2.6	2.1	2.8	3.2	3.7	3.2	3.1	3.1
经常转移差额	-0.1	-0.2	-0.2	-0.2	-0.1	-0.2	-0.2	-0.2	-0.2	-0.2
收益差额	0.5	1.0	1.3	1.6	1.6	1.7	1.8	2.0	2.2	2.4
贸易差额	2.3	1.6	1.5	0.6	1.3	1.7	2.0	1.4	1.1	0.9
英　国										
储　蓄	17.4	15.6	15.0	15.0	15.2	14.8	14.8	14.8	15.1	15.8
投　资	19.4	16.8	17.5	17.2	16.7	16.3	16.7	16.7	16.9	17.6
净借出	-2.0	-1.2	-2.6	-2.2	-1.6	-1.5	-2.0	-1.9	-1.8	-1.8
经常转移差额	-0.7	-0.8	-1.0	-0.7	-0.8	-0.9	-0.9	-1.1	-1.1	-1.1
收益差额	…	0.3	0.5	1.1	2.3	2.2	2.2	2.5	2.5	2.4
贸易差额	-1.4	-0.7	-2.0	-2.7	-3.0	-2.8	-3.3	-3.3	-3.2	-3.1
亚洲新兴工业经济体										
储　蓄	34.6	34.2	32.0	29.9	30.0	31.6	33.0	32.3	32.4	32.3
投　资	28.3	32.0	28.3	25.3	24.5	24.4	26.0	26.4	26.9	27.1
净借出	6.3	2.2	3.6	4.6	5.5	7.2	7.1	5.8	5.5	5.2
经常转移差额	0.1	-0.1	-0.5	-0.6	-0.7	-0.8	-0.8	-0.7	-0.8	-0.7
收益差额	0.7	0.8	0.3	0.6	0.7	0.9	1.0	1.2	1.1	1.0
贸易差额	5.5	1.6	3.8	4.6	5.5	7.1	6.8	5.4	5.1	4.8
其他新兴市场和发展中国家										
储　蓄	24.6	23.5	25.3	24.7	25.9	27.7	29.3	30.9	31.3	30.6
投　资	26.0	26.0	24.1	24.3	24.8	25.9	26.9	26.9	27.0	27.5
净借出	-1.3	-2.5	1.2	0.5	1.1	1.8	2.5	4.0	4.3	3.1
经常转移差额	0.4	0.7	0.9	1.1	1.3	1.6	1.6	1.6	1.6	1.4
收益差额	-1.7	-2.1	-2.2	-2.2	-2.3	-2.3	-2.2	-1.7	-1.7	-1.2
贸易差额	…	-1.1	2.5	1.6	2.1	2.5	3.1	4.2	4.4	2.9
非　洲										
储　蓄	18.3	17.1	20.9	19.9	18.6	20.4	21.5	23.1	24.9	24.9

续表 4-4

	1983~1990	1991~1998	2000	2001	2002	2003	2004	2005	2006	2007~2010
投 资	21.5	19.8	19.1	19.7	19.2	20.5	21.3	21.3	21.3	21.7
净借出	-3.2	-2.7	1.7	0.2	-0.6	-0.2	0.2	1.8	3.6	3.2
经常转移差额	1.8	2.6	2.6	2.9	3.0	3.2	3.3	3.0	2.7	2.5
收益差额	-5.2	-4.3	-5.1	-4.7	-3.7	-4.5	-5.0	-4.7	-4.9	-3.9
贸易差额	0.2	-1.1	4.3	1.9	0.1	1.1	1.9	3.5	5.8	4.6
中东欧										
储 蓄	28.1	20.7	19.1	19.0	18.8	18.6	19.6	20.0	20.3	21.3
投 资	28.0	23.3	25.0	22.0	22.8	23.2	24.5	24.3	24.7	25.4
净借出	0.2	-2.5	-5.9	-3.0	-4.0	-4.6	-4.9	-4.3	-4.4	-4.1
经常转移差额	1.3	1.8	1.9	1.9	1.8	1.5	1.4	1.8	1.6	1.5
收益差额	-0.7	-1.9	-1.5	-1.6	-2.1	-2.0	-1.8	-1.1	-1.1	-1.2
贸易差额	-0.5	-2.4	-6.3	-3.3	-3.7	-4.1	-4.5	-5.0	-4.9	-4.4
独联体和蒙古										
储 蓄	…	…	31.3	29.3	26.8	26.8	29.3	30.5	30.1	25.7
投 资	…	…	17.9	21.2	19.7	20.6	20.9	19.9	19.8	20.6
净借出	…	…	13.4	8.2	7.0	6.2	8.4	10.7	10.3	5.1
经常转移差额	…	…	0.7	0.5	0.7	0.6	0.4	0.4	0.3	0.3
收益差额	…	…	-3.0	-1.7	-2.0	-3.2	-2.6	-2.0	-1.9	-1.3
贸易差额	…	…	15.7	9.3	8.4	8.8	10.6	12.4	11.9	6.2
亚洲发展中国家										
储 蓄	25.7	31.4	31.9	32.5	34.7	37.0	38.3	39.8	39.8	39.4
投资	28.9	33.7	29.9	30.8	31.8	33.7	35.4	36.6	37.1	36.9
净借出	-3.2	-2.3	2.0	1.7	2.8	3.2	2.9	3.2	2.8	2.5
经常转移差额	0.7	1.1	1.4	1.5	1.7	2.3	2.2	2.3	2.4	2.0
收益差额	-1.9	-2.6	-1.7	-1.8	-1.5	-0.9	-0.9	-0.5	-0.6	-0.6
贸易差额	-2.0	-0.9	2.4	2.0	2.6	1.9	1.6	1.4	1.0	1.0
中 东										
储 蓄	18.4	20.7	29.2	25.7	24.5	28.1	33.1	40.6	42.6	40.1
投 资	22.8	24.2	19.9	21.3	21.8	22.4	22.4	21.2	20.9	20.8
净借出	-4.4	-3.6	9.3	4.4	2.6	5.7	10.7	19.4	21.7	19.2
经常转移差额	-2.2	-4.1	-3.1	-3.2	-3.0	-2.6	-2.2	-1.8	-1.7	-1.6
收益差额	0.1	2.5	-0.2	-0.5	-1.8	-2.3	-1.4	-0.7	…	1.8
贸易差额	-2.3	-1.9	12.7	8.0	7.4	10.6	14.3	21.9	23.5	19.0
拉 美										
储 蓄	19.8	18.3	18.5	17.0	18.5	19.9	21.1	21.5	21.3	20.8
投 资	20.5	21.1	21.0	19.9	19.5	19.6	20.4	20.7	20.8	21.2

续表 4－4

	1983～1990	1991～1998	2000	2001	2002	2003	2004	2005	2006	2007～2010
净借出	－0.7	－2.8	－2.5	－2.9	－1.0	0.3	0.7	0.8	0.5	－0.4
经常转移差额	0.7	0.9	1.1	1.4	1.8	2.1	2.1	2.0	1.9	1.9
收益差额	－4.2	－2.5	－2.8	－3.0	－3.4	－3.6	－3.7	－3.2	－3.1	－2.5
贸易差额	2.9	－1.2	－0.7	－1.2	0.6	1.8	2.3	2.1	1.7	0.3

①本表数据估计值基于单个国家的国民核算和国际收支统计数据。不同国家集团数据是相应单个组成国家美元值的加总，这不同于 WEO 2005 年 4 月及以前版本的计算方法，它们均以各国购买力平价 GDP 占世界 GDP 的比重为权数进行加权。对许多国家来说，一国储蓄来自国民核算中的国内总投资和基于国际收支的净国外投资（净借出）数据。后者等同于经常项目余额，包括三个组成部分：经常转移差额（current transfers）、收益差额（net factor income）和贸易差额（resource balance），其中贸易差额包括货物贸易差额和服务贸易差额。可供利用的各个国家不同的数据来源意味着对一国储蓄的估计包含了各类统计差异。此外，国际收支统计中的错误、遗漏和不对称也影响了对净借出的估计。从全球来看，理论上应该为零的净借出等于世界经常账户差异额。尽管存在这些统计缺点，本表中对资金流动的估计为不同时间和不同地区国家的储蓄和投资发展提供一个有用的分析框架。

资料来源：IMF，*World Economic Outlook*，2005 年 9 月 21 日。

表 4－5　净金融投资：部分国家资金流量表（1997～2004 年）

	1997	1998	1999	2000	2001	2002	2003	2004
中国（亿元）①								
非金融企业部门	－8637	－8447	－6419	－5269	－5725	－10450	…	…
金融机构部门	826	277	－991	67	－2382	484	…	…
政府部门	－745	－1098	－2190	－1000	－1069	－1752	…	…
住户部门	11027	11626	10898	7898	10611	14647	…	…
国外部门	－2471	－2359	－1298	－1696	－1436	－2928	…	…
美国（亿美元）②								
非金融部门	－770	－1026	－1682	－1266	－498	－473	1824	747
金融部门	－129	－636	415	－667	－174	－140	685	－1481
政府部门③	－778	208	1189	2127	－779	－3326	－4833	－5199
住户部门	－44	－306	－1399	－2824	－288	－994	－884	－3197
国外部门	2549	2104	3199	4440	3827	5267	5427	5829
德国（亿欧元）								
非金融部门	－313	－328	－531	－1470	－344	69	6	…
金融部门	110	1	120	127	98	125	72	…
政府部门	－510	－428	－294	268	－589	－743	－821	…
住户部门	628	680	694	754	973	1143	1255	…
国外部门	85	74	10	321	－139	－593	－513	…

续表 4－5

	1997	1998	1999	2000	2001	2002	2003	2004
法国（亿欧元）								
非金融部门	…	－39	－21	－335	－279	－255	－187	－283
金融部门	…	69	－18	47	－43	－7	90	131
政府部门	…	－345	－218	－213	－233	－491	－666	－601
住户部门	…	630	589	675	724	875	721	649
国外部门	…	－315	－331	－174	－169	－123	42	104

①净金融投资反映机构部门或经济总体资金富余或短缺的状况。从实物交易角度看，它指总储蓄加资本转移收入减资本转移支出减非金融投资后的差额。从金融交易角度看，它是金融资产增加额减金融负债增加额之后的差额。②因为统计误差的原因，美国五部门的净金融投资之和并不等于零。③美国政府部门包括联邦政府和州地方政府部门。

资料来源：《中国统计年鉴》（1999～2005）；Board of Governors of the Federal Reserve System，Flow of Funds Accounts of the United States 1995～2003；Deutsche Bundesbank，Financial Accounts for Germany 1991 to 2003，2004 年 9 月；欧盟 Eurostat 数据库，2005 年 10 月。

表 4－6　股票价格指数：全球主要证券交易所（2003～2004 年）

指　　数	指数类型[①]	2004 年最高（最低）值				2004 年年底值	2003 年年底值
		最高值	日期	最低值	日期		
美　洲							
美国股票交易所综合指数	P	1434	12 月 31 日	1176	5 月 12 日	1434	1174
布宜诺斯艾利斯总指数	R	56676	12 月 29 日	37787	5 月 17 日	56639	48256
利马 IGBVL 总指数	R	3710	12 月 30 日	2494	1 月 2 日	3710	2435
墨西哥 IPC 指数	P	13032	12 月 29 日	8818	1 月 2 日	12918	8795
纳斯达克综合指数（Nasdaq）	P	2186	12 月 31 日	1751	8 月 13 日	2175	2003
纽约证券交易所综合指数（NYSE）	P	7250	12 月 31 日	6403	7 月 30 日	7250	6440
圣地亚哥 IGPA 指数	P	9054	12 月 1 日	7075	2 月 2 日	8963	7317
圣保罗 Bovespa 指数	R	26196	12 月 30 日	17604	5 月 10 日	26196	22236
加拿大 S&P/TSX 综合指数	P	9287	12 月 24 日	8098	5 月 17 日	9247	8221
欧洲－非洲－中东							
雅典证券综合价格指数	P	2802	12 月 30 日	2225	8 月 20 日	2786	2264
西班牙巴塞罗那 BCN 全球 100 指数	P	783	12 月 30 日	643	8 月 13 日	779	685
意大利 MIB 指数	P	22886	12 月 30 日	19221	3 月 24 日	22886	19483
布达佩斯 BUX 指数	R	14775	12 月 20 日	9380	1 月 1 日	14743	9380
哥本哈根 KAX 股票总指数	P	263	12 月 30 日	223	1 月 2 日	263	217

续表 4-6

指　数	指数类型①	2004年最高(最低)值				2004年年底值	2003年年底值
		最高值	日期	最低值	日期		
法兰克福 CDAX 指数	P	269	12月28日	231	8月13日	268	252
阿姆斯特丹 AAX 股票总指数	P	518	3月4日	462	8月13日	513	486
布鲁塞尔 BAS 指数	P	8789	12月22日	6545	1月2日	8730	6477
里斯本 PSI 总指数	P	2232	12月31日	1905	1月7日	2232	1891
巴黎 SBF 250 指数	P	2641	12月30日	2372	8月13日	2634	2412
爱尔兰 ISEQ 总指数	P	6214	12月31日	4912	1月2日	6198	4921
伊斯坦布尔 100 指数	P	24972	12月29日	15922	5月17日	24972	18625
伦敦 FTSE 总指数	P	2412	12月30日	2135	7月26日	2411	2207
卢森堡股票价格指数	P	858	12月31日	697	8月16日	858	726
赫尔辛基 HEX 股票总指数	P	7362	3月9日	5229	8月12日	6228	6032
斯德哥尔摩 SAX 总指数	P	230	12月3日	195	1月7日	228	194
瑞士股市业绩指数(SPI)	R	4338	5月7日	3900	8月16日	4235	3962
德黑兰 TEPIX 指数	P	13882	8月5日	10729	2月4日	13543	10887
华沙 WIG 指数	R	26636	12月31日	21299	1月2日	26636	20820
维也纳 WBI 指数	P	928	12月30日	632	1月2日	928	624
亚太地区							
澳大利亚全部普通股指数	P	4057	12月30日	3275	2月5日	4053	3306
科伦坡全部股票价格指数	P	1581	12月22日	1017	2月10日	1507	1062
香港标准普尔/HKEX 大型股票指数	P	15797	12月2日	11911	5月17日	15740	13645
印尼雅加达 JSX 综合指数	P	1004	12月29日	668	5月17日	1000	692
韩国 KOSPI 指数	P	940	4月24日	714	8月4日	896	811
新西兰 NZSX 总指数	R	3184	12月31日	2473	2月17日	3184	2487
大阪 300 普通股指数	P	1201	4月15日	1004	2月5日	1145	1024
菲律宾 PSE 综合指数	P	1852	10月5日	1388	3月29日	1823	1442
上证综合指数	P	1778	4月6日	1260	9月13日	1267	1497
深证综合指数	P	471	4月7日	315	9月13日	316	379
新加坡全部股票指数	P	532	12月31日	458	5月17日	532	476
中国台湾加权股价指数(TAIEX)	R	7034	3月5日	5317	8月4日	6140	5891
泰国 SET 指数	P	794	1月13日	582	5月17日	668	772
东京 TOPIX 指数	P	1218	4月15日	1023	2月4日	1150	1044

①P 为价格指数，R 为收益指数。

资料来源：World Federation of Exchanges，http：//www.fibv.com。

表 4－7　上市债券市值：全球主要证券交易所（2003～2004 年）

单位：亿美元[①]

证券交易所	2004 年				2003 年			
	总计	国内私人部门	国内公共部门	国外部门	总计	国内私人部门	国内公共部门	国外部门
美　洲								
美国股票交易所	…	…	…	…	…	74.6	…	…
布宜诺斯艾利斯交易所	563.4	33.9	504.1	25.3	439.1	16.5	396.9	25.7
哥伦比亚证券交易所	434.2	159.4	267.6	7.2	301.6	110.9	189.5	1.3
利马证券交易所	53.4	32.5	18.4	2.4	53.6	33.4	18.0	2.2
墨西哥证券交易所	292.5	234.4	58.0	0.0	226.7	175.1	51.6	0.0
纽约证券交易所	…	…	…	…	12720.0	2280.0	10050.0	390.0
圣地亚哥证券交易所	…	…	216.7	…	…	…	219.4	…
圣保罗证券交易所	85.2	85.2	0.0	0.0	73.1	73.1	0.0	0.0
加拿大交易所集团(TSX)	65.7	0.0	65.7	0.0	58.9	0.0	58.9	0.0
欧洲－非洲－中东								
雅典证券交易所	2146.3	12.7	2133.6	0.0	1705.6	11.9	1693.7	0.0
意大利交易所	21537.8	787.4	15011.0	5739.4	19341.3	587.9	13407.5	5345.9
布达佩斯证券交易所	392.6	43.6	349.0	0.0	263.9	24.5	238.8	0.6
哥本哈根证券交易所	5080.8	3650.3	1390.9	39.6	4335.4	3054.3	1252.6	28.5
爱尔兰证券交易所	450.8	…	450.8	…	378.0	…	378.0	…
伊斯坦布尔证券交易所	1351.6	0.0	1351.6	0.0	1418.1	0.0	1418.1	0.0
伦敦证券交易所	25322.4	9980.4	6156.7	9185.4	23417.2	8236.3	4641.6	10539.3
卢森堡证券交易所	70907.5	1873.5	6.0	69027.9	60440.4	1315.6	5.6	59119.2
斯德哥尔摩证券交易所	3873.4	1112.0	2742.9	18.5	3369.9	1020.5	2343.2	6.1
奥斯陆证券交易所	901.2	512.9	377.8	10.5	795.5	354.5	434.1	6.9
瑞士证券交易所	4226.0	1123.5	1226.2	1876.3	3648.5	1062.2	947.2	1639.1
华沙证券交易所	762.1	1.6	757.8	2.7	490.7	0.3	488.2	2.2
维也纳证券交易所	2292.6	735.4	1491.2	65.9	2089.1	644.1	1383.8	61.2
亚太地区								
澳大利亚证券交易所	540.0	…	540.0	…	544.9	…	544.9	…
科伦坡证券交易所	1.3	1.3	0.0	0.0	1.1	1.1	0.0	0.0
香港证券交易所	575.4	86.2	211.1	278.1	565.4	41.0	154.7	369.7
韩国证券交易所	6395.6	1117.4	5275.6	2.6	5098.8	1142.6	3954.3	1.9
新西兰证券交易所	223.4	45.6	176.6	1.3	194.7	40.0	154.7	0.0
大阪证券交易所	51526.3	251.3	51274.9	0.0	44629.0	404.9	44224.1	0.0
菲律宾证券交易所	0.0	0.0	0.0	0.0	5.4	0.0	5.4	0.0
上海证券交易所	1012.7	65.1	947.5	0.0	598.6	46.3	552.3	0.0
深圳证券交易所	306.0	0.0	306.0	0.0	235.8	0.0	235.8	0.0
新加坡证券交易所	2810.0	…	…	…	2761.9	…	…	…
中国台湾证券交易所	903.4	0.2	899.5	3.6	774.7	1.3	762.0	11.3
泰国证券交易所	50.2	50.2	0.0	0.0	38.5	38.5	0.0	0.0
东京证券交易所	50188.6	361.0	49811.6	16.1	43185.3	532.0	42638.0	15.4

①依据本币值按年平均汇率转换成美元值。

资料来源：World Federation of Exchanges，http：//www.fibv.com。

（五）国际收支形势回顾与展望

表5－1　国际收支平衡表：部分国家（1997～2004年）

单位：亿美元

国　家	1997	1998	1999	2000	2001	2002	2003	2004
美　国								
经常项目差额	－1360	－2095	－2969	－4134	－3857	－4739	－5307	－6659
货物差额	－1962	－2447	－3437	－4498	－4241	－4794	－5443	－6620
服务差额	880	799	804	714	614	577	478	450
收益差额	126	38	132	206	236	72	333	241
经常转移差额	－404	－484	－468	－557	－466	－594	－674	－729
资本和金融项目差额	2203	750	2317	4763	4150	5690	5427	6140
资本项目差额	－10	－7	－48	－8	－11	－13	－31	－15
金融项目差额	2213	758	2366	4771	4161	5702	5458	6155
直接投资差额	8	364	645	1621	247	－624	－1339	－1330
证券投资差额	2163	634	1694	3147	3437	4438	4722	7035
其他投资差额	53	－172	－61	7	526	1926	2060	421
储备资产变动	－10	－67	87	－3	－49	－37	15	28
净误差与遗漏	－843	1345	651	－628	－293	－950	－120	519
日　本								
经常项目差额	968	1187	1146	1197	878	1124	1362	1721
货物差额	1016	1224	1233	1167	702	938	1064	1321
服务差额	－542	－494	－542	－476	－437	－422	－339	－379
收益差额	582	546	576	604	692	658	712	857
经常转移差额	－88	－88	－121	－98	－79	－49	－75	－79
资本和金融项目差额	－1311	－1231	－1316	－1365	－915	－1128	－1192	－1432
资本项目差额	－40	－145	－165	－93	－29	－33	－40	－48
金融项目差额	－1271	－1087	－1151	－1273	－886	－1095	－1152	－1384
直接投资差额	－229	－214	－100	－233	－323	－229	－225	－232
证券投资差额	321	－392	－275	－360	－463	－1060	－951	229
金融衍生差额	－59	11	－26	－47	14	25	56	24
其他投资差额	－1239	－554	12	－144	290	630	1840	203
储备资产变动	－66	62	－763	－490	－405	－461	－1872	－1609
净误差与遗漏	343	44	170	169	37	4	－170	－289
德　国								
经常项目差额	－87	－117	－255	－296	31	456	514	1034
货物差额	701	769	696	572	892	1278	1479	1918

续表 5-1

国　　家	1997	1998	1999	2000	2001	2002	2003	2004
服务差额	-469	-506	-571	-541	-532	-418	-486	-534
收益差额	-15	-76	-116	-67	-84	-139	-154	3
经常转移差额	-304	-303	-266	-260	-245	-265	-324	-352
资本和金融项目差额	49	145	-129	404	-110	-415	-523	-1201
资本项目差额	0	7	-2	62	-3	-2	4	5
金融项目差额	49	138	-128	342	-107	-413	-526	-1206
直接投资差额	-299	-663	-528	1503	-131	347	300	-305
证券投资差额	10	54	-124	-1507	267	602	729	267
金融衍生差额	-87	-80	-21	-114	60	-12	-2	-54
其他投资差额	388	867	404	408	-358	-1371	-1560	-1132
储备资产变动	38	-40	141	52	55	20	7	18
净误差与遗漏	37	-29	385	-108	79	-41	8	166
英　国								
经常项目差额	-30	-66	-393	-367	-318	-246	-275	-419
货物差额	-202	-361	-470	-499	-585	-708	-782	-1073
服务差额	216	230	221	209	198	233	276	370
收益差额	53	204	-24	70	164	358	394	480
经常转移差额	-97	-139	-120	-147	-95	-129	-162	-196
资本和金融项目差额	-146	181	371	231	294	152	396	254
资本项目差额	16	9	12	23	17	13	21	36
金融项目差额	-162	172	359	208	277	139	375	218
直接投资差额	-249	-474	-1122	-1232	-58	-239	-434	-77
证券投资差额	-413	-181	1495	1586	-552	775	984	-910
金融衍生差额	19	-51	44	23	122	14	-85	-143
其他投资差额	443	875	-68	-116	720	-416	-116	1352
储备资产变动	39	3	10	-53	45	6	26	-4
净误差与遗漏	175	-114	21	136	24	93	-121	164
中　国								
经常项目差额	370	315	211	205	174	354	459	687
货物差额	462	466	360	345	340	442	447	590
服务差额	-34	-28	-53	-56	-59	-68	-86	-97
收益差额	-110	-166	-145	-147	-192	-149	-78	-35
经常转移差额	51	43	49	63	85	130	176	229
资本和金融项目差额	-148	-126	-35	-88	-127	-429	-639	-958
资本项目差额	0	0	0	0	-1	0	0	-1

续表 5-1

国　家	1997	1998	1999	2000	2001	2002	2003	2004
金融项目差额	-148	-125	-34	-87	-126	-429	-638	-957
直接投资差额	417	411	370	375	374	468	472	531
证券投资差额	69	-37	-112	-40	-194	-103	114	197
其他投资差额	-276	-437	-205	-315	169	-41	-59	379
储备资产变动	-359	-62	-87	-107	-474	-752	-1166	-2064
净误差与遗漏	-221	-189	-176	-117	-47	75	180	269

资料来源：IMF，Balance of Payments Statistics，monthly，2005 年 9 月；《中国统计年鉴》(2005)。

表 5-2　经常项目差额及其占 GDP 比例：部分国家和地区（1998~2006 年）

单位：亿美元,%

国家和地区	1998	1999	2000	2001	2002	2003	2004	2005	2006
经常项目差额(亿美元)									
先进经济体	255	-1098	-2620	-2108	-2225	-2196	-3140	-4511	-4990
美　国	-2141	-3001	-4160	-3895	-4752	-5197	-6681	-7590	-8052
欧元区[①]	577	317	-370	70	485	267	467	237	184
日　本	1191	1145	1196	878	1126	1362	1721	1531	1405
其他先进经济体[②]	628	441	714	839	916	1372	1353	1311	1473
亚洲新兴工业经济体	646	580	401	506	593	844	902	780	757
其他新兴市场和发展中国家	-1148	-175	884	425	858	1439	2277	4101	4936
不包括盈余的亚洲国家[③]	-1718	-654	438	102	310	753	1346	2787	3570
非　洲	-194	-154	73	7	-82	-31	6	125	309
中东欧	-193	-266	-327	-166	-245	-373	-501	-564	-616
独联体和蒙古	-97	207	461	326	321	359	631	1053	1220
亚洲发展中国家	493	485	461	407	723	848	930	1097	1134
中　东	-252	119	698	393	300	573	1028	2176	2727
西半球	-906	-565	-482	-542	-160	63	183	215	163
欧盟区	431	-156	-821	-260	221	75	133	-122	-233
燃料出口国	-323	112	893	461	325	643	1169	2416	3115
非燃料出口国	-825	-286	-10	-37	533	797	1108	1685	1821
初级产品出口国	-75	-25	-27	-37	-28	-28	-13	-17	-22
净债务国	-1284	-855	-767	-657	-327	-282	-487	-863	-890
官方融资型	-324	-178	-117	-79	103	97	-53	-173	-191

续表 5 - 2

国家和地区	1998	1999	2000	2001	2002	2003	2004	2005	2006
经常项目差额占 GDP 比例									
先进经济体	0.1	-0.4	-1.0	-0.8	-0.9	-0.8	-1.0	-1.3	-1.4
欧元区[①]	0.8	0.5	-0.6	0.1	0.7	0.3	0.5	0.2	0.2
欧元区[④]	0.3	-0.5	-1.2	…	0.9	0.3	0.6	0.4	0.3
主要先进经济体	-0.3	-1.0	-1.6	-1.4	-1.5	-1.5	-1.7	-2.1	-2.2
亚洲新兴工业经济体	7.5	5.9	3.7	5.0	5.5	7.4	7.2	5.5	5.0
澳大利亚	-5.0	-5.7	-4.1	-2.3	-4.1	-5.9	-6.4	-5.7	-5.0
奥地利	-2.4	-3.2	-2.5	-1.9	0.3	-0.5	0.6	…	-0.3
比利时	5.3	8.0	3.9	3.9	5.7	4.5	3.4	4.2	4.0
加拿大	-1.2	0.3	2.7	2.3	1.8	1.5	2.2	1.5	1.7
丹　麦	-0.9	1.8	1.5	3.0	2.2	3.3	2.5	1.9	2.2
芬　兰	5.6	6.0	7.6	7.0	6.7	4.0	4.0	3.4	4.4
法　国	2.6	2.9	1.3	1.6	1.0	0.4	-0.4	-1.3	-1.5
德　国	-0.6	-1.2	-1.6	0.2	2.2	2.1	3.8	4.3	4.4
希　腊	-3.0	-3.8	-6.9	-6.2	-6.1	-5.6	-3.9	-3.9	-4.0
中国香港	1.5	6.4	4.3	6.1	7.9	10.3	9.8	10.3	10.2
冰　岛	-7.0	-7.0	-10.5	-4.6	1.4	-5.1	-8.5	-12.0	-11.4
爱尔兰	0.8	0.2	-0.4	-0.6	-1.0	…	-0.8	-1.4	-1.8
以色列	-1.4	-1.5	-1.1	-1.4	-1.2	0.7	1.3	1.7	1.3
意大利	1.7	0.7	-0.5	-0.1	-0.8	-1.3	-0.9	-1.7	-1.4
日　本	3.0	2.6	2.5	2.1	2.8	3.2	3.7	3.3	3.0
韩　国	11.6	5.5	2.4	1.7	1.0	2.0	4.1	2.0	1.5
卢森堡	13.7	13.4	15.1	11.7	11.2	9.4	6.9	8.4	9.1
荷　兰	3.3	3.9	2.0	2.4	2.9	2.8	3.3	4.9	5.3
新西兰	-4.0	-6.2	-4.8	-2.5	-3.7	-4.2	-6.4	-7.4	-7.7
挪　威	…	5.4	15.6	15.4	12.8	12.8	13.5	18.3	21.4
葡萄牙	-6.9	-8.5	-10.3	-10.1	-7.6	-5.4	-7.5	-8.4	-7.7
新加坡	22.3	17.9	12.9	16.8	17.8	29.2	26.1	25.7	22.7
西班牙	-1.2	-2.9	-4.0	-3.9	-3.3	-3.6	-5.3	-6.2	-6.9
瑞　典	3.9	4.3	4.1	4.4	5.1	7.6	8.2	7.4	6.7
瑞　士	9.7	11.1	12.4	8.0	8.4	13.2	12.0	10.8	11.3
中国台湾	1.3	2.9	2.9	6.5	9.1	10.2	6.1	4.3	4.6
英　国	-0.5	-2.7	-2.6	-2.2	-1.6	-1.5	-2.0	-1.9	-1.8
美　国	-2.4	-3.2	-4.2	-3.8	-4.5	-4.7	-5.7	-6.1	-6.1

①等于欧元区各个国家经常项目余额的加总值。②这里，其他先进经济体指不包括美国、欧元区国家和日本之外的先进经济体。③不包括中国、马来西亚、菲律宾和泰国。④数据修正以反映欧元区域内交易的差异。

资料来源：IMF，*World Economic Outlook*，2005 年 9 月 21 日。

表5-3　储备资产变动①：部分国家和地区（1997～2004年）

单位：亿美元

国家和地区	1997	1998	1999	2000	2001	2002	2003	2004
欧元区	—	96.4	115.8	161.5	165.1	-26.4	352.3	154.0
法　国	-59.4	-198.2	14.5	24.3	55.7	39.7	-12.7	-41.1
德　国	37.5	-40.2	141.1	52.2	54.7	19.8	6.8	18.1
日　本	-65.7	61.6	-762.6	-489.6	-404.9	-461.3	-1871.5	-1608.5
英　国	39.0	2.6	10.4	-53.0	44.6	6.3	25.9	-4.1
美　国	-10.1	-67.3	87.3	-2.9	-49.3	-36.9	15.3	28.0
澳大利亚	-28.7	20.4	-67.1	13.6	-11.0	-1.2	-68.8	-11.7
巴　西	82.5	163.0	167.7	-79.8	34.2	112.7	-35.9	-66.0
加拿大	23.9	-50.0	-59.3	-37.2	-21.7	1.9	32.6	28.4
中　国	-358.6	-62.5	-86.5	-106.9	-474.5	-752.2	-1165.9	…
中国香港	…	67.9	-100.3	-100.4	-46.8	23.8	-9.9	-32.9
捷　克	17.6	-18.9	-16.4	-8.4	-17.9	-66.2	-4.4	-2.6
丹　麦	-65.3	42.4	-95.6	55.2	-33.2	-55.5	-46.7	…
埃　及	6.4	13.9	46.1	20.3	13.4	8.0	4.1	5.8
芬　兰	-23.0	-3.0	-0.1	-3.5	-4.1	1.1	5.1	-9.1
希　腊	45.2	…	-24.4	-25.7	57.0	-18.6	47.2	…
印　度	-53.2	-30.7	-66.6	-60.9	-83.2	-184.5	-260.1	…
印度尼西亚	81.4	34.4	-19.2	-39.3	0.2	-49.6	-36.5	…
爱尔兰	11.1	-32.1	19.7	0.4	-4.0	2.9	18.9	14.3
以色列	-70.8	1.6	0.9	-2.7	-3.6	9.4	3.4	15.7
意大利	-131.5	214.7	80.5	-32.5	5.9	-31.7	-11.1	28.4
韩　国	229.8	-259.3	-332.6	-237.9	-132.8	-117.7	-257.9	-386.8
马来西亚	38.7	-100.2	-47.1	10.1	-10.0	-36.6	-101.8	…
墨西哥	-191.6	-31.7	-42.5	-71.3	-73.1	-73.6	-98.2	-41.0
荷　兰	27.1	23.4	46.1	-2.2	3.5	1.3	9.2	10.0
新西兰	14.4	4.9	-1.9	1.4	1.9	-10.9	-7.8	-6.3
巴基斯坦	-5.4	31.1	25.2	26.3	-22.0	-40.8	-29.1	13.5
菲律宾	30.9	-12.8	-36.5	3.8	-3.0	1.1	0.8	15.9
葡萄牙	-9.7	-5.1	-2.2	-3.7	-8.5	-10.2	64.6	18.6
俄罗斯	65.2	213.8	17.0	-139.2	-112.7	-115.6	-277.6	-466.4
沙特阿拉伯	-6.5	7.2	-28.1	-26.6	19.1	-27.4	-16.1	-45.0
新加坡	-81.1	-29.9	-41.9	-67.5	8.7	-13.3	-66.7	…
南　非	-45.9	-8.6	-40.7	-5.0	-24.6	-16.6	-75.6	-85.2
西班牙	-117.6	143.6	228.5	28.8	13.4	-36.9	154.9	64.1
瑞　典	67.1	-32.5	-18.8	-1.7	10.5	-6.7	-20.8	…
瑞　士	-21.5	-11.8	26.9	42.1	-6.2	-25.5	-34.0	-16.2
土耳其	-33.4	-4.4	-53.5	39.3	128.9	2.1	-40.9	-43.1

①指一国在货币黄金、特别提款权、在国际货币基金组织的储备头寸、外汇储备、其他债权等方面本年末与上年末余额之间的差额。负号表示储备资产增加，正号表示储备资产减少。

资料来源：IMF，*Balance of Payments Statistics*，*monthly*，2005年9月。

（六）国际贸易形势回顾

表6－1　货物贸易进出口：部分国家和地区（2001～2004年）

单位：亿美元

2004年位次	国家和地区	货物出口				2004年位次	国家和地区	货物进口			
		2001年	2002年	2003年	2004年			2001年	2002年	2003年	2004年
	世界①	61858	64812	75462	91235		世界①	64676	67182	78185	94583
1	德国	5716	6158	7516	9148	1	美国	11792	12024	13031	15264
2	美国	7308	6939	7248	8190	2	德国	4861	4903	6046	7175
3	中国	2661	3256	4384	5934	3	中国	2436	2952	4128	5614
4	日本	4035	4167	4718	5655	4	法国②	3286	3293	3988	4641
5	法国②	3234	3317	3920	4510	5	英国	3330	3463	3920	4620
6	荷兰	2309	2441	2960	3588	6	日本	3491	3372	3829	4545
7	意大利	2445	2544	2993	3461	7	意大利	2362	2470	2975	3490
8	英国	2727	2802	3056	3456	8	荷兰	2086	2193	2647	3199
9	加拿大	2599	2524	2727	3220	9	比利时	1787	1983	2348	2872
10	比利时	1903	2161	2555	3089	10	加拿大	2273	2275	2450	2758
11	中国香港	1911	2019	2287	2657	11	中国香港	2020	2080	2332	2730
12	韩国	1504	1625	1938	2539	12	西班牙	1546	1651	2086	2498
13	墨西哥	1585	1607	1654	1886	13	韩国	1411	1521	1788	2244
14	俄罗斯	1031	1071	1359	1832	14	墨西哥	1762	1766	1785	2064
15	中国台湾	1259	1351	1503	1814	15	中国台湾	1071	1126	1274	1679
16	新加坡	1218	1252	1442	1795	16	新加坡	1160	1164	1279	1638
17	西班牙	1167	1257	1561	1790	17	奥地利	746	783	995	1151
18	马来西亚	880	941	1050	1265	18	瑞士	841	837	964	1115
19	瑞典	756	815	1021	1210	19	澳大利亚	639	727	891	1078
20	沙特	681	726	934	1196	20	马来西亚	739	798	836	1052
21	瑞士	821	879	1007	1184	21	瑞典	632	670	835	976
22	奥地利	708	787	971	1157	22	土耳其	414	516	693	972
23	爱尔兰	828	883	927	1041	23	泰国	620	646	758	954
24	泰国	650	681	803	977	24	印度	504	565	712	952
25	巴西	582	604	731	965	25	俄罗斯	536	602	742	948
26	澳大利亚	634	650	715	866	26	波兰	502	553	683	878
27	挪威	592	597	675	820	27	捷克	363	407	517	679
28	阿联酋	488	522	658	795	28	丹麦	453	503	574	672

①包括中国香港的转口贸易。②法国数据包括海外领地的贸易。

资料来源：WTO Statistics Database Online，2005年9月。

表6－2 服务贸易进出口：部分国家和地区（2001～2004年）①

单位：亿美元

2003年位次	国家和地区	服务出口 2001年	2002年	2003年	2004年	2003年位次	国家和地区	服务进口 2001年	2002年	2003年	2004年
	世界	14906	15923	18050	20997		世界	14905	15722	17898	20805
1	美国	2684	2749	2877	3193	1	美国	2061	2113	2285	2590
2	英国	1163	1288	1458	1692	2	德国	1406	1459	1717	1908
3	德国	839	983	1156	1261	3	英国	966	1049	1190	1347
4	法国	818	857	989	1084	4	日本	1070	1066	1103	1336
5	西班牙	578	620	763	842	5	法国	618	685	837	945
6	日本	686	702	759	938	6	意大利	561	611	733	796
7	意大利	571	596	701	846	7	荷兰	522	565	652	724
8	荷兰	501	546	631	724	8	中国	390	461	549	…
9	中国	329	394	464	…	9	爱尔兰	353	419	522	582
10	中国香港	394	430	452	540	10	加拿大	433	446	500	559
11	比利时	…	362	430	495	11	西班牙	337	371	456	533
12	奥地利	330	348	424	472	12	比利时	…	352	421	484
13	加拿大	383	398	419	469	13	奥地利	314	349	413	480
14	爱尔兰	233	284	377	462	14	韩国	325	361	399	496
15	瑞士	261	290	332	371	15	新加坡	282	296	294	362
16	丹麦	251	267	317	375	16	瑞典	229	239	286	332
17	韩国	281	273	315	397	17	丹麦	221	243	283	343
18	新加坡	290	299	306	366	18	印度	228	223	278	…
19	瑞典	218	238	303	378	19	俄罗斯	200	229	265	335
20	印度	208	233	280	…	20	中国香港	246	256	252	293
21	卢森堡	…	200	247	334	21	中国台湾	234	239	248	299
22	希腊	194	201	242	332	22	澳大利亚	166	177	210	255
23	中国台湾	194	215	230	254	23	挪威	150	168	198	239
24	挪威	175	185	215	255	24	瑞士	163	171	191	207
25	澳大利亚	163	175	206	246	25	泰国	145	166	180	220
26	土耳其	159	147	190	234	26	墨西哥	165	170	177	191
27	俄罗斯	112	135	159	199	27	马来西亚	165	162	173	192
28	泰国	129	153	157	181	28	印度尼西亚	156	168	172	…
29	马来西亚	143	148	135	180	29	卢森堡	…	131	165	227
30	墨西哥	125	125	126	139	30	巴西	158	135	145	163

①因为部分国家或地区2004年数据暂时无法得到，所以本表按2003年贸易额排序。

资料来源：WTO Statistics Database Online，2005年9月。

表6-3 原油进出口量：部分国家和地区（2001~2004年）①

单位：千桶/天

国家和地区	原油进口量				国家和地区	原油出口量			
	2001	2002	2003	2004		2001	2002	2003	2004
北美	10843	10590	11238	11686	北美	1150	1447	1576	1607
加拿大	913	875	889	915	加拿大	1130	1427	1554	1583
美国	9929	9716	10349	10771	美国	20	21	22	24
拉美	1831	1848	1882	1878	拉美	5061	4611	4777	4826
巴西	417	449	420	413	哥伦比亚	576	567	564	567
智利	199	196	195	195	厄瓜多尔	243	240	246	248
其他	1215	1203	1267	1270	墨西哥	1883	1903	2103	2114
东欧	972	955	992	1007	委内瑞拉	1965	1572	1535	1566
保加利亚	123	120	116	117	其他	394	329	329	331
罗马尼亚	98	93	140	143	东欧	4594	5584	6482	7150
前苏联	50	50	40	40	前苏联	4592	5582	6480	7148
其他	701	692	696	707	其他	2	2	3	3
西欧	11514	11299	11640	12041	西欧	4854	4765	4373	4174
比利时	643	672	728	691	挪威	2963	2833	2694	2653
法国	1704	1607	1708	1711	英国	1611	1624	1345	1191
德国	2112	2107	2139	2212	其他	280	308	334	330
希腊	380	384	397	408	中东	15129	13769	14708	16652
意大利	1659	1610	1686	1744	伊朗	2185	2094	2396	2684
荷兰	1090	941	975	1046	伊拉克	1710	1495	389	1450
西班牙	1141	1134	1151	1188	科威特	1214	1138	1243	1415
瑞典	401	365	406	414	阿曼	917	908	902	906
土耳其	467	475	484	480	卡塔尔	606	568	541	543
英国	920	1014	968	1132	沙特阿拉伯	6036	5285	6523	6813
其他	997	990	998	1015	叙利亚	346	337	336	338
中东	487	492	501	505	阿联酋	1787	1614	2048	2172
巴林	224	225	225	226	其他	328	330	330	331
其他	264	266	276	279	非洲	5183	5155	5832	6362
非洲	777	778	732	761	阿尔及利亚	442	566	741	893
肯尼亚	35	36	36	37	安哥拉	660	698	698	723
摩洛哥	153	151	145	148	喀麦隆	112	122	121	121
其他	589	591	551	576	刚果	250	256	254	254
亚太地区	12425	12145	13511	14913	加蓬	315	315	313	313
澳大利亚	400	390	378	398	利比亚	988	984	1127	1285
印度	974	955	1574	1943	尼日利亚	2009	1798	2164	2356
印度尼西亚	326	328	307	330	其他	407	416	414	417
日本	4179	3954	4163	4250	亚太地区	2213	2244	1976	1921
新西兰	84	91	96	88	澳大利亚	354	351	282	255
菲律宾	320	322	306	317	文莱	176	177	177	177
新加坡	927	922	823	939	中国	165	145	163	159
韩国	2357	2143	2166	2283	印度尼西亚	599	640	433	413
中国台湾	733	730	769	786	马来西亚	398	402	398	402
泰国	648	659	686	694	越南	303	305	302	303
其他	1477	1651	2243	2885	其他	218	224	221	212
世界	38849	38106	40494	42790	世界	38184	37575	39724	42692

①数据包括转口数据。

资料来源：OPEC Annual Statistical Bulletin 2004，www. opec. org。

（七）国际投资与资本流动回顾

表7－1　国际投资状况表[①]：部分国家（1997～2004年）

单位：亿美元

国　家	1997	1998	1999	2000	2001	2002	2003	2004
美　国								
金融账户总资产	53791	61745	73905	73936	68987	66133	78640	…
对外直接投资	18793	22796	28396	26940	23149	20398	27303	…
证券投资	17512	20530	25253	23854	21147	18469	24744	…
产权证券	12078	14750	20037	18528	16127	13451	19722	…
债务证券	5434	5780	5216	5325	5021	5018	5021	…
其他投资	16138	16959	18890	21859	23391	25681	24757	…
储备资产	1348	1460	1365	1284	1300	1586	1836	…
金融账户总负债	62019	72499	84371	89822	92069	91667	105150	…
外来直接投资	16374	21790	27982	27832	25603	20253	24355	…
证券投资	27675	31987	35831	38626	41217	42953	52006	…
产权证券	9529	12503	16115	16432	15727	12608	16320	…
债务证券	18146	19483	19715	22194	25490	30344	35686	…
其他投资	17970	18722	20559	23363	25249	28461	28789	…
金融账户净资产	－8227	－10754	－10467	－15886	－23082	－25534	－26510	…
日　本								
金融账户总资产	27375	29863	30136	29696	28815	30521	35998	…
对外直接投资	2719	2700	2488	2784	3001	3042	3355	…
证券投资	9023	10565	12424	13065	12898	13945	17213	…
产权证券	1588	2094	2853	2623	2274	2108	2745	…
债务证券	7435	8471	9570	10442	10624	11837	14469	…
金融衍生	44	51	45	33	30	34	49	…
其他投资	13381	14389	12303	10204	8882	8823	8650	…
储备资产	2208	2158	2877	3610	4004	4676	6731	…
金融账户总负债	17787	18327	21845	18117	15214	15899	19862	…
外来直接投资	271	261	461	503	503	781	897	…
证券投资	5825	6328	11654	8843	6658	6104	8672	…
产权证券	2795	3043	8334	5502	3760	3399	5610	…
债务证券	3029	3284	3320	3341	2897	2705	3061	…
金融衍生	41	45	31	32	35	37	68	…
其他投资	11651	11693	9698	8738	8018	8977	10225	…
金融账户净资产	9587	11536	8291	11579	13601	14622	16136	…

续表 7-1

国　　家	1997	1998	1999	2000	2001	2002	2003	2004
德　国								
金融账户总资产	17494	22089	23904	25910	26923	31629	39636	…
对外直接投资	2963	3652	4129	4868	5503	6159	7181	…
证券投资	5027	7240	8933	9959	9757	10813	13663	…
产权证券	2414	3706	5071	5731	4907	4378	5771	…
债务证券	2613	3534	3862	4229	4851	6435	7893	…
其他投资	8797	10396	9908	10210	10841	13765	17824	…
储备资产	708	801	935	873	822	891	968	…
金融账户总负债	16636	22003	23001	25344	25302	30331	37941	…
外来直接投资	1907	2524	2905	4625	4168	5228	6595	…
证券投资	7560	10232	10836	10432	10586	12735	16888	…
产权证券	1870	2900	3754	3008	2947	2125	3649	…
债务证券	5690	7332	7082	7425	7639	10610	13240	…
其他投资	7168	9246	9260	10287	10548	12368	14457	…
金融账户净资产	858	87	903	566	1621	1297	1696	…
英　国								
金融账户总资产	32498	35469	39088	44317	45535	50443	63297	76701
对外直接投资	3692	4984	6919	9064	8750	10016	12424	13936
证券投资	10766	11709	13550	13520	13596	13605	16704	20664
产权证券	4669	5051	6787	6406	5869	4932	6641	8743
债务证券	6096	6657	6764	7114	7728	8673	10063	11921
其他投资	17662	18388	18260	21303	22816	26411	33744	41652
储备资产	378	388	359	430	372	411	425	449
金融账户总负债	33592	37617	40127	44838	46581	51221	64003	79426
外来直接投资	2873	3554	4045	4631	5274	5476	6366	7678
证券投资	9644	11522	13390	14893	13900	14383	18672	22928
产权证券	4992	6689	8241	9019	7679	6605	8741	10207
债务证券	4651	4833	5149	5873	6221	7778	9931	12721
其他投资	21075	22541	22693	25314	27406	31362	38965	48820
金融账户净资产	-1094	-2148	-1039	-521	-1046	-778	-706	-2725

①IIP（International Investment Position）表，表中数据为存量。

资料来源：IMF，Balance of Payments Statistics，monthly，2005年9月。

表7－2－1　FDI流量：世界部分国家和地区（2002～2004年）

单位：亿美元

国家和地区	流入量			流出量		
	2002	2003	2004	2002	2003	2004
世　界	7161	6326	6481	6522	6169	7303
发达国家	5478	4422	3800	5999	5773	6374
欧　洲	4276	3594	2234	3969	3900	3095
法　国	490	425	243	504	531	478
德　国	505	273	－386	152	－36	－73
意大利	145	164	168	171	91	192
卢森堡	1172	911	570	1261	1010	590
荷　兰	250	193	－46	339	378	15
西班牙	437	290	184	364	308	542
瑞　典	117	13	－4	106	212	151
英　国	240	203	784	503	665	654
挪　威	7	38	22	41	21	19
瑞　士	63	166	45	79	151	252
北　美	928	632	1022	1617	1409	2767
加拿大	215	63	63	268	215	475
美　国	713	568	959	1349	1194	2293
其他发达国家	274	196	545	413	464	511
澳大利亚	156	70	426	79	153	163
日　本	92	63	78	323	288	310
新西兰	7	24	24	2	3	8
发展中国家	1555	1663	2332	478	290	832
非　洲	130	180	181	4	12	28
埃　及	6	2	13	0	0	2
尼日利亚	20	22	21	2	2	3
南　非	8	7	6	－4	6	16
拉美和加勒比国家	505	469	675	114	106	109
阿根廷	21	19	43	－6	8	3
巴　西	166	101	182	25	2	95
墨西哥	151	114	166	9	18	22
亚太地区	920	1014	1476	360	172	694
中　国	527	535	606	25	－2	18
中国香港	97	136	340	175	55	398
印　度	34	43	53	11	9	22
印度尼西亚	1	－6	10	2	0	1

续表 7－2－1

国家和地区	流入量			流出量		
	2002	2003	2004	2002	2003	2004
韩　国	30	38	77	26	34	48
马来西亚	32	25	46	19	14	21
新加坡	58	93	161	41	37	107
中国台湾	14	5	19	49	57	71
中东欧和独联体国家	128	241	349	45	106	97
中东欧地区	38	84	108	6	1	2
独联体地区	90	157	241	39	104	95
哈萨克斯坦	26	21	43	4	－1	－13
俄罗斯	35	80	117	35	97	96
除中国外所有发展中国家	1028	1128	1726	453	292	814

资料来源：联合国贸发会，World Investment Report，2005。

表 7－2－2　**FDI 存量：世界部分国家和地区（1990～2004 年）**

单位：亿美元

国家和地区	流入存量			流出存量		
	1990	2000	2004	1990	2000	2004
世　界	17686	57808	88953	17853	61483	97322
发达国家	14041	39764	64700	16378	52573	86101
欧　洲	8008	22930	42585	8829	33241	56588
芬　兰	51	243	559	112	521	809
法　国	868	2598	5352①	1101	4451	7694①
德　国	1112	2716	3480①	1516	5419	8337①
意大利	600	1212	2207	602	1803	2805
荷　兰	687	2437	4288①	1069	3055	5458①
西班牙	659	1548	3467	157	1661	3327
瑞　典	126	940	1630	507	1232	2039
英　国	2039	4386	7717	2293	8978	13781
挪　威	124	303	511①	109	438	721①
瑞　士	342	868	1810	661	2334	3930
北　美	5078	14696	17777	5153	15539	23880
加拿大	1128	2127	3038	848	2376	3698

续表 7－2－2

国家和地区	流入存量			流出存量		
	1990	2000	2004	1990	2000	2004
美　国	3949	12569	14739	4305	13162	20182
其他发达国家	959	2139	4336	2395	3792	5633
澳大利亚	736	1111	2536	305	854	1675
日　本	99	503	970	2014	2784	3705
新西兰	79	281	499	64	61	93
发展中国家	3641	17345	22260	1473	8689	10357
非　洲	594	1512	2193	199	454	456
埃　及①	110	183	209	2	7	9
尼日利亚①	85	238	314	12	41	48
南　非	92	435	463①	150	323	288①
拉美和加勒比国家	1181	5146	7238	590	2109	2717
阿根廷	88①	676	537①	61①	211	218①
巴　西	372	1030	1510①	410①	519①	644①
墨西哥	224	972	1825①	11①	75①	159①
亚太地区	1865	10687	12830	684	6126	7184
中　国	207①	1933	2455	45①	278①	388①
中国香港	451①	4555	4568	119①	3884	4056
印　度	17	175	387	1	19	66
印度尼西亚	89	248	114	0	69	…
韩　国	52	372	553	23	268	393①
马来西亚	103	527①	463①	27	213	138①
新加坡	305	1126	1604①	78	568	1009①
中国台湾	97①	176	390①	304①	667	912①
中东欧和独联体国家	1	699	1995	2	221	864
中东欧地区	1	150	469	2	12	27
独联体地区	0	549	1526	…	209	836
哈萨克斯坦	…	101	224	…	16	…
俄罗斯	…	322	984①	…	201	819①
除中国外所有发展中国家	3434	15412	19805	1429	8412	9969

①数据为估计值。

资料来源：联合国贸发会，World Investment Report，2005。

（八）国家竞争力与全球大公司排名

表 8－1　国家和地区竞争力排名：部分国家和地区（2004～2005 年）

国家和地区	增长竞争力排名[①]					企业竞争力排名[②]		
	2004 年位次	2005 年				2005 年		
		增长竞争力	技术竞争力	公共机构	宏观经济环境	企业竞争力	公司运行和策略	微观经营环境质量
芬兰	1	1	2	5	4	2	9	1
美国	2	2	1	18	23	1	1	2
瑞典	3	3	4	17	12	12	7	14
丹麦	5	4	5	2	3	4	4	3
中国台湾	4	5	3	26	17	14	13	15
新加坡	7	6	10	4	1	5	14	5
冰岛	10	7	9	3	11	17	15	18
瑞士	8	8	6	9	13	7	5	7
挪威	6	9	13	6	2	21	22	21
澳大利亚	14	10	14	10	14	15	23	12
荷兰	12	11	11	16	10	9	8	8
日本	9	12	8	14	42	8	3	10
英国	11	13	17	12	18	6	6	6
加拿大	15	14	15	21	16	13	18	13
德国	13	15	16	8	28	3	2	4
新西兰	18	16	19	1	20	18	21	16
韩国	29	17	7	42	25	24	17	24
阿联酋	16	18	33	24	5	33	36	33
卡塔尔	…	19	40	19	6	44	64	43
爱沙尼亚	20	20	18	25	30	26	33	25
奥地利	17	21	21	11	22	10	11	9
葡萄牙	24	22	20	15	37	30	39	28
智利	22	23	35	22	15	29	31	29
马来西亚	31	24	25	29	19	23	24	23
卢森堡	26	25	29	7	9	…	…	…
爱尔兰	30	26	31	13	7	19	16	20
以色列	19	27	12	30	48	22	19	22
中国香港	21	28	26	23	8	20	20	19
西班牙	23	29	27	36	24	25	25	26

续表 8-1

国家和地区	增长竞争力排名①					企业竞争力排名②		
	2004 年位次	2005 年				2005 年		
		增长竞争力	技术竞争力	公共机构	宏观经济环境	企业竞争力	公司运行和策略	微观经营环境质量
法国	27	30	24	20	27	11	10	11
比利时	25	31	28	28	29	16	12	17
斯洛文尼亚	33	32	32	35	35	32	27	35
科威特	…	33	48	37	21	47	63	45
塞浦路斯	38	34	36	27	45	36	48	36
马耳他	32	35	23	32	54	46	61	44
泰国	34	36	43	41	26	37	35	37
巴林	28	37	41	38	32	54	67	55
捷克	40	38	22	48	46	27	29	27
匈牙利	39	39	30	34	63	34	40	32
突尼斯	42	40	60	40	34	35	46	34
斯洛伐克	43	41	34	45	49	39	47	38
南非	41	42	46	47	31	28	26	30
意大利	47	47	44	46	47	38	28	39
中国	46	49	64	56	33	57	53	58
印度	55	50	55	52	50	31	30	31
墨西哥	48	55	57	71	43	60	55	62
巴西	57	65	50	70	79	49	32	52
阿根廷	74	72	59	74	86	64	52	64
印度尼西亚	69	74	66	89	64	59	50	59
俄罗斯	70	75	73	91	58	74	77	70
菲律宾	76	77	54	104	71	69	44	78
巴基斯坦	91	83	80	103	69	66	68	65

①该表按2005年增长竞争力指数的国家或地区排名位次进行排序。增长竞争力指数（Growth Competitiveness Index，GCI）旨在衡量一国在中长期取得持续经济增长的能力。它由三个指数构成：技术指数、公共机构指数和宏观经济环境指数。技术指数由技术创新、技术转移、信息和通讯技术三个子指数构成。公共机构指数由合同和法律、腐败两个子指数加权构成。宏观经济环境指数则由宏观经济稳定、国家或地区信用排名、政府浪费三个子指数构成。②企业竞争力指数（Business Competitiveness Index，BCI）是对中期宏观经济增长竞争力指数的一个补充。它旨在评价一国或地区当前生产力发展水平赖以存在的微观经济基础。企业竞争力指数由两个子指数构成：公司运行和策略指数、微观经营环境质量指数。

资料来源：世界经济论坛（World Economic Forum），Global Competitiveness Report 2005。

表8－2－1 《财富》全球前50家大公司排名① （2004年）

排名		公司名称	总部	营业收入		利润		资产	股东权益		雇员人数	
2004年	2003年			亿美元	比上年增长%	亿美元	比上年增长%	亿美元	亿美元	排名	万人	排名
1	1	沃尔玛	美国	2879.9	9.5	102.7	13.4	1202.2	494.0	22	170.0	1
2	2	英国石油	英国	2850.6^{E}	22.6	153.7	49.7	1911.1	766.6	12	12.1	139
3	3	埃克森美孚	美国	2707.7^{E}	21.5	253.3	17.8	1952.6	1017.6	5	8.6	169
4	4	壳牌石油	英/荷	2686.9^{E}	33.2	181.8	45.5	1928.1	845.8	9	11.4	114
5	5	通用汽车	美国	1935.2	－0.9	28.1	－26.6	4796.0	277.3	76	32.4	23
6	7	戴姆勒－克莱斯勒	德国	1766.9	12.8	30.7	504.9	2483.2	455.9	29	38.5	14
7	8	丰田汽车	日本	1726.2	12.7	109.0	5.9	2275.1	845.6	10	26.6	32
8	6	福特汽车	美国	1722.3	4.7	34.9	604.4	2926.5	160.5	143	32.5	22
9	9	通用电气	美国	1528.7	13.5	168.2	10.4	7505.1	1108.2	2	30.7	27
10	10	道达尔	法国	1526.1^{E}	28.8	119.6	50.4	1143.9	424.9	33	11.1	124
11	12	雪夫龙	美国	1479.7^{E}	29	133.3	84.3	932.1	452.3	30	5.6	258
12	14	Conoco Phillips	美国	1216.6^{E}	22.3	81.3	71.7	928.6	427.2	32	3.6	359
13	13	安盛保险	法国	1216.1	8.7	31.3	175.5	6537.2	355.5	47	9.0	166
14	11	安联保险	德国	1189.4	3.5	27.4	49.5	13520.1	419.0	35	16.2	72
15	15	大众汽车	德国	1106.5	12.2	8.4	－32.1	1725.8	324.4	60	34.3	19
16	18	花旗银行集团	美国	1082.8	14.3	170.5	－4.5	14841.0	1092.9	3	29.1	29
17	17	荷兰国际集团	荷兰	1058.9	10.4	74.2	62.2	11773.6	351.6	49	11.3	119
18	16	日本电报电话	日本	1005.5	2.4	66.1	15.9	1785.6	632.8	17	20.1	53
19	20	美国国际集团	美国	979.9	23.3	97.3	21.5	7986.6	806.1	11	9.2	162
20	19	国际商用机器	美国	962.9	8.0	84.3	11.2	1091.8	297.5	72	32.9	21
21	21	西门子	德国	914.9	13.7	41.4	56.3	987.6	333.5	56	43.0	9
22	22	家乐福	法国	903.8	13.3	17.2	－6.4	529.8	93.6	249	43.0	9
23	23	日立	日本	839.9	9.9	4.8	240.9	910.3	215.8	103	34.7	18
24	29	通用保险	意大利	832.7	24.7	16.4	42.3	3823.7	126.9	189	5.8	250
25	31	松下电器	日本	810.8	22.4	5.4	45.8	753.3	331.4	58	33.5	20
26	26	麦克森	美国	805.1	15.8	－1.6	－124	187.8	52.8	355	2.5	403
27	25	本田汽车	日本	804.9	11.4	45.2	10.0	871.1	307.5	68	13.8	97
28	24	惠普	美国	799.1	9.4	35.0	37.7	761.4	375.6	43	15.1	84
29	32	日产汽车	日本	798.0	21.3	47.7	6.9	920.8	230.5	96	17.0	65
30	51	福梯斯	比利时/荷兰	755.2	33.2	41.8	68.0	7756.4	195.2	124	5.1	292
31	54	中国石化②	中国	750.8^{E}	36.3	12.7	21.1	749.4	230.8	93	77.5	4

续表 8－2－1

排名		公司名称	总部	营业收入		利润		资产	股东权益		雇员人数	
2004年	2003年			亿美元	比上年增长%	亿美元	比上年增长%	亿美元	亿美元	排名	万人	排名
32	35	伯克希尔哈撒韦	美国	743.8	16.5	73.1	－10.3	1888.7	859.0	8	18.0	61
33	43	埃尼	意大利	742.3E	25.2	90.5	43.1	939.4	412.4	37	7.1	205
34	34	家庭百货	美国	730.9	12.8	50.0	16.2	381.0	241.6	87	27.3	31
35	42	英杰华保险	英国	730.3	22.3	19.4	24.8	4459.4	159.7	146	5.6	260
36	47	汇丰银行	英国	725.5	25.9	118.4	34.9	12767.8	866.2	7	24.5	37
37	38	德国电信	德国	719.9	13.9	57.6	306.4	1465.5	461.0	27	24.5	38
38	28	弗莱森电讯	美国	715.6	5.6	78.3	154.5	1659.6	375.6	44	21.2	46
39	55	三星电子	韩国	715.6	31.5	94.2	88.2	666.6	332.7	57	6.7	220
40	46	国家电网公司②	中国	712.9	22.2	6.9	166.5	1343.0	477.6	24	72.9	5
41	39	标致	法国	706.4	15.1	16.9	－0.4	821.9	172.6	135	20.7	50
42	41	麦德隆	德国	701.6	15.7	10.3	83.2	381.8	64.4	316	20.9	49
43	33	雀巢	瑞士	698.3	6.7	54.1	17.0	765.9	344.9	50	24.7	35
44	27	美国邮政服务②	美国	690.0	0.7	30.7	－20.8	249.8	39.3	408	80.8	3
45	48	巴黎国民银行	法国	686.5	19.9	58.1	36.4	12313.7	410.4	38	9.5	155
46	52	中国石油集团②	中国	677.2E	20.1	87.6	101.3	1104.0	719.3	15	113.4	2
47	30	索尼	日本	666.2	0.4	15.2	94.5	888.1	268.4	79	15.1	83
48	50	主要健康	美国	651.3	14.6	14.7	7.2	213.7	79.8	278	5.5	265
49	37	皇家 ahold	荷兰	646.8	1.9	－5.4	…	281.4	62.5	322	20.6	52
50	40	阿尔特里亚	美国	644.4E	6.2	94.2	2.3	1016.5	307.1	69	15.6	79

①公司按全球500家大公司2004年营业收入排名。本表所显示数字是以2005年3月31日或此前某日为截止日的财务年度数据。营业收入按各公司公布的数字列出，含在合并基础上填报的已停业部门的营业收入。商业银行和储蓄机构的营业收入含利息收入和非利息营业收入。保险公司的营业收入包括保费、养老金收益、投资收益和已实现的资本损益，但不包括存款。营业收入包括合并子公司的数字，并且未扣除消费税。本表中的利润为税后利润，已计入损益表上所有额外收入或额外支出，以及会计原则变动累积影响数。利润降幅超过100%表示该公司在2003年盈利但在2004年亏损。由于税基不具有可比性，本表只列出股份合作公司和合伙企业的利润，而不将之与其他公司的利润作比较。相互保险公司的利润依据法定会计原则计算。非美国公司的营业收入和利润均按各公司财务年度平均汇率折算为美元（除注明外，截止日为2004年12月31日）。表中资产额为公司财务年度截止日数字。股东权益为截止日当天的股本、实收资本和留存收益的合计，不计入少数股东权益。非美国公司的资产和股东权益按各公司财务年度截止日官方汇率折算为美元。雇员人数为公司所公布的财务年度截止日人数或全年平均人数。②政府拥有50%以上股份。"E"表示扣除了消费税。

资料来源：*Fortune*，2005年7月25日。

表 8－2－2 《财富》全球 500 家大公司行业表现排名[①]（2004 年）

营业收入增长			营业收入收益率			雇员人均营业收入		
排名	行业	比上年增长%	排名	行业	2004 年%	排名	行业	万美元
1	采矿与原油生产	35.7	1	制药	17.9	1	石油加工	150.6
2	金属	29.7	2	证券	12.5	2	健康服务批发业	140.8
3	工农设备制造	24.4	3	家庭及个人产品	12.1	3	(股份)人寿与健康保险	128.9
4	石油加工	23.4	4	商业及储蓄银行	11.7	4	证券	91.4
5	贸易	22.3	5	财务服务	11.4	5	健康服务	83.8
6	建筑材料与玻璃制造	22.1	6	网络及其他通讯设备	11.0	6	(股份)财产与意外保险	82.5
7	证券	20.0	7	饮料制造	9.1	7	能源	79.8
8	网络及其他通讯设备	16.8	8	电讯	7.8	8	贸易	74.8
9	(股份)人寿与健康保险	16.0	9	娱乐服务	7.4	9	公用事业	73.1
10	化学	15.5	10	金属	7.0	10	化学	57.0
11	健康服务批发业	15.2	11	采矿与原油生产	7.0	11	网络及其他通讯设备	52.0
12	工程建造	14.9	12	公用事业	5.8	12	娱乐服务	50.5
13	家庭及个人产品	14.5	13	消费类食品	5.7	13	商业及储蓄银行	43.7
14	能源	14.3	14	建筑材料与玻璃制造	5.7	14	财务服务	43.7
15	商业及储蓄银行	13.5	15	(股份)财产与意外保险	5.6	15	采矿与原油生产	41.1
16	食品与药物销售	13.2	16	石油加工	5.4	16	工农设备制造	39.3
17	汽车与零部件制造	12.8	17	计算机服务和软件	5.1	17	金属	37.5
18	航空	12.8	18	化学	5.0	18	电讯	36.3
19	(股份)财产与意外保险	12.7	19	计算机办公设备制造	4.6	19	工程建造	36.0
20	电子与电气设备制造	12.6	20	专业零售	4.5	20	制药	35.6
21	公用事业	11.7	21	能源	4.4	21	林业产品及纸制品	35.1
22	航空及国防	11.6	22	林业产品及纸制品	4.4	22	汽车与零部件制造	34.7
23	娱乐服务	11.0	23	(股份)人寿与健康保险	3.9	23	饮料制造	34.5
24	计算机服务和软件	10.9	24	一般商品销售	3.8	24	计算机办公设备制造	29.4
25	邮递、包裹与货运	10.5	25	航空及国防	3.6	25	专业零售	27.9
26	半导体及其他部件	10.3	26	健康服务	3.5	26	家庭及个人产品	26.0
27	专业零售	10.2	27	邮递、包裹与货运	3.4	27	航空及国防	25.6
28	制药	9.8	28	电子与电气设备制造	3.0	28	食品与药物销售	24.9
29	财务服务	9.4	29	铁路运输	2.9	29	电子与电气设备制造	23.7
30	健康服务	9.2	30	贸易	2.6	30	建筑材料与玻璃制造	23.7
31	林业产品及纸制品	9.0	31	汽车与零部件制造	2.6	31	航空	23.5

续表 8－2－2

营业收入增长			营业收入收益率			雇员人均营业收入		
排名	行业	比上年增长%	排名	行业	2004年%	排名	行业	万美元
32	计算机办公设备制造	8.0	32	工农设备制造	2.3	32	铁路运输	22.4
33	消费类食品	6.9	33	半导体及其他部件	2.1	33	半导体及其他部件	21.7
34	电讯	6.7	34	工程建造	1.6	34	消费类食品	20.8
35	铁路运输	6.0	35	食品与药物销售	1.6	35	计算机服务和软件	19.0
36	饮料制造	5.2	36	航空	1.4	36	一般商品销售	17.1
37	一般商品销售	3.3	37	健康服务批发业	1.3	37	邮递、包裹与货运	9.7
	全球500家大公司中位数	13.0		全球500家大公司中位数	4.3		全球500家大公司中位数	41.4

①行业排名按2004年《财富》500家大公司所属行业的中位数进行排名。少于四家公司的行业组别不计算中位数。在2003年和2004年均出现亏损的公司不用于计算2003年以来利润变化的中位数。在这些情况下，得不出有意义的百分比变化。

资料来源：*Fortune*，2005年7月25日。

表8－2－3　《财富》全球500家大公司之中国公司①（2004年）

排名		公司名称	营业收入		利润		资产	股东权益		雇员人数	
2004年	2003年		亿美元	比上年增长%	亿美元	比上年增长%	亿美元	亿美元	排名	万人	排名
31	54	中国石化	750.8[E]	36.3	12.7	21.1	749.4	230.8	93	77.5	4
40	46	国家电网公司	712.9	22.2	6.9	166.5	1343.0	477.6	24	72.9	5
46	52	中国石油集团	677.2[E]	20.1	87.6	101.3	1104.0	719.3	15	113.4	2
212	241	中国人寿保险	249.8	13.2	0.7	131.2	693.5	25.1	445	7.6	196
224	242	中国移动通信	239.6	15.4	40.8	13.9	567.3	371.6	45	11.1	125
229	243	中国工商银行	234.4	12.9	2.8	－65	6851.4	196.9	120	37.6	17
262	257	中国电信	215.6	10.8	24.2	41.8	653.3	330.4	59	40.7	11
287	270	中化	203.8	8.1	2.3	86.1	61.6	13.1	479	1.6	442
309	372	上海宝钢集团	195.4	34.3	15.4	62.5	234.2	129.6	185	9.4	157
315	331	中国建设银行	190.5	20.4	58.5	…	4717.9	235.3	90	31.0	25
316	*	中国南方电网	189.3	24.4	2.3	52.8	297.3	115.8	202	13.5	100
339	358	中国银行	179.6	19.6	25.3	356.3	5159.7	248.1	86	18.2	59
347	407	和记黄埔	172.8	28.3	20.7	12.1	841.7	335.6	54	18.2	58
397	412	中国农业银行	152.8	14.9	2.4	4.2	4849.6	94.3	242	48.9	7
434	415	中国粮油食品集团	141.9	6.8	1.2	8.1	72.2	18.4	466	2.4	411
448	*	中国第一汽车集团	138.3	0.4	2.9	－58.1	124.3	19.8	463	13.8	95

①公司按2004年营业收入在《财富》全球500家大公司中的排名排列。该表各项指标说明见表8－2－1。*表示2003年该公司未入围《财富》全球500家大公司。

资料来源：*Fortune*，2005年7月25日。

后　记

在各方的共同努力下，《2005～2006 年：世界经济形势分析与预测》完成了。在年初，我们确定了“全球经济失衡与人民币汇率”、“全球石油价格走势与中国”两个领域作为本年度的热点问题。它们是目前影响我国经济平稳增长的最重要的外部因素，也是全球经济所面临的最大风险。我们试图用两组文章对它们的演变过程和未来的走势进行较为全面的分析。需要说明的是，对这两个热点领域，国内外学术界存在不同的看法，这里所反映的是各位作者个人的观点，并不代表中国社科院世界经济与政治研究所，也不代表本书编委会的立场。高海红和何帆同志分别承担了本书这两个热点问题研究的组织工作，在此，我们对他们所付出的努力表示感谢。

从本年度的报告开始，我们要求承担总论、国别与地区的作者们增加一项新的内容：对上年度预测分析的准确性进行评估。这是一项看似简单，但有时又会使作者难堪的事情。预测本身就是经济学中的高风险领域，而短期预测的风险更大，因为在大家对预测结果还没有忘记之前，预测已经得到了检验。因此，我们并不奢望所有的预测都得到证实。我们这样做，一方面是希望作者们对自己所做分析预测的严肃性负责，即使是错误的预测也是严肃认真研究的结果；另一方面，更重要的是加强预测分析的连续性，通过总结以往预测的准确性及其原因，以便为今后的预测积累经验。这只是一项初步的尝试，其结果还有待于实践的检验。

本书的每一个进步都是作者与读者共同努力的结果。在今后的工作中，我们期望得到各高校、科研机构与中国社会科学院各研究所一如既往的支持，也期望得到读者更多的批评性意见。

主　编

相关链接：2006 年已经出版或即将出版的部分皮书

经济蓝皮书

2006 年：中国经济形势分析与预测（附 SSDB 光盘）

主　编：刘国光　王洛林　李京文

2005 年 12 月出版　39.00 元

本研究为总理基金项目，由著名经济学家刘国光、王洛林、李京文领衔，联合中国社会科学院、国务院发展研究中心、国家计委、国家统计局、清华大学等数十家科研机构、国家部委和高等院校的专家共同撰写，从不同角度、不同方面分析中国当年的经济运行和发展态势，其内容涉及宏观决策、财政金融、证券投资，工业调整、就业分配、对外贸易等一系列上至政府要员，下至平民百姓所共同关注的热点问题。

经济信息绿皮书

2006 年：中国与世界经济发展报告（附 SSDB 光盘）

主　编：王长胜

2005 年 12 月出版　39.00 元（估）

国家信息中心主编。全书论述在世界经济一体化和区域经济集团化进程中中国经济发展的定位、战略目标、战略重点、战略对策等问题，对 2005 年中国与世界经济的发展进行了的分析，并对 2006 年世界经济与中国经济发展进行了展望。

社会蓝皮书

2006 年：中国社会形势分析与预测（附 SSDB 光盘）

主　编：汝　信　陆学艺　李培林

2005 年 12 月出版　39.00 元

由中国社会科学院"社会形势分析与预测"课题组，联合中央党校、人民大学等十几家科研机构、高等院校、国家部委的专家共同撰写，从不同的层面对中国当年社会的改革现状和发展态势、特别是对社会各界关心的热点问题，进行细致的分析和论述。

世界经济黄皮书

2005～2006 年：世界经济形势分析与预测（附 SSDB 光盘）

主　编：王洛林　李向阳

2005 年 12 月出版　39.00 元

本书由中国社会科学院世界经济与政治研究所主导编写，主旨是为世人普遍关注的来年世界经济形势发展作出的预测和分析。报告分为"综合报告"部分，概述全球经济一年走势的特点；"国别与地区"报告部分，深入解析各地具体发展态势；"专题研究"报告部分，注重对引发全球经济动荡现象的评述。

国际形势黄皮书

主　编：李慎明　王逸舟

2005 年 12 月出版　35.00 元（估）

2006 年：全球政治与安全报告

（附 SSDB 光盘）

本书由中国社会科学院世界经济与政治研究所主导编写，对未来一年国际形势进行了预测，主要涉及国际安全在新时期总的走向、大国战略关系、中国周边安全、第三世界问题、国际恐怖主义特征、各国政党、西方国际关系、国际关系中的妥协机制等内容。

国际形势黄皮书

主　编：杨　光

2006 年 10 月出版　38.00 元（估）

中东非洲发展报告 No.9（2005～2006）：防范石油危机的国际经验

（附 SSDB 光盘）

本书汇集了国内中东非洲问题研究的专家、学者的最新研究成果。他们对石油价格节节攀升后的中东政治形势、经济形势及国际环境进行了回顾、分析，以及对未来这些地区发展情况进行预测，全面翔实而又客观公正。

国际形势黄皮书

主　编：江时学

2006 年 4 月出版　48.00 元（估）

2005～2006 年：拉丁美洲和加勒比发展报告 No. 5（附 SSDB 光盘）

本书汇集了国内研究拉丁美洲经济问题的专家、学者的最新研究成果，由专论、政治篇、经济和社会篇、国际关系篇、专题篇等五篇组成，通过对 2005 年以前的拉丁美洲政治经济形势及国际环境的回顾、分析，对拉丁美洲 2006 年的政治经济形势作出了分析和预测，全面翔实而又客观公正。

亚太蓝皮书

主　编：张蕴岭　孙士海

2006 年 6 月出版　45.00 元（估）

亚太地区发展报告 No. 6（2005）

——发展趋势预测热点问题分析

（附 SSDB 光盘）

该书对过去一年的大事进行了深入的分析评述，对新的一年的发展趋势和热点问题进行了预测、分析及展望：亚太地区涵盖地域广，形势复杂，其发展对世界影响极大。该书除了对 2005 年亚太地区的经济、政治、外交形势、地区安全等的总体发展做概括分析外，还对亚太地区一些重要问题进行了专题研究。能够对读者了解亚太地区发展和深入认识一些问题都能有所帮助。

城市竞争力蓝皮书

中国城市竞争力报告 No. 4

(附 SSDB 光盘)

主　编：倪鹏飞

2006 年 4 月出版　78.00 元（估）

本书由城市经济学家倪鹏飞担任主编，侯庆虎、江明清、王诚庆担任副主编，汇集了众多研究城市经济问题的专家、学者关于城市竞争力方面的最新研究成果。前 3 本城市竞争力蓝皮书出版后在中国大中城市引起了强烈反响，成为政府部门的特别是各城市市长决策的重要参考。本书由总报告、理论与发现、主题研究框架、主题研究发现、主题战略、国际眼光、排名点评等七篇组成，对我国 2006 年的城市经济发展战略作出了分析，全面翔实而又客观公正。

文化蓝皮书

2006 年：中国文化产业发展报告

(附 SSDB 光盘)

主　编：张晓明　胡惠林　章建刚

2006 年 3 月出版　45.00 元（估）

文化是社会发展中永远的热点，对处在文化体制转型关键时期的中国来说，如何保持文化产业的持续、健康的发展是政府、也是每一位公民所关心的问题。本书由中国社会科学院文化研究中心、上海交通大学国家文化创新与发展研究基地组织，联合文化部、国家发改委发展规划司、经济体制与管理研究所、中国人民大学、中国传媒大学、中国音像协会等单位的专家、学者共同完成。本书在保持去年文化产业发展报告原创性、科学性、权威性的基础上，研究的产业范围更广泛，内容更充实。

财经蓝皮书

中国服务业发展报告 No.4

(附 SSDB 光盘)

主　编：江小涓　裴长洪

2005 年 12 月出版　45.00 元（估）

本书全面翔实而又客观公正地回顾、分析了 2005 年中国经济运行发展，预测了 2006 年经济运行走势。本书除了从宏观上研究服务业与中国经济发展、服务业发展与扩大就业、服务价格及服务业核算等问题外，还系统地研究了金融服务业、流通产业、房地产业、信息服务业、餐饮业，以及政府与公共服务等。

电子政务蓝皮书

中国电子政务发展报告 No. 3

(附 SSDB 光盘)

主　编：王长胜

2006 年 6 月出版　58.00 元（估）

我国的电子政务建设正在走向深入发展、重视效益和产出的阶段，为了使电子政务真正成为转变政府职能和创新管理方式、提高政府的监管能力和服务水平的重要手段，为提高党的执政能力服务，本书对电子政务建设中的一些重大问题进行了有益的探讨。本书由国家信息中心常务副主任王长胜任主编，由国内知名专家、学者和政府有关电子政务管理部门的领导同志任顾问或亲自撰稿，书中内容丰富，资料翔实，层次清晰，结构完整，主题突出，特色鲜明。

·世界经济黄皮书·
2005～2006年：世界经济形势分析与预测

主　　编／王洛林　李向阳
副 主 编／王立强

出 版 人／谢寿光
出 版 者／社会科学文献出版社
地　　址／北京市东城区先晓胡同10号
邮政编码／100005
网　　址／http：//www. ssap. com. cn
责任部门／皮书出版中心
（010）85117872
责任编辑／周映希　杨桂凤
责任印制／盖永东

总 经 销／社会科学文献出版社发行部
（010）65139961　65139963
经　　销／各地书店
读者服务／客户服务中心
（010）65285539
法律顾问／北京建元律师事务所
排　　版／北京中文天地文化艺术有限公司
印　　刷／三河市尚艺印刷有限公司

开　　本／787×1092毫米　1/16开
印　　张／19.75
字　　数／315千字
版　　次／2006年1月第1版
印　　次／2006年1月第1次印刷

书　　号／ISBN 7－80190－881－3/F·283
定　　价／39.00元（含光盘）

《皮书系列》主要编辑出版发行人

出 版 人　谢曙光

总 编 辑　邹东涛

项目负责人　范广伟

发 行 人　王　菲

编　　辑　(按姓名笔画为序)

丁　凡　王玉敏　邓泳红　任文武　李长运

李建红　武　云　陈斗仁　周映希　张立敏

张景增　杨桂凤　崔　岩

品牌推广　蔡继辉　谢　怡

装帧设计　孙元明

责任印制　盖永东

秘　　书　黑雅婧

联系电话：(010) 85117872　(010) 85111117－222、220、204

电子信箱：pishubu@ssap.cn